主　编　臧克家

副主编　蔡清富

　　　　李　捷

毛泽东诗词鉴赏

增订
二版

河南文艺出版社

·郑州·

毛泽东在庐山（1961 年）。

长征结束后的毛泽东（1936年）。

毛泽东在作报告（1942年）。

初进北平的毛泽东（1949年）。

毛泽东在开国大典上（1949年）。

毛泽东在观赏藏画（1953年）。

毛泽东在武汉蛇山（1953年）。

毛泽东在西子湖畔踏雪时留影（1954年）。

毛泽东和维吾尔老汉库尔班·吐鲁木在一起（1958年）。

毛泽东和启蒙老师毛宇居挽手而行（1959年）。

毛泽东在畅游长江（1961年）。

博览群书的毛泽东（1961年）。

出版者的话

（一）为纪念毛泽东同志一百一十周年诞辰，本社特别推出由当代诗坛泰斗臧克家先生主编的《毛泽东诗词鉴赏》增订二版。

（二）本增订二版根据中央文献出版社出版的《毛泽东诗词集》，又新增编毛泽东诗词和相应的鉴赏文章十一首（篇），从而使全书的作品和鉴赏文章总量增加为六十七首（篇）。

（三）按创作时间顺序，这十一首作品分别为：早期作品五古《挽易昌陶》；新中国成立前作品五律《挽戴安澜将军》、五律《张冠道中》、五律《喜闻捷报》；新中国成立后作品七绝《刘蕡》、七绝《屈原》、七绝二首《纪念鲁迅八十寿辰》；"文革"早期作品七律《有所思》和写作时间待考的七绝《贾谊》、七律《咏贾谊》等。

（四）本增订二版对原增订版中明显的编校讹舛、部分鉴赏内容以及所涉及的常识性差错等，认真进行了相应的校订、勘误和规范。因无法一一与原作者进行商讨，特此说明并请给予谅解！

（五）本增订二版将原增订版中诗词和鉴赏文章之外的有关文章，类分为"附录一""附录二"两部分，并在"附录二"中增编了吴正裕同志的两篇资料性文章。其中，毛泽东为郭沫若改写文章的"原文"弥足珍贵。

（六）主编臧克家先生特意为本书撰写了《〈毛泽东诗词鉴赏〉增订二版卷头语》，副主编李捷先生为本书的出版和校订做了大量艰苦的工作，本社表示特别感谢！

（七）对于毛泽东诗词的学习、鉴赏与研究，是一个长期的工作、艰辛的过程。由于水平所限，本增订二版中一定还有这样那样的不足或错误。我们期待着广大读者和专家、学者的批评与教正！

2003 年 9 月 8 日

《毛泽东诗词鉴赏》增订二版卷头语

臧克家

时光飞逝。屈指数来,《毛泽东诗词鉴赏》问世已有十三个春秋了。由于广大读者的精心呵护,各界朋友的热心鼓励,这棵稚嫩的小芽已到了春华秋实的时节。时至今日,这本小书总共印了多少,很难统计。但我们这些编者和作者深知:是亲爱的读者们用各自的爱心支撑着它,才使它有如此的生命力。我衷心地感谢你们,亲爱的读者!

我年已九十有八,有幸目睹了中国一个世纪的变迁:从屈辱到强盛,从战乱到太平,从贫穷到小康,可谓沧海桑田。毛泽东诗词,正是这一巨变的史诗和颂歌。我从 1957 年主编《诗刊》,经毛主席应允在创刊号上发表他的诗词,到同周振甫同志合作《毛主席诗词十八首讲解》(现改名为《毛泽东诗词讲解》),再到主编这本《毛泽东诗词鉴赏》,同毛泽东诗词结下半个世纪的情缘,可谓三生有幸。在这半个世纪里,我们所能读到的毛泽东诗词越来越多,从十八首到三十七首,到五十首,再到这一次的六十七首。1996年 9 月,由中央文献研究室编辑、中央文献出版社出版的《毛泽东诗词集》,是目前所能见到的最全的权威本。几年来,我一直有个愿望:以这个版本为据,对《毛泽东诗词鉴赏》(增订版)再作增订。这次增订,我年高多病,力不能及,副主编李捷主动担此重任。经

1

过他不懈努力，邀请陈漱渝、董正春、冯蕙等九位同志撰写赏析文章，又加上吴正裕同志的两篇文章，这才有了这本增订二版。今年是毛泽东同志一百一十周年诞辰，出版这个《毛泽东诗词鉴赏》增订二版，也是我们对这位伟大的革命家、思想家、中华人民共和国的缔造者的最好纪念。

这本书，一再增订，内容更加丰富，装帧也有了变化，但编者当初的宗旨一直没有变：那就是对作者不设框框，各抒己见，使文章各具风格。大概正是凭了这点，这本书才吸引了读者，凝聚了朋友。

世事沧桑。十多年来，本书的一些作者（大多也是我的老友）赵朴初、冰心、钟敬文、萧涤非、王季思、唐弢、姚雪垠、端木蕻良、阮章竞、冯牧、魏传统、邹荻帆、张志民、林焕平、周振甫、丁力、葛洛、张惠仁、王希坚、徐涛都相继作古了。捧起这本书，他们的音容笑貌便浮现在眼前，我心怆然。特别是本书的副主编蔡清富，一年前患病辞世，年仅六十七岁。他为人忠厚，颇为勤奋，办事、治学都十分严谨。我和他感情深厚，合作融洽。他为这本书的初版、增订版和这本增订二版，都尽了很多心力。可惜他已经看不到这个版本了，痛哉！

最后，我要感谢河南文艺出版社的王国钦同志和其他有关同志。由于他们的合作和努力，使这本书得以和读者见面，也了却了我这桩多年的凤愿。

2003 年 3 月 2 日，时年九十有八

《毛泽东诗词鉴赏》增订版卷头语

臧克家

　　由我和蔡清富、李捷同志主编的这部《毛泽东诗词鉴赏》,是五十多位作者、亿万读者,加上出版社诸同志的努力,共同协作的一个硕果。由于毛泽东同志威望高,诗词成就大,影响深远,本书从 1990 年出版到现在,五年时间印数已达十八万,成为畅销书之一。情况如此,但为何还要增订再版呢? 理由说来也简单:此书出版后,又发表了毛泽东同志的六篇诗词。如果照旧再发行,就不能成为毛泽东诗词鉴赏的全璧了。另外,增订本收入了贺敬之、公木、邵华同志的力作;约请专攻毛泽东诗词的专家、香港的刘济昆先生,写了一篇多年钻研的心得。同时,原书中有个别文章,作者愿意略事修改,使它臻于完善。图片、手迹方面,也略作调整,使读者有新颖之感。

　　为了说明本书为何增订,写了这篇卷头语,开门见山。

1995 年 7 月 1 日

前　言

臧克家

　　毛主席是伟大的无产阶级革命家,他的理论著作是指导革命和建设的法宝。同时,他行有余力的诗词创作,艺术性很高,充满革命豪情,是他几十年革命实践的产物,誉满海内外,家传而户诵。影响之深,难与伦比。一个外国人曾经说过:"一个诗人赢得了一个新中国。"这话并不是夸张。

　　《诗刊》1957年创刊号上,由于发表了毛主席的诗词十八首,形成排队买《诗刊》的热烈场面,给文学史上平添佳话。1958年9月,文物出版社刻印大字本《毛主席诗词十九首》。1963年,又出版了《毛主席诗词三十七首》。同年,人民文学出版社也出版了《毛主席诗词》,1976年再版时加了两首。1986年,人民文学出版社又出版了《毛泽东诗词选》。这个选本有个特点,它把毛主席的诗词分成正、副两编,共收五十首。正编作品,都是作者生前校订定稿的和正式发表过的;副编作品是作者写成后没有最后定稿,一般是作者所不准备发表,有些还明确表示过拒绝发表的。这个选本,有个好处,使读者能看到毛主席诗词的全貌,以便吟诵,学习,评论。

　　现在,由我根据这个选本负责编一本《毛泽东诗词鉴赏》,约请全国著名学者专家、新旧诗人、评论家以及多年前曾经参加《诗刊》领导与编辑的老同志，每人认定一题，撰写一篇鉴赏文章，长短限制不严。约稿信发出后，几个月内，稿子已基本齐了。大家热情之高，令人鼓舞！七八十岁的老专家、教授，像钟敬文、王季思、唐弢、周振甫、吴奔星、林焕平……很快寄来了大作。特别使我感动的是萧涤非同志。这位杜甫研究权威，已经八十三岁了，一气写了六千言！他在来信中说："我不习惯用毛泽东，所以仍旧用了毛主席。"看了他仔细认真的写作态度，看了他的这两句话，我百感丛生，眼泪欲流。

作家、诗人冰心、刘白羽、姚雪垠、端木蕻良、魏巍、冯牧、碧野、叶君健、阮章竞、郭风、邹荻帆、张志民、李瑛、朱子奇、葛洛等同志参加了撰稿。参加长征的老革命家、诗人张爱萍、魏传统同志，也写来豪情满纸的鉴赏文章。特别是赵朴初同志在病中修改了旧作《娄山关》赏析，并为本书题写了书名。同志们的大力支持，给本书增加了光彩。遗憾的是，老《诗刊》负责人之一徐迟同志，呻吟病榻，口授儿子写了封来信，签个字，也不能成形。1957年1月，是他搜集来毛主席诗词八首，然后我们上书，毛主席回了信，又加上了十首，登在《诗刊》创刊号上。因为不能写篇鉴赏文章，他心里很难过。看了信，我也怆然久之，遥祝一声："痊安！"

为什么现在编辑出版这样一本书？

简单回答：出于需要。

这些年来，资产阶级自由化像一阵狂风，不少人心如"百草"为之而"偃"。在这种恶劣气候之中，毛主席及其著作受到攻击、非议，他的诗词作品也受到冷遇。而今气候变了，我们编辑《毛泽东诗词鉴赏》，就是想用它去鼓舞人民为革命建设大业而奋斗的壮志豪情，使广大读者学习毛主席诗词，在思想上、艺术上得到提高，并得到高尚的美感享受。

析赏诠解毛主席诗词最早的版本，是我和周振甫同志合作的《毛主席诗词十八首讲解》。1958年增订，改名为《毛主席诗词讲解》，印刷百万余册。报载，不久将重印。另外，鲁歌等同志也出版了析赏毛主席诗词的著作。至于单篇的析赏文章，那就不可胜数了。我们的这本《毛泽东诗词鉴赏》与众不同，它不是一家之言，一人之言，而是集中了几十位作者的群言。这许多作家，各人畅谈个人的心得，长的达万余言，短的只一两千字，各具风格，水平也并不一致。有的抒情味较浓；更多的考证事实，布列背景，使读者清楚地了解了诗词的意义与情味。还有个特点，就是不设框框，就诗词本身来评说。记得60年代，袁水拍同志约我与叶君健同志（他在外文出版社工作，与毛主席诗词翻译有关）交谈，集中群众看法不同的一些句子，有二十个左右，请毛主席亲自说明自己的原意。如"莫道君行早"，毛主席说："君"是指作者，不是别人。水拍把毛主席的回答打印了几份，而今我手中还珍藏一份，成为"珍贵的孤纸"。当然，毛主席自己的自白，也不一定要一一遵从，应凭对诗词本身的体会写文章抒发自己的看法。作者的原意与读者的体会未必完全相同，也不应强求。所以，我们可以参照作者个人的与别家的意见，但主要是撰稿人的独立见解。诗无达诂，词也无达诂。难说谁是谁非，可以争鸣嘛。

再说说副编的问题。就艺术上的高低而论，毛主席自己把这一编的作品不入集子。这编"另册"与正编比较，当然逊色一点。可是，它也有特殊意义。从这八首诗词中，可以见出伟大革命家的心胸和甘做"下里巴人"的精神。《八连颂》通俗性很强，艺术至上的人不会喜欢它的。可是这篇作品多年来传诵不衰，最近报纸上还引用"军民团结如一人，试看天下谁能敌"。你说它诗味淡薄，我认为它意义重大。毛主席领导中国革命，对军队问题一直很重视，从这篇作品里也可以看出来。

又如1935年写的《给彭德怀同志》一诗："山高路远坑深，大军纵横驰奔。谁敢横刀立马？惟我彭大将军！"短短四句，写出了当时的战斗形势，反映出他对彭总的高度赞扬。末二句，真是豪情

3

如海,英气冲天!

列于副编中首位的《送纵宇一郎东行》一诗,写于1918年,写出了"丈夫何事足萦怀,要将宇宙看稊米。沧海横流安足虑,世事纷纭从君理"的凌云壮志与满腹激情。从字句的锤炼上,从用典上,从学识的广博上,难以设想它出自一个二十多岁的青年之手,怎能不叫人钦佩仰止!这副编里的八首作品,有古诗,有律诗,有六言诗、杂言诗,有词,形式多样,如列八珍。

这本《毛泽东诗词鉴赏》,是个浩大的工程。我一人独力难支,幸有两位副主编同志与我并肩奋战。一位是北师大现代文学研究专家蔡清富老友,另一位是中央文献研究室从事毛主席作品研究的李捷同志,我们三人合作得融洽而和谐。河北人民出版社的李良元同志也来去奔波,使这本书在不足一年的时间内,能与广大的读者见面,我与我的同事们共同感到欣慰。感谢对毛主席生平事迹有研究的同志,为原诗词的写作背景提供了较为准确具体的材料。向几十位热情撰稿的同志,致以衷心的谢意!我们合力同心完成了这件很有意义的工作。

1990年2月23日

目　录

3

9

附录二

毛泽东诗词学习研究等方面的相关文章

五 古

挽易昌陶

一九一五年五月

去去思君深，思君君不来。愁杀芳年友，悲叹有余哀。衡阳雁声彻，湘滨春溜回。感物念所欢，踯躅南城隈。城隈草萋萋，涔泪侵双题。采采余孤景，日落衡云西。方期沅澧游，零落匪所思。永诀从今始，午夜惊鸣鸡。鸣鸡一声唱，汗漫东皋上。冉冉望君来，握手珠眶涨。关山蹇骥足，飞飙拂灵帐。我怀郁如焚，放歌倚列嶂。列嶂青且茜，愿言试长剑。东海有岛夷，北山尽仇怨。荡涤谁氏子，安得辞浮贱？子期竟早亡，牙琴从此绝。琴绝最伤情，朱华春不荣。后来有千日，谁与共平生？望灵荐杯酒，惨淡看铭旌。惆怅中何寄，江天水一泓。

这首诗写于 1915 年 5 月，作者抄录在 1915 年 6 月 25 日致湘生的信中，随信最早发

1

表在湖南出版社 1990 年 7 月版《毛泽东早期
文稿》中。

注 释

[易昌陶] 字咏畦,湖南衡山人。湖南省立第一师范学校学生,与毛泽东同班。1915 年 3 月病死家中,5 月 23 日学校为他开追悼会。毛泽东在致湘生(生平不详)信中说:"同学易昌陶君病死。君工书善文,与弟甚厚,死殊可惜。校中追悼,吾挽以诗,乞为斧正。"

[去去] 越去越远。汉代《别诗》四首(旧作苏武诗)其三:"参辰皆已没,去去从此辞。"

[衡阳雁声彻] 湖南衡阳有回雁峰,相传大雁向南不过此峰。雁声响彻衡阳,比喻思友悲叹的深切。

[春溜(liù 六)] 即春水。

[踯躅南城隈] 踯躅(zhí zhú 直烛),徘徊。南城隈(wēi 威),南城墙弯曲处。

[涔(cén 岑)泪] 不断流下的泪。

[采采余孤景] 采采,丰盛貌,众多。余,剩下。孤景(yǐng 颖),孤影,这里指作者。

[日落衡云西] 衡云,衡山上的云烟。衡山在长沙之南,这里"衡"指长沙之西属衡山七十二峰的岳麓山。

[沆瀁(hàng yǎng 巷养)] 犹汪洋,水深广的样子。左思《吴都赋》:"濆溶沆瀁,莫测其深,莫究其广。"

[零落匪所思] 零落,这里以草木凋零比喻人的死去。匪,同非。

[汗漫东皋上] 汗漫,本义是漫无边际,这里指漫步。东皋(gāo 高),泛指田野或高地。

[关山蹇(jiǎn 简)骥足] 关隘山川阻碍良马的奔跑。骥足,比喻俊逸的人才。

[茜(qiàn 欠)] 深红色。

[岛夷] 古指分布在我国东部沿海及附近岛屿的民族。这里借指日本。

[北山尽仇怨] 北方群山间有人仇视我们的国家,这里指沙皇俄国。

2

　　[子期竟早亡,牙琴从此绝] 《吕氏春秋·本味》称,伯牙弹琴,钟子期听了,完全懂得伯牙琴曲的意境。钟子期死,伯牙碎琴绝弦,终生不再弹琴。

　　[铭旌] 灵柩前的旗幡。

　　[泓(hóng 洪)] 水深的样子,这里以"水一泓"比喻深情。

"余哀"深且长 "荡涤"寇与仇

——读五古《挽易昌陶》

董正春

　　五古《挽易昌陶》写于 1915 年 5 月,在毛泽东的诗词创作中是一首有着特殊意义的诗作。当时毛泽东正值二十二岁的"芳年",是湖南省立一师莘莘学子中的佼佼者,正处于知识日增、理想臻成的人生重要阶段。这首诗是骚动于中国现代社会门槛前欲有所为的"近代社会"激进青年的一段感情心路的真实反映,是今日所见有手迹为证的毛泽东诗词中最早的一首。同时,这又是一首别具一格的悼亡挽歌,有着飞扬的古韵新风和独到的美学底蕴,令人味之无穷。

　　出生于 1893 年的毛泽东,迎接他的是 1894 年 7 月的中日甲午战争和 1895 年 4 月的中日《马关条约》的签订等一系列中华民族深受屈辱的事件。当然,也有不屈的中国人民的抗争。中日战争爆发的同年,孙中山领导的兴中会在檀香山建立;而在《马关条约》签订的同年,康有为发起了要求变法的"公车上书";孙中山则发动了广州起义。在这种侵略、反抗、失败的社会氛围中的毛泽东,则表现了很不寻常的聪慧和好学。十三岁即走"出乡关",到外面求学闯社会。直到 1918 年,年当二十五岁的毛泽东才结束了在湖南一师四年半的学习生活。他高唱着"自信人生二百年,会当水击三千里"的豪迈诗句，北上天津、北京，南下南京、上海，跃入了更为广阔的天地，为探求真理、改造中国和实现自己的宏伟志向，踏上了一条艰难曲折而又通向胜利的人生之路。在省立一师学习的几年时间，是毛泽东人生征途中的重要一段。面对新知识，他如饥似渴地读着富有新思想的达尔文、亚当·斯密以及孟德斯鸠和卢梭等人的著作。"贪婪地读、拼命地读，正像牛闯进了人家的菜园，尝到了菜的味道并拼命地吃一样。"（高菊村等《青年毛泽东》）毛泽东在 1913 年写下的长达九十四页的《讲堂录》，全面地反映了他学习中西文化的体会、认识的提高以及世界观、人生观的逐渐形成。尤其是他在揭露日本侵略者和卖国贼的小册子《明耻篇》中所加的心得性的"批语"，和在给萧子升的长信中以未来政治家、战略家的眼光所预言的"二十年内，非一战不足以图存"以及"而国人犹沉酣未觉注意东事少"（《上海党史研究》1995 年第 4 期）的警示，这都表现出了他忧国忧民、探求真理的思想根基以及必然走向信仰马克思主义、立志社会革命的发展趋势。果然，五四运动一爆发，毛泽东很快站在了反帝爱国运动的最前列，并且很快办起了"以宣传新思想为主旨"的《湘江评论》，为新的历史时期的到来鼓与呼。

　　而求学于省立一师的那段时间，对青年毛泽东来说确实是非常重要的。他自己在后来曾颇有感慨地说过这样的话："我在湖南省立第一师范学校的生活中，发生的事情很多，我的政治思想也是在这一时期开始形成。在这里，我也获得了社会活动的最初经验。"（斯诺《红星照耀中国》第 107 页）他还说过："我没有正式进过大学，也没有到国外留学。我的知识，我的学问，是在一师打下了基础。一师是个好学校。"尤其值得注意的，是他学习观点上的一个重大转变。他在 1915 年 6 月 25 日《致湘生信》中说："盖文学为万学之源，吾前言诗赋无用，实失言也。"（《毛泽东早期文稿》第 8 页）所以，除了对哲学的浓厚兴趣外，"毛泽东在一师，对文学的学习和研究也投入了很大的精力。他大量阅读从先秦至晚清的文赋诗词曲及传奇小说、笔记等，像《离骚》《九歌》全文誊抄；《韩昌黎集》全读了，大部分能背诵。他已经初步形成了自己的文学

4

观。他的文言散文写作，已达到炉火纯青境界；诗创作已初步显现出气象恢宏、意境壮阔、气势豪纵的艺术个性。"（刘汉民《诗人毛泽东》第 42 页）

这样的思想根基，这样的文学素养，才能写出像五古《挽易昌陶》这样的诗。是时代与人铸就了诗，这样的诗又是时代性与诗人个性的形象展示。

1915 年，毛泽东在师范读书的生活已进入了第二个年头，当时他不过二十一二岁的年纪。早已"立志出乡关"的毛泽东，此时的思想已颇具时代性和先进性，已由年少时的笼统立志，上升为寻找真理而后立志并按真理去做。因此，此时的毛泽东可以说已达到了"心系社会，苦学砺志"的较高的境界。毛泽东那种忧国忧民的强烈的社会责任感，正是他之后全身心地投向社会走向革命并成为中国革命领路人的思想基础。由此也可以看出：为社会为民众立志，对青年的成长、对一个人的一生是多么重要。1915 年 1 月，日本向急欲称帝的袁世凯提出了亡我主权的所谓"二十一条"，并于 5 月 7 日发出"最后通牒"向袁世凯施加压力，袁对此竟表示基本接受。日本帝国主义的野心与蛮横，卖国贼的求荣与屈从，立即激起了国人的愤慨与声讨。青年毛泽东在一本《明耻篇》小册子封面的题词中发出了爱国青年正义的呐喊："五月七日，民国奇耻；何以报仇，在我学子！"5 月 13 日，一师学友会为病逝不久的易昌陶同学举行追悼会。就在此时，毛泽东为他新故去的学友写了感慨时世、富于哲理而又感情深切的挽联："胡虏多反复，千里度龙山。腥秽待湔涤，独令我来何济世；生死安足论，百年会有殁。奇花初苗，特因君去尚非时。"联语充满了对"胡虏"的深恨，表达了急于"济世"的社会责任感，最后落脚到对同学挚友病逝的悲痛和惋惜。

毛泽东还以同样的心情写下了这首五古《挽易昌陶》。在长达四十句的挽诗中，青年毛泽东以故友生前的种种情状，特别是相知相交的许多往事，表达了对挚友的深切怀念之情，并由对学友的哀痛联想到国危民忧的多事之秋：正欲同道共勉地干一番事业，以实现报国拯民之志时，年轻的学子却英年早逝。此悲此痛，何可言哉？于是发誓为国抗敌，以告慰早逝的朋同。最后，再一次痛数内心的悲苦以及对知音的永远怀念。全诗以一个"情"字贯穿始终，情生于心，情寄于物，情缘于景。情思缕缕如丝，情思淙淙如溪。或急或缓、或隐或显、或实或幻，可谓曲尽其情。诗人对亡友的这种感情是有基础的，既有同窗之谊，更有知音之遇。正如毛泽东在致湘生的信中所说："同学易昌陶君病死。君工书善文，与弟甚厚，死殊可惜。校中追悼，吾挽以诗。"因此，情真意切、真实感人，便成为这首诗的一个突出特点。本诗由衷而发，"恍惚而来"（清人贺贻孙语），飘逸出一种汇聚着真诚、纯正、丰富、深沉有致的情感美。同时也向我们展示了青年毛泽东重友情、尚才华、愿与志趣相合者共赴前程的高尚情怀。

这首挽诗，不仅曲尽其情，而且情尽其妙。诗的开头四句，便写出了哀愁的深重。"去去思君深"看似平常直朴，却因对照互衬而增加了新意。去者，离也，即离开人世到另外一个不能确知的去处。"去去"，（你）越走越远了，诗人不忍说出那个"死"字，宁愿相信"君"只是暂时的"离去"。既然是"离去"，必有归来的一天，作者的企盼就在其中。然而随着"君"之越去越远，作者对"君"的思念也越来越深。所以，当"思君君不来"时，便出现了一连串的感情大波，即"愁杀""悲叹""余哀"，其哭诉悲楚之状立即显现在了读者面前。在感情的集中宣泄之后，接着便转入了对往事的回忆：那同窗好友的交往，那"蹰躅南城隅""城隅草萋萋"的今昔，那"方期沕潏游，零落匪所思"的遗憾，惟有落日孤影、泪流满腮了。同样是写哀伤，这一层与上一层显然又有不同，直言宣泄与情景衬托，疏密相间，各得其效。

接下来，诗人又转入幻觉梦境，以实虚的对比长歌当哭，进一步表达了对挚友的思念与痛失良才的忧伤。"放歌倚列嶂"由对一人的哀伤转向对祖国前途命运的忧虑，并决心"试长剑"以报"岛夷""北山"之仇。最后以典故再叙"知音"之交，再寄"江天水一泓"的哀思。就在这富于变化的情感中，青年毛泽东对学友的深切怀念、对祖国的一片赤诚之情已是跃然纸上。全诗所表现出来的丰富的情感美韵，更给人留下了深深的回味余地。凡此种种，

6

都使挽诗给情感美增添了新的内涵,从而使最具感情色彩的悼亡诗,在继承创新中获得了新的成就。

说到这里,似乎仍觉语犹未尽。至少有三个方面的问题仍需做进一步的探讨。今简述如次,以申抛砖之意。

首先是包括这首诗在内的毛泽东早期诗(联)在近代文学发展中的地位问题。

中国近代文学,是一种具有过渡性质的文学,是属于从古典文学向现代文学发展的资本主义范畴的文学。它是近代社会生活在艺术领域中的反映,也是中国近代革命斗争过程在文化思想战线上的反映,是为新的资本主义经济和政治服务的。而近代文学正是这种"新文化"的重要组成部分,它具有前所未有的反帝爱国、反封建、争民主等一系列时代意义的新特点,为五四新文化运动开辟了道路,因此有着承前启后的特殊作用。所以,对中国近代文学的探索和认识,尤其是对其所具特征的把握和理解,对准确地评价毛泽东早期诗(联)是必不可少的。

综观中国近代文学,其"在思想内容方面最突出的特点是爱国主义和民主主义,这也成了近代文学最主要的两大主题"。而"中国诗歌发展到近代,从内容到形式都有了新的变化,呈现了新的特点":"(一)从文学主题上看,反帝爱国诗歌的大量涌现,是近代诗歌最突出的特点之一。""(二)描写新事物、表现新思想、创造新意境,是近代诗歌重要的成就之一,也是它突出特色。"(郭延礼《中国近代文学新探》)

从诗歌创作来看,毛泽东始于1905年的早期诗(联),正好是在近代进程中的民主主义革命时期。他的早期诗(联),从不同侧面展现了近代诗歌的时代风采,应该作为毛泽东现、当代诗词创作的"滥觞"给予应有的重视。

毛泽东的早期诗(联)(我们取其1906年至1919年这段创作时间的作品),其中1915年的五古《挽易昌陶》和1918年的七古《送纵宇一郎东行》,尤可作为代表。从这些不足十首(副)的诗(联)中,我们仍可以看出一位青年学子的高远志向和爱国情怀,仍可谛听到一位热血青年在时代激流中的真诚呐喊和对美好理想的热切呼唤。正如新民学会的会员很快转入社会主义青年团、共产主义小组一样，毛泽东的诗（联）创作也已成为现代文学革命中代表共产主义思想的知识分子的启蒙开山之作，成为新的历史时期以马列主义新思想为指导的普罗文学的先声。

其次是包括这首诗在内的毛泽东笔下的悼亡诗在几类文体发展中的成就问题。

悼亡诗，有广狭二义。其狭者仅限悼念亡妻而作，我们取广义，指悼念亲友朋同亡故者的各种诗词。《文心雕龙·诔碑》篇中的两句话"观风似面，听辞如泣"，基本可以概括出悼亡诗的大旨，是说追述其业绩美德使人如同亲见其面一般生动真切，而那表达的言辞诗句就像悲泣的哭诉一样感人。由此可以看出，悼亡诗必能写出亡者的"真人"和悼者的"真情"才算上乘。同其他类体的诗词相比，悼亡诗尤其是主情的，情真意切的追思往往使读者心灵震颤，从而由悲切升华为一种精神力量。这就是悼亡诗所特有的美学力量。而这种为别的什么诗词所难具的力量，又缘自它的美学方面的固有的内涵。因此，悼亡诗也历来为人们所重视，其中的优秀篇什则一直在广大读者之中传诵，在中国的文学发展史上留下过富有异彩的一页，对后世文学产生了一定的影响，成为中国文学系列精品中不可或缺的一个组成部分。说到"悼亡诗"，不能不说到潘岳潘安仁。这位西晋文坛上的著名作家以写赋诔最负盛名，诗作虽然不太多却以"悼亡诗"为世人所熟知。因他的三首《悼亡诗》都是为悼念亡妻而作，所以"悼亡"自此便成了专指，《悼亡诗》的狭义界定便由此而始。潘岳以"潘才如江"（钟嵘《诗品》语）的笔力，在《悼亡诗》中细腻地描写丧妻后物是人非、睹物思旧的哀伤心情，真诚地表达了对亡妻的怀念之切。"望庐思其人，入室想所历"，以平常之话语写流注的情愫，给人留下了深刻的印象，从而以语淡情浓为人们所称道。此类悼亡诗，悲则悲矣，但往往又过于伤感，或仅止于伤感悲泣，存在着诸多方面的局限性。毛泽东的悼亡诗，既是对中国悼亡诗优秀传统的继承，又在内容和表现形式等许多方面都有发展和创新，并形成了有自己特色的美学风格，成为中国悼亡诗发展到一个新水平的具体体现。

8

现在,收录于最新出版的《毛泽东诗词鉴赏》增订二版中属悼亡诗的,我们认为有四首,即写于 1915 年 5 月的五古《挽易昌陶》,写于 1943 年 3 月的五律《挽戴安澜将军》,写于 1957 年 5 月 11 日的《蝶恋花·答李淑一》和写于 1963 年 12 月的七律《吊罗荣桓同志》。虽然篇数不多,但写作的时间跨度大,前后相距近半个世纪,从中可以看出诗人毛泽东创作发展中的某些线索。另外所采用的形式也不一样,有五古、五律,又有词和七律。再就是所悼念的对象也不一样,有青年时期的学友,有战死在沙场上的抗日将军,更有战友、夫人、革命先烈和功勋卓著的老元帅。这些不同,就使得同是毛泽东笔下的悼亡诗,在同表哀悼追念中却有着各自的神韵风采,在同是"观风似面,听辞如泣"之中感受到诗人丰富的精神世界和真实涌动的感情波涛,并很自然地经受到高尚人格和情操的熏陶,在由此而营造的美学氛围中来一番面对人生、面向未来的思考。

第三是作为古风体的这首诗在继承传统方面的启示问题。

现在可见的毛泽东诗词中,古风体有两首:一首是这首五古《挽易昌陶》,另一首是七古《送纵宇一郎东行》,都属毛泽东的早期诗作。毛泽东写于这个时期的诗词必当不少,令人遗憾的是"失传"太多,"辑佚"又收效甚微。萧永义先生说:"毛泽东青少年时代就能做诗填词。他在湖南求学期间,经常与同学相唱和,曾一次抄给周世钊几首诗词,可惜大都失散了。我们现在能读到的最早的诗是题为五古《挽易昌陶》的五言古风长诗。"(《毛泽东诗词史话》第 4 页)足见这首诗是多么珍贵。

这首古风体的长诗,其风格古朴而又有新意,更是弥足珍贵。"五言诗是文学史上取代四言诗而兴起的古诗体裁,其特点是通篇主要用五字句组成。最早出现的是汉代乐府民歌,接着是魏晋南北朝乐府民歌,以及东汉以后一些文人学习民歌创作的五言诗。"(吴秋阳《毛泽东诗词格律鉴赏》第 17 页)其中著名的北朝民歌《木兰辞》、无名氏的《古诗十九首》以及曹植的《七步诗》等等,早已成为脍炙人口、千古传诵的名篇。即使在五、七言格律诗称霸的情势下,也依然是熠熠生辉!深谙诗词格律并对毛泽东诗词格律倾注几十年心血进行研究颇有心得和见解的吴秋阳先生在其专著中说："五古是不受格律约束的自由诗。但是，当我们反复吟诵毛泽东同志这首五古《挽易昌陶》，不难发现一个显著特色，就是力求工整匀称的格律化的美。或者说，为我们树立起写古体诗也追求格律美的榜样。"

李锐先生在《毛泽东早年读书生活》中说得好："从诗的艺术来说，这首五言古风长诗，是可以同汉魏乐府古风比美的。"香港有一位毛泽东研究专家刘济昆先生于《毛泽东诗词全集》的"评说"中同样说得好："毛泽东在一师就读时期，文才出众，作文常被留作展览的模范。""要研究毛泽东在一师就读时的文采，这首《挽易昌陶》至为重要。其时毛泽东廿二岁，文笔已见成熟。"

七 古

送纵宇一郎东行

一九一八年四月

　　云开衡岳积阴止,天马凤凰春树里。年少峥嵘屈贾才,山川奇气曾钟此。君行吾为发浩歌,鲲鹏击浪从兹始。洞庭湘水涨连天,艟艨巨舰直东指。无端散出一天愁,幸被东风吹万里。丈夫何事足萦怀,要将宇宙看秭米。沧海横流安足虑,世事纷纭从君理。管却自家身与心,胸中日月常新美。名世于今五百年,诸公碌碌皆余子。平浪宫前友谊多,崇明对马衣带水。东瀛濯剑有书还,我返自崖君去矣。

　　这首诗写于 1918 年 4 月,最早非正式地发表于 1979 年第 10 期《党史研究资料》,是由罗章龙在《回忆新民学会(由湖南到北京)》一文中提供的。

注　释

[送纵宇一郎东行]　纵宇一郎，罗章龙在 1918 年将去日本前取的日本名。他临行前，新民学会会员在长沙北门外的平浪宫为他饯行。这首诗就是毛泽东同志当时为送罗章龙东行所写。罗到上海后，正值 5 月 7 日（1915 年日本政府向袁世凯政府提出"二十一条"最后通牒的日子），当时日本军政当局以暴力压迫中国留学生的爱国运动，迫使他们回国，罗因此没有去成。罗章龙（1896—1995），湖南浏阳人，新民学会发起人之一，毛泽东青年时期的好友。他于 1921 年加入中国共产党，1931 年被开除出党。后历任河南大学、西北联合大学、湖南大学等校教授，逝世前任中国人民政治协商会议全国委员会委员。

[天马凤凰]　岳麓山南麓的两座山名。

[屈贾]　指战国时爱国诗人屈原、西汉杰出政论家贾谊，两人都曾贬谪长沙。司马迁《史记》将他们合为一传，后人因称屈贾。

[山川奇气曾钟此]　钟，聚集。古人认为，杰出人才的产生是因山川奇气集中所致。

[鲲鹏击浪]　《庄子·逍遥游》说，鲲鱼所化的大鹏鸟，从北溟飞到南溟时，"水击三千里，抟扶摇而上者九万里"。击浪，即击水，也即水击。

[艟艨（chōng méng）]　通作"艨艟"，战舰。此指轮船。

[要将宇宙看稊（tí）米]　要把宇宙大事看成小米一样的小事。《庄子·秋水》："中国之在海内，不似稊米之在太仓乎？"稊，草名，实如小米。

[名世于今五百年]　《孟子·公孙丑下》："五百年必有王者兴，其间必有名世者。"名世者，指辅佐兴王、平治中国的人物。

[诸公碌碌皆余子]　诸公，指当时的当权人物。碌碌，平庸。《后汉书·祢衡传》："常称曰：'大儿孔文举（孔融），小儿杨德祖（杨修）。余子碌碌，莫足数也。"余子，其余的人。

[崇明对马衣带水]　长江口的崇明岛和日本的对马海峡，相隔只一衣带宽的水。《南史·陈后主纪》记隋文帝准备出兵伐陈时对大臣说："我为百姓父母，岂可限一衣带水，不拯之乎？"衣带水，借指长江。

[东瀛濯剑]　指到日本留学。当时有志革新的青年每以剑自比。

奇怀如海　壮志凌云

——读七古《送纵宇一郎东行》

王季思

　　本篇作于 1918 年,是毛泽东同志青年时期的作品,也是他留传诗词中较早的一篇。在此前的二三年内,他结识了在长沙地区志同道合的朋友,后又组织新民学会从事革命活动。细读这首诗,从中可以窥见毛泽东青年时期的学习和工作、情怀和志向,同时加深我们对当时历史背景和时代风云的认识。

　　这时期,日本军国主义利用欧战爆发、西方列强不暇东顾的时机,向中国政府提出阴谋灭亡我国的《二十一条条约》,激起全国人民的反日爱国运动。国内各派军阀,在英、美、日等帝国主义势力操纵下,形成地方割据势力,不断发起内战,给人民带来深重的灾难。在这国际风云变幻、内忧外患交乘的时期,新的时代转机也在萌发。十月革命的胜利,世界上第一个社会主义国家的诞生,在帝国主义顽固堡垒沙俄的土地上,树起了一面崭新的旗帜。中国国内少数学习马克思主义的秘密组织随之产生,为中国共产党的成立在思想上、组织上做了准备。新民学会是其中最显著的一个组织。

　　这时期,毛泽东在《湘江评论》发表了《民众的大联合》一文,主张联合广大人民群众,组成浩浩荡荡的大军,进行反帝反封建的革命运动。李大钊此前在《新青年》发表《庶民的胜利》《布尔什维主义的胜利》二文,热情赞扬十月革命的胜利。

　　现在我们可以进一步赏析原诗了。原诗内容可分三层来看。首十句为一层,点明他们送行的时间——东风浩荡、树木葱茏的春天;活动的地点——衡岳云开、洞庭水涨的长沙,同时抒发了他们的豪情和壮志。不仅行人的击浪远行、送行者的浩歌饯别以及他们的年少峥嵘、风华正茂得以充分表现，即便周围景物也给染上生机勃勃的气氛，显示出一往无前的气概。这是毛泽东诗词的一贯特点。虽然还没有达到后来《沁园春·长沙》《沁园春·雪》等词调，《长征》《答友人》等律诗那样的凝练、鲜明，但其精神上是一致的。自"丈夫何事足萦怀"以下八句为一层，纵论世界形势、身心锻炼，以及对革命事业的信心，抒发这些革命青年的豪情和壮志，是全诗的主要内容。这里有两点得先说清楚。一是毛泽东在此前一年的暑假里，已与少数好友徒步到长沙、宁乡、安化、益阳、沅江五县进行农村调查，又在湖南一师创办工人夜校，为知识分子的深入工农群众开了先路，这才不至于把"管却自家身与心"看作一般知识分子的个人修养。二是诗里引用的《庄子》《孟子》的话，都不能按照传统的原意来理解。毛泽东在阅读这些古代名著时是批判地加以吸收，在创作中是灵活地加以运用的，决不是照搬它们的原意。《庄子》太仓稊米的比喻，是说一切事物的大小、贵贱都是相对的，只能听其自然，无须加以辨析，这跟诗里表达的敢于担当天下大事的思想境界决不是一回事。后来他在《满江红·和郭沫若同志》词中所写的"小小寰球，有几个苍蝇碰壁……要扫除一切害人虫，全无敌"，更鲜明地表达了这一点。《孟子》说："五百年必有王者兴，其间必有名世者。"是从天生圣人创造一代王朝的历史观出发的。他说的王者是指商汤、周武等开国帝王；名世者是指伊尹、周公等辅佐帝王的人物，这跟当时新民学会以联合民众改造中国和世界的宗旨也截然不同。后来毛泽东在《愚公移山》里表示要挖山不止的决心时就表达得更清楚："我们也会感动上帝的。这个上帝不是别人，就是全中国的人民大众。"这是批判继承、推陈出新，叫传统文化为现实革命服务的创作方法，在毛泽东的诗文里屡见不鲜。不理解这一点，就容易把他在革命实践中的雄才大略、在诗词创作中的豪情壮志，都看成是帝王思想的表现。最后四句表现他们的革命友谊将不会为崇明、对马之间的海水所隔断，是第三层意思。这里也化用了《庄子》的两句话，但加上了"东瀛濯剑有书还"的革命友谊，就淡化了原著里幻想弃国远游的消极情绪。

　　这首诗有三点值得我们注意。首先是它对今天青年读者的鼓舞作用。青年人代表社会的新生力量，虽然比较稚嫩，却富有生气。由于它符合历史的潮流、人民的希望，终将成熟起来、坚强起来并战胜暂时还比较强大的腐朽势力。有了这种认识，在革命实践中不断加以锻炼，才会树立"要将宇宙看稀米"的壮志和"胸中日月常新美"的奇怀。其次，不论革命事业或科学学习，都要从远处着眼，近处着手。远处着眼才有远大的目标、明确的方向；近处着手才能从实际出发，从本身做起。当时新民学会的活动集中在长沙，他们的重要主张是在革命实践中锻炼身心。诗里把长沙的历史、环境写得如此生气勃勃，把当时革命青年的身心、友谊写得如此光彩照人，就体现了这种精神。最后谈谈这首诗的体裁和艺术成就。这首诗是用七言古风的体裁写的，简称七古。七古有转韵的，也有一韵到底的。一韵到底的七古诗以气势奔放见长，才气横溢的青年诗人每喜用之。据罗章龙回忆，还记起毛泽东青年时期写的两句诗："自信人生二百年，会当水击三千里。"从句律推断，也是七古体。一韵到底的七古诗体长韵多，不容易写得通体浑融，前人每以"如长江大河挟泥沙俱下"来形容它。毛泽东当时还是青年学生，诗词功力未深，这首诗在艺术上也长短互见。长处是气势奔放，一气呵成，短处是语意不免复出（如"丈夫何事足萦怀"以下六句），辞意间有未畅。我们如拿毛泽东后来的诗词在艺术上加以比较，就显见高下了。

虞美人

枕 上

一九二一年

堆来枕上愁何状,江海翻波浪。夜长天色总难明,寂寞披衣起坐数寒星。

晓来百念都灰尽,剩有离人影。一钩残月向西流,对此不抛眼泪也无由。

这首词写于 1921 年,首次正式发表于 1994 年 12 月 26 日《人民日报》。此前,1983 年 5 月 22 日《解放军报》刊王谨著文中公布了这首词,以后别的报纸书籍中陆续转录,流传极广,但均有多处讹误。

注 释

[离人] 指作者的夫人杨开慧。杨开慧(1901—1930),湖南长沙人,1920 年冬与毛泽东结婚,1921 年加入中国共产党,在中共湘区委员会负责机要兼交通联络工作,后随毛泽东去上海、广州、武汉等地从事革命活动。1927 年大革命失败后,隐蔽在长沙板仓坚持地下工作。1930 年 11 月 14 日被国民党反动派杀害。

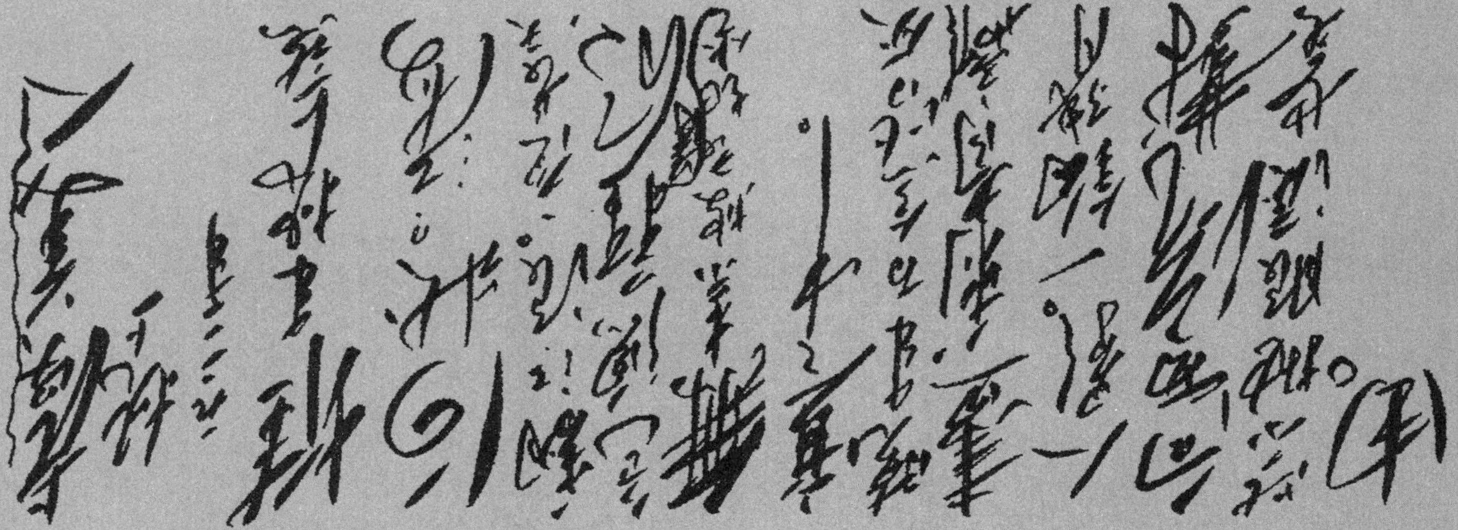

纯真炽热的恋歌

——读《虞美人·枕上》

何火任

　　展读毛泽东的《虞美人·枕上》，我仿佛看到一个正处于新婚别离煎熬之中的年轻男子的心：像一轮朝阳，像一团火球，从他那洪波涌动的精神世界深处腾跃而出，在浩瀚的海面上微微颤动，那么鲜艳，那般炽烈，那样动人心弦。

　　这不是一位普通的青年，他的心也不是向着一位普通的年轻女子在倾诉。他们是风华正茂的毛泽东和杨开慧。这双正迎着时代风浪振翅齐飞的比翼鸟，这对叱咤风云、共赴国难的革命伴侣，他们从初识到建立美满家庭，历经了较久的恋情。早在1914年至1918年，毛泽东在长沙湖南第一师范学校求学期间，就深受他的老师杨昌济夫妇的器重与钟爱，也赢得他们的女儿杨开慧的青睐与钦慕。1918年夏至1919年冬，毛泽东为革命事业奔波，曾两次到北京，同已携眷赴北京大学任教的杨先生家交往甚密，同杨开慧产生了火热的恋情。古都街头和北海湖畔的垂柳下，都留下过他们初恋的情影，饱尝了暂别的思念之苦和重逢的欢悦。1920年初，毛泽东在忙于革命活动的同时，常抽空去医院协助杨开慧照料重病住院的父亲，不久又帮助料理后事并陪同开慧及母亲扶柩回长沙板仓故里安葬杨先生。同年夏，毛泽东为缔造中国共产党进行思想和组织准备，在长沙积极参与组建湖南共产主义小组和社会主义青年团，创办文化书社，资金极为紧缺。杨开慧加入了青年团，并从母亲那里取来父亲去世时的祭葬费资助毛泽东。1920年冬，毛泽东与杨开慧结婚。1921年春夏间，毛泽东离别新婚的爱妻，到沿洞庭湖的岳阳、华容、南县、常德、湘阴等地进行社会调查。

据初步考证,《虞美人·枕上》正是写于此时。

毛泽东与杨开慧这对风雨同舟的战友、心心相印的爱侣之间的至真至美之情,导引我们走进《虞美人·枕上》这首词所营构的纯真而炽烈的感情世界。毛泽东在词中并未去回味他们恋情之美好和新婚之甜蜜,而只将他离别妻子后的思念之苦凝聚在一个"愁"字上,通过对自己愁情似火的心态的抒写与描绘,更真切地表达出他对杨开慧那深沉似海的情,那刻骨铭心的爱。词中这种离情别绪,依着时间的顺序和感情自身的逻辑轨迹,步步推进,层层深入,一浪高过一浪,动人肺腑。开篇一个"堆"字,写尽了作者枕上那倒海翻江般的情思。他拥枕待旦,辗转反侧,难以入眠,思恋之情无法排解,因而怨恨夜太长,天难明。无奈中,他只好披衣起坐,数着天上的寒星:莫非那漫洒夜空、闪闪烁烁、寒气袭人的星星,正是他心中那寂寞惆怅的思念之情向着茫茫宇宙在倾泻? 好不容易熬到天破晓,可此时他已深深感到自己在孤独凄清之中百念俱灭,心灰意冷,只剩下那可念而不可及的离人身影仍在眼前闪现晃动。至此,恋妻之情已表现得入木三分。然而,多情的老天爷仍不放过痴情人。看,那斜挂晓空的一钩残月正无情地向西流去,仿佛要将他那一腔剪不断、理还乱的缱绻缠绵的恋情引向无边的天际。面对此情此景,他怎么能够不热泪盈眶、潸然泪下呢?

首先被这首词震撼心扉的是杨开慧本人。她的挚友李淑一曾回忆说:"开慧经常向我谈起毛泽东的为人和品质,连恋爱中的'秘密'也告诉我。有一天,我们在流芳岭下散步,开慧告诉我她收到毛泽东赠给她的一首词。我问什么内容,她毫无保留地念给我听,并让我看了词稿。"(引自王谨《从〈虞美人〉到〈蝶恋花〉》,1983年5月22日《解放军报》)这首词就是《虞美人·枕上》。可见《枕上》曾经怎样深深地打动了杨开慧的心,引起她心弦强烈的颤动,以至使她难以自持、按捺不住地向好友倾吐。

《虞美人·枕上》之所以如此动人心魄,令人回肠荡气,主要就在于词中所抒写的惓惓爱恋之情是那样深挚、纯真而炽热。"情深而文明,气盛而化神"(《礼记·乐记》),"情不深则无以惊心而动魄"(焦竑《雅娱阁集序》),"诚挚是一个人的最高的品格"

（裴多菲《〈诗歌全集〉序》）。可以说,古今中外的大作家、大艺术家都深谙文艺创作这一真谛。傅雷在《傅雷家书》中曾写道:"所谓赤子之心,不但指纯洁无邪、指清新,而且还指爱! ……这个爱决不是庸俗的、婆婆妈妈的感情,而是热烈的、真诚的、洁白的、高尚的、如火如荼的忘我的爱。"毛泽东在这首词中所着意表达的,正是这样一种发自"赤子之心"的爱。

　　这种愁肠百转、缠绵悱恻的爱,在词中被作者描绘得如此富有情趣和神韵,如此执着苍凉而又意味深长,表现出一种令人回味无穷的沉郁的意境和婉约的风格。显然,《虞美人·枕上》的创作,吸取了中国古代婉约派词风的精髓,而又有着自己独创性的发展。辛弃疾在《丑奴儿·书博山道中壁》词中感叹道:"少年不识愁滋味,爱上层楼。爱上层楼,为赋新词强说愁。　而今识尽愁滋味,欲说还休。欲说还休,却道天凉好个秋。"辛弃疾的词风以豪放著称,在词里不直言"愁",而只说"天凉好个秋",表现出婉约词风中缠绵婉转、含蓄蕴藉即所谓"软媚"的特征。当然,婉约词也有直言其"愁"的,如"问君能有几多愁? 恰似一江春水向东流"(李煜《虞美人》);"楼头残梦五更钟,花底离愁三月雨"(晏殊《玉楼春》);"争知我,倚栏干处,正恁凝愁"(柳永《八声甘州》);"去意徘徊,别语愁难听"(周邦彦《蝶恋花》)等等。特别是婉约派代表词家之一的李清照,更常在词中将"愁"字特别点出,并抒写得淋漓尽致,如:"寻寻觅觅,冷冷清清,凄凄惨惨戚戚……这次第,怎一个愁字了得。"(《声声慢》)"只恐双溪舴艋舟,载不动许多愁。"(《武陵春》)毛泽东的《虞美人·枕上》,虽然也如许多婉约派词作一样写男女恋情、离愁别绪,且写得那样委婉细腻、流畅自然,但又一洗那种娇娆妩媚、绮罗香泽之态,也不事藻饰与典故,而是表现得如此纯真炽热,朴素坦诚,这无疑给婉约词风注入了一种艺术生命的新情愫。

　　毛泽东在1957年8月1日读范仲淹词时曾写下批语说:"词有婉约、豪放两派,各有兴会,应当兼读……我的兴趣偏于豪放,不废婉约。"的确,毛泽东的诗词创作,同他读诗词的兴趣密切相关。他的诗词绝大多数为豪放风格,也有融豪放与婉约于一体的词章如《贺新郎》，而《虞美人·枕上》可以说是他的婉约词风的代表作。

这首词也是迄今为止我们所能读到的毛泽东写的第一首爱情词。他创作这首词时虽年方二十八岁，然而他不仅已经是一位坚定的马克思主义者，而且是一位中华民族悠久文化遗产的优秀承继者。因此，词中深蕴着他作为杰出无产阶级革命家对爱情所独具的诚挚的品格与精神，同时洋溢着古往今来一般年轻人所特有的火热的激情。尽管如此，这又毕竟是一首他早期的纯情之作，同他后来更为成熟、更为精美、更为出类拔萃的诗词绝唱相比，是不能令他满意的。所以，李淑一于 1957 年 2 月 7 日写信向他索要这首词时，他于同年 5 月 11 日致李淑一信中说："开慧所述那一首不好，不要写了罢。"然而他又十分珍视这首爱情词。1961 年他将该词书赠给卫士张仙朋时说："这个由你保存。"1973 年冬他又将自己作过几处修改的这首词，特意交给保健护士长吴旭君用毛笔抄清。可见，这是一块铭刻在毛泽东心灵深处挚爱杨开慧的词碑。

鲁迅先生在《答客诮》诗中，曾唱出"无情未必真豪杰"的佳句。的确，《虞美人·枕上》生动而深刻地启示我们：毛泽东是一位光照千秋的伟人，也是一位情深意挚的普通人；毛泽东诗词偏于豪放，长于"言志"又不废婉约，善于"缘情"。

贺新郎

别　友

一九二三年

　　挥手从兹去。更那堪凄然相向,苦情重诉。眼角眉梢都似恨,热泪欲零还住。知误会前番书语。过眼滔滔云共雾,算人间知己吾和汝。人有病,天知否?　　今朝霜重东门路。照横塘半天残月,凄清如许。汽笛一声肠已断,从此天涯孤旅。凭割断愁丝恨缕。要似昆仑崩绝壁,又恰像台风扫寰宇。重比翼,和云翥。

　　这首词写于 1923 年,最早发表于 1978 年 9 月 9 日《人民日报》。本词在《人民日报》发表时没有另标题目,在 1996 年收入中央文献出版社出版的《毛泽东诗词集》时,增加了词题《别友》并注明是作者写给夫人杨开慧的。

注　释

[挥手从兹去]　本于李白《送友人》："挥手自兹去。"

[过眼滔滔云共雾]　云雾喻误会。本句意为误会再大也只是过眼即逝的云雾。

[横塘]　指长沙东门外的清水塘,清水塘附近有火车站。

[凭]　意思是借以。在本句中包含两方,非单"请求"彼方。

[昆仑崩绝壁]　昆仑山的峭壁倒塌。这和下面的"台风扫寰宇"都是用来表示"割断愁丝恨缕"、参加革命斗争的强大决心,同时也烘托了未来的大革命的声威。

[重比翼,和云翥(zhù)]　指在将来的斗争中,再在云霄中比翼双飞。《尔雅·释地》："南方有比翼鸟焉,不比不飞。"翥,鸟飞。

革命激情与儿女柔情的统一

——读《贺新郎·别友》

唐　弢

"诗无达诂。"古人说过的,我相信这句话。如果一个人表现在诗里的细微感情可以由第三者用文字如实地转述出来,那还算是什么诗呢? 不过我也相信:事物总是可以分析的。诗,当然并不例外。所谓"无达诂"者,就是虽然可以分析,却未必能将诗人原意说得清清楚楚,没有一点差池也。鉴于这点认识,我才敢于将解释毛泽东同志 1923 年所作《贺新郎·别友》一词的任务承担下来。当作尝试,希望不至于离题太远。

词牌《贺新郎》原作《贺新凉》,苏东坡守钱塘时作。后来有人以此词牌填贺新婚,改"凉"为"郎",一直沿用下来。一个词牌往

往有许多名称,如《贺新郎》又名《金缕曲》《乳燕飞》《风敲竹》《貂
裘换酒》等等。由于唱腔和调门不变,字数、句法、平仄、韵律也仍
然大致相同。偶有一二字出入,只是虚词或后缀词,并不影响全局
的结构。

30 年代中国现代文学有一种奇怪的现象,将一篇既写革命又
写恋爱的作品叫作“革命加恋爱”,诋之为公式化。其实许多青年
都有恋爱经历,革命青年也并不例外。禁止革命青年谈恋爱是可
笑的,禁止谈恋爱的青年同时去干革命,岂不更加可笑吗?青年确
是谈恋爱的时候,又实在是干革命的大好辰光,两者并不矛盾。因
此,倘不能从描写和表现方法上另外举出单调呆板等等公式化的
例子,光从题材内容的革命与恋爱两者并写(许多作品实际上是
如此)出发,便指为公式化,那么,这种批评本身,才是真正不折不
扣的公式化的批评。

毛泽东同志写于 1923 年的《贺新郎》词,我以为是说明这个
问题的最好的例子。

《贺新郎》一词未标题目,一看内容,便知道是作者赠给他的
夫人兼同志杨开慧的。因此,词里有为祖国献身的决心,也有对爱
侣依恋的衷悰,昂扬的革命激情和缠绵的儿女柔情融洽地纠合起
来,给人以浑然一体的深切感受。我还以为,这首词好就好在这两
者的纠合,有了儿女柔情的缠绵,更显得革命激情的昂扬;反之,有
了革命激情的昂扬,也更显得儿女柔情的缠绵。而在这昂扬和缠
绵里,形象地衬托出一对青年男女真挚的感情。这是典型的“革
命加恋爱”的代表作,谁能说这首词是一篇公式化的文学作品呢?

无论是革命激情还是儿女柔情,作者的描写都充满着诗意的
形象,有比有兴。他给陈毅同志信里提出的问题,实际上也是他自
己的写诗经验的总结。一径重霜,半天残月,今天读来,还使人有
“凄清如许”的感觉,何况是身当其境的一对即将别离的青年伴
侣?我以为作者采用《贺新郎》这个词牌也不是偶然的。这个词
牌开首五个字,独成一句,总括全词,干净利落,却引起下文许多情
节。我很喜欢清人李莼客《貂裘换酒》一词,第一句“作计吾归
矣”,接下去便是“算长安衣冠物望,如斯而已”。发了许多牢骚,

也正是同样的写法。"眼角眉梢都似恨"，这似乎儿女情长，却正是英雄本色。鲁迅说得好："无情未必真豪杰，怜子如何不丈夫！"其实也正是这意思。

"知误会前番书语"，这句话表面上很明白，杨开慧对作者前次信里的话有误会处。至于什么误会，作者没有说，我以为读者也没有必要知道。夫妻、同志之间常有误会，别人如何弄得清楚？陶渊明曾说："好读书，不求甚解。"这点便是可以"不求甚解"的地方。反正作者已经声明：误会将像"云共雾"一样过去，"算人间知己吾和汝"。这就够了！有人对"误会"作了许多考证，在我看来，实在穿凿附会，反而多此一举。

汽笛一声，天涯孤旅，人生到此，不免肠断。然而作者夫妇毕竟是一对革命伴侣，因此又相约要割断愁丝恨缕。"昆仑崩绝壁"，"台风扫寰宇"，旨在形容"割断"两字，以表示革命者的彻底和决绝。这一点值得钦佩。但我也很欣赏"重比翼，和云翥"这个结尾，这是一对年轻情侣必有的希望。虽然杨开慧不幸过早牺牲，这个希望未能实现，但这确是一个希望——一切年轻伴侣千秋万代永不磨灭的充满着革命人情味的希望！

1990 年元旦写毕

独立寒秋，湘江北去，橘子洲头。看万山红遍，层林尽染；漫江碧透，百舸争流。鹰击长空，鱼翔浅底，万类霜天竞自由。怅寥廓，问苍茫大地，谁主沉浮？

携来百侣曾游，忆往昔峥嵘岁月稠。恰同学少年，风华正茂；书生意气，挥斥方遒。指点江山，激扬文字，粪土当年万户侯。曾记否，到中流击水，浪遏飞舟。

右沁园春长沙

沁园春

长　沙

一九二五年

　　独立寒秋,湘江北去,橘子洲头。看万山红遍,层林尽染;漫江碧透,百舸争流。鹰击长空,鱼翔浅底,万类霜天竞自由。怅寥廓,问苍茫大地,谁主沉浮?

　　携来百侣曾游。忆往昔峥嵘岁月稠。恰同学少年,风华正茂;书生意气,挥斥方遒。指点江山,激扬文字,粪土当年万户侯。曾记否,到中流击水,浪遏飞舟?

　　这首词写于1925年,最早发表于1957年1月号《诗刊》。

注　释

　　〔长沙〕 作者的青年时代,大部分时间在长沙学习和进行革命活动。词中所说的"百侣"和"同学少年",即指作者1914年至1918年在长沙湖南省立第一师范学校读书时的革命好友。

　　〔湘江〕 湖南省的最大河流,源出广西壮族自治区的海洋山,向东北流贯湖南省东部,经过长沙,北入洞庭湖。

[橘子洲] 又名水陆洲,是长沙城西湘江中的一个狭长的小岛,西面靠近著名的风景区岳麓山。

[舸(gě)] 大船。

[浅底] 指清澈可见底的水下。《水经注·湘水》引《湘中记》:"湘川清照五六丈,下见底。"

[万类霜天竞自由] 万物都在深秋的自然环境中争着自由地活动。

[寥廓] 广远空阔。这里用来描写宇宙之大。西汉司马相如《大人赋》:"上寥廓而无天。"

[谁主沉浮] 究竟由谁主宰着世间万物的升沉起伏。这句问话在这里可以理解为:到底应该由谁来主宰国家兴衰和人民祸福的命运呢?

[挥斥方遒(qiú)] 挥斥,奔放。《庄子·田子方》:"挥斥八极。"郭象注:"挥斥,犹纵放也。"遒,强劲。挥斥方遒,是说热情奔放,劲头正足。

[击水] 作者自注:"击水:游泳。那时初学,盛夏水涨,几死者数。一群人终于坚持,直到隆冬,犹在江中。当时有一篇诗,都忘记了。只记得两句:自信人生二百年,会当水击三千里。"

情景交织的崇高美

——《沁园春·长沙》赏析

向 明

　　阅读毛泽东同志的优秀诗篇,常会得到丰富的审美享受。诗词中洋溢着的崇高美,往往令人产生一种钦敬、赞叹、振奋的感情。在这里,我想以《沁园春·长沙》为例,粗浅地分析毛主席诗词中情景交织的崇高美。

万山红遍——一派壮丽秋景

从美学上讲,崇高美表现于外在方面,体现为高大、辽阔、巍峨、宏伟等等壮丽景象。德国哲学家康德把崇高分为两类:数学的崇高,如高山的体积;力学的崇高,如暴风雨的气势。俄国著名文艺批评家车尔尼雪夫斯基也说:"一件事物较之与它相比的一切事物要巨大得多,那便是崇高。"我国的孔子也把"大"与崇高联系起来,赞叹:"大哉!尧之为君也。巍巍乎,惟天为大,惟尧则之。"这种巍峨、博大、壮阔的崇高美,在毛主席诗词中,以对山川景物的描绘体现得最为鲜明。《沁园春·长沙》就是其中最优秀的篇什之一。

这首词上半阕着重写景。"独立寒秋,湘江北去,橘子洲头。"一开始,作者便把自己置于秋水长天的广阔背景之中,同时也把读者带进了一个高远的深秋境界里。远看:"万山红遍,层林尽染。"作者不仅看到了眼前岳麓山的枫林,也可能联想到了北京香山的黄栌,和祖国无数山岳中由绿变红的乌桕、水杉、槭树、檞树、黄连木……那一重重山,一层层树,让自然之神彩笔一抹,晕染得一片嫣红,比二月笑放的春花还要艳丽,比六月飘舞的彩霞更加瑰奇。近观:"漫江碧透,百舸争流。"秋水澄澈,秋江碧波,脚下的湘江,在秋天更加清澈晶莹,如碧绿的翡翠,如透明的水晶。江面上,千帆竞发,百舸争渡,静中有动,生气勃勃。仰视:"鹰击长空。"万里无云的秋空,雄鹰奋振健羽,自由飞翔。俯瞰:"鱼翔浅底。"因透明而清浅见底的江里,鱼群摆动鳍尾,任意遨游。作者以短短四句诗,描绘出一幅立体的寥廓万里、绚丽多彩的江南秋景,宛如当代著名的岭南画派大家关山月浓墨重彩的水墨山水图,不愧为"驱山走海置眼前"(李白《当涂赵炎少府粉图山水歌》)、"咫尺应须论万里"(杜甫《戏题王宰画山水图歌》)的大手笔。它与作者的另一首词《沁园春·雪》所描绘的"千里冰封,万里雪飘"的北国风光,均是古典诗词中前所未有的雄奇伟丽的全景式风景画。

风华正茂——一段峥嵘岁月

崇高美表现于内在方面，则为伟大高尚心灵的反映。古罗马的朗吉努斯在《论崇高》一文中，就提出崇高是"伟大心灵的回声"。这首词的下半阕着重抒情，正是这种伟大心灵回声的抒发。这种抒发，首先是通过回忆引出的。

"携来百侣曾游。忆往昔峥嵘岁月稠。"作者想起曾与当年的同学和朋友在橘子洲一带散步、游泳、畅论天下大事的情景，回忆起那一段难忘的峥嵘岁月。

这首词写于 1925 年深秋，大约在毛泽东同志离开湖南前往当时革命活动中心广州时所写。毛泽东同志从 1911 年至 1925 年，曾数度在长沙学习、工作和从事革命活动。这期间，国内外发生了许多重大事件，如辛亥革命、第一次世界大战、俄国十月革命、五四运动、中国共产党成立等等，都是影响世界形势的巨大变革。这样的岁月，如历史群山中耸峙的一座又一座峥嵘的高峰。

"恰同学少年，风华正茂；书生意气，挥斥方遒。"在这峥嵘岁月里，作者和他的同学如蔡和森、何叔衡、张昆弟等立志救国的知识青年，正值青春年少，神采飞扬，才华横溢，意气风发，情怀奔放。诗人巧妙地化用了《庄子·田子方》中"夫至人者，上窥青天，下潜黄泉，挥斥八极，神气不变"的意境，来形容新时代的青年从旧思想的束缚中解放出来的自由奔放的胸襟。过去有人解释"挥斥"为批判、驳斥，"方遒"为专家权威，是不准确的。

"指点江山，激扬文字，粪土当年万户侯。"这是对"峥嵘岁月""挥斥方遒"的进一步具体化。面对"万山红遍"的美景，他们既赞叹锦绣河山的壮美，又悲愤大好河山的沉沦。于是，发表激浊扬清的文章，抨击黑暗，宣扬真理，鄙视当时的"万户侯"——军阀如粪土。这一时期，毛泽东同志在长沙组织了湖南学生联合会、新民学会，开办了平民夜校、文化书社和湖南自修大学，参加了反对袁世凯称帝，领导了驱逐张敬尧等反对军阀的活动。特别是创办《湘江评论》,成立马克思主义研究会,为1921年中国共产党的成立,在湖南地区做了思想上和组织上的准备。这些既是"指点江山,激扬文字,粪土当年万户侯"的具体内容,又是写作这首词的时代背景。了解了这个背景,有助于我们进一步体会词中闪耀着的革命者崇高心灵的美的光芒。

中流击水——一腔拿云心事

"少年心事当拿云。"(李贺《致酒行》)诗人和同伴们的拿云心事,从"携来百侣曾游"到"粪土当年万户侯",可说是直抒胸臆,尽情倾吐,如长江大河滔滔而下,气势磅礴,痛快淋漓。在结尾时的"到中流击水,浪遏(è,阻止)飞舟",则是采取象征手法,形象地表达了一代革命青年的凌云壮志。

"到中流击水,浪遏飞舟。"一种解释认为"击水"为游泳,在激流中奋臂划水,掀起的浪花甚至阻挡了飞速前进的航船。我总感觉这一意境与作者赞扬"百舸争流"的精神不太符合。我倾向于"中流击水"即"中流击楫"的转化。《晋书·祖逖传》载:祖逖"中流击楫而誓曰:'祖逖不能清中原而复济者,有如大江!'"后来"中流击楫"就成了立誓复兴祖国的代词。在这里正表示诗人要在新时代的大潮里,乘风破浪,鼓桨前进,立誓振兴中华的壮志豪情。使人读后仿佛听到了一颗爱国爱民的赤心在怦怦跃动,从而感受到一种伟大胸怀所反映出的崇高美。

我国古典诗词的艺术表现手法,很讲究情与景的交融。刘勰说:"繁采寡情,味之必淡。"(《文心雕龙》)谢榛说:"景乃诗之媒,情乃诗之胚;合而为诗,以数言而统万形,元气浑成,其浩无涯矣。"(《四溟诗话》)这首词较好地达到了情景交融的境界。

前半阕虽着重写景,却处处景中寓情。"万山红遍,层林尽染",既是四周枫林如火的写照,又寄寓着诗人火热的革命情怀。红色象征革命,象征烈火,象征光明,"万山红遍"正是作者"星火燎原"思想的形象化表现,是对革命与祖国前途的乐观主义的憧憬。"鹰击长空，鱼翔浅底，万类霜天竞自由"，则是作者对自由解放的向往与追求。"怅寥廓，问苍茫大地，谁主沉浮"的感叹，则由写景直接转入抒怀，自然带出下半阕的抒情乐章。

下半阕虽着重抒情，但也不乏情中含景之处。如以峥嵘形容岁月，新颖，形象，将无形的不平凡的岁月，化为一座座有形的峥嵘的山峰，给人以巍峨奇丽的崇高美。而"到中流击水，浪遏飞舟"，也是一幅奋勇进击、劈波斩浪的宏伟画面。可以说《沁园春·长沙》的崇高美，是以情为经线、以景为纬线交织而成的。它不仅使我们得到欣赏壮丽秋景的艺术享受，也使我们从诗人昂扬炽烈的革命情怀中，汲取到奋发进取的信心和力量。

菩萨蛮

黄鹤楼

一九二七年春

茫茫九派流中国,沉沉一线穿南北。烟雨莽苍苍,龟蛇锁大江。　黄鹤知何去? 剩有游人处。把酒酹滔滔,心潮逐浪高!

这首词写于 1927 年春,最早发表于 1957 年 1 月号《诗刊》。

注　释

[黄鹤楼]　旧址在湖北省武昌市区之西长江岸边的黄鹤矶(一作黄鹄矶)上,即今武汉长江大桥东端北侧。楼在历史上曾几经毁坏修复,1955 年修建大桥时拆去遗留建筑物,1985 年 6 月已在重加扩建后开放。《南齐书·州郡志》说有个叫子安的仙人,曾骑黄鹤经过黄鹤矶。《太平寰宇记》说骑鹤仙人叫费文祎(huī),一作费祎(yī),每乘黄鹤到此楼休息。楼因此得名。许多文人曾在此题诗抒慨,唐朝崔颢的名句"黄鹤一去不复返"尤为历代传诵。作者借这个题目,抒发了革命家截然不同的感慨。

[九派]　派,水的支流。相传在湖北江西一带有九条支流同长江汇合,所以称"九派"。这里泛指长江中游的河流。鲍照《登黄鹤矶》诗:"九派引沧流。"

［中国］ 指我国的中部地区。

［一线］ 指当时长江以南的粤汉铁路和以北的京汉铁路。1957年武汉长江大桥建成，两条铁路已接通，改名京广铁路。

［龟蛇锁大江］ 龟蛇指龟山和蛇山。蛇山在武昌，龟山在它对岸的汉阳。两山隔江对峙，好像要把长江锁住一样。

［把酒酹滔滔］ 酹是古代用酒浇在地上祭奠鬼神或对自然界事物设誓的一种习俗，这里是面对滔滔长江表示同反动势力斗争到底的决心。

［心潮］ 作者自注："1927年，大革命失败的前夕，心情苍凉，一时不知如何是好。这是那年的春季。夏季，8月7号，党的紧急会议决定武装反抗，从此找到了出路。"

黄鹤楼头留诗篇

——学习《菩萨蛮·黄鹤楼》

碧 野

1927年春天一个阴雨的日子，一位身材魁梧的人脚步沉重地登上了黄鹤楼，他就是当年我们的伟大诗人毛泽东。

他站立黄鹤楼头，只见滚滚的长江在脚下奔流，不禁思绪万千。这时，正是北伐成败的关头，中华民族在兴废之间，革命风云变幻无常，使诗人百感交集，为祖国为人民忧思。

长江流经祖国的中心武汉，举目远眺，天野茫茫；近看两岸，铁路贯穿南北。在茫茫的烟雨中，夹岸的龟山和蛇山像铁锁横锁大江。但长江从西藏雪山高原流经川、鄂、赣、皖、苏，奔腾万里，一泻入海。这正如诗人博大的心胸，革命热情熊熊燃烧，豪情满怀。

诗人忧虑的是，形势发生了险恶的变化：蒋介石正在勾结帝国主义叛变革命，右倾机会主义分子陈独秀日益脱离工农群众危害革命，半壁河山将重新沉沦，刚刚到手的胜利果实将失之于一旦。

诗人的重重忧虑不久即为历史所证实:革命被断送了,工农的鲜血染红了珠江和长江,人民重新沦为奴隶。

但革命的火种不灭,南昌革命一声炮响,工农红军高举义旗。队伍入广东、下潮汕,在敌人追击的危难中转战南北,会师井冈山,毛泽东的战略思想武装了千军万马。从第二次国内革命战争到第三次国内革命战争,从二万五千里长征到全国大陆解放,红旗一直打到今天,这是诗人高尚情怀的孕育和伟大理想的实现。

缅怀往昔,诗人借唐人崔颢《黄鹤楼》诗"昔人已乘黄鹤去,此地空余黄鹤楼"的诗意抒发感情:黄鹤到哪里去了? 现在剩下的是游人览胜的地方。诗人怀抱千古,印证古今,感情深沉,内涵丰富。黄鹤楼是中国的名楼,屹立于长江中游,位于中国中部,是国家中兴的象征。现在,江上千帆在烟雨朦胧中浮现,诗人带着一种美好的向往,正用敏锐的眼光探视着祖国的未来。

啊,万里长江,激浪滔滔,日夜奔流不息;啊,巍巍黄鹤楼,顶天立地,上映日月星辰。中华大地,敦实浑厚;祖国山川,秀丽多姿。中国革命志士忠贞不屈,中国人民勤劳勇敢,翻天覆地的共产主义事业必将胜利实现。

诗人借苏轼《水调歌头》词中"明月几时有,把酒问青天"的豪迈气概,抒怀吟咏"把酒酹滔滔"的炽烈感情。但苏东坡端酒问青天,问的是明月,是对天上虚幻空灵的感觉;而诗人毛泽东端酒洒向大江,是心怀国家的命运和对人民幸福的祈求。"把酒酹滔滔",虽是假托,却有万般真情。看,我们的伟大诗人洒洒大江,精神所致,千波万浪奋力奔腾,东流入海,已化作震撼时代的惊涛。

长江浩浩荡荡,一泻万里,波腾浪击,山摇地动。这是中华民族的雄伟气魄,这是祖国母亲的亲切召唤,这是革命事业不屈不挠的追求。诗人站在黄鹤楼头,天风吹拂着他的头发,衣袂飘飘。他饱满的额头蕴藏着智慧,炯炯的眼光透视着人类的未来。他面对滚滚滔滔的长江"心潮逐浪高",思想感情起伏如狂潮,一浪更比一浪高。

几十年艰苦的战斗岁月过去了,祖国解放,人民翻身,社会主义建设欣欣向荣,日月放光,大地生辉。

　　我们伟大的诗人又曾几度畅游长江，又曾几度游历黄鹤楼。他游泳长江，万船竞发，水欢人笑；他登临黄鹤楼，蛇山震动，万众欢呼。他重登黄鹤楼，万里晴空，阳光灿烂。凭栏远眺，江山富丽，景色明媚。映入诗人眼帘的，是范仲淹"先天下之忧而忧，后天下之乐而乐"的金光闪闪的岳阳楼；是千里波光激滟的洞庭湖；是像青锋宝剑直刺蓝天的武当山七十二峰；是云遮雾绕、山花烂漫的巫峡神女峰。白云悠悠，大野碧绿，长江浪激，风帆迎日。天地如此辽阔，万物在他胸中。

　　诗人每一次登上黄鹤楼，都能听见长江波涛送来社会主义祖国前进的脚步声。听，武汉长江大桥列车的奔驰声，武汉钢铁公司高炉出钢的铁水奔流声，武汉重型机床厂制造母机的轧钢声，丹江口水电城六台水涡轮巨型机组隆隆的旋转声，不都传到登临黄鹤楼的诗人耳朵里了吗?!

　　而现在，"高峡出平湖"的愿望正在实现。三峡南津关口葛洲坝水电站的巨大电流输往东方；武当山脚的汽车城年产15万辆的东风牌载重汽车奔驰在祖国各地；江汉平原的石油之海在地层下翻波鼓浪，原油喷射，阳光映照有如天上的七彩长虹。

　　现在，重建于蛇山头的新黄鹤楼凌空而起，如大鹏展翅，巍峨崔嵬，金光四射，上冲斗牛，下照江城。临风伫立黄鹤楼，放眼长天大地，昔日的"晴川历历汉阳树"，如今已是修整一新的晴川阁，金碧辉煌。矗立江边的晴川大厦，像美女弄姿，分外妖娆；龟山上的电视塔上接霄汉，像白玉簪插天，嬉戏风云。

　　自从1927年春天，我们的伟大诗人第一次登上黄鹤楼，至今已历半个多世纪了。那个烟雨迷茫的年代，一变而为今天阳光灿烂的新时代。当年诗人忧国忧民的思绪已换成了今天全民的欢乐，当年多少理想的探索和追求也都变成了今天美丽的现实。

1990年春写于武汉东湖之滨

西江月

秋收起义

一九二七年秋

　　军叫工农革命，旗号镰刀斧头。匡庐一带不停留，要向潇湘直进。　　地主重重压迫，农民个个同仇。秋收时节暮云愁，霹雳一声暴动。

　　这首词写于 1927 年秋，最早非正式地发表于 1956 年 8 月出版的《中学生》杂志上，是谢觉哉在《关于红军的几首词和歌》一文中提供的。

注　释

　　[匡庐]　首次发表时原作"修铜"，本书根据作者修改稿改为"匡庐"。传说商、周间有匡俗在今江西庐山结庐，因称匡庐或庐山。见东晋慧远《庐山记》(一作《庐山记略》)。

　　[潇湘]　这里借潇水和湘水指湖南。首次发表时原作"平浏"，本书根据作者修改稿改为"潇湘"。

　　[同仇]　同心合力打击敌人。《诗·秦风·无衣》："修我戈矛，与子同仇。"

［进、动］ 按《西江月》词谱,上下阕末句末字当与二、三句末字同韵异调,即第二、第三句押平声韵,第四句押原韵的仄声韵。这里没有按谱押韵,而是依湖南方音用进、动两字隔阕押韵。

武装暴动的礼赞

——读《西江月·秋收起义》

莫文征

中国的诗歌传统认为:"诗言志,歌永言。"(《虞书》)所谓"志",当指志向,但也有更广的含义,《论语》就认为志即"心之所之也";《礼记》则认为志即"意识也"。这首《西江月·秋收起义》写的虽是一个具体事件,但字里行间却表现着对革命的赞美,和由此所体现出来的革命襟怀,因而也是一首言"志"之作。

秋收起义,这是中国革命早期的伟大事件。1927年,由于蒋介石为首的国民党的叛变和镇压,使大革命遭到失败。中国共产党为了挽救革命,于当年在汉口召开了历史上有名的"八七会议",纠正了陈独秀的投降主义路线,确定了武装反抗国民党反动派屠杀政策和开展土地革命的总方针,并决定发动农民在秋收季节举行武装起义。随后,湖南、湖北、江西、广东等省农民在党的领导下纷纷起义。毛泽东在湖南东北部和江西西北部,领导安源工人、湖南、江西的农民和一部分北伐军,成立了一支工农革命军,于同年9月9日举行了武装起义。这就是著名的秋收起义,也叫秋收暴动。经过激战,起义部队于19日在浏阳文家市会合,向湖南、江西边界的井冈山进发。10月,在井冈山创立了第一个农村革命根据地。这首词所写的就是这一革命壮举。不过,它不是描写其全过程,而只是这支工农革命军的成立并从江西开向湖南的史实。

　　"军叫工农革命,旗号镰刀斧头。"开篇二句交代这支队伍的名称和旗帜。当时,镰刀和斧头为党的旗徽,象征着工农联盟和共产主义。因为这支毛泽东领导的工农革命军为第一支革命军队,所以用两句来突出其特征和性质。"匡庐一带不停留,要向潇湘直进"两句,是说明队伍的走向。"匡庐"指江西庐山,此语原来曾作"修铜",即江西的修水、铜鼓两县名,在该省西北部,毗邻湖南东北部。部队不在江西停留,一则为摆脱敌人纠缠,二则起义地原定在湖南东部。作者在《湖南农民运动考察报告》一文中,曾重点分析了那里阶级斗争的形势,科学论断这一带为革命条件比较成熟的地区。队伍后来就在这一带举行起义,震撼了当时的军阀统治者。"地主重重压迫,农民个个同仇",讲的是当时阶级矛盾状况。在旧中国的农村,主要矛盾是地主阶级与农民阶级的矛盾。地主阶级是封建主义的代表,他们对农民的残酷压榨,严重阻碍了中国社会的发展。中国的社会主义革命,必须首先完成以推翻地主阶级为代表(包括官僚资产阶级)的封建主义势力统治的民主革命,土地革命属于这一范畴。这两个对偶句,扼要地揭示了这一农村阶级矛盾尖锐的程度。由于有这一社会基础,突出了土地革命的紧迫性。"秋收时节暮云愁,霹雳一声暴动"为点题之句。"暮云"当指日暮之云,起义当然未必都在黄昏,但黄昏和晚上农民比较容易聚集,便于举事。同时,"暮云"二字也极好地点出起义年月那"黑云压城城欲摧"(李贺《雁门太守行》)的凝重、激越、悲壮的氛围。"暮"字还有"将尽"之意,意味着旧生活之将尽,当然也意味着新生活的开始。一个"暮"字用得极妙,真可谓"着一字而境界全出"(王国维语)。至于"愁"字,我认为它表现了处于地主压迫下的农民的心态。农民辛苦一年,好容易盼到了秋收,本来应该兴高采烈,但成熟的稻谷打下来交了租之后将所剩无几。靠这剩下的一点粮食,又怎样熬过漫长的冬季? 想到这些怎不叫人犯愁! 正因为广大农民处于这生活的窘迫之中,对他们来说,走向革命就是合乎情理的了。这句的"愁"与下句的"暴动"是因果关系,由于这社会性的受压迫的"愁"的存在和发展,必然会形成革命的"暴动"。广大农民的这种"愁",不仅是灾难性的,而且是世代绵延下来的,积之愈久,暴之愈烈。所以下句以"霹雳"二字来形容革命的暴动,说它像霹雳一样惊世骇俗。因为中国封建势力历史悠久,根基深厚,没有像霹雳一样暴烈的革命是难以摧毁的。

这首词给我最强烈的印象,是字里行间所流溢出来的磅礴的神气。有无神气,是一首诗词成败的关键。明代诗人谢榛认为:"诗无神气,犹绘日月而无光彩。"这首《西江月·秋收起义》的成功之处,就在于其神气之宏大。这宏大,不是像寻常所见的那样表现在词语的夸张和概括之抽象上,而是表现在诗作的取材和运思上。这样博大纷繁的题材,仅靠短短八行要讲清楚几乎是不可能的。那么讲些什么才能更好地表现主题呢?这不仅需要马克思主义文艺理论的典型化创作方法的指导,更需要作者艰苦而有成效的遴选与运作。在这方面,作者为我们树立了范例:从纷繁的事件中,他选择了最有代表性的"旗号"为主要意象,鲜明而且内涵丰富。这样有力而准确的提纯,表现了作者诗思的敏锐和匠心。在运思上,按一般情况,免不了要从这场革命的寄情、意义上去引发。但作者没有这样做,而是采用叙事体从"旗号"的竖立写到暴动为止。而且把一场惊天动地的斗争写得如此平常,仿佛讲一件普通的事情,这需要有很高的视点才能做到,表现了作者作为革命领袖的胆略和气魄。词作自首至尾语气通达流畅,没有节外生枝,也没有隐讳跳跃。流畅的思路与圆熟的文字本身,就能令读者产生旗开得胜、马到成功的印象。

强烈的时代感,也是这首词的一个特点。这大概有以下几个原因:首先,本词所反映的事件本身是特定的时代产物,而作者又是把笔触直接对准了事件,自然会让人联想到那个时代,因为事件是那个时代的热点;其次,作者所应用的表现手法是中国古典诗词"赋、兴、比"中的赋体,不仅写实,而且叙事的成分也多,使作品在展示散文美中显示诗美。娓娓叙来,似乎十分平凡,但可以从平淡中领略到事件的突兀、感情的波涛和时代的脉搏。整首词未用一个典故,而且除个别词语外,均为比较通俗的语言,具有很强的可读性和可感性。叙述方式应属第三人称,但读来有一种明显的亲切感和认同感,仿佛含有第一人称意味,可见作品包容了广大革命者的意愿,也熔铸了作者的情感。阅读时,既可抱欣赏态度,也可产生参与意识。如有人认为这首词写得较浅,但这浅不是肤浅的浅,而是深入浅出的浅,可谓"质而不俚,浅而能深,近而能远"(胡应麟《诗薮》)。

在音节的应用上,也有其独特之处。《西江月》词牌,一般每半阕二、三、四句成韵,这首《秋收起义》却不然,虽每半阕二、三句仍押韵,但第四句却未与二、三句同韵。作者吟诗一向谨严,为什么如此处理?看来未必是疏忽:首先,上下半阕末字"进""动"二字,虽未与各自的二、三句末字成韵,但此二字却押韵,这叫隔阕押韵,自有其韵味所在;其次,"进""动"二字按普通话读音并不同韵,但按湖南方音读音则同韵。按方音押韵,使其更有起义地的明显色彩,这大约是作者的本意。还有,"进""动"二字均为去声,读音短而实,有"如击土木石"之妙(江永《音学辨微》),响亮而有力度。那么,是不是作者故意让第四句不押韵呢?我认为也不是,恐怕更可能的是信手写来,又不愿因韵伤意吧。

作品风格常常是作者风格的再现。毛泽东的诗词虽也有写景、咏物、抒情之分,但作为革命领袖,他的作品自然以表现政治内容为主。这首《西江月·秋收起义》也是一首政治诗,即使言志也是言革命者之志——"秋收起义"的礼赞。

1990 年 2 月 28 日

西江月

井冈山

一九二八年秋

山下旌旗在望，山头鼓角相闻。敌军围困万千重，我自岿然不动。　　早已森严壁垒，更加众志成城。黄洋界上炮声隆，报道敌军宵遁。

这首词写于 1928 年秋，最早发表于 1956 年 8 月出版的《中学生》杂志上，是谢觉哉在《关于红军的几首词和歌》一文中提供的。后经作者同意，正式发表于 1957 年 1 月号《诗刊》。

注　释

[井冈山]　位于江西、湖南两省边界的罗霄山脉中段，在江西省宁冈、遂川、永新和湖南省酃(líng)县四县交界的众山丛中，周围有五百多里。

[旌旗在望]　指山下的部分红军和井冈山一带的赤卫队、暴动队等地方武装。这里用旌旗是为了增加作品鲜明的形象感。作者说，其实没有飘扬的旗子，当时都是卷起的。

[鼓角]　战鼓和号角。古代军队用鼓角发号施令，指挥队伍行动。

　　[岿然]　高踞屹立的样子,这里形容红军在强敌面前稳如泰山、坚定顽强的英雄气概。

　　[森严壁垒]　指营垒工事森严,牢固不可侵犯。

　　[众志成城]　形容军民敌忾同仇,万众一心,组成一道牢不可破的钢铁长城。《国语·周语下》:"故谚曰:众心成城。"

　　[黄洋界]　又称望洋界、汪洋界,地势险要,在井冈山西北,是茨坪通往宁冈、永新进入井冈山的通道,是当年红军五大哨口之一。

　　[宵遁]　乘夜逃跑。

井冈山道路的赞歌

——读《西江月·井冈山》

杨金亭

　　这首《西江月·井冈山》,是毛泽东同志在第二次国内革命战争时期的艰苦岁月中留下来的、记录井冈山斗争的一系列史诗性的篇章之一。

　　1927年北伐大革命失败以后,中共中央于8月7日在汉口召开紧急会议,彻底批判了陈独秀的右倾投降主义路线,确立了武装斗争和土地革命的方针。会后,毛泽东回到湖南,亲自发动和领导了具有伟大历史意义的"秋收起义"。当年10月,他又亲自率领起义队伍来到井冈山,创建了第一个农村革命根据地。1928年4月,朱德、陈毅率南昌起义余部到达井冈山与毛泽东部会师,正式成立了中国工农红军第四军。从此,中国人民的革命事业进入了一个崭新的发展阶段,为中国革命开创了一条由农村包围城市、最后夺取全国政权的崭新道路。

　　井冈山革命根据地的建立、巩固和发展,引起了国民党反动派的仇视和恐惧。他们妄图扑灭井冈山革命火种,从1928年4月开始，湘赣两省的敌人曾屡次向井冈山"进剿"，但每次都以失败告终。

1928 年 8 月，湖南省委代表杜修经等人，乘毛泽东远在永新的时候，顽固地推行湖南省委的"左"倾冒险路线，附和了二十九团中一些人逃避斗争欲回家乡的情绪，指令二十八、二十九两团分兵向湖南冒进，结果招致了"八月失败"，二十九团完全为这次错误决断所葬送。毛泽东闻讯后，亲率三十一团一个营的兵力迎接二十八团回山。这时，留守井冈山的队伍只剩下不足一营的兵力。"8 月 30 日，敌湘赣两军各一部乘我军欲归未归之际攻击井冈山。我守军不足一营，凭险抵抗，将敌击溃，保存了这个根据地。"(《毛泽东选集》第二版，第一卷，第 61 页)《西江月·井冈山》就是歌颂这次战斗——黄洋界保卫战的光辉史诗。

词的上阕描写这场保卫战前夕的战斗氛围：处于激战前的井冈山上下，漫山遍野红旗招展，鼓角喧天。我英雄的井冈山军民正同仇敌忾，严阵以待，随时准备歼灭来犯的敌军。"山下旌旗在望，山头鼓角相闻。"在这里，一个远距离视觉意象和一个近距离听觉意象的排比，先声夺人，一下子把读者带到当年井冈山的前沿阵地，使之感受到红军指战员的决战决胜的昂扬士气。那如林战旗，那铮铮鼓角，分明是向敌人的示威和挑战！"敌军围困万千重，我自岿然不动。"则更形象地写出了正义的人民战争的巨大威力。当时，敌人以几个团的兵力，把我军团团围住，妄图一举扑灭井冈山的革命火种。结果却是：井冈山依然坚如磐石，敌人却落了个被击溃的狼狈下场。在这里，"敌军围困万千重"的其势汹汹的描写，恰恰成了"我自岿然不动"的绝妙反衬。处于强敌重重包围之中的我军却依然镇定自若，从容布阵，这也正是毛泽东同志在长期革命战争实践中逐渐形成的"在战略上藐视敌人，在战术上重视敌人"这一军事思想的具体体现。

上阕的后两个诗句，用欲抑先扬的手法，一方面对貌似强大的敌人进行了无情的嘲讽，为下阕"敌军宵遁"作了必要的铺垫；另一方面，在表现我军士气高昂、坚不可摧的英雄气概的同时，一个具有革命浪漫主义气质的、胸中自有雄兵百万的革命战略家的形象，已经巍然屹立在读者面前了。

如果说,词的上阕着重表现了黄洋界保卫战战前两军对垒、剑拔弩张的战斗氛围,那么词的下阕的成功之处,却在于词人并没有在两军正面交锋的战斗经过上徒耗笔墨,而是充分发挥了短歌小令的写意抒情的特长,以画龙点睛之笔,点出了这次战斗的胜利结果及其必然。"早已森严壁垒,更加众志成城"两句警拔的议论,承上启下,为上阕我军"岿然不动"的形象,作了哲理性的思想烘托,从而把黄洋界保卫战这场具体战役的胜利,提高到人民战争必然胜利的高度:"真正的铜墙铁壁是什么? 是群众,是千百万真心实意地拥护革命的群众。这是真正的铜墙铁壁,什么力量也打不破的,完全打不破的。反革命打不破我们,我们却要打破反革命。""黄洋界上炮声隆,报道敌军宵遁。"结尾两句举重若轻,以轻松幽默的笔调,嘲讽了敌人连夜逃遁的丑态,同时也有力地反衬出我军指战员胜利后的喜悦情怀。

全词以高昂雄壮、轻松乐观的笔调,描写了黄洋界保卫战的胜利,实际上这是对整个红色革命根据地的热情讴歌,是对井冈山革命武装斗争道路的热情赞歌。毛泽东同志领导的井冈山革命道路是不朽的,在井冈山革命斗争中产生的革命史诗——《西江月·井冈山》也同样是不朽的。

1990 年 3 月 9 日

清平乐

蒋桂战争

一九二九年秋

风云突变,军阀重开战。洒向人间都是怨,一枕黄粱再现。 红旗跃过汀江,直下龙岩上杭。收拾金瓯一片,分田分地真忙。

这首词写于 1929 年秋,最早发表于 1962 年 5 月号《人民文学》。

注　释

[蒋桂战争] 蒋,国民党南京军阀蒋介石;桂,广西省的简称,指桂系军阀李宗仁、白崇禧。1929 年 3 至 4 月间,蒋桂军阀为争夺湖南、湖北而发生战争。

[风云突变] 政治形势遽起变化。

[军阀] 在帝国主义和国内买办豪绅阶级支持下进行武装割据、残害人民的军事官僚政客。

[一枕黄粱] 一枕,睡一觉;黄粱,小米,意谓黄粱梦。典出唐人沈既济的传奇小说《枕中记》:流落邯郸客店的卢生,向道士吕翁哀叹自己穷困不得志。吕翁给他一个枕头,说枕着它睡一觉就能称心如意。卢生就枕而睡,果

然封侯拜相,享尽荣华富贵,但醒来却是一梦。这时,店主在他睡觉前做的小米饭还未煮熟。毛泽东借用这个典故,讽刺帝国主义及其新旧军阀称霸中国、盘剥人民的企图只能是一场黄粱梦。

[汀(tīng)江]　福建省西南部的一条江,源出长汀县上坪山,流经长汀、上杭等地,流入广东境内和梅江汇合后,名为韩江。上游河道狭窄,滩多水急。民谣说:"汀江会撑船,闯遍天下川。"

[龙岩上杭]　两地名,均在福建省西南部,上杭位于龙岩之西。

[金瓯(ōu)]　金盆。语出《南史·朱异传》:"武帝言:'我国家犹若金瓯,无一伤缺。'"古人常用金瓯比喻国家疆域完整无缺。南朝梁武帝时只有半壁江山,国家并非金瓯无缺。后人用以代指国土。这里比喻宝贵的革命根据地。

正反相形　匠心独具

——《清平乐·蒋桂战争》赏析

丁国成

这首词写于 1929 年秋,那正是新旧军阀混战的时代。在国外帝国主义和国内买办豪绅阶级的操纵下,各派军阀之间为了争夺地盘、扩大势力,连年混战。规模较大的,就有 1927 年 10 月的宁汉战争。同年 12 月,又有蒋介石同广东军阀的战争。1928 年 4 至 5 月间,还有蒋介石、李宗仁、冯玉祥、阎锡山四派同奉系军阀张作霖的战争。6 月攻下北京、天津后,四派军阀便由暂时联合变为激烈斗争。1929 年 3 至 4 月间,则爆发了蒋介石同桂系军阀夺取华中的蒋桂战争。同年秋,发生了蒋冯战争……频繁的战争,腐朽的统治,使得国家山河破碎、生灵涂炭。军阀混战必然引起人民群众的强烈反抗,形成反动势力的薄弱环节。这就是党所领导的红色政权得以产生和发展的主要根源与有利条件。

可是,在蒋桂战争爆发以前,党内的右倾机会主义者看不到敌人的薄弱环节和革命的有利形势,产生悲观思想,提出"红旗到底打得多久"的疑问。毛泽东同志在 1928 年 10 月就指出:"我们只须知道中国白色政权的分裂和战争是继续不断的,则红色政权的发生、存在并且日益发展,便是无疑的了。"(《中国的红色政权为什么能够存在?》)并在 1929 年亲自率领红军从江西革命根据地几次东征闽西:3 月中旬歼灭军阀郭凤鸣旅,占领长汀;5 至 6 月间歼灭军阀陈国辉旅,占领龙岩;9 月,歼灭军阀卢新铭旅,占领上杭,开辟了闽西革命根据地。毛泽东同志不但在理论上,而且在实践上领导中国人民创建了红色政权。这首词,以鲜明的形象、凝练的语言描绘了这段革命历史,生动地展现了半封建半殖民地的中国军阀混战的时代画面,歌颂了党领导人民创建革命根据地的伟大斗争,委婉地批评了党内存在的右倾机会主义思想和悲观情绪,表现出高度的革命乐观主义精神和敢于斗争、敢于胜利的英雄气概。

与其博大精深的思想内容相联,这首词在艺术表现上也很圆熟精湛,结构独特,极具匠心。

作品最突出的艺术特色,是对比手法运用得自然贴切,恰到好处。虽然题为《蒋桂战争》,但主旨不在于写军阀混战,而在于颂扬革命斗争。因此,诗人始终以军阀混战来陪衬革命。一是敌我双方的对比。上阕写军阀混战,即狗咬狗的厮打,是敌人互相火并;下阕写人民反抗,在党领导下革命蓬勃发展,是我方大好形势。一写敌,一写我,两阕看似各自独立,互不连属,其实不然。"洒向人间都是怨",即把敌与我紧密联系起来:"洒"播战祸的是敌,"怨"恨战祸的是我。黑暗与光明互相映照。二是战争性质的对比。军阀开战,为的是争夺霸权、鱼肉人民,实质是非正义的反动战争;红军作战,目的在统一中国、解放人民,实质是正义的革命战争。邪恶与良善互为衬托。三是爱憎感情的对比。敌占区战祸连绵,人民怨声载道;根据地分田分地,群众欢声雷动。作品写出了人民对帝国主义及其工具——军阀和军阀混战的仇恨与反抗,也写出了人民对党领导下的红军和革命斗争的热爱与支持。爱憎所归,一一如见;人心向背,了了分明。四是语言色调的对比。先写军阀混战,敷色暗淡。"风云突变,军阀重开战。"造成一种硝烟弥漫、阴云笼罩的战争氛围,给人以灰暗、低沉的感觉。而这种语言色调恰好与怨愤鄙夷的思想情绪谐调一致。后写红军胜利,设色明丽。"红旗跃过汀江,直下龙岩上杭。"大军所到,红旗招展,过水水红,入城城艳,明朗艳丽的语言色调突出了欢快喜庆的感情倾向。五是虚实写法的对比。上阕虚写,多出之于比喻,但虚中有实。军阀混战为实,以"风云突变"作比,则由实入虚。下阕实写,多出之以白描,但实中有虚。胜利进军与喜庆景象为实,即小见大,以此回答悲观论调,则又化实作虚。以敌衬我,以反衬正,敌我对比,正反映衬,表里相宜,相得益彰,使上下两阕构成一个天衣无缝的艺术整体。

　　这首词的另一特色,是注重语言的锤炼。毛泽东同志曾说,这首词是"在马背上哼成的"。可以想见诗人创作时反复吟咏、精心推敲的炼字情景,以至"为赋新句稳,不觉自长吟"。作品用字相当准确,言简意赅,生动传神,富于表现力。当时党内有些人错误地估计了形势,认为"蒋桂战争不一定会爆发"(参见《星星之火,可以燎原》),因而蒋桂之战使许多人觉得意外。"风云突变"的"突"字,既写出了政治形势的急转直下、遽然变化,又传达出人们由意外而感到震惊的复杂心情。而且,也暗示出蒋介石与冯玉祥、阎锡山从过去的苟合骤变为战争,启发人们由突然事变来认识偶然性与必然性的内在联系。这正如毛泽东同志所预言:"只要各国帝国主义分裂中国的状况存在,各派军阀就无论如何不能妥协,所有妥协都是暂时的。今天的暂时的妥协,即酝酿着明天的更大的战争。"再如:"红旗跃过汀江,直下龙岩上杭。""红旗"一词用得巧妙,既是写实,又是虚拟。作为写实,"红旗"即实指红四军所高擎的鲜红旗帜;作为虚拟,"红旗"则不局限于旗帜本身——从修辞角度说,它是借代,以"红旗"代指红四军;从表现手法说,它是象征,以"红旗"泛指工农武装和红色政权。毛泽东同志说过:"边界红旗子始终不倒。""红旗"与"红旗子"显然存在着内在联系,具有异曲同工之妙,但"红旗"内涵更为丰富。连用"跃"和"下"字,逼真地描绘出红军迅猛进击、一往无前、所向披靡、压倒敌人的英雄气概，使人自然而然地联想到"红旗到底打得多久"的怀疑毫无根据。可见诗人字无轻下，语不浪掷，因而作品言少意丰，耐人寻味。

这首词的用典也很考究。毛泽东同志在创作中实践了自己的一贯主张："古为今用"，"推陈出新"。诗人胸藏万卷，为我所用，左抽右取，随意所出。词中用了两个典故：以"黄粱"谴责军阀，以"金瓯"比喻国土。虽然并未改变原义，用法亦属常见，但是妙在用典贴切，通俗易懂；新在典中含义前后呼应，有抑有扬，因而扩大了典故的思想容量。上阕的"军阀重开战"，即隐含着各派军阀把国家搞得四分五裂、支离破碎；下阕再说红军"收拾金瓯一片"，便马上使人想起这"金瓯一片"是军阀破坏的一片国土，红军从"收拾""一片"做起，直到"收拾"整个"金瓯"，恰与军阀打碎"金瓯"形成对照。上阕说军阀混战，妄图在神州大地称王称霸、在人民头上作威作福，只能是"一枕黄粱再现"，必定落空；下阕所写与此刚好相反，党领导人民进行实实在在的土地革命："分田分地真忙"，一片热火朝天的胜利景象。意在表明：神州这块苍茫大地，必将由人民主宰沉浮。下阕用典，先在上阕预作铺垫，扬我而抑敌；上阕用典，后在下阕留有余音，抑敌而扬我。上下用典，互相照应，抑扬得体，浑成无迹。诗人的爱憎褒贬从中自然流出，撼人心魄。

1990 年 3 月 6 日

采桑子

重　阳

一九二九年十月

人生易老天难老,岁岁重阳。今又重阳。战地黄花分外香。　一年一度秋风劲,不似春光。胜似春光。寥廓江天万里霜。

这首词写于 1929 年 10 月,最早发表于 1962 年 5 月号《人民文学》。

注　释

[重阳]　阴历九月初九日叫"重阳节"。1929 年重阳节是阳历 10 月 11 日。这年秋天,红四军在福建省西部汀江一带歼灭土著军阀,攻克了上杭,所以词中说"战地黄花分外香"。黄花指菊花,我国古代菊花的主要品种是黄的。《吕氏春秋·季秋纪》:"季秋之月……菊有黄华(花)。"古人常于重阳赏菊。

战地黄花分外香

——读《采桑子·重阳》

魏　巍

去年岁末，接到老诗翁克家同志来信，说他将主编《毛泽东诗词鉴赏》一书。如他所说，这"是一件大有意义的好事"。他要我就《采桑子·重阳》一词写一篇鉴赏文章。对老诗翁的嘱托岂敢怠慢。从心里说，我也是很喜欢这首词的。多年前我曾将这首词写给妻子，并悬挂室内，朝夕吟味，也是有几句话可说的。

这首词，从外观上说，词句晓畅，几乎没有任何费解的地方。它究竟有什么奇特之处呢？依我看，它的不同凡响之处，就在于它是渗透了无产阶级世界观和美学观的一枝奇葩。虽然它穿的是古典诗词的外衣，但在古典诗词的烟海中，你却找不出这样崭新的诗词。

为什么这样说呢？这样说是否夸大了？我觉得不夸大。这里并不是说没有这样好的诗词，而是说没有体现这种崭新世界观的诗词。

让我们就从词的上半阕来谈起吧。古往今来，歌咏人生的诗词真是太多了，而且多数都带有某种悲观色彩，及时行乐不过是悲观色彩的另一种表现。陈子昂的《登幽州台歌》便是很典型的，全诗只四句："前不见古人，后不见来者。念天地之悠悠，独怆然而涕下。"愈是"念天地之悠悠"，便愈是"感人生之短暂"，前瞻后顾，孤独悲凉，再加上人生坎坷，处处失意，便不免"怆然而涕下"了。这自然是艺术上的成功之作，读来荡气回肠，可也真使人感到人生太悲凉了。那位文武全才、横槊赋诗的英雄曹孟德，对于人生也不免发出"对酒当歌，人生几何"的慨叹。李白的胸襟应该说够豪放

50

豁达的了,可是"天地者,万物之逆旅;光阴者,百代之过客。而浮生若梦,为欢几何",不就是他的叹息吗? 然而我们在《重阳》中读到的,却与这些截然不同。诗人说:"人生易老天难老。""人生易老",这是不容回避的客观事实,而宇宙和自然界却是长久的,不断发展变化的。既然这样,那么处在自然界之中的人就还是要生存繁衍下去。虽然古今诗人们看到的是同样的客观存在,是同样的有限与无限的联结,但是经无产阶级革命家这样一说,便没有悲观的意味了。这就是毛泽东和其他诗人在世界观上的不同处。当然,这只是诗的首句,不是诗的重要部分,不过意在引出"岁岁重阳。今又重阳"罢了。

这首词最核心的句子,或者说最足以代表这首词的精神的,便是那句"战地黄花分外香"了。我自己击节赞赏的也是这一句。我读书有限,在我看过的古今诗歌中,还不曾见过这样的诗句。问题不在诗句,而在某种世界观化成的情感。如果不具有某种情感,便写不出这样的诗句。那么,这是怎样一种情感呢? 简言之,这是对革命战争的由衷赞美。谁都知道,战争是伴随着牺牲和灾难的。参加革命战争的人,是要付出巨大代价的,是要牺牲包括生命在内的一切常人所说的幸福的。尤其处在第一线作战的人,那就随时都有牺牲的可能。有人昨天见了面,今天就牺牲了;有人刚才还同他谈谈笑笑,几个钟头之后,就见马克思去了。毛泽东同志当时写这首词的时候,他与朱德同志指挥的红四军才不过七千人,比现在的一个师还要小,作为这样的指挥员,那是要经常置身第一线的。也就是说,经常都在生与死的边界。如果不是对革命战争具有英勇无畏的献身精神,如果不是把参加这种战斗看作一种幸福、一种愉快,他怎么会对战地的菊花有一种"分外香"的感觉呢? 说到这里,我不禁想起马克思回答他女儿的话。女儿问他:"你的幸福是什么?"马克思只回答了两个字:"斗争。"这就是说,为全人类的幸福而斗争,才是他最大的幸福。这里可以看到,毛泽东同马克思的人生态度多么一致。基于这样的世界观,也就产生了他的战争观。在中国当时那样的社会里,不用革命战争的手段,怎么能够打碎人民身上的枷锁来取得解放和幸福呢? 所以,革命战争在毛泽东的眼睛里,便同那些和平主义者、假惺惺的人道主义者有完全不同的看法。这在毛泽东的诗词中,不止一处可以看到,如《大柏地》"当年鏖战急,弹洞前村壁。装点此关山,今朝更好看"就是一例。村壁上留下一些弹痕,按常理说有什么好看呢? 但是,这是几年前朱毛下井冈山时打的第一个大胜仗,大柏地已回到人民之手。所以在那雨后斜阳、彩虹如带的映照下,就显得更加"好看"了。

我附带说到,这几年来,随着资产阶级自由化思潮的泛滥,和平主义和抽象的人道主义也侵入了我们的军事文学。他们的特征就是抹杀战争的性质,把正义战争与非正义战争混为一谈。他们把一切战争都看成是罪恶的、破坏的和不人道的,把国共两党的阶级斗争说成是一种误会。他们用这种观点来描写革命战争,结果弄得面目全非,为害极大。有的甚至歌颂侵略,歌颂敌人,诽谤自己。如果照此去做,将来敌人打进我们的国土,谁来保卫我们的国家呢! 这是非常危险的。对于这种倾向,必须坚决反对。

下面,我们来研究词的下半阕。这里主要是描写秋天。

在毛泽东同志的诗词里,有好几首写到秋天,从中可以看出,毛泽东是很喜欢秋天的。每个人都各有自己喜欢的季节,如俄罗斯的大诗人普希金就很喜欢秋天。值得注意的是,毛泽东对秋天的描写可以说独树一帜。在古典文学的传统描写中,秋天总多少和悲秋相联系。老杜的《秋兴八首》,可以说是其中的典型了。《秋兴八首》中的第一句便是"玉露凋伤枫树林,巫山巫峡气萧森。"随着藤萝架洒落的月光,洲前飘飞的芦花,江边停着的孤舟,高高的城墙上传来的悲角声,再加一阵一阵的猿啼,真要叫人下泪了。这些诗在艺术上的高度成就,自不用多说。而老杜在那年老多病羁留孤城的逆境中,忧国思家,心事重重,这是很自然的。可是毛泽东笔下的秋天,比起许多诗家却是另一种调子。即使在他青年时期的词作《沁园春·长沙》中,也可看到这种特色。尽管他"独立寒秋",而看到的却是"万山红遍,层林尽染;漫江碧透,百舸争流"以及"鹰击长空,鱼翔浅底,万类霜天竞自由"的蓬勃景象,不论人和自然界都是一片生命力的欢跃。对秋天作如是描写的,实不多见。这首《重阳》也是这样。所以,尽管"不似春光"却也

"胜似春光"了。为什么呢？是随便说的吗？不是！请看那绵绵的高山和河谷之中，"万木霜天红烂漫"，比春天的映山红还要殷红，还要可爱。这寥廓的江天不是真的"胜似春光"吗？我也曾看到过这样的秋景，千里江山，就像被一匹红毯子包着似的，真是太美太美了！

　　总之，这是一首渗透着无产阶级世界观的战斗者之歌。它感情饱满，意象宏丽。一种对革命前途的坚定信心，同外部世界之美水乳交融地化为一体了。

　　这里，我对有关的背景材料也谈几句。这首词标明写于1929年10月。该年的旧历重阳节是阳历10月11日。据《中国人民解放军战史》说，当年6月，朱毛领导的红四军在闽西连续取得胜利。6月下旬，红四军在龙岩召开第七次党的代表大会，就红四军党内长期存在的关于建立巩固的根据地和建军原则的不同认识进行讨论。但由于领导者的意见不一致，未能得到正确的解决。会后，毛泽东被迫离开了红四军主要领导岗位。当年10月22日，红四军前委收到党中央9月28日的指示信。在信中，中央肯定了毛泽东关于建设无产阶级革命军队的一系列正确主张，并指出在红四军中应"纠正一切不正确倾向"。11月26日，毛泽东回到前委。在上述时期内，毛泽东同志住在后方养病。至10月18日，虽刚能起床，但还不能走路。重阳节就在这个时候。据此材料推断，毛泽东同志此时当是大病初愈，《重阳》一词想是渴望到前方进行战斗之作。如果是这样，那么这首词流露的情感应当说是更为可贵了。

1990年2月13—15日

如梦令

元　旦

一九三〇年一月

　　宁化、清流、归化,路隘林深苔滑。
今日向何方,直指武夷山下。山下山下,
风展红旗如画。

　　这首词写于 1930 年 1 月,最早非正式地
发表于 1956 年 8 月出版的《中学生》杂志上,
是谢觉哉在《关于红军的几首词和歌》一文中
提供的。后经作者同意,正式发表于 1957 年 1
月号《诗刊》。

注　释

[元旦]　这里指阴历正月初一,阳历即 1930 年 1 月 30 日。

[武夷山]　在江西、福建两省边境,东北—西南走向。北接仙霞岭,南
接九连山,为赣江、闽江分水岭。海拔一千米左右,主峰黄岗山(海拔二千一
百五十八米)在福建省崇安县西北。

具有战争史诗性质的华章

——读《如梦令·元旦》

郭　风

　　我个人一直有一个感觉：毛泽东同志的诗词艺术，不论在世界文学史上，抑或在我国文学史以及诗史上，都是一种格外独特的、崇高的文学景象。我没有能力谈论毛泽东同志对于本国和世界诗学所作的巨大贡献，但我是否可以把自己的有关感觉，简要地在本文中表达出来？作为具有十亿以上人口的东方文明古国的人民革命领袖，毛泽东同志在半个多世纪里领导了我国人民民主革命和社会主义建设事业的各个阶段；他一生的遭遇和中国人民的命运密不可分。他的革命活动包括战争的经历，以及他的襟怀、心志、革命思想和战略家的远见，他的全部人格力量，在他的诗词艺术中所散发的文学异彩，实在是格外罕见的。在这中间，更具有一个最突出的、在中外古今诗史上几乎可谓独一无二的景象，即毛泽东同志的诗词是与他所领导的革命战争联系在一起的，并且在其中真挚地、气势恢宏地直抒一位革命巨人的情感。他的相当一部分诗词，具有我国革命战争年代的史诗性质和一位革命领袖为人民事业出生入死、披肝沥胆、建立功勋的诗体的自传性质。

　　从 1928 年所作《西江月·井冈山》至 1935 年所作的七律《长征》等十多首诗词，特别鲜明地给我以如上所提及的感受，即革命战争时期的史诗性质的印象。在本文中，我试图谈论个人学习《如梦令·元旦》的一点心得。此词作于 1930 年 1 月。1929 年 12 月 28 日，红四军于闽西上杭县古田镇举行了第九次党的代表大会，史称古田会议。这次具有伟大历史意义的会议，通过了由毛泽东同志亲自起草的《中国共产党红军红四军第九次代表大会决议案》，解决、创立了党所领导的军队建设方向性问题，奠定了军队政治工作的基础。古田会议以后，红四军在古田会议决议的精神指引下，广大指战员准备转移到江西开展游击战争，同时以战略进攻打破了反动派军队对闽西革命根据地的第二次"会剿"。

我个人以为：《如梦令·元旦》与作于此前即 1929 年 10 月间的《采桑子·重阳》和作于其后的《减字木兰花·广昌路上》（1930年 2 月）、《蝶恋花·从汀州向长沙》（1930 年 7 月）等作品，可否称为表现以古田会议为标志的这一革命历史阶段的一组系列性的史诗？ 在这一历史阶段，党和红军不仅一方面抵抗、制止了外部反动派的所谓"会剿"，而且在内部清理了非无产阶级思想，确立了马克思主义的军事思想和政治方向，从而以极其灵活的、正确的战斗艺术，把敌人的"会剿"变为我方对于敌人的战略进攻。《如梦令·元旦》等作品，实质上是真切地表现了这一阶段革命战争的胜利以及红军在困难面前的坚强信念和革命乐观主义精神，是一组同时具有战争历史和文学意义的诗章。

《如梦令·元旦》中所提及的、当时红军征途中所经的宁化、清流、归化（现称明溪）等县份，以及当时的中央苏区其他所属县份，包括上杭县及其古田镇，我均曾住过或路过。这些地区，以自然环境而言，山路险峻，林木茂密，溪流如带；在若干偏僻村落的土墙上，乃至城关（例如泰宁）的街巷间，至今犹能见及红军当年所刷的标语以及漫画、布告。闽西革命根据地从自然景象、革命遗迹和当地老少群众至今念及与红军当时的军民鱼水情时自然流露的一种特殊的革命自豪感，都使人们于不知不觉间感受到一种革命的感召力量。我觉得，自己每读《如梦令·元旦》等作品，总是感到亲切、真切，感到振奋和受到鼓舞；在毛泽东同志诗词中所描绘的情景、所抒写的情意，也许由于我曾身历其境（虽然事隔多年以后），便能够更加感受到一位伟大人物的艺术的感召力量。

《如梦令·元旦》又是毛泽东这位艺术巨匠平易而不平常的笔墨。诗人的艺术功力，深藏于笔墨背后，从而极为耐人咀嚼。这首词，开头平易而奇突，记事写景，如在目前。而吟咏之余，益觉中有千钧笔力："宁化、清流、归化，路隘林深苔滑。"把征途中所经最偏远的基本路线以及途中的景色、险阻,看似很不经意地点了一下,但读者已自然而然地受到了一种感应:红军征途中所经历的艰辛生活以及他们负重、忍受困难和对革命的坚定信念。接下去四句,更是千古绝唱:"今日向何方,直指武夷山下。山下山下,风展红旗如画。"一种革命的信念,一种革命的斩钉截铁的必胜雄心,一种革命的乐观气概,一一成为诗境的雄伟气象。我把此词视为一首抒情性极为强烈的、独特的战歌和一幅描绘革命出征的战争油画,不知读者以为然否?

　　我常阅清末著名词人况周颐所撰《蕙风词话》。其卷一第十三条云:"'恰到好处,恰够消息。毋不及,毋太过。'半塘老人论词之言也。"以之论毛泽东同志的诗词艺术,鄙意未尝不可。毛泽东同志的诗词艺术,正是达到炉火纯青的新境界。他在文学史上的贡献,是他的革命功勋的组成部分,与他的整个革命业绩同样永垂史册。

减字木兰花

广昌路上

一九三〇年二月

漫天皆白,雪里行军情更迫。头上
高山,风卷红旗过大关。　　此行何去?
赣江风雪迷漫处。命令昨颁,十万工农
下吉安。

这首词写于 1930 年 2 月,最早发表于
1962 年 5 月号《人民文学》。

注　释

[广昌路上]　广昌,县名,在江西省东部。1930 年 2 月,红军准备攻打
赣江西岸、江西中部重镇吉安时经过这里。

[情更迫]　首次发表时原作"无翠柏",人民文学出版社 1963 年 12 月
版《毛主席诗词》改为"情更迫"。

[赣江]　江西省主要河流,由章水、贡水流到赣州市汇合而成,北流经
吉安、南昌注入鄱阳湖。

雪舞旗飘过大关

——《减字木兰花·广昌路上》赏析

林从龙

　　1929 年 12 月底,中国工农红军第四军第九次代表大会在闽西上杭县古田镇召开,毛泽东同志为大会作了《关于纠正党内的错误思想》的报告。会议纠正了红军中的错误思想,明确了斗争方向。工农红军为实现"争取江西"的战略计划,"全军团结,气象一新",准备满怀豪情地进军赣东。1930 年元旦,古田会议刚刚结束,毛泽东又于 5 日写出了《星星之火,可以燎原》这一重要著作,严肃批判了当时党内存在的悲观思想,科学分析了在众多帝国主义互相争夺的半殖民地中国,巩固并扩大武装割据、促进全国革命高潮的可能。在此基础上,他再次强调"一年争取江西"的计划,并满腔热情地指出,革命的高潮非"可望而不可即的一种空的东西","它是站在海岸遥望海中已经看得见桅杆尖头的一只航船,它是立于高山之巅远看东方已经光芒四射喷薄欲出的一轮朝日,它是躁动于母腹中的快要成熟了的一个婴儿"。

　　《减字木兰花·广昌路上》在时间上紧承《如梦令·元旦》。

　　词一开篇,即着眼于大境——天地之间,勃郁缤纷,是一片由飘飞的雪花织成的白色。从"漫"字中,可以领略到风匀雪、雪舞风的强烈的动感;从"皆"字里,可以感受到千山裹素、万顷铺棉、流滴垂珠、澄波凝玉那肃穆壮丽、引人遐思、动人心魄的洁白世界。这氤氲万状的雪,为词人所歌咏的主体——挺进于风雪征程的工农红军,渲染出既紧张肃静又充满生机、希望的氛围。作者极其自然地由写景而写情,以"情更迫"直接抒发了红军战士们在古田会议精神感召下,挟风雪万里之势,凝乾元万钧之力,席卷江西去迎接革命高潮的迫切心情。这种心情，又和眼前翻舞的雪花、庄静中蕴藉着无穷伟力的皑皑大地浑然一体，达到了情与景的高度融合。

1962年5月，这首词在5月号《人民文学》发表时，首句为"雪里行军无翠柏"；人民文学出版社1963年12月出版《毛主席诗词》时，又改为"雪里行军情更迫"。这一改，由景而情，上承"行军"，下揽"过大关""下吉安"，是关键之笔。

以下两句紧扣"行军"，写红军行程及声威。"头上高山"四个字，峭拔而精练地概括了由广昌向宁都行进途中的地貌。"高山"之前冠以"头上"，看似平常，实则奇崛，它令人立刻联想到红军在那青峰乱叠、倒插苍冥的悬崖坠壑中行进的雄姿。山高风峭，雪助风势，风扬军威，红旗猎猎，引导红军以不可阻遏之势，越过了一座座雄关险隘。

盛唐诗人岑参曾在他那首有名的《白雪歌送武判官归京》中写过风雪红旗，说："纷纷暮雪下辕门，风掣红旗冻不翻。"这是一幅凝滞到近于死寂的画面，它反映了诗人别友时沉重的悲哀。而这里却相反："风卷红旗过大关。"风雪中，红旗翻飞。一个"卷"字，有伸张、延引的意思，意味着一种开拓、舒展、从容的心境，和"过"字结合，显示了红军将士一往无前的信心和气势。

上阕写行军时的现境，下阕由现境引申入未来之境。词人用提顿的方法，先提出"此行何去"的问题，然后先以"赣江"实指一定的区划，再以"风雪迷漫"这富于诗情画意的意象，比喻红军即将投入的战斗场景。词人不直说"硝烟迷漫"，而用"风雪迷漫"呼应"漫天皆白"，却更比"漫天"深入一层，写风雪的浑茫壮阔，弥天塞地，把红军此行面临的、为迎接革命高潮而挺进江西的伟大斗争的氛围，渲染到十分光景。

在我国古代诗词中，经常用"迷漫"这类词写前景的渺不可知。如王勃《送杜少府之任蜀川》中的"城阙辅三秦，风烟望五津"；柳永词《雨霖铃》中的"念去去千里烟波，暮霭沉沉楚天阔"等都是。但是，只要看看这首词里结尾的两句，就可知"迷漫"决不负载"对前途彷徨无所知"的信息。词人袭古而不泥古，将传统意象赋予了新的内容。这里，前景是既定的、明确的：命令已颁，十万工农红军将直捣江西重镇吉安,去迎接那必然到来的革命高潮。

词人运用明确的语言,直接陈述了命令已颁的事实和命令的结果——"十万工农下吉安",语似浅质而情实深沉。它郑重表达了词人对这一重要指令颁布的喜悦心情,和作为决策之人亲眼看到浩浩荡荡的工农群众在正确路线指引下,踊跃挥戈,去开拓红色政权、争取更大胜利的自豪感。这里,任何曲饰都是多余的了。事实的本身就象征着燎原之星火,革命之朝阳,就已经包含了如此深浓的诗情画意!

这首词写景气势磅礴,言雪则"漫天""迷漫",言山则"高",言关则"大",意境的崇高美和词人的革命胸襟、魄力以及在此基础上的自信一等相称。

这首词写情,只用"情更迫"稍一逗露。除景中有情外,余则描状抒情,以"过""行""去""下"等动词一气贯穿,使红军在风雪中挺进的声威、速率更见情之迫切。

此外,这首词又用风飞、雪舞、旗飘、红旗、白雪等意象渲染辉映,将红军将士的坚定信心、昂扬斗志都融入了有声有色、一片生机的大自然之中。

同时,这首词在选词择调上,也做到了声情并茂。《减字木兰花》四十四字,上下阕每句字数呈四、七、四、七;四、七、四、七之格式。押韵属平仄互换格,整齐中又富于变化。此词上阕仄韵句押入声字"白""迫",下阕仄韵句押去声字"去""处"。入声迫促,去声响亮。而上、下阕押平声韵的韵字为"山""关""颁""安",属平声十五删、十四寒韵,和畅而宜于远引。句式的短、长,短、长,音韵的仄、平,仄、平,迫促——和畅——响亮——远引,形成一种紧张、严肃、活泼的进行曲节奏,与红军将士的高昂情绪、乐观信念和谐一致。

蝶恋花

从汀州向长沙

一九三〇年七月

　　六月天兵征腐恶，万丈长缨要把鲲鹏缚。赣水那边红一角，偏师借重黄公略。　　百万工农齐踊跃，席卷江西直捣湘和鄂。国际悲歌歌一曲，狂飙为我从天落。

　　这首词写于 1930 年 7 月，最早发表于 1962 年 5 月号《人民文学》。

注　释

[天兵征腐恶]　指红军征讨腐朽凶恶的国民党军阀。

[万丈长缨要把鲲鹏缚]　缨，绳索。汉武帝时终军出使南越(古国名，今广东、广西一带)，请授长缨，说要把那里的国王缚住带回来(见《汉书·终军传》)。鲲鹏是《庄子·逍遥游》中所说的一种极大的鱼和由它变成的极大的鸟，所以既可分指两物(通常鲲不单用)，也可合指一物。通常是褒义词，这里作贬义用，等于说巨大的恶魔(参看《清平乐·六盘山》中的"今日长缨在手，何时缚住苍龙"句)。

[赣水那边红一角]　指黄公略同志率领红六军(1930 年 7 月改称红三

军)在赣西南赣江流域所建立的根据地。红六军是赣西南的主力红军,1930 年 6 月同红四军、红十二军组建为红一军团。当红一军团的主力红四军和红十二军由福建汀州向江西进军时,红六军尚在赣西南的赣江流域,所以下文称为偏师。

　　[黄公略]　黄公略(1898—1931)为湖南湘乡人。1927 年参加中国共产党,1930 年任红三军军长。1931 年 9 月,在江西吉安的东固地区行军中遭敌机扫射牺牲。

　　[狂飙(biāo)]　疾风。这里形容正在兴起的革命风暴。

超以象外　得其环中

——《蝶恋花·从汀州向长沙》欣赏

丁　芒

　　超越于事物的表象之外,才能把对象本质操在掌中。这是我们欣赏毛泽东这首雄浑的《蝶恋花》的要领所在。

　　这首词作于 1930 年 7 月,当时革命形势正处于重大转折关头。自从 1929 年 1 月中旬离开井冈山进军赣南闽西以来,红四军利用蒋、冯、阎军阀混战的有利时机,开辟了广大的革命根据地,壮大了红军,声威远播,人心振奋。于是,党内便有一部分人滋长了盲目乐观、急于求成的"左"倾情绪。以李立三为首的党中央,在 1930 年 6 月召开政治局会议,通过了关于《目前政治任务的决议》和《新的革命高潮与一省或数省的首先胜利》的决议——这就是给革命带来严重损失的立三路线。立三路线的总方针是:"中心城市的武装暴动";并决定以武汉为中心举行总暴动,调动主力红军先去进攻长沙。据邓子恢同志回忆,1930 年 6 月,毛泽东率红四军来到福建西部的汀州,曾亲自领导闽西特委开会,从各个方面指导和推动闽西的工作。就在这时,党中央的代表来了,传达了政治局的决议,成立了一方面军总司令部,仓促命令在 8 月 1 日南昌起义纪念日那天誓师出发，北上攻打长沙。

毛泽东后来在《中国革命战争的战略问题》中批评立三路线说："李立三同志不懂得中国内战的持久性，因此看不出中国内战发展中'围剿'又'围剿'、打破又打破的这种长期反复的规律。""因此，在红军还幼小的时代就命令红军去打武汉，命令全国举行武装起义，企图使全国革命迅速胜利。这就犯了'左'倾机会主义的错误。"

可是，立三路线当时是挟中央名义以行的，对当时的毛泽东来说，有个组织服从的问题；何况当时周围确实也有一些同志被大发展形势冲昏了头脑，立三路线的推行有其一定的群众基础，这就需要有一个说服教育、转变认识的过程。基于这两个原因，毛泽东对这次行动的基本态度是执行中央决议，同时相机行事，尽量避免损失。这也是毛泽东一贯对待错误的中央领导的态度，不但自己这么做，也常教育其他同志这么做。事实上，在从汀州向长沙进军的过程中，他一直向随军行动的党中央代表以及军队中个别领导人做说服工作。在运动中，他不放弃战机，消灭了敌戴斗桓旅。而对于与三军团会攻长沙，则慎之又慎，终于最后说服放弃了打长沙的计划，改向吉安行动，避免了可能全军覆没的危险。这是在错误领导下，一个共产党员如何坚持组织观念与群众观念，同时又坚持其正确意见而作韧性斗争的一个光辉的范例。这种高难度的统一，是毛泽东伟大的革命胸怀、深厚的党性修养、高明的斗争艺术的充分体现。

在弄清时代背景和心理背景之后，我们对毛泽东这首词的鉴赏才有了切实的基础。这个基础，决定了此词总的艺术特色。从抒情角度来看，作者是立足于整个国内革命战争的战略高度，对全局作鸟瞰式的观察与概括。从抒情基调来看，作者是从大局出发，以鼓舞士气为主，因而雄浑阔大，悲壮激越，有晴虹贯日、声彻九天的气势。从抒情手法来看，作者是避实就虚，避开正面而多采曲笔，因而多从大象着眼，大处落笔，以虚为主，泼墨挥洒，浑如一幅云蒸霞蔚的大写意画。

起句就交代此行的战略目的。作者以惊人的气势，表现了革命军队排山倒海、扭转乾坤的雄伟气概。当时正是农历六月酷暑季节,腐恶是形容词转化作名词用。天兵指革命军队,与六月连用就启导了内在逻辑关系的联想,于是产生了奇异的阅读效果:得道多助,对革命军队,天也助威,使之挟炎暑以征讨一切的腐朽与罪恶。第二句是第一句的补充、深化、具象化,但还是虚以设象。"鲲鹏"出自《庄子·逍遥游》,这里用以指反动派。用鲲鹏作比有两层意义:一是说反动派并非鷦鷯小鸟,而是个庞然大物,不可掉以轻心;二是说他们虽然强大,仍然可以用"万丈长缨"来捆缚,不必被其气势汹汹所吓倒而丧失革命信心。这两层意思,作者只用一个字就统辖住了,这就是一字千钧的"要"字。"要"表现了未实现的意图,又表现了可以实现的意图。但"万丈长缨"能不能缚住"鲲鹏",关键就在于努力与否。所以,"要"字正是诗眼所在,也是作者表现其辩证思维的焦点。

第三、四句写得较实。赣水指江西赣州以北、章贡二水合流后的赣江,其实是泛指江西西部。那时,彭德怀、黄公略带领三军团正在湘鄂赣边活动,赣江一线是黄公略的部队。对一方面军主力来说,三军团是偏师。但因为他们在这一带建立了根据地,搞得很红火,所以毛泽东率主力前来便有了立足之地,说"借重"并非浮词。但藏蕴在此二句中的深意,则需从作者心理背景去探讨。毛泽东早就对攻打中心城市长沙抱审慎态度,认为即使付出重大代价打下长沙,也站不住脚。而赣江一线敌人力量比较薄弱,我军重兵压境,不但可以各个击破、歼灭敌军,而且可以解放吉安等中小城市,拓展大块根据地。后来他付诸实践的上述方案,早在汀州出发前就已形成。在创作这首词时,对在赣水南线、红了一角的黄公略,特别给予关注和推崇,正说明是他的希望所寄。对立三路线指令下脱离实际的大行动,表现为虚;对自己寄以深望的实事求是的小行动,表现以实。其虚实相间相生,不仅是诗词艺术所需,其实寄托着作者的深意。

下阕首两句又是从大象着眼的虚笔。如果说上阕前两句写的是磅礴之大"气",此两句则写的是不可逆阻的大"势"。因为一连串用了"踊跃""席卷""直捣"这些词,莫不外射着极大的"动势"。

虽是大象，却也使人有千军横扫、万马竞奔之感。

末二句突兀起意，恍如霹雳临空，使全诗意境顿受触发，升华到壮气撼天、天为之动的境界。这固然概括表现了无产阶级革命军队的气概雄伟、精神格天，但我却体味到有某种悲愤情愫隐约其间："百万工农"战士们的革命精神是可敬可爱可歌可泣的。唯其如此，革命的领导者更应该慎之又慎，不能浪费群众的积极性，虚掷革命者的头颅热血。现在眼看又要重蹈第一次"左"倾路线覆辙，而自己有见及此却又无法迅速纠正，只好与大家同唱国际悲歌，期望更大的革命风暴能应我们的呼喊而来临！作者的心情是复杂的，也是无法明言的，只好渲染这种悲壮的气氛来暗示自己的意志、抒发难以具体化的感情。其实，这首词全篇都体现了作者这种饱含难言之隐的矛盾心情。所以，光从字面上去理解，是难于掌握其神韵的。

附带说一说：作者选用《蝶恋花》这一通常用来抒发儿女情长的词牌来表达如此庄严重大的题材，也许是考虑会产生异乎寻常的效果。但由于音乐失传，调性并不明显，这种选择的效果自然很微弱。我倒是觉得《蝶恋花》规定用仄声韵，而且八句均押，毛泽东特别选用了高昂激越的入声韵，就大大增强了全词的壮怀激烈的抒情表现力，这大概正是他选用这一词牌的艺术匠心独运之处。

同时，毛泽东在运用当代口语于古典诗词形式之中这一点，也达到自然贴切、炉火纯青的地步。这首诗也不例外，甚至使用了"要把""那边""湘和鄂"这些口语中的连接词、语助词等，使作品更加传神。运用当代口语，以增加时代感、强化表现力，是当代诗坛在继承古典诗词艺术传统基础上努力创新的一个重要课题。因此，毛泽东诗词中这方面的成功经验，也值得我们研究和学习。

1990 年 1 月 3 日于南京苦丁斋

渔家傲

反第一次大"围剿"

一九三一年春

万木霜天红烂漫,天兵怒气冲霄汉。雾满龙冈千嶂暗。齐声唤。前头捉了张辉瓒。　　二十万军重入赣。风烟滚滚来天半。唤起工农千百万。同心干。不周山下红旗乱。

这首词写于 1931 年春,最早发表于 1962 年 5 月号《人民文学》。

作者原注

关于共工头触不周山的故事:

《淮南子·天文训》:"昔者共工与颛顼争为帝,怒而触不周之山。天柱折,地维绝。天倾西北,故日月星辰移焉;地不满东南,故水潦尘埃归焉。"

《国语·周语》:"昔共工弃此道也,虞于湛乐,淫失其身,欲壅防百川,堕高堙庳,以害天下。皇天弗福,庶民弗助,祸乱并兴,共工用灭。"(韦昭注:"贾侍中[按:指后汉贾逵]云:共工,诸侯,炎帝之后,姜姓也。颛顼氏衰,共工氏侵陵诸侯,与高辛氏争而王也。")

《史记》司马贞补《三皇本纪》:"当其(按:指女娲)末年也,诸侯有共工

67

氏,任智刑以强,霸而不王,以水乘木,乃与祝融战。不胜而怒,乃头触不周山。崩,天柱折,地维缺。"

毛按:诸说不同。我取《淮南子·天文训》,共工是胜利的英雄。你看,"怒而触不周之山。天柱折,地维绝。天倾西北,故日月星辰移焉;地不满东南,故水潦尘埃归焉"。他死了没有呢? 没有说。看来没有死,共工是确实胜利了。

原注注释

[共工、颛顼(zhuān xū)、炎帝、高辛、女娲(wā)、祝融] 他们都是传说中古代部族的首领。

[天柱、地维] 维,大绳。古人设想天圆地方,天有九根柱子支撑,地有四根大绳拴系。

[虞(同娱)于湛(dān)乐,淫失(同佚,逸)其身] 贪图享乐,纵欲放荡。

[堕(同隳 huī)高堙庳(yīn bēi)] 平毁山丘,填塞沼泽。

[以水乘木] 乘,接替。古代有用金、木、水、火、土五行相生相克以解释朝代更替的说法。《三皇本纪》称女娲"亦木德王",共工想用水德来代替木德。

注 释

[霄汉] 霄指云天,汉指星河。

[龙冈] 在江西省永丰县的南端,南与兴国县相连,西与吉安县相接,是险要的山区。

[嶂(zhàng)] 高山。

[不周山下红旗乱] 这里用触倒不周山的共工,来比喻决心打倒反革命统治的工农红军和革命群众。红旗乱,红旗飘舞缭乱,描写革命队伍士气之盛。

大气磅礴的战歌

——读《渔家傲·反第一次大"围剿"》

刘　征

　　这首《渔家傲》题为《反第一次大"围剿"》,是毛泽东同志于1931年春写的。其时正当反第一次大"围剿"胜利之后,反第二次大"围剿"之前。

　　1930年9月间,党的六届三中全会纠正了李立三的"左"倾路线之后,在毛泽东同志正确路线的指引下,革命根据地和工农红军迅速发展壮大。同年12月,国民党反动派纠集十万兵力,由鲁涤平任总司令、张辉瓒任前线总指挥,由北向南分八路纵队向我中央根据地大举进犯。在敌强我弱的情势下,毛泽东同志采取了诱敌深入、聚歼敌军于根据地之内的战略方针。第一仗就打垮了张辉瓒的两个师和一个师部,师长张辉瓒和敌军九千人全部被俘。我军乘胜追击,五天内连打胜仗,各路敌军畏打,纷纷撤退。反第一次大"围剿"就这样取得了胜利。

　　"万木霜天红烂漫,天兵怒气冲霄汉":开头写奋起迎敌的红军"气吞万里如虎"的威势。秋,在我国的传统诗文中,历来取为凄凉哀怨的象征。《诗经》里的"蒹葭苍苍,白露为霜",《楚辞》里的"悲哉秋之为气也",那来由非常久远。毛泽东同志的诗词里多次写到秋,写到霜天的红叶,却赋予了全新的象征意义。这次战斗是在12月间,赣南一带还是深秋景象。"万木霜天红烂漫",是写实景也是写豪情,以万山霜叶的绚丽色彩渲染革命军民的昂扬斗志。"烂漫"用得好,形容红得鲜亮,红得火炽,红得生气勃勃,真是"霜叶红于二月花"了。"天兵怒气冲霄汉",从正面着笔,与起句相辉映,写工农红军的士气。"天兵"这个词,在传统诗文中用

69

来称道代表国家正统的军队，如扬雄的《长扬赋》写"天兵四临，幽都先加"。我以为，这里的"天兵"可取此义。与国民党反动派恰好相反，称工农红军为代表国家的正统军队。

接着写这次反"围剿"的主要战役——龙冈战役。有关回忆录是这样记述的：12月27日，我军准备围歼谭道源师。因谭师龟缩不出，转而准备围歼张辉瓒师。由红十二军诱张师进入龙冈。龙冈山岭重叠，十分险要。29日，张师进入我军包围圈。30日凌晨下起蒙蒙细雨。上午10时，我军发出总攻击令。至下午2时，该师连同师长在内全部被俘。"雾满龙冈千嶂暗"，既是写实景，又是写战场气氛。我军埋伏于深山密林之中，加以云雾缭绕，犹如藏龙隐豹，令人莫测。接着略去繁复的战斗描写，直接写张辉瓒的被捉。"齐声唤"，先是听到先行的战士齐声高喊。怎么回事？"前头捉了张辉瓒。"啊，原来捉住了敌军的头子！诗人是在马上从战士的传呼中听到这个捷音的，不仅写出广大战士的兴奋鼓舞，而且写出在疾速行军中的行动特征。词，便于抒情，不便于记事，前人以词记事的很少。这么一次规模很大又很复杂的战役，诗人只用了二十七个字就写得有声有色。抓住特征，大胆取舍，不须着墨处惜墨如金，须着墨处淋漓泼洒，真是足以驱山断河的大手笔。

词的下片，写反第一次大"围剿"已经胜利、反第二次大"围剿"即将来临的情势，预言了革命的必胜。第一次"围剿"被粉碎后，国民党反动派集结二十万军队发动第二次"围剿"。我军则乘胜开展工作，在广昌、宁都一带发动群众，巩固扩大革命根据地，在广大游击区和新解放区建立了红色政权和地方武装，为粉碎敌军新的进犯做了充分准备。

一波才平，一波又起。"二十万军重入赣，风烟滚滚来天半。"大批敌军袭来，荡起障天的尘土，来势猛恶。"重"字点出敌军是卷土重来，与上片贯接。"唤起工农千百万。同心干。不周山下红旗乱。"写广大革命军民奋起抗战，声势浩大，斗志昂扬，显示了人民战争战无不胜的威力。诗人虽然不可能写出这次反"围剿"胜利的结局，却已经预示那胜利是必然的了。

古人说，一篇作品要具有"豹尾"，以千钧之力振起全篇，说得很好。这首词可以说具有一条真正的"豹尾"：结句"不周山下红旗乱"，极大地拓展了词的意境，俨然包藏天地；深化了词的思想，由一次具体的战役引向整个革命的必然胜利。如果没有这个结尾，全词会为之黯然失色。

毛泽东同志在自注注文里列举了关于共工神话的大量资料，选取并赋予神话以全新的意义。面对红军奋勇歼敌的壮烈场面，诗人眼前幻出一个更为宏阔的神话世界：那里有一位大英雄，触倒天柱，断裂地维，挺立于宇宙之间——这是无产阶级集体英雄的形象，是何等雄奇伟大的气魄！"乱"字，有人认为应反训见义，解为"齐整"；有人认为可以直接解为"参差错落"，两解均可。

细味全词，要问它最鲜明的特色是什么？我以为是它那一泻千里、吐纳大千的气势。气势是难以言传的，只能在吟味中去感受；但又是可以捉摸的，有其形成的原委。这气势的由来，不仅因为选用了一些具有雄强色彩的词语，而且因为音调铿锵，节奏响亮，其更深层的本源则是红军压倒一切强敌的士气，这首词的气势正是红军士气的升华。顺便提一下，《渔家傲》这首词的体式，句句押韵，全押仄韵。各句紧紧相衔，且有短句相间。读来如马蹄疾走，嘚嘚有声，用来表现这种气势是十分恰当的。

从北宋到南宋，词的风格不断嬗变发展。与婉约派并秀，逐渐出现并形成了豪放派。豪放派一出，有些词家不承认，连大词人李易安也囿于对词的固定看法，认为"词别是一家"，那不过是"句读不葺之诗尔"。这种看法未能遏止豪放派词风的发展，以及广大读者对豪放派的肯定和欢迎。毛泽东同志的词在全新的生活和思想的基础上，把豪放派的词风加以发展变化更向前推进了。诚然，毛泽东同志的词不仅不等同于任何词派，而且也不同于文人笔下的作品，是迄今为止古今词坛上独一无二的。但，这正是它得以万古流芳的真正的价值。

1990 年 1 月

渔家傲

反第二次大"围剿"

一九三一年夏

白云山头云欲立，白云山下呼声急。枯木朽株齐努力。枪林逼。飞将军自重霄入。　　七百里驱十五日。赣水苍茫闽山碧。横扫千军如卷席。有人泣：为营步步嗟何及！

这首词写于 1931 年夏，最早发表于 1962 年 5 月号《人民文学》。

注　释

[白云山]　在江西省吉安县东南，吉安、泰和、兴国三县交界处，距东固镇西南十七里，是第二次反"围剿"中毛泽东、朱德同志指挥打第一仗的地方。

[枯木朽株齐努力]　西汉司马相如《谏猎疏》："枯木朽株尽为害矣。"（见《史记·司马相如列传》）这里反其意而用之，说在我军包围歼灭国民党军队的时候，连枯木朽株也发挥了帮助我军反对敌军的作用。

[飞将军自重霄入]　飞将军，指矫捷勇猛的将军。《史记·李将军列传》："（李）广居右北平，匈奴闻之，号曰'汉之飞将军'。"这里用来称赞行动隐蔽神速的红军。重霄，高空（参看《蝶恋花·答李淑一》[重霄九]注）。当

时红军隐蔽集结在山上,敌军由富田向东固地区进犯。红军突然从山上打到山下,好像飞将军从天而降。

[七百里驱十五日。赣水苍茫闽山碧]　当时红军从赣江流域的富田地区打起,打到福建、江西两省交界的建宁、黎川地区(闽山,指那一带的武夷山),东西约七百里。战役从 5 月 16 日至 30 日,历时十五日。

[有人泣:为营步步嗟(jiē,又读 juē)何及]　蒋介石鉴于第一次"围剿"冒进失败,这次"围剿"改用所谓"稳扎稳打,步步为营"的办法,但仍遭惨败,嗟叹莫及。

辉煌的诗史　壮丽的史诗

——读《渔家傲·反第二次大"围剿"》

杨子敏

这首词写于 1931 年第二次反"围剿"胜利之后。全词仅六十二字,却以气吞山河之势,淋漓酣畅地描绘了一幅豪壮雄奇的图画,既是辉煌的诗史,又是壮丽的史诗。

1931 年 4 月,蒋介石不甘心于第一次"围剿"的失败,纠集二十万大军,对苏区发动了第二次大"围剿"。从江西吉安到福建建宁,东西八百里,布成一条弧形阵线,并改变第一次大"围剿"中破了产的"分进合击,长驱直入"战术,采用"稳扎稳打,步步为营,紧缩包围"的战术,向苏区步步进逼。

毛泽东同志为第二次反"围剿"的战略行动作了精心的设计和部署,亲自指挥中央红军,选择进占富田之敌王金钰、公秉藩为首战对象,"从富田打起,向东横扫"。先将红军主力集结隐蔽于吉安县东固一带,迫敌而居,等待战机,以料敌如神的预见和异乎寻常的耐心,秘密埋伏二十五天。至 5 月 15 日,王金钰部果然脱离其富田阵地,分三路向东固进犯,16 日进入我伏击圈。我军出其不意地发起攻击,痛歼敌军,并乘胜进击,直指富田,经一天战斗,歼敌一整师。继而迅即转入战略进攻,由富田而东,奋力横扫,"十五天中(1931 年 5 月 16 日至 30 日),走七百里,打五个仗,缴枪二万余,痛快淋漓地打破了'围剿'"(《中国革命战争的战略问题》)。

这首词的上阕,就是对白云山首战告捷的集中描写。

"白云山头云欲立。"起句突兀奇拔,声势逼人。白云山位于江西东固附近,据《嘉庆一统志》记载,此山"峰峦特出,常有白云蒙罩"。据此可知句中所写"云欲立"既有现实依据,又非自然的摹写,而是夸张,是拟人化,是移情于景,是诗人主观感情的外化。当苏区军民万众一心、同仇敌忾、决意歼灭万恶的蒋军的时候,连白云山头的白云也怒气冲天,愤然而立:敌军对苏区人民烧杀抢掠的暴行,激起天怒人怨;苏区军民严惩腐恶的正义之战,感天动地。

"白云山下呼声急。"是说遭受突然打击的敌军,惊呼狂叫,仓皇应战,垂死挣扎。

"枯木朽株齐努力。""枯木朽株",语出汉邹阳《自狱中上梁孝王自明书》:"故有人先谈,则枯木朽株树功而不忘。"(《史记·邹阳列传》)邹阳以"枯木朽株"自喻,原系自谦之词。而在这首《渔家傲》里究竟应如何理解,以往是有歧见的。有的说是指根据地的老弱病残、妇女儿童及红军伤病员等,虽也言之成理,但"枯木朽株"终含贬义,用于自谦则可,用于指代苏区群众,则不仅不够贴切,甚而也不够恰当。有的说是指腐朽的敌人,但紧随其后的"齐努力"则为褒语,用以说明敌人的疯狂反扑或垂死挣扎,显然也不妥当。郭沫若同志作过别样解释,他说:"我觉得妙在选用了'枯木朽株'。这似乎可以从两方面来解释:一方面是说调动了所有的力量,动员了广大的工农群众,'斩木为兵,揭竿为旗'。另一方面也可以说是敌人在败逃中,'风声鹤唳,草木皆兵'。"郭老认为这和起句"白云山头云欲立"的拟人化手法相同,"是巧妙的感情输入,是胜利的工农兵群众豪迈的感情,是主席豪迈的感情,使青山白云、枯木朽株,都具有了积极的能动性。"我赞成郭老的解释。

"枪林逼。飞将军自重霄入。"汉武帝时名将李广,英勇善战,用兵神速,人称"飞将军"。这里则是指勇猛杀敌的红军,犹如神兵天降,以迅雷不及掩耳之势冲下山来,刀枪如林,直逼敌前。

"七百里驱十五日。赣水苍茫闽山碧。横扫千军如卷席。"三句如狂潮奔涌,排山倒海,点明了第二次反"围剿"战役的时间和空间跨度,点染了战地山河的壮丽景色,概括地描绘了在辽阔的战场上红军远程突击、连续作战、一往无前、所向披靡的气概。

这之后,诗人把笔锋突然一转,把惨遭失败的敌人轻轻勾画了一笔:"有人泣:为营步步嗟何及!""为营步步",即"步步为营"一语的倒置。那嗟叹、哭泣者是谁呢?当然是企图以绝对优势的兵力、以"步步为营"的战术荡平苏区、全歼红军的蒋介石了。其势汹汹而来,弃甲曳兵而走,自嗟自叹,向隅而泣,一副滑稽、丑陋的可怜相,活现在我们眼前,与苏区军民的大获全胜形成鲜明对照。仿佛一部雄浑豪壮的交响曲,经过酣畅淋漓的抒发之后,忽然以几声轻盈的拨奏绾束全篇,既富于色调变化,又使人感到意蕴悠长。

对于毛泽东同志的诗词,历年来已有多种评论、赏析文章、著作问世。其中,我以为1983年出版的鲁歌同志所著《毛泽东诗词论稿》,更值得喜爱和研究毛泽东诗词者的重视。这里,我不想重复别人的论述,只想从上面所说稍作引申,谈一点个人的感想。

从《西江月·井冈山》到《清平乐·六盘山》,包括我们在前面着重讲过的《渔家傲·反第二次大"围剿"》在内,总共十八首诗词的写作时间起迄于1928年秋至1935年10月,前后历时七年。这七年间,经历了井冈山根据地的创立、巩固和发展;经历了第五次反"围剿"的失败,仓促退出苏区,实行战略大转移;经历了遵义会议,扭转乾坤,使中国革命重新踏上正确道路,完成了震惊世界的二万五千里长征,胜利到达陕北。这是怎样的七年啊!中国共产党和中国人民,以革命的狂风暴雨、熊熊烈火,破坏着一个旧世界;以生命和鲜血孕育着一个新世界。在血与火的斗争中,在正确与错误、成功与失败的反复对照中,摸索着,探寻着,一步步拓出一条独特的、通向胜利的中国革命的道路,写下了中国历史、中国革命史上辉耀天地的一页。然而,除了亲历者的回忆文章,除了幸而保

75

存下来的历史文件和资料，除了党史和历史著作的记述而外，除了后人作为革命历史题材而创作的多种形式的文艺作品外，在这七年间，直接置身于当时的伟大历史进程，并以其伟大实践直接推动着中国历史的革命变革，又在变革历史的实践的同时，以诗的形式记录着发生在眼前的时代风云的，怕是只有毛泽东同志这十八首诗词了。因此，对于这七年，它是独一无二的特殊形式的历史文献，更是艺术上风标高致的典范。当我们评价它在中国文学史和中国诗史中的地位的时候，这一点是不应当被忽略的。

以"诗国"著称的中国，古典诗词成就辉煌，但也无须讳言它后来的不景气状况。五四新文学运动以后，旧体诗词创作，已不复成为正业。在这种情况下，毛泽东诗词却异峰突起，成为传统诗体创作中一座直薄云天的新峰。旧体诗词还有生命力吗？旧体诗词能够表现新的时代、新的现实、新的思想感情吗？对于这种种疑问，毛泽东同志的灿烂诗章，已经在实际上作出了肯定的回答。他以传统的形式，描绘了全新的天地，表达了全新的境界，给旧形式注入了新生命。这使我们认识到：只要对中国诗歌的优秀传统具有深厚的修养，能够熟练地掌握和运用旧体诗词的形式、方法和技巧，对中国的历史典故、神话传说、民歌民谣、文言辞语及当代口语有广博的知识，有高超的分辨、取舍、改造、锤炼、熔铸、点化、驾驭、驱遣的能力；尤其重要的是，能够自觉树立马克思主义世界观、人生观，用以观照现实生活，从中汲取丰富、新颖、饱满、充沛的诗情，使思想的新，精神的新，成为催发老树新枝的春风春雨。这样，在运用旧形式表现新生活的创作实践中，自能纵横驰骋，自由翱翔，从心所欲而不逾矩。反之，如果一味表现个人的苦闷、失落、空虚、迷惘乃至所谓潜意识、性意识，即使使用了最新的诗歌形式，也难免散发出陈腐的霉味。

我相信，无论新、旧体诗歌创作，都能够从毛泽东诗词中得到有益的启示。

菩萨蛮

大柏地

一九三三年夏

　　赤橙黄绿青蓝紫,谁持彩练当空舞?雨后复斜阳,关山阵阵苍。　　当年鏖战急,弹洞前村壁。装点此关山,今朝更好看。

　　这首词写于 1933 年夏,最早发表于 1957 年 1 月号《诗刊》。

注　释

[大柏地]　在江西省瑞金县城北六十里。

[彩练]　彩色的丝绸,这里喻指彩虹。

[雨后复斜阳]　唐温庭筠词《菩萨蛮》:"雨后却斜阳。"

今朝更好看

——读《菩萨蛮·大柏地》

邹荻帆

1928 年 4 月下旬，朱德、陈毅率领南昌起义保存下来的部队和湖南农民起义军，来到井冈山，在宁冈砻市与毛泽东领导的部队会师，极大地发展和壮大了井冈山革命根据地的武装力量。1929年 1 月，他们率领红军由井冈山向赣南、闽西进军。2 月 10 日至11 日，在大柏地击败尾追的国民党赣军，歼敌近两个团，俘敌八百余人，并缴获了大批武器——这是红军部队离开井冈山后的第一个大胜仗。这首词是作者 1933 年夏重过大柏地时所作，那正是国民党将要发动空前规模的第五次大"围剿"，斗争形势处于极度艰苦的阶段。而此时，作者写了这样一首极富革命乐观主义的词。

毛泽东对中国古典文学是有高度修养的，因而对我国民族传统艺术的优点，更能充分取其精华，推陈出新。我国传统诗词有极严格的格律，能够运用极精练的形式与诗句，极确切地表达诗人的意旨。当然，一个伟大的诗人从来不是囿于机械地对事物的客观反映，总是来于现实，而又高于现实。所以"登山则情满于山，观海则意溢于海"。正是这样，诗人要用咫尺的篇幅，画出心海的奔腾澎湃。在这方面，这首《菩萨蛮》给了我们启示。

毛泽东在给陈毅的信中说："诗要用形象思维，不能如散文那样直说，所以比、兴两法是不能不用的。"我们且读这首词起始两句："赤橙黄绿青蓝紫，谁持彩练当空舞？"作者在第一句上写了七种色彩，在古诗词中也很少见到这样绝妙而又具开创性的诗句，这就是彩虹的颜色。"谁持彩练当空舞？"彩色丝绸飞舞于空中，把彩虹比喻为舞动的丝绸，这是诗人赋予彩虹以生命的写法。不是彩虹在真正当空飞舞，而是诗心在一片密雨阴云后，萌生斗争的豪情，情意溢满于山川间。雨后复见斜阳出于天宇，雄关峻岭在斜阳照射中，一阵阵显出苍翠之色。"关山阵阵苍"，是在说明乌云还并未全然消逝。而关山仍在，斜阳正好，总难掩关山的苍翠，而且正显出关山的苍翠，正如"岁寒而知松柏之后凋"。

可以说这前一阕是用形象思维，以彩练比彩虹，即"以彼物比此物"。而我国传统诗词，虽常"以彼物比此物"，但并非止于以彼喻此，而是将诗人的情怀、抱负等都在比喻中透纸而出。如李白的"明月出天山，苍茫云海间"，实是诗人诗心的明月，在苍茫的云海间遨游。《大柏地》中的前一阕四句，实有异曲同工之妙，正是诗人诗心的彩虹在天地间挥舞。

在后一阕中，作者充分使用我国传统的比、兴之法，"先言他物以引起所咏之词"。也可以说是词的主旨之所在，画龙点睛。于是从前一阕的畅吟大自然的宏丽景色，转而到了写人间的斗争。大自然美妙的舞台，正在演出威武雄壮的斗争——星星之火，可以燎原。尽管敌人凶猛万分，但人民，只有人民才是创造历史的动力。与人民紧密结合并代表人民意志的斗争者，纵使暂时处于劣势，终将取得最后的胜利。这是历史的规律。

正因为这样，艰苦斗争所遗留下的痕迹，对于一切对革命有责任感的人来说，都将是鼓舞前进的推动力。何况作者曾经在这里指挥鏖战？重临旧地，诗人当然想起当年井冈山会师后取得的第一次大胜利。面对"当年鏖战急，弹洞前村壁"，是唏嘘慨叹，来凭吊旧战场呢？还是从中更加激励斗志，叱咤风云呢？作者写道："装点此关山，今朝更好看。"这两句词一方面吟出了他的壮志，说明村壁留下的弹穿的洞孔，是当年鏖战所留下的战争的痕迹。而这场战争是饥寒交迫的奴隶为求解放而战，为给反动派挖掘坟墓而战，也是为建设一个光明灿烂的新中国而战，也是为全人类的一场序幕而战。用这样战争所遗留下的"弹洞前村壁"，来装点于战斗过的关山间，应该说那是一部革命传统教育史留在人间，一座革命历史纪念碑树在大柏地的关山间。

因而，诗人毛泽东面对这"村壁"，以革命浪漫主义的情怀，欣然命笔吟着"今朝更好看"。有了这遭受战争创伤的村壁，才能建立新中国的大厦。这样，"弹洞前村壁"装点在关山间，才显得分外妖娆。当时作者即景生情，吟出了最后这两句感人肺腑的词句。

这两句词，对我们后来者也是极大的鼓舞与鞭策。当然，我们如果也在今朝亲临大柏地，可能再见不到那子弹穿洞的墙壁了。但是，作者为我们留下的这首词，以形象化的诗篇，为大柏地当年鏖战的伟大、光荣和艰苦，树立了一座丰碑。这座艺术的、极富革命乐观主义的、有着革命传统教育意义的丰碑树立在我们面前，我们也会反复吟咏着："今朝更好看！"

清平乐

会　昌

一九三四年夏

东方欲晓,莫道君行早。踏遍青山人未老。风景这边独好。　　会昌城外高峰,颠连直接东溟。战士指看南粤,更加郁郁葱葱。

这首词写于 1934 年夏,最早发表于 1957 年 1 月号《诗刊》。

注　释

[会昌]　县名,在江西省东南部,东连福建省,南经寻乌县通广东省。早在 1929 年,毛泽东同志为开辟赣南根据地,就率领红军到过会昌,以后常途经和居住在这里。这首词是 1934 年夏天作者在中共粤赣省委所在地——会昌进行调查研究和指导工作时所作。

[莫道君行早]　旧谚:"莫道君行早,更有早行人。"本句中的"君"指作者自己。

[踏遍青山人未老]　作者自注:"1934 年,形势危急,准备长征,心情又是郁闷的。这一首《清平乐》,如前面那首《菩萨蛮》一样,表露了同一的心境。"本句的"人"指作者自己。

81

　　〔这边〕　指革命根据地。

　　〔会昌城外高峰〕　指会昌城西北的会昌山，又名岚山岭。作者曾回忆说："会昌有高山，天不亮我就去爬山。"

　　〔颠连〕　起伏不断。

　　〔东溟（míng）〕　指东海。

　　〔南粤〕　古代地名，也叫南越，在今广东、广西一带。这里指广东。

山外青山天外天

——读《清平乐·会昌》

张志民

　　毛泽东同志作为永垂于我国历史的一代伟人，不仅是一位杰出的思想家、政治家、军事家，而且是一位才华横溢、出类超群的文学家，一位伟大的诗人。

　　早在本世纪初，毛泽东同志在长沙第一师范读书时，便以"写一手好文章"而誉满校园。由于毛泽东同志对我国文学特别是古典文学的造诣很深，致使他的许多著作中都不乏闪光的文采，具有很高的文学价值，值得后人很好地研究。

　　当然，更集中地体现他对我国文学巨大贡献的，还是他的诗词。几十首脍炙人口、字字珠玑的诗词，艺术成就很高。不仅在当今世界占有显著的地位，即便摆在我国悠久的文学史上，也无愧为时代的杰作，也是我国文学宝库中无可代替的珍品。

　　我国的旧体诗词与现代新诗，从广义上讲虽可同称之为诗歌，但在艺术形式上却又差别甚大。我是个写新诗的人，对旧体诗词缺少研究。这里，应克家同志之嘱，对《清平乐·会昌》这首词写几句学习心得，只能说是一篇零散的学诗札记，着实算不上赏析文章。

《会昌》的写作时间是 1934 年夏季,这是毛泽东同志在离开江西苏区前所写的最后一首词。也就是说,它写于中国工农红军开始二万五千里长征的前夜,这是一个极为严峻的历史时刻。

此时,国民党反动派继对红军的一、二、三、四次残酷的"围剿"之后,灭共之心不死。在帝国主义的支持下,又纠集了上百万的兵力、成百架的飞机,对红色根据地发动更大规模的第五次"围剿",气焰更为猖狂,手段更为毒辣。除实行严密的经济封锁外,并以"堡垒主义"的围困战术,在中央根据地周围,修筑了几千个碉堡,步步进逼,妄图一举消灭中央红军。而与此同时,党内的"左"倾机会主义路线也发展到了顶点。他们否定毛泽东同志所提出的应该突破敌人的包围、由内线作战转到外线作战、将战略防御转为战略进攻的正确战略思想,致使革命形势陷于极端困难的境地。

即使在这样的历史关头,当时在党内还并不居于决策位置而又屡遭排斥的毛泽东同志,为进行调查研究和指导工作,从江西苏区的瑞金,来到赣南小城会昌。据说,有天清晨,毛泽东同志与战友们登上会昌城外的岚山岭,归来之后,写下了这首词。

身为无产阶级革命家的毛泽东同志,他的诗词从总体来说,都是他革命生涯的写照。他的诗都源于活生生的斗争实际,出于真实的生活感受。从没有任何消遣之作,因此也从没有任何牵强附会的苍白之笔。艰苦卓绝而丰富多彩的现实斗争,已是诗人取材的巨大场地。不必去作什么苦思冥想,信手撷取一片天角、一缕云絮,已足够展示一派世界,容纳诗人抒发感情的激流,抒发博大的胸襟。

《会昌》这首词,写得极为自然、潇洒。像毛泽东同志的许多词作一样,结构紧密而又不显得拥挤,用语浅近而又寓意深沉。短短八句,没有一句令人费解的词句,每句都明白如话,而每句都余味无穷。

这首词的表现手法是亦情亦景,情景交融。诗人把深沉的感情蕴藏于景色之中,情中有景,景中有情。由于情的分量浓缩而含蓄,诗行之外的余韵,远远超出了落在纸上的笔墨。从文字上看,似乎更多的是写景。

写景，在我国古典诗词中，占很重要的位置。毛泽东同志是喜欢写景而擅长写景的。在他的诗词中，有数不胜数的写景名句，如"万山红遍，层林尽染"（《沁园春·长沙》），"西风烈，长空雁叫霜晨月"（《忆秦娥·娄山关》），"金沙水拍云崖暖，大渡桥横铁索寒"（七律《长征》），"山舞银蛇，原驰蜡象"（《沁园春·雪》），诸如此类，佳句甚多。诗人不是为写景而写景，更不是仅仅把实地的景色移至笔端，而是以他博大的胸怀、豪放的气质、深邃的目光，给眼前景色以哲理和艺术的升华，给景以生命，把景写活了！

《会昌》便是这样一首词。

"东方欲晓，莫道君行早。"以这样两句作为诗的开首，一开始便勾画出一种黎明将至、视野顿开的气氛。意思是：天快要亮但还没有完全亮即"蒙蒙亮"的时刻，"君"（可以理解为个人——诗人自我，也可以理解为群体——诗人与同伴或红军队伍）便已经上路了！不要说我们动身得太早吧。"东方欲晓"四个字，既是时间概念，也是空间概念。它暗示出一个无限境界：眼前便是豁朗的清晨，尽可以迎着朝晖去领略晨曦中的黎明风景，给人以充满希望和追求的情绪。从全诗来看，该是这首词的点题之笔。有的赏析文章认为"东方欲晓"是一语双关，表达了"黑暗即将过去，曙光即在前头"（毛泽东：《目前形势和我们的任务》）的意思。这样放大开来，从政治寓意方面所作的进一步引申，与此诗主题也是贴切的。

诗人在交代了时空背景之后，便以较多的笔墨去抒发对眼前景色的情怀。感触很多，既抽象又具象，有情有景，有人有物。所有的情景人物都有机相连，不可孤立去看，更不能作机械的理解。如词内的"君""人""战士"，可以是狭义的自称，也可以是广义的他称。又如"会昌""东溟""南粤"这些词，虽都是有一定界限的实地，但又并非仅止于某一个地方。至于"这边"两个字，就更不可理解为是专指哪一块地域了。

总之，对这首言简意赅的词的理解，不宜拘泥于字面上所表达的语意，对一些关键性的句子，则应更深刻地体味其内涵。

　　"踏遍青山人未老。风景这边独好。"这两句极为精彩的词，堪称难得的绝唱！中国工农红军诞生以来，在漫长的岁月中，为着中华民族的希望，转战于千山万岭之间，千辛万苦，艰苦卓绝，但坚忍不拔的革命意志，却越战越强，永不衰竭。在我国古代文学中，不乏战争与人生的描写。而"踏遍青山人未老"这样雄奇、高亢的语言，与"白首相逢征战后，青春已过乱离中"这样的诗句，显然是两种迥然不同的情调！如果说"踏遍青山人未老"这七个字，是诗人为工农红军塑起的一座有血有肉的活生生的雕像，"风景这边独好"则是对红军所创建起来的红色革命根据地的热情赞歌！"这边"两字，不仅限于江西苏区，甚至可理解为一个阵容、一番事业。

　　词的下半阕，是上阕的一个发展，一层跳跃，也是一个转合。由"这边独好"而扩展开来，展开更为广阔的视野，使感情得到更高一个层次的抒发。诗人站在会昌城外的高峰上，极目远眺，向东望去，起伏绵延的群山，一直接连着浩瀚无边的东海；向南望去，南海海滨的岭南风光，更是遍地苍翠，草木葱茏！山外有山，天外有天。尽管当时的革命形势处于失利状态，但诗人丝毫没有"冻云连海色，枯木助风声"之类的悲凉之感！而是不仅以"独好"歌赞了"这边"的"风景"，更以"郁郁葱葱"咏唱了更为辽阔的祖国大地，表现了极其热烈、充满希望的革命乐观主义情绪。

　　《会昌》这首词，不论从思想和艺术去看都是绝好的。几十年过去，今日读来仍感人至深。它优美的诗句，既给我们以高尚的艺术享受，又给我们以思想启迪。"东方欲晓""踏遍青山人未老""风景这边独好"等警句名言，不受任何时空之限，将随着历史的发展，不断以更新的含义鼓舞我们前进，给我们以热爱祖国、展望未来的巨大力量。

1990 年 2 月

十六字令三首

一九三四年至一九三五年

山，快马加鞭未下鞍。惊回首，离天三尺三。

其 二

山，倒海翻江卷巨澜。奔腾急，万马战犹酣。

其 三

山，刺破青天锷未残。天欲堕，赖以拄其间。

这三首词写于 1934 年至 1935 年，最早发表于 1957 年 1 月号《诗刊》。

作者原注

民谣："上有骷髅山，下有八面山，离天三尺三。人过要低头，马过要下鞍。"

注　释

［巨澜］　大浪。这里所说大浪的翻卷和下文万马的奔腾,都是比喻群山的起伏。

［锷(è)］　刀口,剑锋。

［拄(zhǔ)］　支撑。

状山容　抒豪情

——《十六字令三首》赏析

杨光治

毛泽东同志这三首小令,写于长征路上,通过歌唱山来抒写革命豪情。篇幅虽短却气势磅礴,情味隽永。

第一首就以"山"开头,真个是"开门见山",突兀而新鲜。跟着的"快马加鞭未下鞍"一句,跳荡着紧迫的节奏,传导了高昂的情绪,精练地写出了"我"及战友们的行动。

"惊回首"的描述之后,词人抒发了"离天三尺三"的赞叹:通过夸张手法表现山势之高,巧妙地借用民谣的句子入词,既通俗又形象。"惊回首"的"惊"是惊奇,这个字用得极好,它含有这样的意思:"我"本来不知道山势竟是这么高。由于忙着征战,一路"快马加鞭未下鞍",不觉奔驰到这么高的地方。这一"不觉",融贯着《长征》诗所吟唱的"万水千山只等闲""乌蒙磅礴走泥丸"的豪气。

山是这样高,而"我"却骑马疾驰于其上,何等雄豪! 就这样,词把"我"及红军战士们不顾千难万险、扬鞭猛进的革命情怀,凝练地展示于纸上。

第二首在"山"之后，跟着直接描绘山容："倒海翻江卷巨澜。""巨澜"是巨大的波浪，这一句把凝固的山写活了。这是身在高处，环望脚下云涌雾绕、山峦起伏时所获得的感受。

自古以来，有不少词人写山。其中，宋代大词人辛弃疾的"叠嶂西驰，万马回旋，众山欲东"（《沁园春》），把群山想象为回旋奔腾的万马，是令人难忘的佳句。可惜接下来的"正惊湍直下，跳珠倒溅；小桥横截，缺月初弓"的描绘，笔力不继，致使气势突然减弱。毛泽东把群山想象为"倒海翻江"的巨浪，作为"奔腾急，万马战犹酣"的背景，两者映衬，极为壮观。对山的想象是虚笔，对万马奔腾的描叙是实写，虚实结合，构成了一个激荡、壮阔的艺术境界。

"酣"是痛快的意思。"马战犹酣"，雄健得很；"万马战犹酣"，其声势撼天动地。通过该句读者可体会到：骑在马上的人——"我"及战友们不畏艰苦、乐于斗争的革命精神，红军这股革命铁流势不可当。

与上面两首不同，第三首《山》是静态的描绘。视角也与第二首不同——这是作者仰望更高的山峰时的发现。

"锷"即剑锋。词人把山喻为剑，说它虽然"刺破青天"却"锷未残"，形象地展现了山峰的峭锐、坚挺及其高耸入云的势态，着笔神奇。

"天欲堕，赖以拄其间"是上句的想象的发挥。"拄"，支撑之意。在这里，词人暗用了一个典故。《淮南子·天文训》记载，在古代，共工与颛顼这两个部族首领争帝，搏斗时共工怒而撞击不周之山，使天柱折断。毛泽东同志隐用此意，说天空赖有山的支撑才不致堕落，借以表现山的雄伟、坚强。试想想：青天无垠，白云缭绕，山峰挺入云霄，这是一个多么壮美的画面！

在戎马倥偬的长征路上，作者还有"闲情"去欣赏山容、赞美山魂，可见他具有多么非凡的气魄和坚定的胜利信心：一个在紧张、复杂的局势中能够应付自如、指挥若定的英雄形象，已隐隐耸立于字里行间了。

这几首词，同样是"在马背上哼成的"，闪烁着战斗的风采和阳刚的美感。它们语言精练、顺畅，想象丰富、生动，气势豪迈、雄壮。人们读后，在受到革命精神感染的同时，也会获得艺术上的享受。

1990 年 1 月于广州

忆秦娥

娄山关

一九三五年二月

　　西风烈，长空雁叫霜晨月。霜晨月，马蹄声碎，喇叭声咽。　　雄关漫道真如铁，而今迈步从头越。从头越，苍山如海，残阳如血。

　　这首词写于 1935 年 2 月，最早发表于 1957 年 1 月号《诗刊》。

作者原注：

　　万里长征，千回百折，顺利少于困难不知有多少倍，心情是沉郁的。过了岷山，豁然开朗，转化到了反面，柳暗花明又一村了。以下诸篇，反映了这一种心情。

　　注　释

　　［娄山关］　在贵州省遵义城北娄山的最高峰上，是防守贵州北部重镇遵义的要冲。中央红军长征时，于 1935 年 1 月占领遵义，召开了革命历史上具有伟大意义的遵义会议。会后，红军经娄山关北上，原准备在泸州和宜宾

之间渡过长江。没有成功就折回再向遵义进军。在途中，经半天激战打败了扼守娄山关的贵州军阀王家烈部一个师，乘胜重占遵义。这首词写的就是这次攻克娄山关的战斗。前阕写红军拂晓时向娄山关进军的情景；后阕写红军攻占和越过徒称天险的娄山关时太阳尚未落山的景象。词中的"西风""雁叫""霜晨"，都是当地 2 月间的真实情景。

　　[咽（yè）]　在这里读上声。本义是声音因哽塞而低沉，这里用来描写在清晨寒风中听来时断时续的军号声。

　　[苍山如海，残阳如血]　据作者说，是在战争中积累了多年的景物观察，一到娄山关这种战争胜利和自然景物的突然遇合，就造成了他自以为颇为成功的这两句话。

而今迈步从头越

——读《忆秦娥·娄山关》

赵朴初

　　娄山关在贵州遵义的北面一条很狭隘的山道上，是由贵州通往四川的咽喉，地势非常险要，国民党派有重兵扼守。1935 年 1 月，著名的遵义会议之后，党中央确立了以毛主席为首的正确领导，红军挥师北进，突过娄山关。由于正面遇到国民党大军的堵截，毛主席天才地决策，先向西南迂回，然后突然回过头来袭取娄山关，打垮了许多国民党追击的部队，再夺遵义。这次行动是长征中红军在毛主席的战略指导下取得的第一次辉煌胜利。

　　这首《忆秦娥》写于 1935 年 2 月，我看可能是第二次重取娄山关时写的。有一位朋友不久前去过娄山关，回来以后告诉我：当年红军过娄山关不是走正面那条狭窄的小道，而是从没有路的地方爬上山头。知道了这个事实，对我们理解这首词很有帮助。

　　这首词的前一段是写红军过关之前的行动，后一段是讲过关任务的完成。

　　"西风烈,长空雁叫霜晨月。"开篇两句描写红军开始行动时的景色:西风猛烈地吹着,在霜天的早晨,在月光还没有消失的拂晓之前,天空中传来一群雁叫的声音。这一句写得非常精练,寥寥十个字就构成了一幅非常美丽的图画。第三句是叠句,《忆秦娥》这个词牌,要求前后两段的第三句必须是第二句后三字的叠句。在古代,词都是给人们唱的。据说《忆秦娥》一开始是主唱者唱,唱完第二句时,由许多人帮腔,把第二句最后三字重叠着唱一遍。毛主席词中这个叠句,不仅是为了格律音调的关系,而且在意义上承上启下,有着更进一层的意思。如果说上一句的"霜晨月"是写景色,那么下句的"霜晨月"就不光是写景色,而是着重写红军的行动。红军是在这样的时间、这样的情景之下,就是说在霜天的早晨、在月光之下开始行动的。词里没有直接描写红军行动的字样,而是用"马蹄声"和"喇叭声"把红军的行动衬托出来。大家注意"马蹄声碎"的"碎"字和"喇叭声咽"的"咽"字:马蹄的声音是细碎的,不是阔步狂奔所发出来的响声,不是使人震耳的声音,而是很细碎的声音。喇叭的声音压得非常低,好像哽咽的喉咙所发出的很低的哑声——这样做是为了不让敌人知道我们的行动。一个"碎"字和一个"咽"字,把红军行进的严肃敏捷烘托了出来。从这里可以看出,毛主席的艺术手法是非常之高的。

　　第二段头两句的"雄关漫道真如铁,而今迈步从头越",写出了红军藐视困难、敢于向困难作斗争而且能够战胜困难的英雄气概。这两句写得非常雄壮,非常豪迈,不是毛主席是写不出来的。"雄关"是说牢不可破的关口。李白有"一夫当关,万夫莫开"的诗句,娄山关的险要差不多就是这样。"漫"和枉然的意思差不多,"漫道"就是北京话的"别说",含有说也是枉然的意思。别说雄关真像钢铁那样牢不可破,看我们红军就这样从容迈步,从山头上越过去了。第三句的"从头越"比第二句的"从头越"也多了一层意思:第二句是说胜利地完成了任务,这一句也是承上启下,写出胜利完成任务后的心情。这里并没有直接写人的心情,而是通过写自然景色来反映当时人的心情。"苍山如海,残阳如血",完全是自然景色:山高大得不得了,多得不得了。站在山头上放眼看去,一片望不尽的山峦起伏,好像翻腾着的大海一样,将落的太阳像血一样红。色彩非常浓丽,气象非常壮阔。如果有画家用"苍山如海,残阳如血"作画,可以画出一幅很好的画来。但是对于一个忙乱的人,或者很激动的人,或者是头脑有一点发热的人,即使看到这样美丽的景色,也可能是无心领略。只有沉着的、镇静的、经验丰富、信心充足、眼光远大、心胸开阔的人,既看全国又看世界,既看现在又看未来的人,才能在这样激烈战斗的间隙中领略到自然界开阔绚烂的气象,写出这样情景交融的句子。"残阳如血"同时也说明了一个时间,说这次的行动是经过一整天的战斗:红军开始行动时是"霜晨月",是拂晓之前;等到越过娄山关,已经是夕阳西下,是傍晚的时候了。

红军不怕远征难，万水千山只等闲。五岭逶迤腾细浪，乌蒙磅礴走泥丸。金沙浪拍云崖暖，大渡桥横铁索寒。更喜岷山千里雪，三军过后尽开颜。

长征诗一首，[illegible]
[illegible]写。

七　律

长　征

一九三五年十月

红军不怕远征难,万水千山只等闲。
五岭逶迤腾细浪,乌蒙磅礴走泥丸。
金沙水拍云崖暖,大渡桥横铁索寒。
更喜岷山千里雪,三军过后尽开颜。

这首诗写于 1935 年 10 月,最早收入埃德
加·斯诺所著《西行漫记》。后经作者同意,正
式发表于 1957 年 1 月号《诗刊》。

注　释

[长征] 1934 年 10 月间,中央红军主力从中央革命根据地出发作战略大转
移,经过福建、江西、广东、湖南、广西、贵州、四川、云南、西康、甘肃、陕西等十一个
省,击溃了敌人无数次的围攻和堵截,战胜了军事上、政治上和自然界的无数艰
险,行军二万五千里,终于在 1935 年 10 月到达陕北革命根据地。这首诗和《念奴
娇·昆仑》《清平乐·六盘山》,都是在长征取得胜利时所作。

[五岭逶迤(wēi yí)腾细浪] 大庾(yǔ)、骑田、萌渚(zhǔ)、都庞、越城等
五岭,绵延(逶迤)于江西、湖南、广东、广西之间。1934 年 10 月,中央红军从福
建、江西出发,沿这四省边境的五岭山道,越过敌人封锁线向西进军。"腾细

93

浪"是说险峻的五岭绵延起伏,在红军眼中只像水面吹起的细小波浪。

[乌蒙磅礴走泥丸] 乌蒙山绵延在贵州、云南两省之间,气势雄伟(磅礴),在红军看来也只像滚动着的泥丸。

[金沙水拍云崖暖] 金沙江,即长江上游自青海省玉树县至四川省宜宾县之间的一段。江的两岸是高耸入云的悬崖峭壁(云崖)。中央红军在云南省禄劝县西北的绞车渡(又称绞平渡)渡过金沙江的时候,是1935年5月,所以说"云崖暖"。本句"水拍"原作"浪拍"。作者自注:"水拍:改浪拍。这是一位不相识的朋友建议如此改的。他说不要一篇内有两个浪字,是可以的。"所以《诗刊》发表时已改为"水拍"。

[大渡桥横铁索寒] 大渡河源出青海、四川两省交界处的果洛山。两岸都是高山峻岭,水势陡急,曲折流至四川省乐山县,入岷江。桥指大渡河上在四川省泸定县的泸定桥,形势险要。桥长三十丈左右,用十三根铁索组成,上铺木板。中央红军在1935年5月下旬到达泸定桥时,桥板已被敌人拆掉。红军先头部队的英雄战士,在对岸敌人的炮火中攀缘着桥上铁索冲了过去,夺得此桥。

[岷山] 在四川、甘肃交界处,岷山的南支和北支有几十座山峰海拔超过四千五百米。山顶终年积雪,称为大雪山。

[三军] 古时军队曾有分中、上、下或中、左、右三军的,这里泛指整个工农红军。

革命英雄主义的千古绝唱

——重读七律《长征》

姚雪垠

一

老友臧克家同志应广大读者的期望,主编《毛泽东诗词鉴赏》一书,要我自选一个题目,写篇稿子。我自知学力不足,一再婉辞。婉辞不准,便选了七律《长征》一诗,谈一谈我重读《长征》后的粗浅意见。正好,今年是毛主席创作《长征》五十五周年,谨以此文表示纪念。

由于过去几年,我国文艺理论战线被资产阶级自由化思潮搞乱了方向,抛弃了马克思主义的文艺理论和正确的创作原则,使文艺理论园地被糟蹋成了重灾区。我趁此理论战线上拨乱反正的时候,也趁着重读毛泽东诗词的机会,谈一谈有关文学创作问题的基本道理,以及文学史发展的若干规律,就教于广大读者。出于这一意图,所以我的这篇短章不限于对《长征》一诗的鉴赏。又鉴于有些文艺界的"精英"们犯了民族虚无主义的错误,缺乏关于中国历史和中国文学史的常识,对中青年产生了很坏影响,所以必要时我兼谈一点常识。

二

毛泽东同志一身兼伟大的政治家和革命家,伟大的马克思主义思想家,伟大的军事家,伟大的诗人。他身上的这几个特点是统一的。如果没有前几个"伟大"作为条件,他不可能写出光辉夺目的革命诗篇。他不是为写诗而写诗,而是由他在长期革命斗争的大风大浪中培养成的革命乐观主义与革命英雄主义的伟大人格,以及蓄积于胸中的革命激情喷发而为诗,加上他对诗词艺术有深厚修养兼有天赋的过人才华,所以能写出光辉夺目的诗词。由此可见,曾被视为文艺理论"精英"的弄潮儿,鼓吹作家要超越社会,超越阶级,超越时代,超越历史等等谬说,全是缺乏常识之谈。在中国历史上,以工人阶级为领导、以工农联盟为主力的新民主主义革命是一场伟大革命。历史会使各种杰出的人物"应运而生",而毛泽东只能产生于这一时代的革命洪流之中。他的革命生活培养出他的革命人格,产生了他的革命激情,表现为他的革命的诗歌。这种有机联系,会给我们从事文艺创作的人很大启发,从中悟出来一个关于文艺创作的根本道理。

我国文艺界在80年代经过几年资产阶级自由化思潮泛滥成灾之后,有不少党内党外的作家和诗人,一面醉心向西洋资产阶级现代流派学习，一面提出了并实践着他们的文艺主张。既否定马克思主义、毛泽东思想对文艺创作和研究的指导作用，又反对文艺为广大人民服务的革命传统，蔑视从"五四"到"延安文艺座谈会讲话"的革命现实主义（包含革命浪漫主义）的创作道路，抛弃了文艺与人民革命的宏伟事业血肉相连的关系。他们讲什么文学的主体论，作家的内宇宙，要为21世纪写作，还有什么诺贝尔文学奖情结等等，猖狂一时，混淆视听，迷惑青年，误己误人。事物的兴衰存亡都有其必然规律，我们不能不在各条战线上进行反思与总结。我奉劝文艺界这些同事，首先冷静下来，认真读一点书，学一点马克思主义哲学和文艺理论，再读一读毛泽东的诗词，反复思考文学创作的根本道理。倘若你们能够摆脱当代某些以反马克思主义思想为能事而又偏偏十分不学无术的、在文艺理论界所谓"精英"的影响，研究一点中国国情（即社会的、政治的现实）和中国现代文学发展史，你们就容易进行有益的反思了。

三

毛泽东的诗词，并不是篇篇都达到同样水平。单就其若干首脍炙人口的代表作品说，可以说前无古人。这一产生于现代文学史上的一个公认的现象，也给我们十分有益的思想启发。在我国上下三千年绵延不断的文学史中，产生了许多伟大的诗人和作品，给我们留下了众多经典性的不朽作品。例如屈原的《离骚》，杜甫的一部分古近体诗，毛泽东的一部分诗词，都是我国文学宝库中的不朽之作。凡是杰出的和伟大的作品，都是较有深度地反映一个历史时代的社会生活，体现人民的思想感情，而且在艺术上有较高的创造性。社会生活在不断发展，人民的思想感情在不断变化，而表现生活的艺术形式和方法也在不断前进，于是不同时代产生不同的文学。在文学史上既相连续，又分阶段。伟大的作家既表现他那个时代（历史阶段）的高峰，又不会结束文学史的发展进程。屈原是奴隶制时代的诗人高峰，但不妨碍产生杜甫这样封建时代的诗人高峰,而毛泽东同志是在我国进行新民主主义和社会主义革命时代的诗人高峰。

诗歌的发展如此,小说及其他文学的发展莫不如此。以我国的长篇小说而言,施耐庵和罗贯中都创造了他们的高峰,曹雪芹又创造了一个高峰。但是《三国演义》、《水浒传》(指七十回本)、《红楼梦》(指前八十回),都只是在所描写的特定的题材领域和作者所处的历史时代获得了各自的光辉成就,达到了历史发展阶段的高峰,都没有结束我国长篇小说的继续发展。对我国历史上曾经产生的伟大作品,我们都应该认真研究、学习,但不能盲目崇拜。对古典小说中的伟大作品,例如《红楼梦》,我们当然要学习和称颂,但不要抱着"叹观止矣"的思想。从五四新文学革命到今天的七十年间,我们有许多作家受到马克思主义的哺育,掌握了观察社会生活与历史生活的先进的哲学思想,发展了新的小说美学思想,也发展了小说的写作技巧。我们这一代,对祖国文学史的光辉成就不愿学习,甚或抱着民族虚无主义的态度,是完全错误的。既不能民族虚无,又不能故步自封、停滞不前。《三国演义》和《水浒传》不用说了,就是如《红楼梦》这样的小说,也不应该一味地顶礼膜拜。我们毕竟比曹雪芹晚生了两百多年,应该既虚心向他的名著学习,也敢于指出《红楼梦》在艺术上的不足与失误之处。

这是我对待中国文学史上经典作品的态度,也是我对待毛泽东同志诗词的态度。

在60年代的前半期,也就是"文革"之前的两三年中,在我国伴随着反科学的、反马克思主义思想的个人迷信,出现了一阵所谓"顶峰论"的浪潮。当时主要是说,毛泽东思想是马克思主义发展的顶峰。当时用的是"顶峰"一词,其涵义是非常绝对的,指明毛泽东以后不可能再有发展了。

在武汉地区,随着"顶峰论"的甚嚣尘上,出现了这样一个论调:"毛主席的诗词是中国文学史的顶峰。"并且说,不仅是过去几千年文学史的顶峰,而且也是今后的顶峰。用一句老话说,就是"空前绝后"。这种论调是曾经出现于武汉地区某些有地位的知识分子中的一种现象,而当时是不能有第二种意见的。在小组学习会上，我几乎在这个问题上惹出大祸。这显然是以唯心主义代替历史唯物主义，以形而上学代替辩证唯物主义。今天我们重读毛泽东同志的诗词，不仅要从中吸取美学享受，也要受到他对我们从事文学创作的重要启发。我们既要承认他是我们这个时代的一位伟大诗人，也要给他在中国文学史上一个适当的光辉地位：既没有"空前"，也不会"绝后"。文学史还在继续发展，永远不会停止。

四

毛泽东同志的诗词遗产，词的成就大于诗，数量亦大于诗。他于1965年7月写给陈毅同志谈诗的一封信中，说他自己"对五言律，从来没有学习过，也没有发表过一首五言律"。又说："我偶尔写过几首七律，没有一首是我自己满意的。如同你会写自由诗一样，我则对于长短句的词学稍懂一点。"虽然毛泽东同志的这几句话含有谦逊之意，但基本上相当真实。他在"没有一首是我自己满意的"一句下加了着重点，足见他的话出于真意。

在他的为数不多的七律中，我较为喜爱的是《长征》一诗，从思想内容到艺术形式，和谐统一，十分完美。为着欣赏《长征》的艺术技巧，我先谈一点关于七律这一诗体的基本知识。

对于律诗这种兴起于盛唐的诗歌形式，我们应该如何给以历史唯物主义的认识呢？明朝曾经有人说过，由于人事日繁，语言也由简单变向复杂，于是在诗体方面，由四言变为五言，五言又变为七言。这一说法，到现代尚受重视，曾被日本学者盐谷温博士所采用，加以宣传。我在青年时代也相信这一说法，但是随着读书渐多，又学了历史唯物主义的思想方法，我开始对这种简单的社会生活决定论的说法产生了怀疑，认为这种说法解释不了以下几个问题：第一，当四言体尚在黄河流域流行的时候，在江汉流域已经崛起了楚辞文学，基本上以七字句为主调。为什么在诗歌领域不直接以七言骚体代替四言体？第二，七古比七律更为活泼，表现力更强，五古的表现力也强，何以在七古和五古流行的唐代又产生了

五、七言律体? 而且伟大的诗人杜甫很擅长五古诗体,曾经写出《自京赴奉先县咏怀五百字》《北征》《羌村三首》和"三吏""三别"及前后《出塞》等不朽的五古诗篇,为什么在他的手中又发展了七律的诗体,使七律的美学特性达到了辉煌水平? 他曾不无自负地说:"为人性僻耽佳句,语不惊人死不休。"这两句诗主要是指他在律体诗方面的创作苦心和下的苦功。

要解释近体诗产生的根本原因,应从中国诗歌形式的美学要求和中国封建社会的历史发展两方面进行思考。

中国文字(指汉字)是单音字,过去许多人认为它是一种落后的文字。近来,许多进行了比较研究的语言学家认为:汉字比西洋的拼音文字不但不落后,而且有许多独具的优点。它的单字和词,既精练,又准确,又涵义丰富。

我国的古典诗建筑在单音字和词上,很自然地产生了字数整齐的叶韵偶句,自然地产生了对仗之美。自然地由运用平仄变化和双声叠韵而产生音调与音韵之美,对仗逐渐发展为律诗的美学基础之一。单就对仗的美学现象说,在上古的《诗经》和《楚辞》中就频频出现。自然地运用平仄谐调与双声叠韵之美,也开始于《诗经》。《诗经》和《楚辞》中出现的对仗句,可称为自然对仗。自然对仗与律诗所讲究的对仗不同,但前者是后者的萌芽、起源。"昔我往矣,杨柳依依;今我来思,雨雪霏霏",这是《诗经》中自然对仗的一例。"制芰荷以为衣兮,集芙蓉以为裳",这是《离骚》中自然对仗的一例。明白了汉语和汉字的特点,汉语单字(或词)具有平仄和讲究的对仗,就可以理解律诗在我国文学发展史上出现的自然规律。

这种为中国古典诗特有的美学现象,经过六朝和隋,到唐初有了更大发展,这就为近体诗(开始时称为今体诗)的出现做好了历史准备。可以说,五、七言律诗是根据中国语言文学的特点,在古典诗词形式方面出现的美学追求,最后达到的一种结果。这一历史运动,是在长时期中由无意识到有意识、从不自觉到自觉,逐步地发展为一个飞跃。一般地说,这一历史运动的最后阶段,是经过初唐时期的杜审言、沈佺期、宋之问到进入盛唐时期的王维、孟浩然等,向近体诗的格律化步步前进,成为风气。在盛唐诗人中,如王湾的五律《次北固山下》,李白的五律《秋登宣城谢朓北楼》,又如崔颢的七律《黄鹤楼》、李白的七律《登金陵凤凰台》,都是近体诗进入完全成熟时期的千古名作,标志着一次历史飞跃的完成。至于绝句方面不用说了,在这次历史飞跃中贡献最大的莫过杜甫。他写的近体诗不仅在当时数量最多,而且艺术的锤炼最精,所包含的思想感情最深,对后世的影响最大。

文学史上的所谓初唐,是近体诗产生的前夜,也是摆脱不健康的齐梁柔靡文风和诗风而向刚健的"唐音"转变的过渡阶段,而四六句的骈体文也有了新的发展。王勃的骈体文就比较刚健,例如他的对仗名句"落霞与孤鹜齐飞,秋水共长天一色",不惟格调刚健,而且对仗有惊人之美。骈体文与近体诗,在发展上互为影响。

以上是从我国古典诗体的本身(汉语文字的)因素略谈向近体诗演变的内在规律。另外,我也要简略地谈一谈产生近体诗的社会(也是政治的)原因。

以汉字为统一文字的中国,幅员辽阔,方音复杂,必须有统一规定的音韵,才能有全国遵守的近体诗格律。隋、唐是中国第二次大一统后出现的朝代。这一次的大一统不是秦汉大一统的还原,而是向更高一级的发展。在北方的许多较重要的少数民族,从4世纪开始,分别在黄河流域相继建立政权,经过十六国纷争,前后一百三十五年,在经济生产和文化生活上逐渐发展,也逐渐汉化,到隋朝已统一到中国的民族混合的大家庭中。在长江中下游,即所谓江南地区,经过东晋和宋、齐、梁、陈,经济和文化也有了较大的发展。隋、唐两朝,是在这样新的社会基础上完成了中国第二次大一统的伟大事业。

由于大一统国家的历史条件和文化上的要求,全国文字在音韵上必须统一。从隋朝的《切韵》作为统一全国音韵的雏形,到盛唐的《唐韵》出现,完成了统一的韵书。而在《唐韵》成书之前,在诗人(或有志于写诗的人)中必然对全国统一的音韵已经有了共识,否则将没法写近体诗。由此可见,近体诗的格律是建立在大唐帝国全国统一的音韵上,它是适应中国第二次大一统国家出现后的产物。

唐朝打破了六朝门阀世族专政,改变为庶民地主参政,创立科举制度,通过考试选拔官吏。一般人考中了进士即可做官,即可逐步成为显宦。这一政治制度的改变,适应着南北大一统国家的社会基础的变化,在中国封建社会的历史发展中无疑是一个巨大进步。在这新的政治制度中,广大中小地主阶级出身的知识分子在政治上和文化艺术上成为主要力量,也大大地释放了他们的创造力。

在中国历史的长河中,凡是社会动乱、战争频繁、政治黑暗的时代,社会经济和文化的发展都必然遭到全面或局部破坏,至少是不能够正常发展。经过隋、唐之际的战乱之后,接着出现了"贞观之治",政治开明,百姓安生,物产丰富,阶级斗争大大缓和,为唐代封建文化的全面发展提供了极其有利的条件。从唐高宗到中宗,虽然国内发生过短暂的局部战争,宫廷中也发生过两三次激烈的政权斗争,甚至武则天改国号为周。但全国形势基本安定,生产没有破坏,户口没有减少,所以接着出现了"开元之治",可与贞观媲美。从贞观元年到开元末年将近百年,是中国封建文化的大发展时期,一面吸收西域和印度佛教文化,一面又以长安为中心,将中国灿烂的封建文化辐射到临近各国。以各种艺术形式来说,诗歌、散文、音乐、舞蹈、建筑、雕塑、书法、绘画等等,都有较大发展。近体诗的出现不是孤立现象,它是在从初唐到盛唐,笼罩着大唐帝国的文化与艺术的繁荣气氛(或历史条件)中形成的。而且诗在唐代,上有帝王和宫廷的爱好与提倡,下有人民群众的热爱与重视,加上作为科举考试科目之一,上下结合成为社会风气,社会风气又成为诗歌发展的推动力量。律诗和绝句,是近体诗的两大支柱。由于皇帝和宫廷的提倡,民间的吟诵和传播,而绝句多用于按拍歌唱,在平仄和押韵上有了规范化的要求,从而也推动了格律诗的发展。

有些抱着民族虚无主义的文艺理论"精英",缺乏对祖国文学史的常识,断言儒家的中庸思想使我国的知识分子失去了创造性。还有人出于偏激,否定律诗在中国诗史上的重要地位,说律诗是一种文字游戏。为着正确地对待毛泽东七律《长征》的艺术成就,我根据自己对祖国历史和文学史的粗浅常识,对近体诗的产生和历史意义,作如上简单论述。当然,单有这点常识还不够,让我在下边略谈一点关于所谓格律的问题。

五

　　律诗是一种很讲究格律的诗。每首诗规定八句，超过八句的称为排律。八句之中，一韵到底；两句成偶，共分四联。每联第二句押韵，韵脚多押平声。为使诗句具有音乐感，句中的平仄配合，既有严格规律，又有变化。律体既是偶句成联，上下句都要讲究对仗。四联之中，除首联和尾联可以不讲对仗外，中间两联（四句）必须对仗。中间四句不讲对仗便不是律诗。写律诗的诗人，他的学问修养、艺术功力、才华高低，以及他的苦心琢磨、练字练句、不同凡响，都表现在这中间的两联上。

　　律诗有七律与五律之分。七律虽然每句比五律只多了两个字，但音韵的变化，对仗的运用，比五律丰富，表现力较强，音乐性也较强。

　　词的形式比律诗活泼得多，用韵也宽。毛泽东既然是填词大家，从青年时期即已精于其事，运用词的形式驾轻就熟。为什么他有时遇到重大题材，又要用七律这种格律很严的诗体表达他的汹涌喷发的革命激情呢？关于这个问题，也只能从律体所包含的特别诱人的（引人入胜的）美学力量作出解释。一首好诗必须有深刻的思想性和丰富的内容以及美妙的意境，对任何诗歌作品都是一样的，但七律具有独特的美学要求。它要求在很严的格律限制中做到平仄和谐，对仗精切，并于对仗中求警策。惯于写律诗的人都明白，一首律诗写成之后，必须反复推敲。往往时隔数月或数年，重新吟咏，还要推敲和修改（《长征》的写成也是如此）。这一创作现象，既说明律诗写好不易，也说明创作艰苦中有无穷乐趣。我解释了这个道理之后，可以明白毛主席为什么爱写七律，也有助于理解《长征》的美学成就。

　　我国有三千多年连绵不断的、光辉灿烂的文学史，其中蕴藏着极其丰富的美学思想。上边所谈的是律诗这一诗体的美学思想，当然不是全部，只是关于律诗的所谓格律。明白了这一部分道理之后,我们会更容易欣赏毛主席的七律《长征》。

毛泽东同志写七律诗,很重视由唐朝诗人手中所形成的格律,决不马虎。他在给陈毅同志谈诗的信中说:"你的大作,大气磅礴,只是在字面上(形式上)感觉于律诗稍有未合。因律诗要讲平仄,不讲平仄,即非律诗。"他的《长征》,严格遵守由盛唐诗人所确立的今体诗(后称近体诗)格律,达到内容和形式谐和与完美的地步。

六

毛泽东同志的七律《长征》,写于他率领中央红军经过艰苦卓绝、震动世界的二万五千里长征到达陕北根据地之后。关于这样的题材,可以有不同的写法。在多数诗人,大概会着眼于写长征的艰苦成功,写得沉郁顿挫或慷慨悲歌。然而毛泽东毕竟不同于一般诗人,而是一座"横空出世"的昆仑山。在《长征》一诗中,他全是用轻快的笔调写出胜利的喜悦,以千古少有的英雄豪迈之气,极端蔑视了长征途中的巨大困难。像这样的写法,在中国三千年的诗歌史上从无先例。

在毛泽东身上,呈现出历史上伟人们常有的复杂性格。大体说来,他的性格包含着两个主要方面:深刻而清醒的现实主义精神和想象丰富而乐观的浪漫主义精神。有时两种精神分开,有时混而为一。由于清醒的现实主义精神在他的性格中居于主导地位,加上他掌握了马克思主义的思想武器,所以他比别人更善于分析形势。当革命形势尚很不利的时候,当革命尚在微弱之时,他坚信红色政权可以存在下去,坚决在湘赣边区建立割据政权,坚信星星之火可以燎原。当党内有人提出要夺取南昌、长沙、武汉等大城市时,毛泽东正在建立他的"农村包围城市"的伟大战略。当党内有人主张对国民党的"围剿"进行寸土必争的阵地战、"拒敌于国门之外"的时候,毛泽东清醒地看到这一军事思想的错误,主张在反"围剿"中应该以灵活的运动战配合游击战,诱敌深入,聚而歼灭之。自从遵义会议之后，毛泽东掌握了红军的领导权，也很快奠定了他在全党中的领导地位。在毛泽东的一生中，靠他清醒的现实主义精神和马克思主义的哲学修养，一次次拨正了错误航线，挽救了党，挽救了中国革命。

他的清醒的现实主义精神与马克思主义相结合，使他领导中国的新民主主义和建国后一段时间的革命事业，一步接一步取得胜利，使他写出了光辉的理论文章，包括政治的、经济的、文化的、军事的、哲学的等等不同方面，大大丰富和发展了马克思主义的理论宝库。而他身上的革命浪漫主义精神和革命战争的生活经历，再加上他丰富的文学修养和对填词一道的深厚功力，再加上天赋的才华，使他成为以写词为主的、伟大的革命浪漫主义诗人。

革命战争，不管是对统帅或是对广大的指战员来说，既是铁与血的冷酷现实，又是充满革命激情的、带有浪漫主义色彩的英雄事业。长期的革命战争生活，既锻炼了毛泽东的革命人格，又激起了他的诗歌创作热情，并成为他开放天才之花的肥沃土壤。

据说，毛泽东在唐代诗人中偏爱"三李"。但是据我看，他在中国古典诗人中广泛地汲取营养，而对于苏东坡、辛稼轩的词更为熟读。由于他具有古人所不可能有的革命人格，所以他继承了苏、辛词的豪放风格而青出于蓝。这是诗人的人格与作品的血肉关系问题，不是可以给我们一种很有益的启发吗？

毛泽东与屈原是楚地同乡。他在青年时代既然广泛地汲取古典诗词的营养，就不可能不爱读屈原的作品。我每读《蝶恋花·答李淑一》，常不免想到这首词似乎受了《九歌》的某些影响。总之，广泛地吸收中国古典诗歌的营养，是毛泽东能成为现代最杰出诗人的条件之一。

在毛泽东的晚年，由于种种复杂的主客观原因，在领导新中国的社会主义经济建设上，在处理人民内部矛盾问题上，在对待党内的不同意见上，也在未能限制和阻止歌功颂德与个人迷信之风的问题上，逐渐离开了清醒的现实主义和马克思主义哲学，实际上也背离了毛泽东思想。他晚年的若干失误，不仅是他个人的损失，也是中国共产党和中华民族的严重损失。

七

当个人崇拜之风吹遍神州大地的年代,社会上曾认为毛主席的每首诗词都是伟大的,每一句诗都是不能评论的。这样以迷信代替理性的时代已经过去了。将毛泽东同志作为我们这个时代最杰出的诗人而论,他的最高成就是词,而不是诗。在他的数量不多的七律诗中,我最喜读的是《长征》。这首诗是革命浪漫主义诗歌的典范,它将诗人的革命英雄主义和革命乐观主义精神发挥到了极致。

《长征》一诗,来源于生活而远远高于生活。这首诗的题材,是从二万五千里长征的现实生活概括和提炼出来的。但是一切艰难和牺牲都不提了,只表胜利的喜悦和对艰难与牺牲的蔑视。多么伟大的气魄!多么惊人的革命英雄主义!多么鼓舞人心!

全诗八句,一气贯穿,全用白描。感情一泻直下,调子轻快,十分自然。初读这首诗,使我立刻想到杜甫的《闻官军收河南河北》。我们学过写律诗的人都明白,白描字句如行云流水,音节上轻松谐和,十分不易,但弄不好会犯打油诗的毛病。《长征》的艺术特点,是既有朴素流畅之美,又含工整高华之美。两种美高度统一如水乳交融,毫无人工痕迹。可以想象,毛主席在动笔写这首诗之前,一定为艺术构思花费了许多心血。到考虑完全成熟之后,以其由自身生活经历所蓄积的革命激情,从笔端汹涌喷薄而出。这感情决不是挤出来的,不是逼出来的,更不是凑出来的。"生活是创作的源泉"的真理,于此又得一证明。

律诗必须讲究对仗,尤其对中间两联对仗要求很严。就艺术技巧说,这四句是一首律诗成败的关键。《长征》的中间四句,不仅对仗工稳,而且三、四句颇为警策。红军穿过五岭山脉进军,天上有国民党的飞机,后边有国民党的追兵,前边还堵截,十分艰苦。但是"五岭逶迤腾细浪"一句诗中,敌人不在话下。只从绵延于江西、湖南、广东、广西四省之间五岭山脉来说,在红军眼中不算一回事儿。嗨,那一座座高山啊,就像是大地上起伏着细微的波浪罢了。至于横亘在贵州和云南两省之间的乌蒙山脉，说起来气势雄伟（磅礴），其实那一座座高峰并不可怕，不过像在大地上滚动着一些泥丸罢了。这"腾细浪""走泥丸"，诗人是怎么想象的？不禁令我拍案叫绝，愿为这两句诗痛饮一杯！

第五、六句是红军过金沙江和大渡河天险，诗人蔑视了两处困难，只用"云崖暖""铁索寒"写到这两道天险的抢渡成功，其他都不提了。何等轻松！

红军在极其困难的情况下，被迫翻过终年积雪的大雪山（岷山），到达甘肃境内，真不容易，而激烈战斗还在前边。诗人既不叹息过去的困难，当然也不必写后边剩下的困难，《长征》一诗到此用这样感情轻快的诗句煞尾："更喜岷山千里雪，三军过后尽开颜。"我们回头去再看看，《长征》一诗一开头就定了调子："红军不怕远征难，万水千山只等闲。"好啊，他只用"只等闲"三个字，简直是将千山万水不放在眼中！全诗从开头到结束，首尾照应，在结构上十分完美，天衣无缝。

在我国文学史上，写行军打仗的诗很多，都是着眼于写行军之苦。像红军的二万五千里长征，其行程之远，牺牲之大，经历之苦，不仅在中国历史上是空前的，在世界史上也不曾有过。歌咏长征的诗人就是三军统帅，历史上也不曾有过。诗人以如此革命英雄主义和革命乐观主义写艰苦卓绝的长征，而且艺术上取得了极大的成功。大胆的夸张，本来是浪漫主义文学的艺术手法之一，但是倘若不从生活出发，连诗人所写的生活也是虚假的，文学夸张的社会效果适得其反。《长征》极大地夸张了统帅与三军将士的大无畏的革命英雄主义，我们却百读不厌，认为是千古杰作。道理就在于：诗人确实是从二万五千里长征生活中提炼出诗，浓缩为七言八句，深刻地概括了红军的革命精神。这一创作上的道理，对我们的作家和诗人们很有启发。

1990 年 4 月 2 日

念奴娇

昆　仑

一九三五年十月

横空出世,莽昆仑,阅尽人间春色。飞起玉龙三百万,搅得周天寒彻。夏日消溶,江河横溢,人或为鱼鳖。千秋功罪,谁人曾与评说？　　而今我谓昆仑:不要这高,不要这多雪。安得倚天抽宝剑,把汝裁为三截？一截遗欧,一截赠美,一截还东国。太平世界,环球同此凉热。

这首词写于 1935 年 10 月,最早发表于 1957 年 1 月号《诗刊》。

作者原注:

前人所谓"战罢玉龙三百万,败鳞残甲满天飞",说的是飞雪。这里借用一句,说的是雪山。夏日登岷山远望,群山飞舞,一片皆白。老百姓说,当年孙行者过此,都是火焰山。是他借了芭蕉扇煽灭了火,所以变白了。

107

原注注释：

作者原注中的"前人"指北宋张元。张元句，始见南宋吴曾《能改斋漫录》卷十一，原作"战死玉龙三十万，败鳞风卷满天飞"。以后有关记载渐有出入。南宋魏庆之辑《诗人玉屑》"知音"姚嗣宗条作"战退[旧时通行本作"战罢"]玉龙三百万，败鳞残甲满天飞"，似为作者原注所据。"当年孙行者过此"，是当地居民传说《西游记》里的故事。

注　释

[昆仑]　山脉名称。其主脉在新疆维吾尔自治区和西藏自治区交界处，东段分三支伸展。其南支向东延伸后与岷山相接，因而红军长征时所经过的岷山，也可以看作昆仑山的一个支脉。作者自注："昆仑：主题思想是反对帝国主义，不是别的。"

[横空出世]　超出人世，形容山的高大和险峻。

[飞起玉龙三百万]　玉龙，白色的龙；三百万是形容其多。这里是说终年积雪的昆仑山脉蜿蜒不绝，好像无数的白龙正在空中飞舞。

[周天寒彻]　满天冷透。

[人或为鱼鳖]　人们也许要被洪水淹死。《左传·昭公元年》："微（没有）禹，吾其鱼乎！"

[倚天抽宝剑]　楚宋玉作《大言赋》："方地为车，圆天为盖。长剑耿介，倚天之外。"倚天，形容宝剑极长和带剑的人极高大。

[遗（wèi）]　赠予。

太平世界　环球同此凉热

——《念奴娇·昆仑》赏析

林焕平

为了北上抗日，共产党领导的工农红军，以大无畏的英雄气概进行了史无前例的二万五千里长征。他们粉碎了国民党军队的重重围追阻击,克服了种种艰难险阻,于 1935 年 10 月胜利到达陕北。

抗日的前途顿放光芒,革命的发展无限宽广。

"会当凌绝顶,一览众山小。"(杜甫《望岳》)毛主席站在岷山上,以他汹涌澎湃的革命豪情和盖世气概,写成了这首《念奴娇·昆仑》。

念奴,是唐代的一名著名歌女。许多人写词赞美她,词调高亢,遂成为《念奴娇》这个词牌。全词一百个字,分上下两片,故又名"百字令"。昆仑,是中国著名山脉,位于西藏、新疆之间,伸延至青海、甘肃诸省。

毛主席这首《念奴娇》,是运用描写、抒情与议论相结合的艺术方法写成的。它既有现实主义的真实描写,更有浪漫主义的极度夸张,也有象征意味的表现,浑然一体,力量超凡。

开头就像巨人挥手,气势磅礴:"横空出世,莽昆仑,阅尽人间春色。"一个"莽"字,点活了昆仑的崇山峻岭:它横亘太空,巍然耸峙于世,历尽了人间的历史变化。《西清诗话》记载,张元《雪诗》用"战罢玉龙三百万,败鳞残甲满天飞"形容飞雪(见宋胡仔《苕溪渔隐丛话》)。毛主席摘取前一句,描写昆仑山上的大雪纷飞,搅得满天寒气刺骨。夏天,山上积雪崩融,奔流入黄河长江,造成洪水泛滥,使不少人葬身鱼腹。以上这些高度概括的描写,抒发了诗人忧国忧民的感情。接着,词句如奇峰突起:"千秋功罪,谁人曾与评说?""千秋",是一个概括的数词,指千百年来甚至几千年来,昆仑的功过是非曾有谁人作过评论? 只有今天的革命者才会进行评价。以议论的笔法结束上片,并暗示下片的发展。

下片,以"而今我谓昆仑"兴起。"而今",即现在,与上片结句的"千秋"相对应,引发下文。

"我谓昆仑":"我",是伟大的诗人自己,也是伟大的人民革命力量的代表,给昆仑下命令。这又是无比英雄气概的夸张。

"不要这高,不要这多雪。"这是白话入词。毛主席诗词有不少地方运用口语,描写得活灵活现,例如《念奴娇·鸟儿问答》《满江红·和郭沫若同志》等。口语入诗入词，并且政治思想性越强的地方，越善用口语，以表现时代精神和革命思想内容，这是毛主席诗词特点之一。词，本来是配曲演唱的，语言多明白如话，情感真挚动人。毛主席继承和发扬了这个传统。这是他"在古典诗词和民歌的基础上发展新诗"的主张的实践。

话转回来，"我"叫昆仑不要那么高，不要那么多雪。这是与开头的"横空出世"及"飞起玉龙三百万，搅得周天寒彻"相呼应的。那么应该怎么办呢？忽然像晴天霹雳，一个巨人振臂高呼："安得倚天抽宝剑，把汝裁为三截？"楚宋玉作《大言赋》："方地为车，圆天为盖。长剑耿介，倚天之外。"词人在这里背倚高天，抽出极长的宝剑，把"汝"（昆仑）裁为三截：一截送给欧洲，一截送给美洲，一截留给东方各国。

这是在长征刚刚胜利结束、革命展现光辉坦途的时候，人民革命力量的伟大代表，信心百倍地欢呼改造世界、歌唱共产主义的美妙理想。把昆仑裁为三个部分，这是说在未来的共产主义世界里，帝国主义被消灭了，人民才有可能改造昆仑山脉的自然地理条件，使它为世界各国人民造福。那时已是世界大同了："太平世界，环球同此凉热。"从这个角度，庶几可以领悟毛主席自注这首词的主题思想是反对帝国主义。

总之，这首词以雄伟的气概开头，又以雄伟的气概结尾；运用抒情与议论相结合的方法和革命浪漫主义的夸张，歌颂未来的共产主义世界。

在当时，在今天，在将来，它都有热情似火，鼓舞革命人民奋发向上的伟大力量。

1990 年 1 月 21 日于桂林独秀峰下

清平乐

六盘山

天高云淡，望断

南飞雁。不到

长城非好汉，

屈指行程二万。

六盘山上高峰，

红旗漫卷

西风。今日长缨

在手，何时缚住

苍龙？

毛泽东

清平乐

六盘山

一九三五年十月

天高云淡,望断南飞雁。不到长城非好汉,屈指行程二万。　　六盘山上高峰,红旗漫卷西风。今日长缨在手,何时缚住苍龙?

这首词写于 1935 年 10 月,最早正式发表于 1957 年 1 月号《诗刊》。

注　释

[六盘山]　在宁夏回族自治区南部固原县西南,是六盘山山脉的主峰,险窄的山路要盘旋六重才能到达峰顶,故名。毛泽东同志在 1935 年 9 月率领中央红军进入甘肃省南部,10 月初突破敌人的封锁线,打垮了敌人的骑兵部队,胜利地越过六盘山。

[长城]　借指长征的目的地。

[苍龙]　是一种凶神恶煞,这里用来喻指反动派首脑蒋介石。《后汉书·张纯传》注:"苍龙,太岁也。"古代方士以太岁所在为凶方,因称太岁为凶神恶煞。

不到长城非好汉

——读《清平乐·六盘山》

李 瑛

六盘山在宁夏南部和甘肃东部，南北走向，巅连起伏，长约二百四十公里。主峰在宁夏固原县西南，海拔近三千公尺。山路险隘，曲折盘旋，六重始达山顶，故名。

1935 年 8 月，毛泽东同志与张国焘另立中央、分裂红军的机会主义路线进行了坚决斗争之后，率红军一方面军继续向陕北根据地挺进。9 月，翻过岷山进入甘肃南部；10 月初，国民党调集重兵"围剿"陕北革命根据地，并在六盘山一带建立防线，妄图阻止中央红军与陕北红军会合。毛主席率领的红军，在攻克通渭进入平凉、固原大道后，于 10 月 7 日，在六盘山前又击败了前来堵截的敌骑兵团。在战斗胜利的鼓舞下，当天下午便一鼓作气翻过了六盘山。10 月下旬到达陕甘边区，与陕北红军会师，胜利地完成了震惊世界的二万五千里长征。这首《清平乐·六盘山》，就是毛主席翻越六盘山时的咏怀之作。它生动地表现了毛主席及其统率的英雄红军胜利地登上六盘山后，远望长天，抒发了彻底打垮国民党和日本帝国主义者的坚强决心，抒发了誓将革命进行到底的壮志豪情。

毛主席和刚刚取得战斗胜利的红军指战员们，意气风发地登上六盘山，举目远眺。"天高云淡"四个字，便把一幅天高气爽、万里晴空浮动着几缕淡淡白云的高阔深远的明朗景象，简洁地描绘了出来。而在淡云高天里，又点缀着南归的群雁，这就不仅使人感到长空清明旷阔，强化了西北秋令的典型景色，更重要的是通过"望断南飞雁"，使人们兴起无限的遐想和深沉的思绪，大大扩展了诗的容量。"望断"就是望着南下的雁群渐飞渐远，直到消逝在天边后还在久久地凝望。为什么如此呢？因为红军战士是从南方跋涉而来的。此刻，大雁南飞，雁群所向之处，正是红军曾经战斗过的地方。那里掩埋着为革命牺牲的烈士，那里还留有不少仍在坚持游击战的战友，那里生活着和红军血肉相连的亿万人民群众。对那里的河山和父老乡亲以及战友们，怎能不使人魂牵梦绕呢！我国古有鸿雁传书的故事，作者在这里通过"望断"二字，请秋雁把红军已到六盘山的长征胜利的喜讯和矢志北上抗日的决心带给他们，把红军对南方军民怀念的深情带给他们，便使许多丰富的联想和浓郁的诗情生动地表现了出来。

同时，屹立山巅，遥望四野，此情此景，自然便会想起自去年10月从苏区出发长征，至今整整一个年头了。一年中，屈指计算，已走过两万多里的行程。这里的"屈指"，是弯起指头计算，是一个很轻微、很从容的动作，从而传达出红军对艰难困苦等闲视之的轻蔑态度。在这两万多里的广阔空间中，历尽千辛万苦，跋涉千山万水，就是为了一个目标：北上抗日！不到达陕北革命根据地，不到达烽火连天的长城内外的抗日前线，还算得是什么英雄儿男！"不到长城非好汉"七个字，连用两个否定副词构成双重的否定句，大大加强了是壮语也是誓言的决心和力量。这既激励指战员继续奋勇前进，又集中表达了红军坚强的革命意志、勇气和共同的决心，是对红军革命英雄主义、革命乐观主义的深刻的艺术概括。对不久前张国焘的逃跑投降主义，也是一个鲜明的对照和有力的斥责。多年来，这句闪耀着革命壮志豪情的警句，已成为全国人民家喻户晓的格言，对我们完成任务夺取胜利，产生了巨大的激励和鼓舞作用。

"六盘山上高峰，红旗漫卷西风。"下半阕开头的这两句，同上半阕开头一样，仍是以写景为主，寓情于景，明确地点出红军战胜敌人之后登上六盘山的兴奋景象和活跃欢快的心情。此词1957年最初在《诗刊》创刊号上发表时，"红旗"本作"旄头"。"旄"是古时旗杆上用牦牛尾做的装饰，文学作品中常用来指旗子。1961年秋毛主席的手书稿在《甘肃日报》上影印发表时，将"旄头"改为

113

了"红旗"。红旗衬着蓝天绿野，就更增加了全诗的鲜明色彩和亮度。望着如火的红旗在山上西风里自由地舒卷，战士们轻松的心绪和豪情便自然烘托出来。这是一幅多么美丽的有声有色的图画！这红旗，曾招展在井冈山上，曾穿过无数硝烟炮火，而今又翻飞在长征路上的最后一座高山——六盘山的峰顶，它意味着长征结束已胜利在望，历史即将掀开新的一页了。可以想象，此时红军指战员们的无限欣慰、喜悦和充满自信的豪情，不是全都在红旗的"漫卷"之中流露出来了吗？

在这首短短四十六个字的词中，毛主席对革命胜利的乐观情怀和宏伟抱负，自始至终溢于言表，而在最后结尾处更达到了高潮。最后两句"今日长缨在手，何时缚住苍龙"，画龙点睛地展现了革命任重道远但却信心百倍的光辉前景，是作者感情的自然发展，也是全词的主旨所在。"长缨"是长带子，典故出自汉武帝时，终军出使南越，向武帝要一条长带子，说一定可以把南越王捆捉回来。这里指现在我们有了经过千锤百炼的革命武装力量，有了发动群众团结抗战的大好形势，而今长征又开辟了革命胜利的新局面，人民已经掌握了自己的命运，要取得抗日成功和消灭国内反动派是指日可待了。"苍龙"，这里指包括帝国主义在内的一切反动派。敌人是绝对逃脱不了他们行将灭亡的命运的。尾句用"何时"二字，表面上虽用了疑问的语气，实则故用问句，使之推宕有味，更衬出红军指战员渴望杀敌的急切昂扬的心情，要消灭敌人只是时间问题了。这种同仇敌忾、仿佛即将整装待发的豪情，是对未来充满无限信心的展望。

刘勰在《文心雕龙·物色》中说："模山范水，诗人常事。"但毛主席写山水，却完全不同于我国古代山水诗人寄情于山水之间，他总是能超于山水之外。我们可以看到，在毛主席的全部诗词作品中，写到山的占绝大多数：有的实指，有的泛指，还有的是神话传说中的。这些从不同角度、不同侧面以不同笔触所写的山，有的妖娆秀丽，有的磅礴悲壮，有的峥嵘奇峭，有的雄浑苍茫，各以其不同的姿态、神采和色调，呈现在我们面前。毛主席写这些山，又都不是单纯写山，而是着力于写人，写与人的关系、人的活动，深深地寄寓了人的不同的心境。这首风格清新豪迈、感情激越奔放的《清平乐·六盘山》，就是以六盘山为背景，表达红军北上抗日的决心和势必打败敌人的乐观情怀。

在全篇结构上，毛主席所写的词中往往是上半阕描绘眼前景物，下半阕抒情感怀。而这首的上下两阕，却都是在前两句写景之后，紧接着便是两句抒情。当然，前两句写景，也不是单纯的孤立的景物描绘，而是选择了浸透浓重感情色彩的典型景物，以引发下面的抒情和联想。这首词上阕主要表明当前的战斗决心，下阕则主要展望革命的前景。上下两阕相对独立，却又紧密相连、一脉相承。而下阕的思想感情比起上阕来，自是有了更深沉、更高昂的发展。

在表现方法上，全词景中有情，情中有景，达到了情景交融、刚柔相济的妙境。且在感情发展中，又不断有所变化。如开头"天高云淡"两句，写景清新隽永，感情极为细腻，接着便倾吐出满腔豪情的"不到长城非好汉"，壮语惊人！下半阕开头："六盘山上高峰，红旗漫卷西风。"又是两句明丽的景色描绘，接下来又是排山倒海、大气磅礴的抒情："今日长缨在手，何时缚住苍龙？"在这里，毛主席把具有强烈反差的感情色彩的诗句，错综交替地组织在一起，使全词呈现出起伏跌宕的节奏和疏密有致的变化。这种相映成趣的安排，大大加强了这首词的艺术魅力和感人效果。

在遣词造句上，毛主席运用了极为通俗简练、形象生动的语言。如"天高""云淡""南飞雁""高峰""红旗"等，语出自然质朴，未假任何雕饰，却又形象鲜明、意蕴深远。"天高云淡"的"高"字，一看便知是邈远的秋空；"淡"字一看便知是气爽的秋云，和"夏云多奇峰"自有不同。"望断南飞雁"的"断"字，含蕴了多少情致；"红旗漫卷西风"的"漫"字，以旗的自由舒卷，准确地体现出战士们欢畅的心情等等。这些字抒情状物，刻画入微，具有很强的诗的素质和表现力，都是经过千锤百炼、刻苦推敲写定的，使全词达到了革命的思想内容与完美的艺术形式的高度统一。

六言诗

给彭德怀同志

一九三五年十月

山高路远坑深，大军纵横驰奔。
谁敢横刀立马？惟我彭大将军！

这首诗写于 1935 年 10 月，最早发表于 1957 年 4 月号《解放军文艺》，是以来信的形式由读者根据原冀鲁豫部队 1947 年 8 月 1 日《战友报》所载提供的。

注　释

[彭德怀]　彭德怀(1898—1974)是湖南湘潭人，1928 年 4 月参加中国共产党。1928 年 7 月领导平江起义参加红军，任红五军军长。1930 年 6 月任红三军团总指挥，7 月曾一度攻占长沙。同年 8 月与红一军团会合，组成红军第一方面军(一、三军团原曾计划分别扩编为一、三方面军，因兵力不足作罢)。1935 年 9 月红军长征出腊子口到哈达铺时，因部队减员，彭德怀同志曾建议将三军团并入一军团。随后，红一方面军主力和军委纵队整编为中国工农红军陕甘支队，毛泽东同志兼任政委，彭任司令员，这首诗就是这个期间所作。11 月初，红一方面军番号恢复，仍由毛、彭以原职领导。

神形交融　言简意远

——读六言诗《给彭德怀同志》

张爱萍

　　六言诗《给彭德怀同志》，是 1935 年 10 月红军长征到达陕北吴起镇后，毛泽东同志写给彭德怀同志的一首祝捷诗。

　　1935 年 10 月 19 日，由毛泽东兼任政治委员、彭德怀任司令员的中国工农红军陕甘支队，历经千难万险到达陕北苏区的边境吴起镇，将要与陕北红军会师。部队刚进驻一天，蒋介石驻宁夏、甘肃的马鸿逵、马鸿宾部不甘心六盘山下被我歼灭一个骑兵团的失败，又派出五个骑兵团向我追来，妄图趁我立足未稳，打我个措手不及，以阻止中央红军与陕北红军的会师。

　　当时，我先遣部队包括老弱病残只有七八千人，由于长途跋涉，连战强敌，饥累交加，大多体弱疲惫，但士气高昂。面对其势汹汹的敌人如何打法？毛泽东、周恩来、彭德怀、叶剑英等同志当晚进行研究，决计不能把追敌带进陕北苏区。

　　彭德怀同志亲赴前线勘察地形，分析敌情，制订方案，设置伏兵。21 日清晨，一举打退了敌人的先遣骑兵团。敌人又以四个团的兵力扑来，彭即指挥部队分头迎击，当天下午全部击退了敌人。这是红军万里长征中粉碎敌人围追堵截的最后一仗。此役的胜利，结束了红军伟大的二万五千里长征，保证了中央红军与陕北红军的胜利会师。毛泽东得到报告后，不胜欣喜，当即挥笔写了这首诗送给彭德怀。彭德怀同志看到诗后，把最后一句改为"惟我英勇红军"，并将原诗送还给毛泽东同志。

　　1947 年 8 月中旬，彭德怀指挥沙家店战役，一个黄昏就歼灭了胡宗南集团三大主力之一的整编第三十六师师部及两个旅，获得歼敌六千余人的重大战果,彻底粉碎了敌军企图将我军歼灭于陕北或赶过黄河以东的狂妄计划,成为我西北野战军转入战略反攻的转折点。毛泽东得知这一胜利,当即又将这首诗写给彭德怀同志,后一句依然是"惟我彭大将军"。

"山高路远坑深",是对吴起镇地形特点的描述。在陕甘边区的高原一带,村与村之间隔着一条条深沟,有的深达几十米、长几十里。虽然彼此可以听到鸡鸣犬吠,但要到对面村里去,却需爬上爬下曲折迂回几个小时。当时,毛泽东和彭德怀为部队起草的电报中就有"山高路远沟深"一句。毛写诗时,把"沟"改成了"坑",或许是"坑"较之"沟"更险、地区更广之故吧。由此引申、扩展到红军长征,万水千山,惊心动魄,被外国人称为"前所未闻的故事"。仅越过的大山就有十八座,诸如越城岭、苗岭、娄山、岷山、六盘山,还有高耸入云的雪山等,可谓"山高";渡过的大河,就有二十条,如章水、湘水、涞水、萧水、乌江、北盘江、金沙江、大渡河、白龙江等,还有渺无人烟、遍布沼泽的草地,可谓"坑深"。这仅是大自然造成的高山深坑,而四十万敌军的围追堵截,不也造成了许多更为可怕的险山恶水吗? 历时一年,行程二万五千里,横跨十一个省,可谓"路远"。"山高路远坑深",何尝不是对长征艰险的精辟概括!

"大军纵横驰奔",也是写我红军长征战胜险山恶水和压倒一切敌人的英雄气概。正如毛泽东所说,红军长征"是历史记录上的第一次","十二个月光阴中间,天上每日几十架飞机侦察轰炸,地下几十万大军围追堵截,路上遇着了说不尽的艰难险阻"。但自从红军渡湘江失败后,毛泽东同志重新统率红军,运用了大规模游击性运动战,料敌如神,行动自如,克敌制胜,转危为安,胜利完成了具有伟大历史意义的战略转移。"大军"透出自信,"纵横"描述了我军战斗的英勇、灵活及作战的疆域,"驰奔"体现了行动的迅猛。这里"纵横"二字格外传神,把我军长驱山水二万里、横扫千军如卷席的英雄形象推到了读者面前。"大军纵横驰奔"气势磅礴,同时也让我们感受到了诗人的伟大胸襟。"诗是心声……其心如日月,其诗如日月之光,随其光之所至,即日月见焉。"(叶燮语)

"山高路远坑深,大军纵横驰奔。"前句写景,后句述事;一句写静,一句写动。景事交融,动静辉映,生动逼真,如临其境。诗人把即目林泉和胸中丘壑熔于一炉而铸之,收到了"片言而明百义,坐驰而驭万景"(刘禹锡语)的效果。诗人的七言律诗《长征》写于此诗之前的几天,为举世公认的伟大史诗。而"山高路远坑深,大军纵横驰奔"这十二个字,则概括了"红军不怕远征难,万水千山只等闲"这首《长征》诗。

"谁敢横刀立马?"一声诘问,万钧雷霆,塑造出彭大将军敢于"横刀立马"的威风凛凛形象。吟诵此句,不能不令人想到诗人《沁园春·长沙》中的一句"问苍茫大地,谁主沉浮",与此大有异曲同工之妙。诗人叱咤风云的气概跃然纸上,诗人呼唤"扶大厦于将倾"的英雄的期待之情亦跃然纸上。期待并不急迫,期待中透出把握,透出轻松,还透出些许的幽默。戚继光有"一年三百六十日,都是横戈马上行"的诗句,这里的"横刀立马"更觉凝练、生动。

"惟我彭大将军"也是言情,浅明的六个字饱含自豪、骄傲和欣慰。自 1928 年 10 月,彭德怀与滕代远率红五军上井冈山与毛泽东、朱德领导的红四军会师后,到吴起镇一战已是整整七个寒暑。毛泽东与彭德怀虽不能说朝夕相处,但常常在一张地图前运筹,在一个战场上挥戈。他深知彭德怀是"运筹帷幄之中,决胜千里之外"的战略家,是"挽狂澜于既倒"的战术家,是"与士兵同滋味而共安危"的带兵良将。在长征途中,彭德怀是他的得力臂膀,常常在重大战役之时起到关键的作用。此一句足以体现出他对彭的指挥才能的信赖、赞扬和称颂,也是对彭在红军中重要地位的肯定。透过此句,我们不仅看到了一位胸怀大略、指挥若定的彭大将军形象,而且还看到了一位"胸中自有雄兵百万"、在危难时刻表现出轻松豁达、潇洒自如、充满革命乐观主义精神的领袖诗人形象,犹如苏东坡《赤壁怀古》中的"谈笑间,樯橹灰飞烟灭"。

这首诗短小精练,明白晓畅,寓意深长。这不由得使我感到:彭德怀同志当时把"惟我彭大将军"改为"惟我英勇红军"并退给毛泽东同志,是不是表明他并非历史上那些所谓"横刀立马"的大将军?更使我感到:二十三年后庐山会议给历史留下的那场悲剧,发人深思,令人遗憾。

沁园春

雪

一九三六年二月

北国风光,千里冰封,万里雪飘。望长城内外,惟余莽莽;大河上下,顿失滔滔。山舞银蛇,原驰蜡象,欲与天公试比高。须晴日,看红装素裹,分外妖娆。

江山如此多娇,引无数英雄竞折腰。惜秦皇汉武,略输文采;唐宗宋祖,稍逊风骚。一代天骄,成吉思汗,只识弯弓射大雕。俱往矣,数风流人物,还看今朝。

这首词写于 1936 年 2 月,最早发表于 1957 年 1 月号《诗刊》。在此以前的 1945 年 10 月,毛泽东同志在重庆曾把这首词写赠柳亚子(参看七律《和柳亚子先生》[索句渝州叶正黄]注),因而被重庆《新民报晚刊》在 11 月 14 日传抄发表。以后别的报纸陆续转载,但多有讹误,不足为据。1951 年 1 月 8 日,《文汇报附刊》曾将作者写赠柳亚子的这首词的墨迹制版刊出。

作者原注

雪:反封建主义,批判二千年封建主义的一个反动侧面。文采、风骚、大雕,只能如是,须知这是写诗啊!难道可以谩骂这一些人们吗?别的解释是错的。末三句,是指无产阶级。

原指高原,即秦晋高原。

注　释

[顿失滔滔]　这里指黄河因冰封而立刻消失滚滚的波浪。

[看红装素裹,分外妖娆(ráo)]　红日和白雪互相映照,看去好像装饰艳丽的美女裹着白色的外衣,格外娇媚。

[竞折腰]　折腰,倾倒,躬着腰侍候。这里是说争着为江山奔走操劳。

[秦皇汉武]　秦始皇嬴(yíng)政(前259—前210),秦朝的创业皇帝;汉武帝刘彻(前156—前87),汉朝功业最盛的皇帝。

[略输文采]　文采本指辞藻、才华。"略输文采",是说秦皇汉武武功甚盛,但对比之下,文治方面的成就略有逊色。

[唐宗宋祖]　唐太宗李世民(599—649),唐朝建立统一大业的皇帝;宋太祖赵匡胤(yìn)(927—976),宋朝的创业皇帝。

[稍逊风骚]　意近"略输文采"。风骚,本指《诗经》里的《国风》和《楚辞》里的《离骚》,后来泛指文章辞藻。

[天骄]　汉时曾称匈奴单于为"天之骄子",意谓上天所骄纵的人物。

[成吉思汗(hán)]　元太祖铁木真(1162—1227)在1206年统一蒙古后的尊称,意思是"强者之汗"(汗是可汗的省称,即王)。后来蒙古在1271年改国号为元,成吉思汗被推尊为建立元朝的始祖。成吉思汗除占领中国黄河以北地区外,还曾向西远征占领中亚和南俄,建立了庞大的帝国。

[大雕]　雕,一种属于鹰类的大型猛禽,善飞难射,古代因用"射雕手"比喻高强的射手。"只识弯弓射大雕",是说只以武功见长。

江山多娇　引无数英雄竞折腰

——读《沁园春·雪》

周振甫

　　1945 年 8 月 28 日,毛泽东同志从延安飞重庆,同国民党进行了四十三天的谈判。在这期间,柳亚子先生有诗送给毛主席,毛主席也手书这首著名的词赠他。毛主席在七律《和柳亚子先生》里说的"索句渝州叶正黄"就指这件事。毛主席在长征中登上六盘山,已经唱出了"今日长缨在手,何时缚住苍龙",那么到了陕北后的 1936 年 2 月,人民革命力量更加壮大,凭着作者对革命胜利的预见,因而信心百倍地写出了今天的革命英雄远远超过历史上建立伟大功业的英雄人物,从而鼓舞了人民的斗志,加强了革命人民争取胜利的信心。

　　这首词,上半阕写北方的雪景,结合长城、黄河、秦晋高原来写,大气包举,景象雄伟;并且在雄伟中还写出了祖国河山的壮丽。下半阕从祖国河山的壮丽引出英雄人物:历数历史上功业煊赫的英雄,都不能跟当前的革命英雄相比。在赞美祖国河山的壮丽时,热烈地赞美当代的革命英雄,充满着对革命胜利的无限信心。

　　"北国风光,千里冰封,万里雪飘。"作者咏雪,眼光不是只停留在雪上,而是通过雪来写祖国壮阔的大地,这就所见者大。北方下雪天的风光,千里万里都是冰封雪飘,这就写得气魄宏大。北国即北方。千里、万里两句是互文,即千万里冰封,千万里雪飘。

　　"望长城内外,惟余莽莽;大河上下,顿失滔滔。"在北方,雄伟的景物要推万里长城、黄河和高山、高原。作者要通过雪来写祖国雄伟的山河,所以先写长城、黄河,再写高山、高原。登高望远,在冰封雪飘的北方,看到长城内和长城外,只是白茫茫一片。莽莽,本指草木深郁,这里有北方原野深远广大的意味。如杜甫《对雨》:"莽莽天涯雨。"莽莽即有雨势广大的意味。再看黄河的上下游已经结冰,顿时失掉滔滔滚滚的水势。滔滔,状水势大。

"山舞银蛇,原驰蜡象,欲与天公试比高。"这里写北方雪后的群山和高原。雪后的群山呈银白色,山跟山绵延起伏,登高望去,像银白色的蛇在舞动。陕西和山西一带的高原上覆盖着雪,在高处望去,像白蜡样的象群在奔跑着。山跟高原是静止的,由于作者站在高处,看得远,看到山势和高原的绵延起伏,视线跟着山势和高原起伏,因而产生象驰和蛇舞的感觉。登高望远,一直望到山和高原跟天相接,这就感到山和高原与天比高了。诗人写银蛇和蜡象的银和蜡,都是形容雪的白。而更重要的,是写北方山和高原与天公比高的雄伟气象。

"须晴日,看红装素裹,分外妖娆。"等到天晴的日子,看到红艳艳的太阳跟雪裹着的大地山河互相映照,显得格外娇艳。红装指红太阳,素是白色的丝织品,素裹指白雪包裹大地。作者对于祖国山河的赞美,除指出其雄伟的一面外,也指出了娇艳的一面。写红日跟雪盖的大地相映照,既雄壮,又艳丽,具有气象万千之概。

克家同志《雪天读毛主席的咏雪词》称:"这是气象宏伟、充满革命豪情的一篇作品。艺术表现方面也达到了极高的境界。""古典诗词里不乏咏雪的作品,有的不免纤细,有的比喻平凡,跳不出'玉树琼枝''飞絮撒盐'等套子。"潘德舆《养一斋诗话》云:

> 门人苏养吾问:"雪诗何语为佳?"予曰:"王右丞'隔牖风惊竹,开门雪满山',语最浑然;老杜'暗度南楼月,寒生北渚云'次之;他如'独钓寒江雪','门对寒流雪满山','童子开门雪满松',亦善于语言者。"

咏雪是咏物,刘熙载《艺概》讲咏物词的好处在"不离不即"。"不离"即不离开所咏之物,"不即"即不局限于所咏之物。以上各诗句的好处,就在通过雪写出一种清寒的境界来,但没有一首能像毛主席那样通过雪写出祖国雄伟壮丽的山河的。不仅这样,上半阕写出祖国山河的雄伟壮丽,下半阕又开出一个新的奇情壮采来。这样雄伟壮丽的山河,才"引无数英雄竞折腰",引出英雄人物来。先提出古代的英雄人物,再提出革命的英雄人物,起到映衬的作用,这就更有力地突出了今天的革命英雄。

"江山如此多娇,引无数英雄竞折腰。"祖国的山河这样壮美,使得无数英雄争着向它致敬。"多娇"承"分外妖娆"来,极写"北国风光"的壮丽。"折腰",弯腰致敬,写英雄人物对祖国山河怀着崇敬的心情。对着这样壮丽的山河,使人想到《沁园春·长沙》中的"问苍茫大地,谁主沉浮"这样的山河由谁来主宰呢？从历史上看,有无数英雄人物建立了卓越的功勋,可是跟祖国雄伟多娇的山河比起来还显得不够。历史上建功立业的英雄有雄伟气魄的,不免缺少文采,跟祖国山河的既雄伟又多娇不相称。这就引出下面的一段议论,通过历史上的英雄来突出今天的革命英雄。

"惜秦皇汉武,略输文采；唐宗宋祖,稍逊风骚。一代天骄,成吉思汗,只识弯弓射大雕。"这里,就历史上举出五个英雄人物来：秦始皇、汉武帝、唐太宗、宋太祖、成吉思汗。秦皇、唐宗、宋祖,是秦、唐、宋三个朝代的著名皇帝,汉武是汉朝武功卓著的皇帝,他们都有雄才大略,能建功立业,可惜文采上都差一点儿。文采、风骚,这里指文治。从秦皇、汉武到唐宗、宋祖,都是封建统治阶级的最大代表。虽然他们在历史上建功立业,起过一定的进步作用,因而成为历史上肯定的英雄人物；但是,由于时代和阶级的局限,他们总归是剥削阶级的最大代表,远远不能与今天的无产阶级革命英雄相比。一代天骄成吉思汗,是历史上蒙古族的领袖,是一代英雄,武功卓著。"只识弯弓射大雕",是说他只懂得武功。就这五位历史上的英雄人物看,只有功业而文治不够,就跟祖国山河的既雄伟而又多娇不相称了。

臧克家同志在《雪天读毛主席的咏雪词》里说："下半阕评论人物,但不流于呆板。写景评论,两者又密切关联,互相映衬。在批判历史人物的时候,也是用了纵观历史的眼光,令人信服。"克家同志在这里提出下半阕在艺术上的映衬手法,是确切的。用历史上的英雄人物,来映衬今朝的革命英雄人物,更突出了今朝的革命英雄人物。克家同志在这里又提出"纵观"来,可以说明这首词在想象上的特点。刘勰在《文心雕龙·神思》里说:"故寂然凝虑,思接千载;悄焉动容,视通万里;吟咏之间,吐纳珠玉之声;眉睫之前,卷舒风云之色。"这首词,下半阕从秦皇汉武写到成吉思汗,不正是"思接千载"吗?上半阕写到"千里冰封,万里雪飘",不正是"视通万里"吗?这首词音节之美,超越珠玉之声。克家同志又称:"整首词,是描写与议论结合,情感与景物相生,气魄极大,感人至深。每读一过,便觉得有一股磅礴大气,使人眼界开朗,心胸旷阔。"这不正是"眉睫之前,卷舒风云之色"吗?

不仅这样,下半阕的批判,正如作者自注:"雪:反封建主义,批判二千年封建主义的一个反动侧面。"批判秦皇、汉武、唐宗、宋祖、成吉思汗,是批判封建皇帝,批判他们"略输文采","稍逊风骚","只识弯弓射大雕",是批判封建主义的一个反动侧面,即批判他们的缺少文治。从正面来批判两千年封建主义的反动的,有谭嗣同的《仁学》,斥秦始皇为大盗,斥两千年之政皆秦政。这是正面攻击。这种正面攻击,不宜写诗。这里是写诗,所以只批判一个反动侧面。这样,下半阕的议论是一种画龙点睛之笔,含蓄地透露了作品的主题是反封建主义。

"俱往矣,数风流人物,还看今朝。"历史上的英雄人物都过去了,数一数既能建功立业又有文采的人物,还得看今朝的革命英雄。苏轼《念奴娇》:"大江东去,浪淘尽、千古风流人物。""风流人物",具有既能建功立业又有文采的英雄人物,正好用来指今朝的革命英雄。这就是说,今朝的革命英雄才无愧于祖国山河的雄伟和多娇,比起历史上的英雄来强多了。这首词,不仅赞美了祖国壮丽的山河,更重要的是赞美了今朝的革命英雄。

临江仙

给丁玲同志

一九三六年十二月

　　壁上红旗飘落照，西风漫卷孤城。保安人物一时新。洞中开宴会，招待出牢人。　　纤笔一枝谁与似？三千毛瑟精兵。阵图开向陇山东。昨天文小姐，今日武将军。

　　这首词写于 1936 年 12 月，最早发表于 1980 年第 7 期《新观察》。

注　释

［保安］　在陕西省西北部，当时是党中央所在地，1936 年改名志丹县。

［纤笔］　细致描绘的笔，指丁玲的文笔。

［毛瑟］　德国毛瑟工厂所制造的步枪和手枪。孙中山在 1922 年 8 月 24 日《与报界的谈话》中说："常言谓，一枝笔胜于三千毛瑟枪。"

［陇山］　在陕西省陇县西北，延伸于陕甘边境。

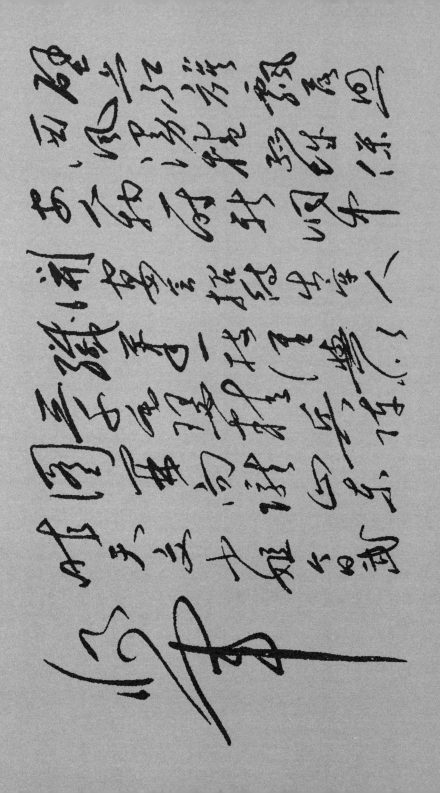

欢迎　重视　信任

——读《临江仙·给丁玲同志》

丁　力

　　著名女作家丁玲，原名蒋冰之，湖南临澧人。1932 年参加中国共产党。1936 年夏，逃离被国民党囚禁三年多的南京，秘密经上海、北平、西安，于 11 月来到陕北保安。中央宣传部在一座大窑洞里开会欢迎她，中央领导同志毛泽东、张闻天、周恩来等都出席。会后，毛泽东同志问丁玲打算做什么，她答"当红军"，随后就到前方总政治部工作。作者因此写了这首词送她。

　　词从写实入手："壁上红旗飘落照，西风漫卷孤城。"一个"飘"字，写出了夕阳与红旗交相辉映的动态美，描绘了开欢迎会前的景象；漫卷西风，也突现了西北地区的特定环境。漫天寒风中的孤城保安，是特立于世的革命城市，是党中央所在地。"保安人物一时新"，真实地反映了当时全国的革命者，尤其是青年向往和奔赴的理想所在。风云际会，人物一新，党在陕北聚集了雄厚的革命生力军，为抗日、为中国革命的胜利，训练了大批人才。一个"新"字，表现了青年革命者的风采与精神面貌。"洞中开宴会，招待出牢人"，可谓典型的环境，典型的人物。开宴会不在广厦大厅，而在窑洞之中，使革命的艰苦环境自然托出。就是在这种特殊的地方、特定的条件下欢迎出牢人——丁玲同志，一种革命英雄主义气氛，一种卓荦的乐观主义情绪，一种大无畏的精神，在读者心中油然而生。词的前半阕，从大背景上，作了艺术铺垫；词的下半阕，则深入地表现了一时新的人物——此处是出牢人，即丁玲同志。

　　"纤笔一枝谁与似？三千毛瑟精兵。""纤笔"即纤细的笔，指女人的文笔，常借指细致描绘的文风。"毛瑟"指德国毛瑟工厂出产的枪支。孙中山先生在 1922 年 8 月 24 日《与报界的谈话》中说:"常言谓:一枝笔胜于三千毛瑟枪。"革命作家的一枝笔,即可当三千毛瑟精兵,这是对知识分子的正确估价与赏识,也说明当时革命需要自己的知识分子干部。"阵图开向陇山东",陇山在陕西省陇县西北,延伸于陕甘边境。陇山东是当时的红军前方。丁玲同志到前方总政治部去工作,毛泽东同志满心高兴,给予支持和高度的肯定,所以才唱出"昨天文小姐,今日武将军"的豪迈之词。文小姐投入了红军,成了武将军,也是"保安人物一时新"的具体体现。词情纯真,自然亲切,令人读而不倦,觉有天地正气在焉!

古今迎送诗、赠答词浩如烟海,但有两种倾向:一种是情感真挚,抒发胸怀,朴素自然;一种是矫揉造作,虚张客套,俗气浓厚。前者高雅,后者庸俗。李白的《送孟浩然之广陵》,即为前者,千年传唱不衰;毛泽东同志这首词,以及他的一些这类诗,也是属于前者。而封建官僚、无聊文人之作,常常属于后者。当前的诗词创作及新诗创作中,实际也存在这两种倾向。我们则提倡向毛泽东同志学习,发展健美高雅的诗风,为中国诗歌发展新阶段的出现而不懈努力。

五 律

挽戴安澜将军

一九四三年三月

外侮需人御,将军赋采薇。
师称机械化,勇夺虎罴威。
浴血东瓜守,驱倭棠吉归。
沙场竟殒命,壮志也无违。

这首诗写于1943年3月,根据1943年戴安澜将军追悼会挽联挽诗登记册刊印。最早非正式地发表在1983年12月28日《人民政协报》,是在一篇诠释这首诗典故的文章中提供的。

注 释

[戴安澜] 戴安澜(1904—1942)号海鸥,安徽无为人。黄埔军校毕业后,曾参加北伐。在抗击日本侵华战争中,战功卓著。1939年任国民党第五军第二〇〇师师长,被授予陆军少将军衔。1942年3月,率第二〇〇师出师缅甸,协同英军对日作战。在孤军深入的情况下,指挥部队英勇奋战,重创日军,解救了被围困的英军。同年5月,在率师返国途中,遭日军伏击,身受重伤,不幸牺牲。不久,被国民党政府追赠为陆军中将。1956年,被中央人民政府内务部追认为革命烈士;1985年,由中华人民共和国民政部颁发革命烈士证书。

〔将军赋采薇〕 赋,朗诵。采薇,《诗·小雅》中有《采薇》篇,描写戍边抗击外族入侵的兵士久历艰苦,在回乡的路上又饱受饥寒。

〔虎罴(pí 皮)〕 这里比喻凶猛的敌人。罴,见七律《冬云》〔罴〕注。

〔东瓜〕 即同古,缅甸南部重镇。

〔棠吉〕 缅甸中部地名。

英雄的颂歌

——读五律《挽戴安澜将军》

莫文征

这是毛泽东诗词中少有的几首五言律诗之一。

毛泽东在致陈毅的一封信中说:"我对五言律,从来没有学习过,也没有发表过一首五言律。"根据这段话和 1986 年出版的《毛泽东诗词选》中没有五言律诗的事实,有人曾断定毛泽东一生未写过五言律诗。但自《毛泽东诗词集》出版以后,那种说法自然不攻自破。毛泽东不仅写过五言律诗,这首五言律诗还写得相当好。它的被发现,不仅弥补了毛泽东诗词宝库的一个门类,而且就艺术水平来说,与其他作品相比也毫不逊色。这是个很有意义的发现。

这首诗,是为哀挽 1942 年赴缅甸作战而壮烈牺牲的远征军二○○师师长戴安澜将军而作。戴安澜(1904—1942),字衍功,号海鸥,黄埔军校第三期毕业。1926 年参加过北伐,历任连、营、团长等职;参加过 1933 年长城会战、1938 年鲁南会战和武汉会战,1939 年任国民党第五军第二○○师师长;在桂南会战中曾率部击毙日军中村正雄少将以下四千余人,取得了辉煌的胜利。1942 年2 月,日本侵略军为了切断盟军援华抗日物资的重要运输线——滇缅公路,以泰国、越南为基地,向当时英国的殖民地缅甸大举进攻。应英国政府请求,国民党政府派遣三个军(十万人)的远征军赴缅作战,戴所率二〇〇师就是其中一个师。该师装备精良,作风勇猛,在东瓜(亦译同古)、棠吉等地区屡次予敌人以重创。1942年5月18日,戴部在郎科地区与敌遭遇,戴冒密集炮火指挥作战,甚至与敌白刃格斗,不幸为流弹所中,26日壮烈牺牲。1943年4月1日,在广西全州举行戴将军追悼会。中共领导人周恩来、朱德等献挽词,毛泽东于这年3月写了这首诗表示哀挽。同年10月,美国政府以总统罗斯福名义,给戴颁授了懋绩勋章,戴成为反法西斯斗争中第一位获得国际勋章的中国人。1956年中央人民政府内务部追认戴为革命烈士。

这是一首纪实性很强的诗。首联开门见山,写出将军出战的背景,"外侮"自然指日本侵略军,"需人御"当指抗战,而"赋采薇"则喻出征,这是借《诗经》的《采薇》篇来比喻戴的出征充满艰难困苦。戴受命于危难之时,却从容赴之,则愈显出其大无畏精神。颔联是赞扬戴所率部队装备之精良和气势之雄壮。在他们的面前,日本侵略军即使像熊罴一样凶猛也要失去威风,深入一层地赞美戴及所部的大无畏精神。颈联则以事实印证了这种精神,及由于发挥了这种精神而夺得了辉煌的战绩:东瓜之战发生在1942年3月18日,戴将军率部浴血奋战十二昼夜,歼灭日本侵略军五十五师团的五千余人,掩护了英军的撤退,迟滞了日本侵略军的北进。这一战役的胜利,震撼了日本,也震撼了世界。连敌人也不得不承认,自"南进以来,从未遭受若是之劲敌"(日军横田大佐日记中语)。发生在1942年4月23日的棠吉之战,也是一个胜仗。当时棠吉告急,戴部奉命驰援,激战两昼夜,击退日军,收复棠吉。这一联可以说是主题的展开,它告诉你,英勇大无畏的精神是经得起猛烈炮火的考验,也正是这种枪林弹雨才是缔造这种精神的土壤。尾联则把英雄奋斗牺牲的意义提升到"壮志"这个人生的哲学高度,从而结束全诗,使诗的整体内容显得十分饱满,构架十分平实牢固。前句一个"竟"字充分刻画了作者对戴牺牲的痛惜之情:像戴将军这样的英雄,人民爱戴他,祖国需要他,而罪恶的日本侵略者却杀害了他,怎不令人义愤填膺!但他的死是重于泰山、流芳百世的,所以又有"壮志也无违"一句,是虽死犹荣的褒奖,这一句也是全诗的点题之句。整首诗,是一首英雄的赞歌。这英雄，是戴安澜；但从整首诗看，并非只写戴之个人，这英雄又同时是戴所部的全体将士。他们使一切进取者获得鼓励，而令一切苟且者感到汗颜。

　　中国古诗，就语言的表现方式而言，大致可分为抒情和叙述两大类。"黑云压城城欲摧，甲光向日金鳞开"（李贺《雁门太守行》），"感时花溅泪，恨别鸟惊心"（杜甫《春望》），"蜀道难，难于上青天"（李白《蜀道难》）等为前一种；后一种如"秦王骑虎游八极，剑光照空天自碧"（李贺《秦王饮酒》），"八月秋高风怒号，卷我屋上三重茅"（杜甫《茅屋为秋风所破歌》），"李白乘舟将欲行，忽闻岸上踏歌声"（李白《赠汪伦》）等。叙述体就是赋体。毛泽东说："赋也可以用，如杜甫《北征》，可谓敷陈其事而直言之也。"但这赋体乃诗中之赋体，并非汉代那种介乎诗与散文之间的文体。其实最早使用赋体的是诗。班固在《两都赋》中说过："赋者，古诗之流也。"毛泽东这首五言律诗，属于赋体，因为它从头至尾采取"敷陈其事而直言之"方式。似乎直到最后一句"壮志也无违"才显得直抒胸臆，带有抒情味。但这是两种方式相比较而言的。其实，在前七句中，"将军赋采薇"和"勇夺虎罴威"二句，也含有赞颂的抒情味了。所以，在叙述中也是带着抒情成分的。表面看抒情是在叙述的语言中夹带的，实则是抒情为本，叙述为表，表里是紧密结合的。有人说叙述就是散文化，我看不是，即便叙述也是诗的叙述，它带节奏，押韵脚，还有平仄音响。艾青说："如果不把诗看成固定化，神秘化，那么我认为叙述也是诗的手段。"对于这首五言律诗来说，惟其采取叙述的方式才能获得流畅感和逼真感，从而也更具古诗韵致，并由此构成诗篇的浩荡气质，这对镂刻主题、宣泄情感是十分重要的设计。

　　从整体看，这是一首诗律工整、文字老到又气势如虹的英雄颂歌。与毛泽东其他描写战斗内容的诗词一样，具有内容饱满、情感激越、语言精练、形象鲜明等特征，而语气平直、辞藻朴质又是这首五言律所特有，它创造了毛泽东诗词美的另一侧面。这就是这首诗的成功之处和价值之所在。

1996 年 9 月 10 日北京朝内

132

五　律

张冠道中

一九四七年

朝雾弥琼宇,征马嘶北风。
露湿尘难染,霜笼鸦不惊。
戎衣犹铁甲,须眉等银冰。
踟蹰张冠道,恍若塞上行。

这首诗写于1947年,根据抄件刊印。

注　释

[张冠道中]　1947年3月中旬,胡宗南指挥国民党军十四万余人,向中共中央所在地延安发动进攻。3月18日晚,毛泽东率领中共中央机关撤离延安。随后,他在陕北延川、清涧、子长、子洲、靖边等县转战。张冠道,是他当时转战中经过的一条道路。

[琼宇]　即玉宇,指天空。

[征马嘶北风]　征马,这里指战马。嘶北风,在怒号的北风中长鸣。

[露湿尘难染]　本句写寒露打湿黄土地,尘土难以沾染衣物。

[戎衣犹铁甲]　本句写军服因雾沾露湿而结冰,像铁衣一样又重又硬。

[踟蹰(chí chú 池除)]　徘徊不进。

[塞上]　边远地区。这里指我国北方长城内外。

133

陕北艰苦转战的真实写照

——读五律《张冠道中》

冯　蕙

在 1996 年毛泽东逝世二十周年时，由中共中央文献研究室编辑、中央文献出版社出版的《毛泽东诗词集》中，新编入毛泽东诗词十七首，其中第一次正式公开发表的有十首。在第一次正式公开发表的这十首诗词中，《挽戴安澜将军》《张冠道中》《喜闻捷报》这三首五律，填补了过去出版的毛泽东诗词选中毛泽东诗词作品在抗日战争时期和解放战争前期、中期所出现的空缺。

过去，有些人形成一种看法，即认为毛泽东在诗词创作中不写五律。主要的依据大概是毛泽东 1965 年 7 月 21 日写给陈毅的一封谈诗的信。这封信中说："我对五言律，从来没有学习过，也没有发表过一首五言律。"另外，在 20 世纪 90 年代以前出版的毛泽东诗词选中，也确实未见到一首五言律诗。1993 年毛泽东一百周年诞辰时，中共中央文献研究室和中央档案馆合办的刊物《党的文献》新发表了毛泽东诗词四首，其中有一首五律《看山》，这是毛泽东写的五言律诗第一次正式面世，突破了关于毛泽东在诗词创作中不写五律的这一看法。1996 年出版的《毛泽东诗词集》，又发表了前面所说的三首五言律诗。这说明，在毛泽东的诗词创作中，并不是不写五律，而且写了还不止一首。当然，在毛泽东的整个诗词创作中，五律确实是写得比较少的。而毛泽东在信中说自己对五言律诗"从来没有学习过"，这恐怕属于自谦之词。因为他写出了几首五言律诗，怎么好说是"从来没有学习过"呢？况且，他1965 年为陈毅修改的那首《西行》，恰好又正是五言律诗。其次，毛泽东说的是自己"没有发表过一首五言律"，而不是说他自己从来没有写过五律。毛泽东生前确实没有正式发表过一首五言律诗,他的五律都是在他本人逝世以后才发表的。当然,也毋庸讳言,就近体诗和长短句相比较而言,毛泽东更喜欢也更擅长写词。在《毛泽东诗词集》中,正编四十二首诗词奠定了毛泽东作为伟大诗人的历史地位,其中词占了三分之二,这一情况绝不是偶然的。

《张冠道中》这一首五言律诗,写于 1947 年,内容是毛泽东在陕北转战途中所经历的一段情况。

1947 年 3 月,国民党军队在对中国共产党领导的人民军队的进攻中不断受挫后,被迫放弃全面进攻,抽调兵力对山东、陕甘宁两个解放区实行重点进攻。蒋介石集结了二十五万兵力进攻陕甘宁边区,其中分两路进攻延安的兵力达十四万之多。在敌强我弱的形势下,毛泽东和中共中央于 3 月 18 日撤离延安,开始了历时一年的艰苦的陕北转战。从五律《张冠道中》这首诗的内容来看,写的是夜行军,正反映毛泽东陕北转战开始阶段的情况。

在这首诗的首联(一、二句)"朝雾弥琼宇,征马嘶北风"中,琼宇即玉宇,指天空,写晨雾弥漫天空,战马在呼啸的北风中嘶鸣。这两句点出了时空,是在野外的一个寒冷的早晨;同时反映了当时行军为避开敌军及敌机而夜行昼宿的实况,可以表明这是一次夜行军行将结束。

颔联(三、四句)"露湿尘不染,霜笼鸦不惊",这两句也是写天气的寒冷。陕北是黄土高原,尘土厚重,寒露打湿了高原的黄土地,尘土飞扬不起来沾染人们的衣物;在霜笼雾罩下,乌鸦都不出巢飞动了。鸦,在这里既是特指乌鸦,又是泛指鸟类。乌鸦是一种体型较大、喙和足都强壮的鸟,但在凛冽的霜晨,它也伏在巢中不动了。在古代文学作品中,也有用鸟伏巢而不飞来形容天气的寒冷。唐代李华写的《吊古战场文》中,为了说明边塞的苦寒,就用了"鸷鸟休巢"的句子,鸷鸟是一种凶猛的鸟。

颈联(五、六句)"戎衣犹铁甲,须眉等银冰"两句,进一步写天气的寒冷,并且由写景写物到写人了。写的虽是人的外形,但透出一种坚定、顽强的精神。行军途中的人,他们的军衣被浓雾、寒露、严霜打湿,在寒冷的气温下结冰了,好像又重又硬的铁衣,他们的眉毛、胡须上都是白色的冰晶。

尾联（七、八句）"踟蹰张冠道，恍若塞上行"两句，揭示了这首五律的题旨。踟蹰，状行军态势。其本意为徘徊不前，这里可以理解为忽行忽止，忽进忽退，表现了为避开强敌而在陕北艰难地转战、曲折行进的情景。张冠道应是毛泽东在陕北转战中经过的一条道路。"踟蹰张冠道"，反映了在陕北转战中，与强敌周旋，兜圈子，捉迷藏，让敌人找不到西北战场人民军队的主力在什么地方，找不到留在陕北的以毛泽东为首的中共中央领导机关在什么地方，把敌人拖到十分疲劳和十分缺粮的程度，使它精疲力竭，然后消灭之。这就是毛泽东提出的"蘑菇"战术。恍若，状诗人心态。塞上，指长城内外。"恍若塞上行"，可以理解为这次张冠道上夜行军所经历的情况，让诗人感受到古代边塞诗中所描写的天气苦寒、军情紧急等情景，此时此地的心态仿佛觉得是在边塞上行军。

毛泽东在陕北转战的一年中，其间从 1947 年 3 月 18 日撤离延安至 4 月 12 日到达靖边县的王家湾（今属安塞县，毛泽东等在这里住了五十多天）。这一段时间，毛泽东一行频繁地转战。在不到一个月的时间内，经过了延川、清涧、子长、子洲、靖边等好几个县，住宿过的地点有十几个，常常是一天换一个地方。4 月上旬，到了子长县的石家湾、靖边县的青阳岔等地，实际上离长城也就比较近了。所以，"恍若塞上行"一句，既是毛泽东的一种感受，也有实际的地理位置这一背景情况。没有在陕北生活过的人，大概想不到陕北黄土高原在三四月间还会是这样的寒冷。陕北的无霜期短，春天来得晚，像子长、子洲、靖边这些地方，晚霜终止的时间是在 4 月中下旬。毛泽东在 1947 年 3 月下旬至 4 月上旬转战经过这些地方时，黄土地还没有解冻，霜笼雾罩的情况是常有的。综上所述，我认为《张冠道中》这首五律所写的，正是 1947 年 3 月 18 日至 4 月 12 日这段时间毛泽东在陕北转战中的情况。

毛泽东在诗词创作中，革命浪漫主义的色彩十分鲜明，可以说他的诗词创作的基调是革命浪漫主义。这一判断，并不排斥毛泽东的有些诗词作品是采用的现实主义的手法，《张冠道中》这一首五言律诗就是一例。这首诗用真实描写的手法，平实而形象地反映了毛泽东在陕北转战中艰苦的夜行军情况,勾画出一幅在凛冽霜晨的苦寒行军图。从敌我形势来说,当时是强敌进攻,大军压境,形势严峻;从时令来说,还是寒凝大地的季节。所以,全诗写得凝滞、沉重、深邃,蕴含着敌情紧急、行军艰险以及诗人在防御作战阶段中某种无奈和压抑的心境等深刻寓意。但这些艰辛和困难都是暂时的,中国共产党领导下的人民军队必将取得最后的胜利。

国民党军队进攻延安和陕甘宁边区,其势汹汹,实际上是蒋介石国民党发动的对人民军队和解放区的全面进攻被粉碎后,日暮途穷,为挽救它的垂死统治而采取的一着。毛泽东早在1946年11月18日为中共中央起草的指示中就指出:"蒋介石军队在被我歼灭了三十五个旅之后,在其进攻能力快要枯竭之时,即使用突袭方法,占领延安,亦无损于人民解放战争胜利的大局,挽救不了蒋介石灭亡的前途。"时局的发展,正如毛泽东所预见的。中共中央和人民军队撤离延安后,在艰苦的陕北转战中,经过青化砭、羊马河、蟠龙等战役,沉重地打击了进犯的国民党军队。1947年8月取得沙家店战役胜利后,人民军队在西北战场转入了战略反攻阶段。

1996年出版的《毛泽东诗词集》中,编入的毛泽东转战陕北期间的两首五律《张冠道中》和《喜闻捷报》,形成十分有趣的鲜明对比:前一首凝滞、沉重,后一首明快、喜悦。从战争形势来说,前一首写的是人民军队在西北战场的战略防御阶段,后一首写的是人民军队在西北战场的战略反攻阶段;从时令来说,前一首写的是天寒地冻的日子,后一首写的是秋高气爽的中秋佳节;从记事来说,前一首写的是苦寒中的艰难行军,后一首写的是听到收复蟠龙的捷报时的喜悦心情。这两首诗,既有这样一些不同之处,又是互相联系的,没有战略防御阶段的艰苦转战、扭转战局,也就不会有战略进攻阶段的捷报频传!

五 律

喜闻捷报

一九四七年

中秋步运河上，闻西北野战军收复蟠龙作。

秋风度河上，大野入苍穹。
佳令随人至，明月傍云生。
故里鸿音绝，妻儿信未通。
满宇频翘望，凯歌奏边城。

这首诗写于 1947 年，根据抄件刊印。

注 释

［蟠龙］ 一个古镇，距延安城东北七十多里。

［度］ 通"渡"，过的意思。

［大野入苍穹］ 大野，一望无际的原野。入，融进。苍穹，即苍天。

［佳令］ 美好的节令，这里指中秋节。

［鸿音绝］ 音信已断绝。鸿即大雁，《汉书·苏武传》载有大雁传书之事。

［凯歌奏边城］ 1947 年 8 月，西北野战军在陕北取得沙家店战役胜利；9 月中旬，又收复青化砭、蟠龙等城镇。

胜利跳荡在伟人心怀

——读五律《喜闻捷报》

廉　如

1947 年秋,中国人民解放战争由战略防御转入战略反攻阶段。在防御阶段里,毛泽东指挥西北野战军先后取得了青化砭、羊马河、蟠龙的"三战三捷",消灭胡宗南部队一万四千人,策应了全国各地战场,并为西北战场的胜利奠定了基础。战事发展到 8 月中旬,又取得沙家店战役的重大胜利,一举消灭胡主力六千多人。毛泽东说:陕北战争已"过坳"了。即以此为标志,整个西北战局开始转入战略反攻。9 月,毛泽东精心部署和指挥了延川、延长、清涧战役。24 日,战役打响,势如破竹,捷报频传,延安以北广大地区,包括青化砭、蟠龙等地在内,先后收复。其中以蟠龙的战略意义最大。蟠龙是一个古镇,地处陕北腹地中心,群山环抱,易守难攻,历来是兵家必争之地。胡宗南把它当作自己的指挥枢纽、前方补给基地,储存有大量军用物资,并派嫡系主力重兵严守,可见其地位的重要。蟠龙位于延川县城之西,距延安约七十公里。蟠龙收复,意味着延安光复也指日可待了。

9 月 29 日,这天又恰逢中秋,蟠龙收复的喜讯传来,使已转战至佳县神泉堡的毛泽东极为高兴,信步来到村边河上,情不自禁地写下了这首五言律诗。这首诗与前面《张冠道中》形成了十分鲜明的对照:前者是浓墨重彩的油画、雄浑沉郁的交响乐;后者则是清新明快的水墨画、温婉抒情的信天游。

诗题加小序可凝缩为这样八个字:中秋河上喜闻捷报。诗人在五言八句四十个字中,极尽艺术表现之绝妙,起承转合,层层递进,环环紧扣,起伏跌宕,新意迭出,喜不胜收。全诗以"秋风"起句,前两句写晨昏的微风轻轻吹动着河水,一马平川的陕北高原很快融进了暮色苍茫之中。三、四句写中秋如约而至,一轮明月悄悄傍云而升。"月是故乡明",更引出五、六句:离乡别土,妻儿亲友音信断绝,只字全无,怎不使诗人难以忘怀、十分眷恋。更何况自己正置身于像杜甫所写的"烽火连三月,家书抵万金"的境遇之中呢。诗最后两句:"满宇频翘望,凯歌奏边城。"诗人深知在自己举头望月思乡之时,包括家乡妻儿亲友在内也正在一次次抬头仰望,充满了热切的期望。恰逢此时此刻,祖国西北边城隆隆的炮声,奏响了欢庆胜利的凯歌。战争将很快过去,胜利将降临人间,合家团圆、共度和平美好的生活终有时日。

上述的阐释也许可以传达诗人构思的底蕴,但对其充溢和荡漾在全诗字里行间的万分激动和欢欣鼓舞的总体把握却犹嫌不足,因此必须进一步开掘。在"中秋河上喜闻捷报"八个字中,"喜"字在全诗明暗、浅潜的发展之中,起着枢纽、核心和关键作用。秋天本是结实收获的欢乐季节,微风挟秋带晚而来,一个"度"字透露出难以言状的喜悦。紧接着一个"入"字,又把这种欢愉尽收于天地之间。诗发展至此,点出"中秋"实属必然,诗人偏用了"佳令"二字作代,喜在不言中。"随"字特富于人情味,似乎欢乐陪伴着"秋风"、"佳令"同到。第四句把明月刻画得惟妙惟肖,绘声绘影。处于中间的"傍"字,传神地再现了云月亲偎相依、难舍难分的无限美好。古人咏赞的"红云托月""彩云追月"等千古名句,更给人们留下了无限遐想的广阔空间。望月怀乡,赏月思人,古今常情。诗人写到故里妻儿"鸿音绝""信未通",平添了一缕怀土乡愁和离情别绪,似乎一时没有了欢乐。但此处采用的是以愁写乐的反衬手法,达到了以愁写乐倍增其乐、相反相成的艺术效果。此时此刻,传来蟠龙大捷的胜利喜报,谁人能不欢呼跳跃呢? 诗写到此才揭出谜底:诗人高兴的是秋风、秋色、秋月,但蟠龙收复才是他内心压抑不住的最大欢乐。因此,他将这一欢乐一气贯通和深潜于全诗一切景情之中,达到了景为情用、借景寄情、炼字传情、通感互动,推己及人、由人及己,把诗境和想象从边城扩展于满宇神州,充分展示出诗人高尚真挚的忧乐情愫和纯洁赤诚的广阔胸怀。

鐘山風雨起蒼黃，百萬雄師過大江。虎踞龍盤今勝昔，天翻地覆慨而慷。宜將剩勇追窮寇，不可沽名學霸王。天若有情天亦老，人間正道是滄桑。

七　律

人民解放军占领南京

一九四九年四月

钟山风雨起苍黄,百万雄师过大江。
虎踞龙盘今胜昔,天翻地覆慨而慷。
宜将剩勇追穷寇,不可沽名学霸王。
天若有情天亦老,人间正道是沧桑。

这首诗写于 1949 年 4 月,最早发表于人
民文学出版社 1963 年 12 月版《毛主席诗词》。

注　释

[人民解放军占领南京]　1949 年 4 月 21 日,毛泽东主席和朱德总司令
发出《向全国进军的命令》,号令全军坚决、彻底、干净、全部地歼灭中国境内
一切敢于抵抗的国民党反动派,解放全国。中国人民解放军百万大军在东
起江苏江阴、西至江西湖口的一千余里的战线上强渡长江,并于 4 月 23 日占
领国民党反动政府的首都南京。

[钟山风雨起苍黄]　钟山即紫金山,在南京市的东面。苍黄,同仓皇。
本句是说南京突然遭到了革命暴风雨的袭击。苍黄兼有变色的意思。这是
修辞上的所谓"双关"。

[虎踞(jù)龙盘]　形容地势优异。三国时诸葛亮看到吴国都城建业

(今南京市南)的地势曾说："钟山龙盘，石头虎踞，此帝王之宅。"(见《太平御览》引《吴录》)石头即石头城，在今南京市西石头山后。

[慨(kǎi)而慷] 感慨而激昂。曹操《短歌行》："慨当以慷。"

[宜将剩勇追穷寇] 剩勇，余勇。穷寇，走投无路的敌人。《后汉书·皇甫嵩传》："兵法(指《司马兵法》)，穷寇勿追。"这里改变了这种说法，号召将革命进行到底，把敌人坚决、彻底、干净、全部地歼灭掉，不要留下后患。

[不可沽名学霸王] 沽名，故意做作或用某种手段猎取名誉。秦朝末年，项羽(曾自封西楚霸王)和刘邦(后来的汉高祖)同时起兵反秦。刘邦先据秦都咸阳拒项羽；项羽歼灭了秦兵主力，拥四十万大军入咸阳。他当时为了避免"不义"之名，没有利用优势兵力消灭刘邦，后来反为刘邦所消灭。这里是说应从项羽的失败中得到教训，不可为了"和平"的虚名，给敌人以卷土重来的机会。

[天若有情天亦老，人间正道是沧桑] 上句借用唐李贺《金铜仙人辞汉歌》中诗句。原诗说的是汉武帝时制作的极贵重的宝物金铜仙人像，在三国时被魏明帝由长安迁往洛阳的传说。原句的意思是：对于这样的人间恨事，天若有情，也要因悲伤而衰老。这里是说：天若有情，见到国民党反动统治的黑暗残酷，也要因痛苦而变衰老；身受反动派压迫的人民，自然要彻底推翻反动统治，完成翻天覆地的革命事业。人间正道，社会发展的正常规律。沧桑，沧海(大海)变为桑田，这里比喻革命性的发展变化。古代神话：女仙麻姑对另一仙人王方平说，他们相见以来，东海已经三次变为桑田(见葛洪《神仙传》)。

创造新世界的颂歌

——读七律《人民解放军占领南京》

刘白羽

"钟山风雨起苍黄……"这首七律，是毛主席一组战争题材诗词中的最后一篇,也是寓意十分深远、气象十分宏伟、格调十分崇高的珍贵的诗篇。

1949 年 4 月,是最后决定中国人民命运的时刻。

我在一篇文章里曾有过一段记述:"1949 年 4 月 19 日这一天平静地过去了。到深夜,我还没弄清楚南京战犯们对和谈的态度。可是我知道,在人类史上一个决定问题的时刻正在来临。20 日早晨,从收音机里听到广播员以宁静的声音宣布:南京战犯拒绝签字。整个北平立刻沸腾了,人们满街满巷,奔走相告:敌人不投降就消灭他们!因为这一划破北平长空的声音,对人民来讲不只是一条新闻,而是伟大行动的召唤。而我们等待这一召唤已经等得够久了,庄严的历史一幕已在我们面前展开。正在这时刻,我束装南下,赶赴前线。出发前接到通知:要我夜晚 8 点到北京饭店参加一个集会。在会上,周恩来同志以刚果有力的声音报告了国民党拒绝和谈的经过,同时宣布大军即将渡江。这震动人心的语句一出,立即赢得参加会议的各党派、各界人士的热烈鼓掌欢迎。这一种高涨的热情与前线英雄战斗步伐紧密相联。就在这一重要讲话之后两小时,中国人民解放军就完成了横渡长江、突入江南的伟大战略任务。"

4 月 21 日,毛主席、朱总司令颁布了进军命令,命令全军奋勇前进,坚决、彻底、干净、全部地歼灭一切敌人。

为了研究《人民解放军占领南京》这首诗的背景,我们需要读一读这则资料:"新华社 4 月 25 日电:捷报传来,横渡长江、所向无敌的人民解放军,23 日已经解放了国民党二十二年来的反革命中心南京,并在三天的作战中,解放了长江沿岸东起无锡西至安庆的许多名城重镇。人民解放军正在长驱南下,扫荡残敌。同时,在太原前线,人民解放军也以三天的作战解放了山西省会太原。对于英勇作战的各路人民解放军战士,我们在此谨致最大的敬意。对于从地狱生活中获得解放的江南同胞,我们谨致慰问。国民党在今年 1 月以来曾经玩弄和平阴谋,妄想借此赢得时间,巩固防线。但是经过三个月二十天的时间,国民党反动派一方面向人民暴露了它自己的怙恶不悛;另一方面,它的有组织的力量,无论在军事和政治上，都已经迅速瓦解，无法抵挡人民解放军的一击。人民解放军在这个期间，不但在政治上赢得了全国人民和国民党系统内一切愿意立功自效的人们的同情，而且在军事上也充分地完成了渡江南进和其他新攻势的一切准备。所以，国民党一旦拒绝签订和平协定，就立即以疾风扫落叶之势，奋勇前进，要占领哪里便占领哪里。南京的解放，正式地表示了国民党统治的灭亡。国民党的残兵败将纵然还在广州、台湾、桂林等地苟延残喘于一时，已经再也维持不了一个什么局面了。现在匪首蒋介石以及依附匪首蒋介石的反革命死党，他们的末日真正到来了，中国人民民主革命即将取得完全的胜利，除了疯子以外谁也不会有丝毫怀疑了。"

我是在南下征途中迎接解放南京这一喜讯到来的。

那是 24 日夜，车停济南。夜阑人静，步入市区，突然像电影里一个神奇绝妙的镜头突然出现，一阵锣鼓喧天，三辆卡车迎面而来。在闪亮的光辉中，一大把号外落在我的身上，一看：

"22 日 12 时第三野战军由挹江门进入南京。"

我听到了历史庄严、宏伟前进的钟声。

这是人类发展史中一记划时代的洪亮的钟声，它向全世界宣告：在亚细亚东方这一片古老而神奇的国土上，由劳动人民双手砸烂一个旧中国、创造一个新中国的世纪已经到来了，千百年黑暗统治的基础从此土崩瓦解。南京，南京，你记载着多少忧愁，留下了多少悲恸？太平天国在这儿覆灭过，辛亥革命在这儿夭折过，束缚着中国大地的帝国主义殖民锁链在这里也曾坚不可摧、牢不可破。而今天，这条锁链决然地被撞断、被撞碎了。让大江流荡吧！让光明照耀吧！帝国主义及其走狗统治人民、屠戮人民的时代已经一去不复返了，妄图阻止大军渡江的英国紫石英号军舰的炮声，也只能是为他们末日的到来而敲响的丧钟。我沉思着，默想着，深深体会到中国人民这一最伟大而惊人时刻的幸福与快感。

今天，当我重读这首七律、回顾英雄的往昔时，一个动人的历史画面出现在我的眼前：毛主席坐在香山走廊一只木椅上微微沉思，凝眸细读登载南京解放消息的报纸。

我想，正是在这一刹那间，毛主席正在"浮想联翩"并且"遥望

南天,欣然命笔",写下了这一篇最后大决战的颂歌,也是创造新
世界的颂歌。

毛主席这首七律,不但气势磅礴,足凌千古,而且艺术精湛,感
人弥深。

毛主席是诗人,更重要的是一个哲学家、一个政治家、一个统
帅。研究毛主席的诗,必须把这数重关系熔为一炉,才能领略他的
诗为什么有那么一种非一般诗人所能有的风采、气度、神魄而形成
他独特的艺术风格。这首七律的起句"钟山风雨起苍黄",就像一
阵飓风迎面扑来,给了金陵古城以新的命意。在中国古代词家中
有多少人吟咏石头城,都成为千古绝唱。如辛弃疾的"千古江山,
英雄无觅,孙仲谋处。舞榭歌台,风流总被、雨打风吹去",如萨都
剌的"石头城上,望天低吴楚,眼空无物。指点元朝形胜地,惟有
青山如壁"。虽都寓意沧桑,却难免无端惆怅,但读之似也以古喻
今,至今仍为诗谶。蒋介石背叛革命,血流成河,占据南京,逞霸一
时。但是,我解放大军聚歼八百万美械装备的军队,陡然扭转中国
局势,雄师直捣南京,风雨仓皇而起。这首七律的诗句,正是新时
代的开篇。三、四两句:"虎踞龙盘今胜昔,天翻地覆慨而慷。"毛
主席非常巧妙地将新的事物含寓于旧的诗体之中,这是他赋予旧
诗词以新生命的了不起的成就,是文学上一大创造。他写的都是
革命、战争,却丝毫没有口号概念的痕迹,总是以极完美的艺术形
式,传达了崭新的时代精神。这两句如用新的语言表达就是:尽管
建业当年,龙盘虎踞,气象万千,但今天人民在这儿砸烂旧世界的
统治,从此扭转中国革命车轮。这是《共产党宣言》洪亮钟声之后
的两大实践,两大突破:一个是打开古老帝国缺口的俄国十月革
命,一个是砍断殖民枷锁的中国革命的曙光。它们形成了20世纪
共产主义两大创举,两大进军。古代的虎踞龙盘,何堪拟比? 但是
作为一个伟大政治家、军事家的巨大胸怀、战略眼光,他为渡江之
胜而喜,但绝不停留于南京覆巢之快,进而高瞻远瞩地吟出:"宜
将剩勇追穷寇,不可沽名学霸王。"我以为这是全诗中最深邃的哲
理,正是由于概括之深,才形成普遍真理。如果全诗至此为止,诗
意就还不够浓,意境就还不够高。毛主席艺术上点铁成金的神来

之笔,我以为在全诗最后两句:"天若有情天亦老,人间正道是沧桑。"何等深情!何等感慨!把这一场大决战的意义提到高山大海一样的高度深度,从而余音袅袅,不绝如缕。天要是有情,看着这几十年艰苦拼搏、英勇牺牲、白骨堆山、血流成河,也不能不为之老泪滂沱吧?可是江流陡转,一峰突起。天公尽管如此情怀莫测,而人间正在进行着历史车轮无可阻拦的巨大沧桑之变。我们取得了反对蒋介石独裁统治的决定性胜利,但新的革命历程又在我们脚下展开,它伸向辽远辽远没有止境的远方。我爱全诗,更深爱最后两句。正是这道出诗人情愫两句诗,一下把读者引入神奇、浩大、无垠的美的意境。诗是思想与艺术最密切的水乳交融的艺术,毛主席这首诗可谓一峰独秀、永占春风。

四十年光阴过去了,我再读这首诗,回想当年风华,恍然若在眼前,那是多么伟大的天翻地覆的巨变呀!而在文学艺术上留得这一巨变的,莫过于毛主席的这首诗。这首诗所以达到思想性与艺术性完美的地步,正说明一个美学原理:参与创造现实的人,才能完美地反映现实。因为毛主席是亲手创造新世界的最伟大的英雄,所以才能吟出创造新世界的最完美的颂歌。

1990 年 2 月 20 日灯下

七　律

和柳亚子先生

一九四九年四月二十九日

饮茶粤海未能忘,索句渝州叶正黄。
三十一年还旧国,落花时节读华章。
牢骚太盛防肠断,风物长宜放眼量。
莫道昆明池水浅,观鱼胜过富春江。

这首诗写于 1949 年 4 月 29 日,最早发表于 1957 年 1 月号《诗刊》。

注　释

[和(hè)柳亚子先生]　和,酬和。柳亚子于 1949 年 3 月 28 日作《感事呈毛主席》一诗(见本篇附录),本诗即诗人毛泽东的答诗。柳亚子(1887—1958),江苏吴江人。早年参加旧民主革命,是清末文学团体"南社"的发起人和主要诗人之一。旧民主革命失败后,他继续参加新民主主义革命,与宋庆龄、何香凝等同是著名的国民党左派。1948 年 1 月国民党革命委员会成立后,被选为中央常务委员兼秘书长。1949 年中华人民共和国成立后,先后当选为中央人民政府委员和全国人民代表大会代表、常务委员会委员。

[饮茶粤海未能忘]　粤海指广州。1926 年 5 月,柳亚子(国民党中央监察委员)赴广州出席国民党二届二中全会,同作者初次晤面。蒋介石向全会

147

提出了所谓"整理党务案"，旨在排斥共产党，夺取国民党党权。在这次会议上，毛泽东同志反对陈独秀的右倾投降主义，坚持反蒋的革命立场，何香凝、柳亚子等也支持了这一立场。"饮茶"句即指当时作者同柳亚子的交往。按：柳亚子在 1941 年《寄毛主席延安》诗中，曾有"粤海难忘共品茶"之句。

〔索句渝州叶正黄〕 一般所谓"索句""索诗"，都是要求对方写出在内容上与求索者有直接关涉的诗，即专为求索者而作的诗词。1945 年毛手书《沁园春·雪》给柳，并非"赠和"之作。换言之，对柳"索句"的文债，一直未还，故此诗特提"索句"云云。渝州，即四川的重庆。毛泽东同志于 1945 年 8 月至 10 月曾到重庆，和国民党进行了四十三天的和平谈判。当时柳亚子曾索取诗稿，作者即手书《沁园春·雪》相赠。

〔三十一年还旧国〕 旧国，过去的都国。作者 1918 至 1919 年曾先后两次到过北京，到 1949 年北京解放后再来，前后相距 31 年。

〔华章〕 美丽的诗篇，指柳亚子的诗。

〔放眼量〕 放大眼界去衡量，不必斤斤计较个人得失，以致"牢骚太盛"。

〔昆明池〕 北京西郊颐和园内的昆明湖。当时柳亚子住在颐和园内。

〔观鱼胜过富春江〕 观鱼，用《庄子·秋水》中庄子和惠施在安徽濠水桥上看水中游鱼的故事。富春江在浙江省桐庐和富阳两县境内，东汉时隐士严光（字子陵）曾在那里游钓。至今桐庐还有钓台遗址，但已离水面很高。这句诗的意思说：在颐和园的昆明湖欣赏游鱼的快乐，比在富春江的钓台更好。这是对柳亚子原诗"分湖便是子陵滩"而言。

附：柳亚子原诗

七　律

感事呈毛主席

开天辟地君真健，说项依刘我大难。

夺席谈经非五鹿，无车弹铗怨冯骥。
头颅早悔平生贱，肝胆宁忘一寸丹！
安得南征驰捷报，分湖便是子陵滩。

原　注

　　分湖为吴越间巨浸，元季杨铁崖曾游其地，因以得名。余家世居分湖之北，名大胜村。第宅为倭寇所毁。先德旧畴，思之凄绝！

附诗注释

　　[说项依刘]　"说项依刘"，有两种理解。一说"说项"指唐人杨敬之"到处逢人说项斯"诗句，"依刘"指汉末王粲想依附刘表未被重用事——"说项"，指奉承人；"依刘"，指巴结人。另一说"劝说项羽接受刘邦的领导"云云。此取前说，用杨敬之到处讲项斯好话和王粲去荆州依附刘表的故事。唐杨敬之《赠项斯》诗："平生不解藏人善，到处逢人说项斯。"《三国志·王粲传》载："乃之荆州依刘表。表以粲貌寝而体弱通侻，不甚重也。"整个诗句表现的，是柳亚子对自己处境的不满。

　　[夺席谈经非五鹿]　后汉戴凭驳倒许多讲经的学者，夺取了他们的讲席（见《后汉书·儒林·戴凭传》）。又，前汉朱云也曾驳倒五鹿充宗所讲《易经》（见《汉书·朱云传》）。这里借指自己有夺席谈经的学问，绝不是五鹿充宗那样依附权势的人。

　　[无车弹铗怨冯骥]　战国时齐人冯骥投靠孟尝君田文。田文门下食客分三等：上等坐车，中等吃鱼，下等吃粗饭。冯骥列下等，他弹剑唱："长铗归来乎，食无鱼。"田文把他列为中等。他又弹剑唱："长铗归来乎，出无车。"（见《史记·孟尝君列传》）铗（(jiá)），剑，或说剑把。冯骥(huān)，《战国策·齐四》作冯谖(xuān)。

真的情谊　善的规劝　美的议论

——七律《和柳亚子先生》赏析

张惠仁

刘熙载曾经针对律诗具有平仄、对仗的严格要求这一特点指出："声谐语俪，往往易工而难化。"（《艺概》）也即易流于板滞或散漫。毛泽东同志在给陈毅同志谈诗的一封信中说过："我偶尔写过几首七律，没有一首是我自己满意的。"（《致陈毅》）刘语是诗论家"观千剑而后识器"的高标准，毛语既是自谦，亦是自励。在毛泽东同志已发表的诗词中，词略胜于诗。而这首《和柳亚子先生》的七律，则堪称"不工而化"的佳作，是他的诗词中足以传世的佼佼者。其中所蕴含的真挚深厚的情谊、深刻的人生哲理和入世的处世哲学，以及符合诗歌美学的"以议论入诗""诗中用典"等艺术技巧，是使本诗达到真、善、美高度结合的三个要素。

友情的真挚大多与交往的久远成正比。

诗的前半首，主要叙述作者与柳亚子先生二十多年间的三次交谊。柳亚子是清末宣传民族革命的文学社团"南社"的创始人之一，早年参加旧民主主义革命，是同盟会的老会员，曾任孙中山先生的秘书长，积极从事反清、反袁的活动。"十月革命"后，接触到一些马列主义的著作。他曾写过"独拜弥天马克思""旷观马列三千界"的诗句，对马克思和列宁十分钦仰。在第一次国共合作时，拥护孙中山先生联俄、联共、扶助农工的三大政策，属于国民党左派。大革命失败后，他继续同情和赞助中国共产党所领导的新民主主义革命，对毛泽东同志十分崇敬，写了不少歌颂毛泽东同志的诗篇。解放战争时期，避居香港进行反蒋活动。1949 年由香港到北平，应邀参加中国人民政治协商会议。

首句"饮茶粤海未能忘",写毛、柳二人的第一次交往。柳曾有自述:"余识润之在1926年5月广州中国国民党第二届二中全会上,时润之方任国民党中央宣传部长也。"(注:当为代理宣传部长——笔者)柳亚子当时是国民党中央监察委员。那时国共合作,毛泽东正在广州主办农民运动讲习所,主编《政治周报》。在国民党的二届二中全会上,毛、柳初晤,曾有机会相对品茶,畅谈国事。在坚持统一战线、反对国民党右派反共叫嚣、谴责假左派蒋介石策划"中山舰事件"等反共阴谋方面,柳亚子和共产党人有不少共同语言。在这之后,柳曾多次在诗中忆及毛泽东。如1929年写的诗句:"人间毁誉原休问,并世支那两列宁。"柳自注"两列宁":"孙中山、毛润之。"1932年写的诗句有:"十万大军凭掌握,登坛旗鼓看毛郎。"可见柳对毛的怀念和景仰。1941年和1949年,在给毛泽东的诗中又分别有"粤海难忘共品茶""珠江粤海惊初见"的句子。可见他们在广州的第一次会晤,在柳的心中留下了极深刻的印象。毛泽东的首句和诗"饮茶粤海未能忘",从诗歌语言的角度来说是对柳诗原句的化用,但这也是感情上对"粤海初晤"和对方一样都留下了美好的回忆的自然流露。

次句"索句渝州叶正黄",是对1945年秋天在重庆有了第二次较多交往的概述。当时,毛泽东由延安赴重庆与国民党进行和平谈判。柳这时也在重庆,他写了一首题为《一九四五年八月三十日渝州曾家岩呈毛主席》的七律,其中有句云:"阔别羊城十九秋,重逢握手喜渝州。弥天大勇诚能格,遍地劳民战尚休。"念念不忘"粤海(羊城)初晤",更津津乐道"渝州重逢";他崇拜毛泽东超人的胆略,希望共产党人的诚意能感动国民党政府("诚能格"),使之放弃内战阴谋("战尚休")。于是,毛泽东约柳等到重庆红岩八路军办事处谈话。柳受到启发,十分感动,又写了《毛主席招谈于红岩嘴办事处,归后有作,兼简恩来、若飞》,其中有句云:"得坐光风霁月中,矜平躁释百忧空。与君一席肺肝语,胜我十年萤雪功。"表达了对毛泽东的景仰和所受到的深刻教育。在此期间,柳亚子曾向毛泽东索诗,毛手书《沁园春·雪》赠柳。"索句渝州叶正黄"既是对前此柳诗"重逢握手喜渝州""巴县渝州别一时"等多次使用"渝州"这一词汇的有意"重复"，也是这一"语言符号"所储存的全部信息——不仅有毛柳的个人交往，也有当时国共谈判等政治斗争内容在作者毛泽东心中的映现。为什么仅提"索句"呢？这除了"以点代面"外，更主要的是因为毛泽东一直为这一未还的"文债"深感负疚。多少年来，毛一直单方面地"收受"了柳的许多诗词华章，但由于戎马倥偬、日理万机，未暇赋诗赠和，今日得还部分文债，自当提及。提及"索句"一事，正表现了毛泽东与诗友之间的平易作风。

三、四两句"三十一年还旧国，落花时节读华章"，写的是作者与柳亚子目前的第三次会晤。1949 年初，党中央筹备召开全国政治协商会议。2 月，毛泽东主席电邀在香港的柳亚子到北平参加会议。柳于 2 月 28 日启程，乘船经烟台、济南，3 月 18 日到达北平。25 日，毛泽东同志乘火车到达北平，柳同各界人士前往西苑机场欢迎。当晚，毛在颐和园益寿堂举行宴会，柳应邀出席并赋诗三首。其中第二首："二十三年三握手，陵夷谷换到今兹。珠江粤海惊初见，巴县渝州别一时。延水鏖兵吾有泪，燕都定鼎汝休辞。推翻历史三千载，自铸雄奇瑰丽词。"诗中充满欢欣鼓舞、乐观向上的情绪（在别首诗中尚有"中国于今有列斯，万家欢忭我吟诗""民众翻身从兹始，工农出路更无疑"等句）。可是，过了三天，即 3 月 28 日夜，柳亚子先生却突然写了一首心情郁闷、满腹牢骚的诗：

> 开天辟地君真健，说项依刘我大难。
> 夺席谈经非五鹿，无车弹铗怨冯驩。
> 头颅早悔平生贱，肝胆宁忘一寸丹！
> 安得南征驰捷报，分湖便是子陵滩。

这诗的题目叫《感事呈毛主席》。柳先生所感何"事"，诗中没有明说。但从所用典故含义来看，内容却是明确的。

毛泽东面对着诗友、挚友——党外民主人士所暴露的思想问题，本着他所一贯倡导的"团结——批评——团结"的公式，用和诗的形式对他进行善意的规劝。但是，为了达到规劝——批评的目的,像对柳亚子先生这样的对象,却又必须讲究方式方法。换言之,"善的规劝"必须"善于规劝"。基于这个目的,诗的前半首基本是采用叙旧的方式,口吻亲切,追怀往事,以期唤起对方美好的回忆——包括两人的个人友情以及双方各自为中国革命所付出的心力,从而唤起对方老当益壮的情怀,打消归隐的念头。首联"粤海""渝州"的有意"袭用",正暗示了党和毛泽东本人没有忘记柳先生过去同情共产党人、赞助革命、为反蒋统一战线效力的革命经历。"还旧国",意味着北平获得解放、新生;"三十一年"不仅仅是叙述毛本人前后两度到北平的时间距离,也暗示了革命斗争的艰难,胜利得来之不易。正是包括了柳先生在内的全体中国人民的浴血奋斗,才能够在"落花时节"的"旧国"(北平)里读到您的"华章"啊!诗篇到此,方始点题。下面转入规劝的具体内容。

"牢骚太盛防肠断,风物长宜放眼量"此两句,乃本诗之主旨。毛泽东同志在此之前不久召开的七届二中全会上所作报告中指出:"我党同党外民主人士长期合作的政策,必须在全党思想上和工作上确定下来。我们必须把党外大多数民主人士看成和自己的干部一样……从团结他们出发,对他们的错误或缺点进行认真的和适当的批评或斗争,达到团结他们的目的。对他们的错误或缺点采取迁就态度,是不对的。对他们采取关门态度或敷衍态度,也是不对的。"(《毛泽东选集》第二版,第四卷,第1437页)正是本着这种精神,他对柳的错误思想进行了严肃的批评和真诚的启迪。用"牢骚太盛"四字涵盖柳所流露的不满情绪,寓严责于"太"字。用"防肠断"三字体现对柳的关怀、爱护,寄婉劝于"防"字。言简意赅,语浅情深。如果说"牢骚"一句,是从反面给予严责;"风物"一句,则是从正面给予启悟:对于一切事物,永远应该从远处、大处着眼,不要"近视"。具体到柳先生身上,那就是启发他要以革命事业的大局为重,不要计较个人得失。只有这样,才能不发牢骚,少发牢骚;才既有利于个人的身心健康,也有利于处世治国。这既是思想方法问题,也是世界观问题。

由于柳亚子自认为才学堪比古代"夺席谈经"之人,发出"冯骥之怨",最后干脆不想参政,要学东汉严子陵的榜样,回故乡分湖隐居。针对着"归隐"一事，毛泽东沿用柳诗的典故，写出了"莫道昆明池水浅，观鱼胜过富春江"的末联。

关于在诗中使用典故，古人向有争议。其实，还是明人王世懋说得对。他在《艺圃撷余》中说："病不在故实，顾所以用之如何耳！"关键在于会用，如果运用得当，可以开拓意境，增其美感，避免直说，增其含蓄。"莫道昆明池水浅，观鱼胜过富春江"，是承借柳诗"安得南征驰捷报，分湖便是子陵滩"而来的。柳诗以"分湖"、"子陵滩"（垂钓）这些"艺术符号"，象征回乡隐居并以示不满。毛诗对柳句加以点化、生发、改造，以"昆明池""观鱼"这些"艺术符号"，象征留京议政、参政并以示挽留，而这挽留本身就包含着对归隐的消极情绪和错误思想的批评。"莫道"之后著一"浅"字，委婉而风趣地辨明党和人民对柳亚子的感情并不浅。"观鱼"一语，源出庄子与惠子在濠梁观鱼的故事，本意是别有会心，自得其乐。毛泽东不用"钓鱼"而改为"观鱼"，是因为那样会把诗句变成作者劝柳亚子改换隐居的地点，而且暗示柳亚子：留京参政议政，您会别有会心，自得其乐的。在"观鱼"之后著"胜过"一词，流溢着规劝对方留京的一片真诚。

如果说"牢骚""风物"两句，是从抽象的哲学高度晓之以理；那么，"莫道""观鱼"两句则是对具体的"回乡归隐"断之于事。无论是从抽象的哲理给以启发，还是对具体的去留加以表态，作为"二十三年三握手"的友人和作为新中国的"开天辟地"者，毛泽东都是出自真挚的友情而给予善意的规劝。而规劝则是说道理，发议论。那么，作为诗人的毛泽东是怎样在诗中进行"说理"和"议论"的呢？关于在诗中发议论的问题，古往今来，也有过不少争论。其实问题在于发的是什么议论、怎样发议论。因为中外诗史证明，不少脍炙人口的名篇佳作，有的就是整篇都是议论，如裴多菲的《自由和爱情》；有的是如果抽掉了该诗议论的句子，那么诗的灵魂也就泯灭了，如文天祥的《过零丁洋》。毛泽东的这首《和柳亚子先生》，可以毫不夸大地说，如果没有"牢骚"一联，那么也就没有了此诗。不少诗论家曾经对诗中的议论怎样才是美的，提出自己的看法。清人沈德潜提出："议论须带情韵以行。"明人陆

154

时雍说:"议论则费词也,然总贵不烦而至。"这就是说,必须是充满激情的,是用精粹的语言表达出某种新颖、独特的哲理,富有一定的普遍意义,耐人咀嚼寻味者。"牢骚"一联,正具备此特点。上述陆时雍在《诗镜总论》中,还转引别人评论欧阳修的诗句"玉颜自古为身累,肉食何尝预国谋",说是"第一等议论""第一等诗"。我们说,以此评价毛泽东的这两句脍炙人口的诗,也是当之无愧的吧!

本文开头提到这首《和柳亚子先生》的七律,堪称"不工而化"。的确,就律诗在对仗上要求工整来说,它是不算工整的。如颔联"三十一年"对"落花时节",就不是"工对",但可算"宽对",因为"年"对"节"。"还旧国"对"读华章",也不工。至于颈联"牢骚"对"风物"也不工,但由于各有"风""骚"一字,也可算是"宽对"中的"借义对"与"错综对"。总之,就诗律而言,确实"不工"。精研诗律的专家王力说过:"工对最好是'妙手偶得之',其次是在不妨碍意境的情况之下,尽可能求其工。""有时候,工整的对仗和高雅的诗意不能两全的时候,诗人宁愿牺牲对仗来保存诗意。"(《汉语诗律学》)在毛泽东不多的七律里,这首七律比之它作,确属"不工"之列。然而,事物往往是有弊有利,正因为他坚持形式服从内容,不以辞害意,不以律损义,才为人们留下了这首情意恳切、言辞委婉、激情流贯、哲理深远的"不工而化"的绝唱!

浣溪沙

和柳亚子先生

一九五〇年十月

1950 年国庆观剧,柳亚子先生即席赋浣溪沙,因步其韵奉和。

长夜难明赤县天。百年魔怪舞翩跹。人民五亿不团圆。　　一唱雄鸡天下白,万方乐奏有于阗。诗人兴会更无前。

这首词写于 1950 年 10 月,最早发表于 1957 年 1 月号《诗刊》。

注　释

〔步韵〕　照用他人诗词作品的韵字依次押韵。

〔赤县〕　指中国。《史记·孟子荀卿列传》介绍战国末驺((zōu)衍的说法:"中国名曰赤县神州。"

〔翩跹(piān xiān)〕　轻盈的舞姿。

〔一唱雄鸡天下白〕　唐李贺《致酒行》:"雄鸡一声天下白。"这里是化旧句表新意。

[于阗(tián)]　新疆维吾尔自治区西南部县名,1959 年改名于田。当地人民以能歌善舞著名。这里借指新疆文工团所表演的音乐歌舞节目。

附:柳亚子原词

浣溪沙

　　10 月 3 日之夕,于怀仁堂观西南各民族文工团、新疆文工团、吉林省延边文工团、内蒙文工团联合演出歌舞晚会。毛主席命填是阕,用纪大团结之盛况云尔!

　　火树银花不夜天。弟兄姊妹舞翩跹。歌声唱彻月儿圆。　　不是一人能领导,那容百族共骈阗?良宵盛会喜空前!

原　注
新疆哈萨克族民间歌舞有《圆月》一歌云。

附词注释
[骈阗]　聚会,会集。

雄鸡一唱遍寰宇

——读《浣溪沙·和柳亚子先生》

蔡清富

　　新中国成立以来，描写新、旧社会对比的诗词不计其数，但最简练、最深刻、最形象、气魄最宏大的篇章，恐怕莫过于毛泽东的《浣溪沙·和柳亚子先生》了。

　　1950 年 10 月 3 日晚上，来京参加国庆盛典的各族代表，在怀仁堂隆重举行了向中央人民政府首长献旗、献礼致敬的仪式。之后，由西南各民族文工团、新疆文工团、吉林省延边文工团、内蒙文工团联合演出歌舞。这些生动、优美的表演，歌唱了共产党、毛主席的英明领导，颂扬了各民族兄弟般的团结，抒发了大家对祖国美好的祝愿。毛主席观看时心情很激动，便对坐在前排的柳亚子说："这样的盛况，亚子先生为什么不填词以志盛？我来和。"柳亚子遂即席赋《浣溪沙》呈献毛主席，"用纪大团结之盛况"。毛主席"步其韵奉和"，写出了《浣溪沙·和柳亚子先生》。

　　"长夜难明赤县天。百年魔怪舞翩跹。人民五亿不团圆。"头三句形象地反映了从鸦片战争到解放前夕旧中国的黑暗岁月。自从 1840 年英国用炮舰轰开中国的大门以后，中国便沦入了半封建半殖民地社会，帝国主义侵略接连不断：1856 年英法联军、1884 年法国、1894 年日本、1900 年八国联军对中国的入侵；1904 年日本与俄国在我国领土内进行的战争；1931 年日本侵占中国东北，以及 1937 年以后日本对中国的全境进攻；抗日战争胜利后，美国又支持蒋介石发动内战。而国内的反动派，从清朝政府、北洋军阀直到蒋家王朝，对外屈膝投降、割地赔款，对内残酷剥削、压迫广大群众，致使全国人民陷入水深火热之中。国内外反动派还制造民族纠纷,使各民族人民不能和睦相处。人们不会忘记,英国曾在新疆制造"阿古柏汗国",在西藏策划"民族独立",日本曾在东北三省扶植伪满洲国等;国内反动统治者推行大汉族主义,民族纠纷层出不穷。富有革命传统的中国人民,对国内外反动统治者进行了英勇无畏的反抗斗争,如太平天国的农民起义,孙中山领导的辛亥革命等。但由于没有无产阶级及其先进政党领导,旧民主主义革命没有取得成功。1921 年中国共产党成立后,高举马列主义大旗,中国革命的面貌为之一新,经过二十八年艰苦卓绝的斗争,方取得了新民主主义革命的伟大胜利。这样复杂巨大的历史场面,毛泽东在填词时从大处落笔,以浩瀚的气势表现了出来。郭沫若指出:"上一阕只有二十一个字,却概括了一部中国近百年史。解放前一百年间的中国,长夜漫漫,百鬼夜行,群魔乱舞。在这时,有帝国主义鬼,有封建主义鬼,有官僚资本主义鬼。鬼魔们得意洋洋,人民希望天亮是多么迫切啊! 希望了一百年,也作了不断的流血斗争,却总不容易天亮。人民的苦难是罄竹难书的。""长夜难明赤县天",是旧中国黑暗现实的写照;"百年魔怪舞翩跹",进一步说明了近代中国落后的原因;"人民五亿不团圆",则是魔怪猖獗、横行无忌给中国人民带来的深重灾难。对于旧中国为什么黑暗、落后,历史唯物主义者与历史唯心主义者从来有着完全不同的答案。毛泽东同志一贯认为:由于帝国主义、封建主义、官僚资本主义三座大山的压迫、剥削,才使近代中国在世界上落伍了,"百年魔怪舞翩跹"便是这种思想的诗意表达。而胡适等人的历史唯心主义者则认为:旧中国的落后是由于"贫穷、疾病、愚昧、贪污、扰乱"五大"恶魔"造成的,他将此叫做"五鬼闹中华"。胡适避开压迫中国人民的三大敌人而云"恶魔""五鬼闹中华"之类,只能是替反动统治者开脱罪责。上阕以表现旧中国的黑暗、人民的灾难为主,但也包含着"斗争——失败——再斗争"的含义。"长夜难明赤县天"的"长夜""难明"等字眼,就意味深长地表达了人民为摆脱"长夜"、迎接天明所进行的长期、艰苦的斗争。毛泽东同志指出:"中国人民为了消灭帝国主义、封建主义和官僚资本主义在中国的统治,花了一百多年时间,死了大概几千万人之多,才取得 1949 年的胜利。"(《关于帝国主义和一切反动派是不是真老虎的问题》)中国革命的胜利来之不易啊!

　　"一唱雄鸡天下白,万方乐奏有于阗。诗人兴会更无前。"与上阕的暗淡色调不同,下阕所呈现的是一片光明欢乐的景象。像报晓的雄鸡一唱天亮了一样,中国革命在共产党的领导下终于取得了胜利,各族人民在新中国的大家庭里亲密团结,表演着各具特色的歌舞。这表明:人民所厌恶的国家分裂和混乱的局面,已经一去不复返了;祖国的更加美好的将来,正摆在我们的面前。面对此情此景,诗人柳亚子兴致益然,浮想联翩,写出了歌颂各族人民大团结的诗篇。这里的"雄鸡",象征着中国共产党的领导。"一唱雄鸡天下白",是说在中国共产党的领导下,迎来了阳光普照的新时代。"一唱雄鸡"为"雄鸡一唱"的倒装。此句由李贺的"雄鸡一声天下白"句化出,但意境却有天壤之别。李贺《致酒行》的末四句是:"我有迷魂招不得,雄鸡一声天下白;少年心事当拿云,谁念幽寒坐呜呃!"这诗句虽然雄奇、有气魄,但只是在个人名利里打圈子:象征个人一旦得志,便可以名满天下。毛主席化旧句表新意,真正做到了"推陈出新,古为今用"。此非普通诗人所能为也。郭沫若将此称之为"点石成金"的"飞跃性的点化","这里表现着时代的飞跃、思想的飞跃、艺术的飞跃"。"万方乐奏有于阗",是说过去不团圆的各族人民,现在得到了大团圆。词中特别指出"有于阗",是因为柳亚子先生的词里有"歌声唱彻月儿圆",这是指新疆文工团哈萨克族演唱的《圆月》歌舞。诗人借"于阗"来概括国内各民族,显示民族大团结。"骈阗"和"于阗"都是词中的"阗"字,毛泽东以"于阗"对柳亚子的"骈阗",不仅表现了他机智的诗才,也说明他对祖国地理、民族风情的熟悉。"诗人兴会更无前",这"诗人"主要是指柳亚子,当然也可以理解为包含作者自己。我认为,"兴会"二字不光是一般的"兴致""兴趣",而且特指触物兴怀、情来神会的创作"灵感"。清代诗人王士祯说过:"大抵古人诗画,只取兴会神到,若刻舟缘木求之,失其指矣。"(《池北偶谈》)我国现代著名美学家朱光潜也说:"诗文和一切艺术一样都宜于乘兴会时下手。兴会一来,思致自然滔滔不绝,没有兴会时写

160

一句极平常的话倒比写什么还难。"(《谈美》)柳亚子之所以能即席赋出《浣溪沙》,就在于他观看各民族演出时,触景生情,感物兴怀,出现了前所未有的文思泉涌的最佳创作状态。

柳亚子是我国近、现代史上的著名诗人,毛泽东与他多有唱和之作。他填的这首《浣溪沙》,诗意浓郁、佳句迭出。但无可讳言,将柳词与毛泽东的和作加以比较,便会感到柳比毛确是"略输文采""稍逊风骚"。从内容上看,柳词只是歌颂各民族的大团结,上、下阕的意思大致相同。而毛词则不然,上下两阕,一旧一新,一暗一明,写出了两个迥然不同的时代,历史的概括力远远高过柳亚子。作者由文艺舞台联想到历史舞台,又将历史的演变用诗的形象展现于画面:旧中国的舞台是群魔乱舞、人民遭殃;新中国的舞台则是"万方乐奏"、人民做了国家的主人。毛主席的诗词很爱用对比手法,该词的前三句与后三句,也句句形成了鲜明的对照。如"长夜难明赤县天"与"一唱雄鸡天下白","魔怪舞翩跹"与"万方乐奏"等,展现的便是截然不同的历史场面。写历史、写革命胜利、写新旧社会对比这类题材,很容易一般化或标语口号化。但在毛泽东的这首词中,你看不到那些用滥了的词汇,只觉他写得新鲜、活泼、情景交融。这是因为作者在表现深广的思想时,时刻没有忘记运用形象思维。本诗巧妙地运用了比喻与象征的手法,以增强形象性。比喻是本体与喻体相近的事物相比,如以"长夜"比喻旧社会,以"魔怪"比喻敌人横行霸道等;象征则是"'远取喻'而不是'近取喻'"(朱自清语),如以"雄鸡"象征中国共产党。从艺术的蕴藉看,后者比前者具有更大的"涵数"性。

浣溪沙

和柳[亚子]先生

一九五〇年十一月

颜斶齐王各命前。多年矛盾廓无边。而今一扫纪新元。　　最喜诗人高唱至，正和前线捷音联。妙香山上战旗妍。

这首词写于 1950 年 11 月，最早由人民文学出版社 1986 年 9 月版《毛泽东诗词选》根据作者手稿刊出。

注　释

[颜斶(chù)齐王各命前]　颜斶，战国时齐国人。《战国策·齐四》称，齐宣王召见颜斶，说："斶前！"斶也说："王前！"齐宣王不高兴。斶说："夫斶前为慕势，王前为趋士。与(与其)使斶为趋势，不如使王为趋士。"这是比喻蒋介石要柳亚子听他的反革命主张，柳亚子要蒋介石听他的革命主张。

[前线捷音]　指抗美援朝战争传来捷报。

[妙香山]　在朝鲜西北部。

附：柳亚子原词

浣溪沙

　　中央戏剧学院舞蹈团演出《和平鸽》舞剧,欧阳予倩编剧,戴爱莲女士导演兼饰主角。四夕至五夕,连续在怀仁堂奏技。再成短调,欣赏赞美之不尽矣!

　　白鸽连翩奋舞前。工农大众力无边。推翻原子更金圆。　　战贩集团仇美帝,和平堡垒拥苏联。天安门上万红妍!

附词注释

　　〔四夕至五夕〕　根据柳亚子的《北行日记》,这是指1950年10月4日晚和5日晚,诗人曾接连在怀仁堂观看了《和平鸽》舞剧。

　　〔战贩集团仇美帝〕　美国和其他帝国主义国家的反动派,在第二次世界大战后不久就竭力煽动(贩卖)新的世界战争,从而使他们的军火商得利,被称为战贩集团。1950年9月美国纠集十五国军队,打着联合国军的旗号侵入朝鲜北部,威胁我国东北,战争气焰极为嚣张。中国人民在抗美援朝斗争中发起了仇视、鄙视、蔑视美帝的宣传运动。本句的"战贩集团"和"美帝"同是"仇"的宾语(主语"我们"省略),跟下句的句式相同。

爱国主义与国际主义的交响乐

——读《浣溪沙·和柳[亚子]先生》

端木蕻良

　　毛泽东同志的《浣溪沙·和柳[亚子]先生》，步柳亚子先生词原韵。全词虽然一共四十二个字，却包括了中国古代到现代各种纷纭复杂的矛盾和斗争和最终在中国共产党领导下获得解决的历史事实。毛泽东同志运用中国古典诗词的形式，抒发了最新时代的感受，是一首古为今用的典范，亦可称之为是一首时代纪录的史诗。

　　词的首句"颜斶齐王各命前"，是引用了一个历史故实。

　　战国时，齐宣王召见处士颜斶。颜斶进来后，便站着不动了，齐宣王叫他走到自己跟前来。颜斶不但不向齐宣王靠近，反而要齐宣王走到自己跟前来。齐宣王很不高兴，问他为什么？颜斶就说："如果我向大王靠近，说明我是仰慕大王的权势地位；但是反过来，如果大王不顾自己的权势地位而走下来迎我，那么世人便会感到大王是尊重士人，愿意主动接近士人。大王这样谦恭的态度，自会赢得天下人的尊重和爱戴！"这就是颜斶和齐宣王两人互不相让、各命对方向前而有不同道理的含义所在。

　　可是，颜斶见齐王的故事，只是一个比喻。在这句词里，还有更深一层的含意：解放前，蒋介石一向要柳亚子先生听从他的反革命主张，而柳亚子先生则要蒋介石听从他的革命主张。南辕北辙，有如水火，互不趋就。毛泽东同志把柳亚子先生比作颜斶，是对柳亚子先生很了解的。

　　读这首词时，还要与毛泽东同志和柳亚子先生的一首七律联系起来看，才能更进一步加以理解，这就是 1949 年 4 月 29 日作的名篇。它开头两句是："饮茶粤海未能忘，索句渝州叶正黄。""饮茶粤海"，是指1926年5月在广州，毛泽东同志和柳亚子先生初次见面。那时，柳亚子先生是国民党中央监察委员，到广州参加国民党二届二中全会。蒋介石在这次会议上，悍然提出了所谓"整理党务案"，实质就是推行他排斥共产党的计划，把国民党的领导权掌握在他个人手里，达到他篡党夺权、独夫统治的政治目的。毛泽东同志在这次会议上则坚持革命立场，反对蒋介石，而柳亚子先生是支持毛泽东同志的革命主张的。当时，柳亚子先生出于义愤，认定蒋介石是个祸害，曾有刺杀蒋介石的打算。1942年在桂林时，柳亚子先生曾亲口对我和陈迩冬提起过。1949年，柳亚子先生在《恭谒孙中山先生之灵堂有感》诗中，有"曲突迁薪今已矣，一夫不杀血成江"的句子。柳亚子先生自注说："1926年夏，余游广州，初见蒋贼，即觉其必反，力劝恽代英募力士狙击之，为中国除大害。代英不从，卒酿1927南京上海之变。当时为蒋逆张目者，狗盗则黄金荣、张啸林，文妖则吴敬恒、李煜瀛之流，滔滔皆是也。"当时，柳亚子先生还不能理解中国共产党从来不使用暗杀手段。俄国沙皇时代，列宁的哥哥亚力山大是十二月党人，他反对专制，行刺沙皇未遂，被重刑处死。列宁得知后便说："决不能这样干！"他用发动群众的办法，唤起工农兵，进行全民革命，从而取得成功。

毛泽东同志深知柳亚子先生之为人，曾在1945年和柳亚子先生诗书往来的回信中说："先生诗慨当以慷，卑视陆游、陈亮，读之使人感发兴起。"因而柳亚子先生当即又赋赠一首七律：

瑜亮同时君与我，几时煮酒论英雄？

陆游陈亮宁卑视，卡尔中山愿略同。

已见人民昌陕北，何当子弟起江东。

冠裳玉帛葵丘会，骥尾追随倘许从。

1945年秋天，毛泽东同志在重庆和蒋介石谈判期间，柳亚子先生曾向毛泽东同志索句，毛泽东同志即将1936年旧作《沁园春·雪》书赠之。这就是第二句"索句渝州叶正黄"的由来。

知道了毛泽东同志和柳亚子先生的交往,再来看毛泽东同志这首词,就更觉出毛泽东同志用词的贴切了。词的第一句,用"各命前"三个字,揭示出颜斶和齐宣王两种思维的对立,又显示出颜斶刚直不阿的个性。在封建社会,颜斶和齐宣王是臣仆与主子的关系,臣仆趋奉主子,是天经地义,是合乎礼仪的。但颜斶却反其道而行之,以他的行动向齐宣王说明为王者应当怎样,才能趋贤纳士,才能得到世人的拥护和爱戴。这三个字,既简练,又明确。

紧接着第二句:"多年矛盾廓无边。"在历史长河中,所有的矛盾归结起来,不外是主从关系的矛盾,更看出衔接首句的绝妙处了。

再看第三句:"而今一扫纪新元。"由于新中国的建立,结束了人与人之间压迫与被压迫、剥削与被剥削的主从关系,使多年矛盾解决于一旦;伟大的中国人民在共产党领导下,推翻了三座大山,挣脱了各种锁链,从此当家做主,巍然屹立在东方,真正开创了历史的新纪元!

这首词的前半阕,三句二十一个字,概括了如此众多的典故和内容,从"各命前"到"廓无边",再到"纪新元",如行云流水,气魄宏伟酣畅,意境一句比一句开阔,气势一句比一句高昂。

接着再看下阕首句:"最喜诗人高唱至。"毛泽东同志用最普通的话,写出了对柳亚子先生最高的评价。中国人民的解放,新中国的成立,使柳亚子先生终身为之奋斗的理想得以实现。因此,1950年10月4日、5日两晚,柳亚子在怀仁堂连观舞剧《和平鸽》后,倾泻满腔感激之情,写出了《浣溪沙》:

> 白鸽连翩奋舞前。工农大众力无边。推翻原子更金圆。　　战贩集团仇美帝,和平堡垒拥苏联。天安门上万红妍!

毛泽东同志从这首词中,看出了柳亚子先生对人民政权建立的满腔热情,看到柳亚子先生高唱着幸福的凯歌,走到五星红旗面前,走到新中国亿万人民面前,走到完成革命大业的共产党面前。

166

他感到诗人的歌声像清泉一样倾注过来,和广大人民的意愿心心相印,因而诗人用"最喜"两个字来表达自己的心情。正因为"最喜诗人高唱至",他才欣然和了柳亚子先生这首《浣溪沙》。

毛泽东同志在1950年11月和这首词时,正值美国干涉朝鲜内政,纠集十五国军队,打着"联合国军"的旗号,侵入朝鲜北部,威胁我国东北,战争气焰极为嚣张。面对美帝的侵略气焰,中共中央经过慎重考虑,决心承担最大的民族牺牲,组成中国人民志愿军出兵朝鲜,并于10月19日到达朝鲜前线。就在此时,联合国军总司令麦克阿瑟还在美国总统杜鲁门面前保证:"在感恩节前,南北朝鲜各地的正式抵抗都将告终。"殊不知,中国人民志愿军雄赳赳、气昂昂地跨过鸭绿江,以迅雷不及掩耳之势粉碎了敌人的梦想。在朝鲜人民军的配合下,接连发起第一、第二次战役,歼敌五万余人,收复平壤,把敌人赶回三八线附近,从此扭转了战局。

恰巧,柳亚子先生的"高唱"正和朝鲜战场的胜利捷报互相呼应。因此,毛泽东同志下阕的第二句,用"正和前线捷音联"。最后一句"妙香山上战旗妍",不但说明了当时的整个战局,也指出了整个世界的走向:侵略者必败,人民必胜。

下阕三句二十一个字,从"高唱至""捷音联"到"战旗妍",有声、有色、生动形象地描绘了作者与柳亚子先生的兴奋心情,以及中朝人民反帝斗争的胜利。中国革命成功的象征——天安门上的红旗,和朝鲜人民革命圣地——妙香山上的反侵略战旗,正迎着东方红日,闪耀着鲜艳夺目的光彩,迎风飘扬。

这首《浣溪沙》,毛泽东同志以最少的字句,表达出来最丰富的涵义。其所奏出的是一首爱国主义与国际主义的交响乐,是一幅韵味无穷的时代画卷。

1990年4月于西坝河

浪淘沙

北戴河

一九五四年夏

　　大雨落幽燕。白浪滔天。秦皇岛外
打鱼船。一片汪洋都不见，知向谁边？
　　往事越千年。魏武挥鞭。东临碣石
有遗篇。萧瑟秋风今又是，换了人间。

　　这首词写于 1954 年夏，最早发表于 1957
年 1 月号《诗刊》。

注　释

［北戴河］　在河北省东北部渤海边港口秦皇岛西，是著名夏季休养地。

［幽燕(yān)］　我国古代的幽州和燕国，都在今河北省北部一带。

［往事越千年。魏武挥鞭。东临碣(jié)石有遗篇］　公元 207 年(汉献帝
建安十二年)，曹操(后被尊称魏武帝) 和乌桓族作战凯旋，曾经路过这一带。
曹操的《步出夏门行》诗中有《观沧海》一章："东临碣石，以观沧海……秋风萧
瑟，洪波涌起……"碣石，山名，在今河北省昌黎县境内北戴河以西。现存的碣
石山有古迹观赏价值，但是否即曹操"东临碣石"的原址，尚待考辨。一般认为
原址久已没入海中。下文的"萧瑟秋风今又是"即由曹诗引出。

168

海阔天高古幽燕

——读《浪淘沙·北戴河》

冯　牧

　　我在青年时期,喜欢阅读吟咏大海的诗文。在读着这类作品的时候,总使人产生一种天地宽阔、胸怀坦荡、把自身同大自然合为一体的心境和感受。其实我在三十岁之前,还从未见到过大海,更无从亲身领略大海的壮丽和浩瀚究竟会给自己带来怎样的感触和联想。许多年以来,在我脑际中的大海,是拜伦和普希金笔下的海———一派美丽、浩渺而又浪漫的风光;是英国作家康拉德(他的作品《飓风》是那样动人心魄)和法国作家洛蒂(他的作品《冰岛渔夫》是那样沉郁苍茫)笔下的海———一种深邃、雄伟而又神秘的景色。我少时甚至还曾经喜爱和反复吟诵过苏东坡关于大海的著名诗句:"东方云海空复空,群仙出没空明中。""斜阳万里孤鸟没,但见碧海磨青铜。"(《海市》)这就多少带有一种倾倒在大自然面前,虽然心旷神怡却又无从索解的迷惘的情调了。

　　其后,我终于多次探访了大海:我到过南海的榆林港,也到过北方的大连和秦皇岛;我甚至还多次乘船出海,在微风中垂钓。面对着一望无涯、波涛滚滚的大海,我的感受是:前辈作家们以他们深刻而广阔的观察和体验,已经从许多方面把大自然的这一无比壮观的景象———海洋,描述得那么真切而又鲜明,丰富而又绚烂,以至于后人确实是难以为之添彩加墨了。我自知藏拙,从没有写过关于大海的诗文。非不为也,笔所不逮也。

　　但是,在 1957 年,当我刚一读到毛泽东同志的这一首短短的只有十句的吟诵海洋的诗篇《浪淘沙·北戴河》的时候,我的心一下子就被打动了,被抓住了。它使我一下从前人那些繁复得令人目迷五色的关于大海的繁文缛辞中跳了出来；同时又把我带到我也曾经亲自登临和身历过的诗人所抒怀咏叹的大海之滨来。我当然也看到过诗人所描绘过的同样景色，也曾经产生过同样"念天地之悠悠"的思古幽情，我当然也同样地见到过秋雨、波涛、渔船，甚至我也登上过传说曹操到过的碣石山。然而，这首短不过十句的小词中所涵括、所抒写、所表现的画面、胸怀和情愫，却使我感到我好像并没有到过这个地方，或者虽然到过却还没有真正认识这个地方。正是在这一点上，这首词似乎打开了一扇通向大海灵魂的门户，使我感受到了意想不到的震撼力量。它不但简洁、准确地描写了大海，而且展现了一种真正的诗人才会具有的开阔而又深炯的目光。在这种目光烛照下，他让人们看到了眼前与今天——白浪滔天的大海，正在秋雨中漂泊的渔船；这是多么令人心胸激荡的景色。它也让我们想起了过去和历史——在中国大地上纵横驰骋的魏武，曾在此雄视八方但是已时过千年。他所遗留下来的，只不过是一段漫长的动乱的历史，一块早已成为历史陈迹的碣石——这是个令人沉思不已的历史感情。而且也让我们看到了甚至触摸到了未来，一个充满了希望和生机的美好的未来。秋风虽然年年如是，此地却已换了人间——这又是多么令人欣悦振奋的情感！

诗言志，诗贵真，诗重情。但真正杰出的诗人和诗篇，却常常不但能够通过优美、朴素而真诚的形象，把人们引入诗人所抒写的那片天地中去同欢乐，共忧思；而且能够通过一种融合着豪情壮志、真情实感和一种使人可以猛然自省的历史情思的精神力量，使人们的思想境界得到充实和升华，得到一种心灵上的愉悦和鼓舞。能够具有这样的思想和审美力量的诗篇，在中国当代诗歌中并不是多见的。我看，《浪淘沙·北戴河》这首短短的诗篇，就是属于这类我们可以称之为"精品"的抒情诗杰作之一。当然，在毛泽东已发表的五十首诗词当中，富有这种能够发人深思、感人心魄的作品，我们还可以列举出不少来。但就我个人阅读之后所受到的感染来看，我愿意说，在诸多的佳作之中，我似乎特别钟爱这首短词——这是一首可以传之千古的诗篇，一首虽然只有露珠般的体积，却焕发和蕴含着整个大海的生命和光泽的史诗式的微型诗篇。

五　律

看　山

一九五五年

三上北高峰,杭州一望空。
飞凤亭边树,桃花岭上风。
热来寻扇子,冷去对佳人。
一片飘飘下,欢迎有晚鹰。

这首诗写于 1955 年,最早发表在 1993 年
第 6 期《党的文献》上。根据手稿刊印。

注　释

[北高峰]　在杭州灵隐寺后,和南高峰相对峙,海拔三百一十四米,是
西湖群峰之一。在北高峰附近,有飞凤亭、桃花岭、扇子岭、美人峰等名胜。

[扇子]　据作者自注,诗中的"扇子"指扇子岭。

[佳人]　据作者自注,诗中的"佳人"指美人峰。

[飘飘]　同"飘摇",飘荡、飞扬貌。三国魏曹植《杂诗》:"转蓬离本根,
飘飘随长风。"这里指鹰翔。

山魂与神思的交融遇合之作

——读五律《看山》

李　捷

　　毛泽东和山结下了不解之缘。她是毛泽东的诞生地（韶山），是毛泽东强健体魄、砥砺品行、锤炼意志的处所（岳麓山），也是毛泽东农村包围城市、武装夺取全国政权伟大道路的起点（井冈山）。以后，他走过万水千山，来到秦晋高原，更博览了祖国的雄伟群山。他所代表的正义的革命事业，也像巍巍群山一样气贯长虹，无坚不摧，所向披靡。在一定意义上可以说，没有山，就没有毛泽东，就没有毛泽东的事业，没有毛泽东的成功。

　　毛泽东对山倾注了他全部的爱。这是儿子对故乡的爱，对祖国的爱，也是革命家对他孜孜追求的宏伟事业的爱。他把这种爱，融入他的革命实践活动里，融入他的文章中，也融入了他不朽的诗篇之中。诵读毛泽东的诗词，你每每会领略到这种质朴的、雄浑的情感，令人心迷，使人心醉。在毛泽东的笔下，静止的群山顿时有了勃勃生机和活力：时而如飞起的玉龙，时而似奔腾的骏马，时而是"山舞银蛇"，时而又"原驰蜡象"。在他的笔下，山不再是无生命的静物，而被赋予了个性与魂魄。在这些想象丰富的状写之中，既可以感受到诗人的奇想和浪漫，也可以领悟到哲人的敏锐和深邃。形象思维与抽象思维巧妙地遇合在一起，使人耳目一新，遐想无限。在一定意义上也可以说，没有对山的赞美，没有对山的情感寄托，毛泽东的诗词会逊色许多。这其中凝聚着这位东方巨人的丰富情感，记录着他的思索与追求。

　　毛泽东咏山的诗词，以新中国成立前后为界，经历了两个时期。新中国成立以前，毛泽东咏山，着重在抒发革命情怀，表达出一种天地翻覆、乾坤扭转、不达目的誓不休的凌绝万物的气概。相比之下,他在建国以后咏山,心境有了很大改变,着墨的重点也转移到对客观景物的状写上,但从中仍使人感受到诗人的博大胸怀和改造世界、永不满足的远大志向。五律《看山》就是这后一个时期的咏山之作。

五律《看山》作于 1955 年。毛泽东一生很少作五律,据他自己说,是谙于词调而疏于律诗的缘故。1965 年,陈毅曾送上自己的诗作请毛泽东删改。7 月 21 日毛泽东回信说:"你叫我改诗,我不能改。因我对五言律,从来没有学习过,也没有发表过一首五言律。"还说:"因律诗要讲平仄,不讲平仄,即非律诗。我看你于此道,同我一样,还未入门。我偶尔写过几首七律,没有一首是我自己满意的。如同你会写自由诗一样,我则对长短句的词学稍懂一点。剑英善七律,董老善五律,你要学律诗,可向他们请教。"(《致陈毅》)这些对一起出生入死、患难与共的老战友说的话,恐怕并非都是自谦之辞。然而,就在毛泽东为数极少的五律诗里,还有一首咏山之作,并且名为《看山》,可见山在他心目中的地位。这座山虽然不高,却也不是一般的山——它就是坐落在风景秀美的西子湖畔不远处的北高峰。

新中国成立以后,毛泽东多次来到杭州。这里的山山水水,给他留下了美好的印象。1955 年 4 月至 6 月,他又先后两次来到杭州,兴致勃勃地游览了灵隐寺、北高峰、五云山、狮峰、天竺等景区。当时,社会主义建设的第一个五年计划正在顺利进行,社会主义改造运动也即将进入高潮,诗人的心情是欢畅的。这种欢快舒畅的心境融入诗中,便形成这首诗的基调。

"三上北高峰,杭州一望空。"诗的头两句开门见山,把读者带入登高望远的胜境,同时也交代了全诗的时空位置。北高峰在杭州灵隐寺后,和南高峰相对,海拔三百一十四米,是西湖群山之一。自山下攀至山顶,有石磴数百级,蜿蜒曲折三十六盘。到达山顶,波平如镜的西湖和鳞次栉比的杭州城尽收眼底,远处的钱塘江在群山之间迂回东流,宛若一条银练在葱茏烟云中缠绕。游人到此,每每流连忘返,登山的劳累随之烟消云散。

诗人一开始,就点明这是第三次登上北高峰,可见北高峰确有引人入胜处,不但使诗人迷上了它,而且对它十分熟悉。那么,北高峰究竟有什么地方吸引了诗人,使这位到过不少名山的诗人对它如此着迷呢?诗的第二句给出了答案:"杭州一望空。"原来,在诗人看来,北高峰的诱人之处,就在于能从一个全新的视角居高临下地观赏美丽的西湖和杭州城。这种从新的视角得来的新感受,是平常轻易得不到的,也是只有通过艰苦登攀、不畏艰险才能得到的。这使人联想起诗人"无限风光在险峰"的绝句,可谓异曲同工。

很久以来,就有"上有天堂,下有苏杭"的美誉。杭州因西湖而出名,成了人们心目中的"天堂"。但一般人喜欢杭州,也只是流连于西子湖畔,尽情欣赏柳浪闻莺、三潭印月等西湖十景而已。毛泽东也喜欢杭州,却有他独到的看法:西湖之美,不在西湖两岸,而要另觅佳境。他曾问随行人员:"你们看在哪里看西湖最美?"回答莫衷一是。毛泽东听了,笑一笑说:"我看是在山上。"这或许反映了他对山水交融之美的特殊感受与追求。

"飞凤亭边树,桃花岭上风。热来寻扇子,冷去对佳人。"

这四句中提到的飞凤亭、桃花岭、扇子岭、美人峰(即诗中的"佳人"),分别是北高峰附近的四处名胜。在这里,诗人恰到好处地将这四处名胜联成工整对仗的佳句,朗朗上口,把整个北高峰远近的名胜描写得活灵活现。你看:这边是小巧玲珑的飞凤亭,那边有红绿相间的桃花岭。飞凤亭边,秀木葱茏,亭亭玉立。桃花岭上,清风送爽,阵阵飘香。天气热了,有扇子岭的"扇子"替你驱赶酷暑。天气凉了,善解人意的"佳人"(美人峰)又会使你感到温暖体贴。这人间胜境,不是天堂,却胜似天堂,有谁不愿意在这里小憩呢!

值得品味的还不止这些。这四句中,不仅巧妙地将四处名胜连成一体,而且还暗含着春、夏、秋三季的季节变化,十分贴切自然。桃花,盛开在春季,在历代诗人笔下成了春天的代名词。"桃花岭上风",使人很自然地联想到百花争妍的春天。"热来寻扇子",又使人联想起酷热难捱的夏季。至于"冷去对佳人",便是指的秋天以至深秋时节。毛泽东在不同的季节里多次到过杭州，对这里的季节变化十分熟悉，才能吟成如此绝妙的佳句，使名胜景观与四季变化融为一体，浑然天成。

末尾是极富有诗意的两句："一片飘飘下，欢迎有晚鹰。"

飘飘，即飘摇。三国时曹植在《杂诗》中有："转蓬离本根，飘飘随长风。"在这首诗里，则是指鹰翔的样子。鹰翔，给人以雄健潇洒的美感，毛泽东对此赞赏不绝。在他青年时的词作《沁园春·长沙》里，就有"鹰击长空，鱼翔浅底，万类霜天竞自由"的优美词句。而这首诗里的鹰翔，除了雄健潇洒之外，还给人以壮烈的感觉。

请看：美丽的西子湖和远近的山峦叠翠，都笼罩在夕阳的余晖下。夜幕即将降临，许许多多的生灵都返回各自温暖的窝。唯有黑色的雄鹰，身披着火红的余晖，在晚霞映照下的天际间展翅翱翔，飘摇直下，仿佛在迎接着兴致正浓的诗人归来。

夕阳的景观是壮美的。但在多少文人墨客的笔下，却留下了像"夕阳无限好，只是近黄昏"一类的慨叹。毛泽东写这首五律《看山》的时候，年近六十二岁，但他依然壮心不已，全副身心都在力图进取，从未有过"老之将至"的念头。因此，同样是状写夕阳笼罩下的景观，他却捕捉住最能反映他此刻心境的"鹰翔"这个壮烈的场面，极力烘托出那种奋发向上的进取精神。读了令人振奋，令人感佩。它使你感到，那似乎不仅是一只在暮色中搏击的山鹰，而且就是诗人心境的化身。

这首诗以《看山》命名，突出的是一个"看"字。诗人作为"看"的主体，隐身在全诗之中，虽然未曾出现，却让人无时无刻不感到他的存在。他从上山开始，继而远眺，继而观山，最后又化作翱翔的雄鹰，迎着夕阳飘摇而下。透过这情景交融的优美诗句，我们感受到一种令诗人倾倒的山魂与神思的遇合，感受到一种清新的美、典雅的美，一种浪漫而深邃的美。

1995 年 10 月 29 日于毛家湾

175

七　绝

莫干山

一九五五年

翻身复进七人房，回首峰峦入莽苍。
四十八盘才走过，风驰又已到钱塘。

这首诗写于 1955 年，最早发表在 1993 年
第 6 期《党的文献》上。根据手稿刊印。

注　释

　　［莫干山］　在浙江省德清县西北，为浙北避暑、休养胜地。相传春秋时
吴国在此铸"莫邪""干将"二剑，故名。
　　［七人房］　指作者使用的卧车，可坐七人。
　　［四十八盘］　泛写曲折盘旋的山间公路。
　　［钱塘］　旧县名。这里指杭州市。

闲适中的愉悦

——话说七绝《莫干山》

陈　晋

这首诗题为《莫干山》的七绝,是毛泽东写的少数几首即景闲适之作。

关于写作时间,在 1993 年第 6 期《党的文献》正式发表时,认定是 1955 年。也有一种说法,出自当时在场的工作人员的回忆,说是 1959 年 11 月。毛泽东在建国后曾四十余次到杭州。1955 年和 1959 年的春冬两季,毛泽东在杭州住的时间都不短,住的是一个叫汪庄的别墅。1955 年春,在杭州主要是搞了一个胡风问题,冬季是搞《农业七十条》和《中国农村的社会主义高潮》的序言。1959 年春,在杭州召开了两个中央会议,冬季主要是读苏联《政治经济学》教科书。这两次在杭州,一次是花大精力推动中国社会主义农业改造运动,一次是在"大跃进"运动出现问题后,总结经验教训,思考中国社会主义建设中的一些理论问题。

这都是大事。看来,写作这首诗的背景,并不是那样的轻松。可对于理解这首诗来说,都不重要。不管是写于哪一年、哪一次,对一贯写政治题材的毛泽东来说,这确实是不多见的。政治、历史背景,在他的这首诗中,都远去了。剩下的是一种舒坦、开阔、明朗的心境。仿佛一道透明素丽的光,在空中划过时甩下一弯疾速的弧线,留下畅快的愉悦,却又让人回味。

毛泽东写的是他一瞬间的感受。

题目既然叫《莫干山》,那就要说说这座山了。

莫干山,是天目山的一个分支,在浙江德清县城西北,离杭州有一百二十里路。说起这座山的名字来历,还真有些激动人心。

这里是古时吴越所属之地。传说春秋末年,吴王阖闾曾派民间有名的铸剑师干将和他的妻子莫邪,到这座山上铸一对雌雄宝剑。起初,铁石在旺火炉中不见熔化。莫邪听说必须有女子以身殉献炉神,才能造出好剑来,便跳入火炉中去了。当这对宝剑造出来时,为了纪念这对夫妇,人们称之为"莫邪""干将"。这座山,也就叫莫干山。后来的故事更精彩,鲁迅 1926 年还根据传说,写了一篇《铸剑》的历史小说,说干将后来被楚王杀了。他的儿子眉间尺为报父仇,在一个义士的帮助下接近了楚王。结果是干将的儿子、义士和楚王的头都掉进一口大锅里打起架来,同归于尽。

据浙江党史部门的有关记载,无论是 1955 年,还是 1959 年,毛泽东在杭州都拿出较充裕的时间游览附近的名胜古迹。

每到一地,毛泽东都有一个习惯,了解当地的名胜古迹的来历。据有关人士回忆,毛泽东游览莫干山时,曾在传说为莫邪、干将用过的磨剑石旁停下脚步。磨剑石四周的石崖有多处石刻,毛泽东喃喃自语:"十年磨一剑,霜刃未曾试。"仿佛是在吟那上面的题刻。在山行道上,毛泽东还情不自禁、边走边吟起古人描绘莫干山的诗句:"参差楼阁起高岗,半为烟遮半树藏。百道泉源飞瀑布,四周山色蘸幽篁。"

可是这一切,都没有写进他的诗里。他这首七绝,名为《莫干山》,其实却没有写莫干山。题目大概是编者根据毛泽东的游程加上的。也许,他这个时候不愿意把血腥杀伐的历史沧桑装进自己难得闲适宁静的胸怀;也许,他这个时候不想写诗,至少不想写那些沉甸甸的诗。他陶醉在大自然里面,不愿意破坏大自然给予他的纯粹欣赏愉悦的心境。

领袖也需要超功利的休息,更何况大自然一直是他钟爱的审美对象。

的确是这样的。他游兴未尽,离开莫干山,又到观瀑亭观瀑,又顺芦花荡西行至塔山远眺,东看太湖,南望钱塘江。好一派大好河山,尽收眼底;好一方碧波荡漾的心湖,映出舒坦清丽的河山。该回去了,毛泽东似乎还沉浸在"此间乐"之中。尽管不想刻意作诗,还是随口吟咏出了这首七绝《莫干山》。

　　作者从登车起程回住处写起。"翻身复进",节奏明快活泼,道出身姿轻捷,动作连贯,这也是心情轻松自如的表达。接下写坐在车里,随着由近及远的空间变化,回首一望,刚刚游过的莫干山的峰峦也渐渐由清晰变得迷蒙浑然起来,正是远看山色有无中的体验。一个"入"字,好像是作者留恋地目送着峰峦远去。这也是一种心境的表达。最后两句,写归程之速,更加轻快,我觉得是诗中最好的两句。"才走过"又"到钱塘",很是气韵生动。

　　全诗明显是一气呵成。句句写过程,句句写心境;句句写归途,句句写遄飞的逸兴。这是稍纵即逝的感觉,可毛泽东抓住了,抓住了难得闲适中的愉悦。

七　绝

五云山

一九五五年

五云山上五云飞，远接群峰近拂堤。
若问杭州何处好，此中听得野莺啼。

这首诗写于 1955 年，最早发表于 1993 年
第 6 期《党的文献》。

注　释

[五云山]　杭州西湖诸山之一，在西湖西南，邻近钱塘江。相传有五色
彩云萦绕山顶，经时不散，因此而得名。此山雄奇幽深，有七十二湾，千余级
石磴。

[群峰]　指西湖西面和南面诸峰，如北高峰、南高峰、美人峰、灵峰山、
月桂峰、白鹤峰等。

[近拂堤]　这里的堤，当指邻近的钱塘江江堤，而非西湖苏堤。在西湖
诸峰中，五云山离西湖最远，远在西南端。在五云山观云气飞动之势而言
"近拂堤"，只能是指近在山脚下可以目击的钱塘江堤。

[野莺]　鸟名，身体小，毛羽褐黄色，嘴短而尖，叫声清脆，吃昆虫，是益
鸟，多见于江南一带。其中羽毛黄者叫黄莺，即黄鹂。

五云听莺与柳浪闻莺

——读七绝《五云山》一得

曾镇南

　　这首诗字面上的意思是清新晓畅的，初看几乎无须诠解。"五云山上五云飞"，这句写五云山上云气飞扬之势，既是山上观云之实景，也是写五云山得名之由来。一般绝句、律诗中避免一句之中重复用两个相同的字。但这句诗中"五云"两字重复，不怕犯重，这是因为非如此不足以写出五云山的特殊胜景：五彩云常栖山上，风起而远近飞扬。毛泽东写律诗，大抵是尊重格律的，但也不肯因格律而斫伤情思的抒发、意境的描写。这里"五云山上五云飞"脱口而出，明畅自然，一下子突出了吟咏对象的历史、地理、物候等因素形成的特征。正是臧克家所说的"情动绳墨外，笔端起波澜"（《有感于改诗》）。

　　第二句"远接群峰近拂堤"，写五云山之云远近飞扬，云头高连群峰，云脚近垂拂堤的景观，这里实际上写出了山上所见云海涌动、远近纵横的开阔景象。由于五云山所处的地理位置远离西湖而傍立于钱塘江边，所以这里"近拂堤"的堤是指江堤，江堤之外则是开阔空蒙之钱塘江面。五云山的云海涌起的云头，远则连接起西湖群峰；而徜徉的云脚则近拂江堤，漫卷江面。此句写云，不只充满了动感（远近飞动之感），而且连山接水，远近高低，浑和一片，充满了大幅云岫图、云水图的画意。

　　第三句是一句诗人的设问，不仅使诗境突起波动，而且使诗的描写对象，来了一个突转，即由写云转为写野莺。

　　第四句突出了全诗的主要赞美对象：在五云山中曼妙清唳、自在啼啭的野莺。读到这一句，我们才恍然，诗人写山、写云，都是一

181

种起兴烘托,原来是为了写莺,是为了强化属于诗人自己的山中云里听莺啼乃杭州最好胜景的判断。杭州胜景,数不胜数,诗人这样说,当然可以说是他的偏爱,不是评定杭州诸胜的公论。但作为诗,不正要写出诗人带强烈主观色彩的偏爱吗? 诗人的个性,不正是在这种偏爱的强调中才能表现出来吗?

这首诗的平中见奇、象外远致,正应该从诗人的这种偏爱中去寻找。

古往今来,骚人墨客在杭州留下了不胜枚举、各具只眼的题咏,他们也是各有偏爱的。大多数的吟咏,都集中在最能代表杭州之美的西湖上。苏轼那首《饮湖上初晴后雨》已成千古绝唱,他的独钟西湖,自不待言。他还写了很多吟咏西湖的华章,慨叹过"西湖天下景,游者无愚贤。深浅随所得,谁能识其全"(《怀西湖寄晁美叔同年》)。离开十几年后重返西湖,他还回想起过去写西湖雨景的旧句:"黑云翻墨未遮山,白雨跳珠乱入船。"(《六月二十七日望湖楼醉书》)并感叹:"到处相逢是偶然,梦中相对各华颠。还来一醉西湖雨,不见跳珠十五年。"(《与莫同年雨中饮湖上》)可见他的杭州之思,魂牵梦绕,总萦系在西湖身上。

苏东坡偏爱西湖,是与白居易一脉相承的。白居易曾在诗中说:"最爱湖东行不足,绿杨荫里白沙堤。"(《钱塘湖春行》)"未能抛得杭州去,一半勾留是此湖。"(《春题湖上》)这两个诗人都对疏浚、整治西湖付出了心力,政绩昭然。他们的偏爱,是不难理解的。

在白居易、苏东坡咏西湖的名篇之后,大概会有不少后代诗人有"眼前湖景道不得,白、苏题诗在前头"之叹。于是,有的诗人便把审美兴趣移向西湖诸山。明代诗人钟禧自号狂客,他咏西湖的诗,重点就不在乐水而在乐山了:"万顷西湖水贴天,芙蓉杨柳乱秋烟。湖边为问山多少,每个峰头住一年。"(《和友人招游西湖》)同是明代的诗人程嘉燧,对此似有共鸣。他咏西湖西岸丁家山的诗写道:"不是看山便画山,的应送老不知还。商量水阔云多处,随意茅茨着几间。"(《丁家山下水木佳处》)

1955 年夏秋之交,毛泽东来到杭州小憩。他曾让秘书为他搜集历代吟咏杭州名胜的诗词供自己吟赏,也即兴写下了三首有关杭州一带名胜的诗以遣兴抒怀。这首《五云山》即其中之一,另外两首为五律《看山》(写北高峰、美人峰、扇子岭)和七绝《莫干山》。值得注意的是,这三首诗吟咏的对象都是山。写杭州不写西湖却一再写山,这可能也有避让白、苏前贤之意。但更多的,应该说反映了毛泽东一向的审美偏嗜。在毛泽东诗词中,山是一个经常出现的吟咏对象。这和诗人在革命征途中翻山越岭、转战南北的特殊经历有关。他一生视山如海,视山如剑,视山如友,对山可谓情有独钟、兴有独寄了。大山横空出世、雄峙大野、莽莽苍苍的形象和气魄,正投合这位革命巨子的襟怀和情趣。杭州一带的山,虽然不若昆仑、匡庐、井冈诸山有气势,但其峰峦莽苍、山道盘旋、云海浩茫之胜概,可以登高望远之地势,比起波光激滟的西湖,更能吸引诗人的兴味,触发诗人的灵感,则是无疑的。

值得注意的是,在《五云山》这首诗中,诗人以设问自答的形式,公开申明自己对杭州胜迹何处最好的看法。在这看法中,突出了五云山中"野莺啼"这一意境,这是很耐寻味的。

莺是一种体小飞疾、啼声清脆、毛羽朴素无华的小鸟,常见于江南草野间。古人有"暮春三月,江南草长。杂花生树,群莺乱飞"的名句。西湖垦辟为风景名胜之后,"柳浪闻莺"更成了它著名的景观之一,不少吟咏西湖的篇什都写到过。如白居易的"几处早莺争暖树,谁家新燕啄春泥?"(《钱塘湖春行》)宋人吴惟信的"日暮笙歌收拾去,万株杨柳属流莺。"(《苏堤清明即事》)明人史鉴的"记得扁舟载春酒,满身花影听啼莺。"(《寄杭州友人》)清人田肱的"短长条拂短长堤,上有黄莺恰恰啼。翠幕烟消藏不得,一声声在画桥西"(《西湖柳枝词》)等等,虽不一定都是名篇,却也不失为佳句。

然而,《五云山》赞美的佳境,却正是五云山之中"听得野莺啼"。这里的"野莺"二字,用得别有意味。莺本野生野栖,乱飞于野外树丛草地之间,称为野莺,似为蛇足。难道还有什么家莺可与之对举吗?我寻绎诗人本意,大概是想强调,这里所写五云山中闻莺,与前人所写得惯熟的西湖柳浪闻莺,迥异其趣。西湖闻莺,历经吟咏发挥,已成人文之景观,多雅兴而少野气;而且到了现代社会,西湖一带已是人烟辐辏,市声嘈杂,大概莺影莺声也已在似有似无之间,观赏聆听,日渐困难。在这种情况下,要谛听真正清纯脆亮的莺声,只能到远离西湖的五云山的山野云岚之间了。著一"野"字,使五云山之莺与西湖之莺,有了文野之分。此中天籁与人文之判,是十分明显的。诗人激赏的,是未经人工开发设计的天籁野趣,是以深山云海为背景和衬托的自在啼啭,这才是声淳韵美、令人神旺心畅的。

写到这里,我不由想起了孙犁的散文名篇《黄鹂》,他写的实际上就是黄莺儿。他以传神之笔,追摄着黄莺儿稍纵即逝之姿影清唳:"有时清晨起来,在茅屋后面或是山脚下的丛林里,我听到了黄鹂的尖厉的富有召唤性和启发性的啼叫。可是,它们飞起来,迅若流星,在密密的树枝树叶里忽隐忽现,常常是在我仰视的眼前一闪而过。金黄的羽毛上映照着阳光,美丽极了,想多看一眼都很困难。"

然后,孙犁写到这种鸟儿酷爱自由、不堪拘束的烈性子,指出"它需要的天地太宽了"。接着,孙犁说他到了太湖,在江南才理解了"杂花生树,群莺乱飞"这两句文章的好处。他写道:

> 是的,这里的湖光山色,密柳长堤;这里的茂林修竹,桑田苇泊;这里乍雨乍晴的天气,使我看到了黄鹂的全部美丽,这是一种极致。
>
> 是的,它们的啼叫,是要伴着春雨、宿露,它们的飞翔,是要伴着朝霞和彩虹的。这里才是它们真正的家乡,安居乐业的所在。
>
> 各种事物都有它的极致。虎啸深山,鱼游潭府,驼走大漠,雁排长空,这就是它们的极致。
>
> 在一定的环境里,才能发挥这种极致。这就是形色神态和环境的自然结合和相互发挥,这就是景物一体。典型环境中的典型性格,也可以从这个角度来理解吧。这正是在艺术上不容易遇到的一种境界。

　　这样看来,五云山中的野莺,是伴着五色彩云的涌动,在阳坡或幽谷,在峰峦或江堤,在高树或草丛,自由自在地飞鸣的。它的形色神态、飞姿鸣韵,和五云山的林幽云飞的环境,是浑和一体、相互发挥的。这确是美的极致,是艺术中的典型之境,也是自然中的天籁之音。难怪诗人要为之击掌称好,并把五云山誉为杭州的最好去处,把五云山闻莺称为杭州的最好景致了。

　　这首诗和其他两首写杭州的诗,毛泽东生前并未发表。也许他自己觉得诗味无多,不甚满意吧。曾有人闪烁其词地说毛泽东对自己的诗词,无不以为是美的;他对别人的某些过火的吹捧,不说"甘之如饴",也是默认心许的。这种说法,自以为敏察得隙,其实是苛求逝者,有失公正,也有些偏颇的。

　　毛泽东对自己的诗词,自评其实是很严格的。他一则说:"这些东西,我历来不愿意正式发表。因为是旧体,怕谬种流传,贻误青年;再则诗味不多,没有什么特色。"(《致臧克家等》);二则说"诗两首……主题虽好,诗意无多,只有几句较好一些的,例如'云横九派浮黄鹤'之类。诗难,不易写,经历如鱼饮水,冷暖自知,不足为外人道也",并恳请友人"加以笔削"(《致胡乔木》)。三则说:"因律诗要讲平仄,不讲平仄,即非律诗。我看你于此道,同我一样,还未入门。我偶尔写过几首七律,没有一首是我自己满意的。"(《致陈毅》,引文中着重号为原信所有。)这些话,都不是故作谦虚之态,而是真诚的,实事求是的。

　　1960 年夏,周扬的《我国社会主义文学艺术的道路》一文在《人民日报》发表了。他在作协一次大会上说:我这篇文章,原有一大段是论毛主席诗词的。毛主席审阅此稿时,把这一大段一笔勾销了(见臧克家《毛泽东同志与诗》)。这件事也证明毛泽东对自己的诗词并不愿多加宣扬。至于对蜂起的注家和评者,毛泽东也是有择有舍,并亲自写了若干注释,纠正了若干离题太远的发挥,表现了他的科学态度。"过火的吹捧"有没有呢? 可能也有吧,但这是应由学术界自由争鸣、相互匡正来解决的。难道可以要求诗人自己出面表示异议或加以阻止吗? 提出这样的责难,不是太苛刻、太不近情了吗?

　　了解了这种情况，对于《五云山》等律诗（五律与七绝），毛泽东不甚满意，没有拿出来发表，就不难理解了。平心而论，这首诗在毛泽东全部诗词中，并不能算上品，属于意虽胜但形象稍弱、诗味不多一类；但即使作者自己不甚满意的作品，倘若我们细加寻绎，也能发现诗人摆脱前人思路、独辟蹊径的努力，也反映了诗人对自然景观别具只眼的识见。也就是说，出之于他笔下的，毕竟是毛泽东自己的诗，是带有他的鲜明个性的。只是因为诗中缺乏新颖传神的形象和秀茂瑰奇的佳句而为诗人自己所不甚看重罢了。

　　我的赏析文字，本意也不在说明此诗如何意超古人，辞照后代，佳妙清发，无与伦比；而在说明，即使这样清浅明畅的小诗，也是浅貌深衷，别出心裁，颇具个性，需要细心吟赏的。毛泽东诗词研究，还有很多文章可做，于此也可见一端吧。

1995 年 10 月 11 日

七　律

和周世钊同志

一九五五年十月

春江浩荡暂徘徊,又踏层峰望眼开。
风起绿洲吹浪去,雨从青野上山来。
樽前谈笑人依旧,域外鸡虫事可哀。
莫叹韶华容易逝,卅年仍到赫曦台。

这首诗写于 1955 年 10 月,抄录在 1955 年
10 月 4 日致周世钊的信中,随信最早发表于人
民出版社 1983 年 12 月版《毛泽东书信选集》。

注　释

〔周世钊〕 周世钊(1897—1976)是湖南宁乡人,作者湖南省立第一师
范学校同学,曾加入新民学会。时任湖南省教育厅副厅长兼湖南省立第一师
范学校校长。

〔域外鸡虫事可哀〕 国际间的某些事件像鸡虫得失一样渺小,人们为
这些小事而钩心斗角是可悲的。这里所指的具体内容待考。唐杜甫《缚鸡
行》:"小奴缚鸡向市卖,鸡被缚急相喧争。家中厌鸡食虫蚁,不知鸡卖还遭
烹。虫鸡于人何厚薄? 吾叱奴人解其缚。鸡虫得失无了时,注目寒江倚山
阁。"

［卅年仍到赫曦（xī）台］ 从 1927 年离开长沙到 1955 年回来,近三十年时间。赫曦台,在湖南省长沙市岳麓山岳麓书院。朱熹曾称岳麓山顶为赫曦,后因称山上的台为赫曦台。赫曦,光明盛大的样子。

酬唱奉和友情深

——读七律《和周世钊同志》

尹一之

毛主席是党和国家的领导人,但是完全以普通人的朋友身份,和周世钊先生保持了六十三年之久的友谊。两人长期书信往还,酬唱奉和,肝胆相照。尤其难得的是周世钊并不是共产党人,两人却情深谊厚,坚贞不渝。

作为一个伟大的政治家,毛主席的诗,总是表达政治抱负,抒发革命情怀。作者对待周世钊这样的朋友,不论他是当普通教员、校长,还是当了副厅长、副省长,都是一样态度,赤诚坦率。

1955 年 6 月,毛主席去长沙,同周世钊一起登上了岳麓山。这次行动,虽未见诸报刊,也不为社会所闻,但为周世钊的女儿、女婿所证实。他们写了一篇文章记述这件事情,发表在《毛泽东思想研究》1985 年第 3 期上。当时随行的还有毛主席的英文秘书林克同志,他在日记中记有:"随主席游岳麓山和云麓宫、望湘亭。"周世钊事后给毛主席的信中,附诗若干首,其中有一首七律《从毛主席登岳麓山至云麓宫》:"滚滚江声走白沙,飘飘旗影卷红霞。直登云麓三千丈,来看星沙百万家。故国几年空兕虎,东风遍地绿桑麻。南巡喜见升平乐,何用书生颂物华。"

毛主席接到这封信后,于 10 月 4 日写了回信。信中说:"读大作各首甚有兴趣,奉和一律,尚祈指政。"毛主席的这首七律,就是写在给周世钊的信中。毛主席写诗,多用比、兴之法而较少用赋。

他的诗,总是"内意欲尽其理,外意欲尽其象,内外含蓄"。他不但很少直抒胸臆,而且写景也都是实中见虚,虚实结合,以达到"文生于情,情生于文"的浑然无迹之境。

"春江浩荡暂徘徊,又踏层峰望眼开。"这是写景,从实写的角度看,是写他站在岳麓山上极目远望;从虚写的角度看,这是通过诗人想象所创造的一种典型环境,是借这景来抒发情怀,把当时的国内政治形势寄寓其中。这就不单是写一次岳麓山之游,而是显得广阔深远、空蒙飘逸而意蕴无穷了。这时,毛主席正以他的全部精力,推动全国的农业合作化运动,虽然经过了不少曲折和反复,但是终于得到顺利发展。这里面既有对全国形势的概括,又表达了诗人不禁油然而生的欣喜之情。内涵丰富,一字千钧。以景抒情的诀窍,尽在其中。

为什么要联系全国农业合作化的形势来分析这首诗呢?因为毛主席写诗,必是有感而发。作为一个领袖,即使纯写山水,也含有一定意味。这年7月,毛主席发表了《关于农业合作化问题》的讲话,经过了不少周折;也就是在毛主席给周世钊写信的同时,党中央通过了《关于农业合作化问题的决议》。而且就在这前后的时间里,他还发表了关于农业合作化问题的一系列讲话和文章。他当时的整个思想,几乎都萦绕在合作化问题上。

"风起绿洲吹浪去,雨从青野上山来。"读这两句诗,很自然就使人联想到在中国这块"绿洲"和"青野"上全面铺开的合作化运动。诗人用的是比的手法,但形象十分生动、贴切,把发生在九百六十万平方公里土地上的事情尽收眼底。"风""吹""雨""上",全都处在动态之中,把农业合作化运动正在平原、山区甚至江河湖泊地区发展着而且来势迅猛的态势,全都表现了出来。不论是立意的新巧,还是遣词造句的准确,都达到了炉火纯青的地步。看似久经锤炼,实际信手拈来。诗人好像沉浸在一种优美而壮观的山水之中,实则把满贮胸中的政治情怀倾泻已尽。诗人以一种即兴放达的神态,表达了蕴藏丰实的内容,既无雕凿之痕,又无外贴之迹。诗人的精神世界与自然环境有机融合,语言则如江河流泻,文采音韵、艺术思想也就和谐而统一了。

"樽前谈笑人依旧，域外鸡虫事可哀。"这两句笔锋一转，又进入了一个较高层次。这不单是因为当时有人以苏联农业集体化过程中的问题，作为例证来反对我国的农业合作化，而且是诗人高瞻远瞩、恢宏旷达的一种政治胸怀的表露。中国和苏联的情况是不同的，我们既不能照搬苏联经验，也不能因反面接受苏联教训而裹足不前。"鸡虫"虽指小事，但在这里是说那些事不值得一提，那不过是一段悲哀的历史而已，我们走自己的路。毛主席诗词中，站在高处来看世界，是他常用的手法。"山舞银蛇，原驰蜡象"，诗人站得比山还高；"又踏层峰"也是站在峰峦之巅。连几十亿人口生存的广大领域，也不过是"小小环球"。又何况是那样一段历史插曲，尽管严酷，也只似"鸡虫"。

"莫叹韶华容易逝，卅年仍到赫曦台。"在《到韶山》诗中，有"别梦依稀咒逝川，故园三十二年前"之句，从 1927 年到 1959 年，正好是三十二年。而 1955 年给周世钊写信时，已是将近三十年。这虽然是写经过三十年诗人又回到了长沙，老友相聚、"樽前谈笑"的情景，但是联系全诗来看，这里还有另外一层含意：从《湖南农民运动考察报告》到《关于农业合作化问题》的讲话，三十年后，又回到农民问题上来了。前者，他估计了当时的农民运动，"其势如暴风骤雨，迅猛异常"；后者，他又估计了"五亿多农村人口的大规模的社会主义革命运动"。这正好应和了周世钊的"滚滚江声走白沙，飘飘旗影卷红霞"。周世钊所颂扬的"东风遍地"，自然也是指当时的合作化运动了。

读过这首七律之后，使人感到朋友之间唱和的亲切委婉，情意无限。三十年的革命烽烟，被"樽前谈笑人依旧"一笔带过，显得极其轻松自然。朋友之间的离情别意，见面时的高兴，谈吐的爽朗，全都包含其中，酣畅淋漓，蕴藉无穷。虽然韶华易逝，但没有什么可叹的，重要的是理想实现了。

诗以极其凝练的文字，表现了无比丰富的内容，形象鲜明，意境幽深。细细品味，不仅当时的历史画面在眼前展开，诗人的人格亦在其中显现。

1913 年，毛主席与周世钊在湖南第四师范同班学习。次年，第四师范并入湖南省立第一师范学校后，两人一直是同窗好友。1927 年，毛主席上了井冈山，周世钊则当了教员。走的道路不同，但两人之间的感情却是始终未断。即使在战争年月里，周世钊也冒着风险，致函问候，并有"九州明月系离肠"的诗句以怀念友人。

1961 年，毛主席写的七律《答友人》中，友人就是指的周世钊和李达、乐天宇。因为三人送了一根斑竹给毛主席，毛主席才有"斑竹一枝千滴泪，红霞万朵百重衣"的诗句。朋友之情，寄寓其中，既情致优美，又旷达豪放，意绵绵而情深深。

毛主席是诗人，写的是真正的好诗。为什么要从政治上来分析他的诗呢？因为诗是表达情感的，一个革命领袖的情感，无不带有一定的政治色彩。我们要学习他的诗的艺术表现能力，更要学习他的品格。像毛主席这样，和周世钊保持终生的情谊，不仅堪称一代人的楷模，也会光照千秋。

水调歌头

游　泳

一九五六年六月

才饮长沙水，又食武昌鱼。万里长江横渡，极目楚天舒。不管风吹浪打，胜似闲庭信步，今日得宽余。子在川上曰：逝者如斯夫！　风樯动，龟蛇静，起宏图。一桥飞架南北，天堑变通途。更立西江石壁，截断巫山云雨，高峡出平湖。神女应无恙，当惊世界殊。

这首词写于 1956 年 6 月，最早发表于 1957 年 1 月号《诗刊》。

注　释

[游泳]　1956 年 6 月，作者曾由武昌游泳横渡长江，到达汉口。

[长沙水]　作者自注："民谣：常德德山山有德，长沙沙水水无沙。所谓长沙水，地在长沙城东，有一个有名的'白沙井'。"

[武昌鱼]　据《三国志·吴书·陆凯传》记载：吴主孙皓要把都城从建业（故城在今南京市南）迁到武昌，老百姓不愿意，有童谣说："宁饮建业水，

不食武昌鱼。"这里化用。武昌鱼,指古武昌(今湖北鄂州市)樊口的鳊(biān)鱼,又称团头鳊或团头鲂。

[极目楚天舒]　极目,放眼远望。武昌一带在春秋战国时属于楚国的范围,所以把这一带的天空叫楚天。舒,舒展,开阔。柳永词《雨霖铃》:"暮霭沉沉楚天阔。"

[宽余]　指神态舒缓,心情畅快。

[子在川上曰:逝者如斯夫]　《论语·子罕》:"子在川上,曰:'逝者如斯夫! 不舍昼夜。'"

[风樯(qiáng)]　樯,桅杆。风樯,指帆船。

[一桥飞架南北]　指当时正在修建的武汉长江大桥。1958 年版《毛主席诗词十九首》和 1963 年版《毛主席诗词》,作者曾将此句改为"一桥飞架,南北天堑变通途",后经作者同意恢复原句。

[天堑(qiàn)]　堑,沟濠。古人把长江视为"天堑"。据《南史·孔范传》记载:隋伐陈,孔范向陈后主说:"长江天堑,古来限隔,虏军岂能飞渡?"

[更立西江石壁……当惊世界殊]　西江石壁即鄂西川东长江三峡一带。如在这里蓄水发电,水坝上游原来高峡间狭窄汹涌的江面将变为平静的大湖。巫山,在四川省巫山县东南,巫山形成的峡谷巫峡和上游的瞿塘峡、下游的西陵峡合称三峡。巫山云雨,楚宋玉《高唐赋·序》载:楚襄王在游云梦泽的高唐时曾梦与巫山神女遇,神女自称"旦为朝云,暮为行雨"。这里只是借用这个故事中的字面和人物。

风吹浪打起宏图

——重学《水调歌头·游泳》

朱子奇

毛主席的诗词,雄伟瑰丽,思想性高,想象丰富,艺术感染力强。每一首都吸引人,使人愈读兴致愈浓,愈觉有新意,也愈感到

193

受益多而深。

　　毛主席的诗词,鼓舞人们立志征服大自然,改造旧世界,创造美好的新世界。他还特别在诗词中,激励人们到大风大浪中去经受考验,在与风浪搏斗中去夺取胜利。

　　毛主席从小就爱游泳,爱到波涛中击水、锻炼,去寻找诗的灵感与美的享受。他有许多首诗词是抒写这方面感受的。其中有两首,可说是典型的了。第一首是《沁园春·长沙》,写于1925年大革命前夕,鼓励有志青年去"中流击水",充满了革命乐观主义;昭示着未来主宰世界的力量,绝非反动派,而是人民。第二首,就是这篇《水调歌头·游泳》。这是1956年创作的,是革命胜利后写建设的:要把"长江天堑"变通途,更要调动长江水为社会主义大业服务。

　　不管是胜利前写革命,还是革命胜利后写建设,都是通过写游泳,抒发一个革命者的情怀,即应在时代的狂风恶浪中,熟悉风浪特性,培养勇敢精神,坚定战斗信仰,那就无论什么困难,不管何等敌人,都是不可怕的,都是能够战胜的。

　　也许因为我也喜欢水,喜欢游泳,又是湖南人的缘故,毛主席这两首写游泳的词,我感到特别亲切。《水调歌头》这首,最早是从郭老(沫若)那里得知的。大约是1956年夏天,我们几个人在北戴河游泳,在沙滩上围着郭老,面对波涛起伏的大海聊天。我们问郭老最喜欢毛主席哪首诗词? 他回答说:每一首都了不起,都喜欢。又说:当然要看哪一方面了。如《沁园春·雪》,论思想的崇高,气魄的雄伟,语言的光彩,是前无古人的。他还提到两首当时尚未正式发表的词,《游泳》就是其中的一首。他几乎一句句背诵出来,给我们讲述自己的看法。他认为,这首词写的是借游泳练身体,更练意志,充分表现了革命领袖的一颗爱民之心。在风浪中起宏图,产生调动长江水为社会主义建设服务的坚强决心。这种写法,在以往相类似题材的诗词中是罕见的。

　　之后,我在开罗亚非团结委员会工作期间,诗友田间从国内带来一本首次发表毛主席十八首诗词的《诗刊》创刊号,还有主编臧克家同志的鉴赏文章。我们几个在国外工作的同志(诗人韩北屏、作家杨朔和陈家康大使),都争先阅读和热烈议论这些久盼的诗文。

　　我们当时正在筹备第二次亚非作家会议,要贯彻"万隆精神",排除外来势力的干扰和破坏,坚决支持正在高涨的亚非地区反帝反殖的民族解放运动。这些诗词的雄壮气势和乐观精神,《游泳》词中显示的在风险里见豪情的内涵,都给我们以力量和新的启示。我们还相机向亚非国家的诗人、作家介绍,用毛主席的反帝革命思想和文艺主张去鼓励他们,引起了强烈的反响。

　　毛主席采用《水调歌头》来创作这首词是和谐的。"水调"这个词牌本为古曲的一种,"歌头",是它的开头部分。在音乐上,也称曲子的主题句。作者一开始就化用了两句引自民谣和典故中的话,来点出自己的行踪:"才饮长沙水,又食武昌鱼。"从长沙来到了武昌。湖南是作者的故乡,长沙是他上过学和从事过革命活动的地方,这样开始,显得亲切自然。毛主席多次游过长江,仅 1956年 6 月初就接连三次游过。这首词写的是第一次游的情景,即 6月 1 日从武昌游到汉口。第二次是 6 月 3 日,从汉阳回游武昌,穿过正在修建的武汉长江大桥桥洞。再一次是 6 月 4 日,也是从汉阳游回武昌的。四天里,一连三次横渡长江。当年的毛主席已是六十三岁的人了,可见他的坚强体魄和意志是多么惊人!

　　中国革命领袖横渡长江的事,当时是轰动国内外的大新闻。但只有读了这首诗,才能真切地领会到这个壮举是如何感动人和鼓舞人的。"万里长江横渡,极目楚天舒。"读者可想象,这位与惊涛骇浪搏斗的征服者的雄姿和气势。他一面游进,一面仰望:这楚地的天空是多么辽阔,多么舒展!楚天,是指春秋战国时属于楚国(今湖北省武汉一带)的一片天空。宋代词家柳永在《雨霖铃》中有句云:"暮霭沉沉楚天阔。"

　　接下去,描写作者不管风如何狂、浪怎样凶,从从容容地向彼岸游去,真可说这比在有限的庭院中"信步"更胜一筹,更感到舒心与"宽余"了!我曾有幸目睹毛主席游泳,他的姿势,一般是手不出水的侧游,有时转为近乎仰游,头部总是露在水面上。这就能放眼远望,能尽情思索、联想。也许读者还会自然地想起毛主席"无限风光在险峰"的名句。在战胜风险中得来的喜悦,是一种可贵的收获和高尚的享受。

　　上半阕的结尾,作者妙用了孔夫子的两句话,来加深词的意境,使其意味更加隽永。这个两千多年的典故被引新了,用活了,还得到恰当的发挥。这个典故出自《论语·子罕》:"子在川上,曰:'逝者如斯夫! 不舍昼夜。'"看,诗人举目仰望楚天寥廓,俯视大江滚滚入海流,就会联想起苏轼《赤壁怀古》中的名句:"大江东去,浪淘尽,千古风流人物。"更会不由得发出感叹:这逝去的江水日日夜夜流个不停,流了多少年代! 啊,过去的一去不复返了。重要的是今天,是我们,是创建史无前例的社会主义新生活的一代人。我们要珍惜时光,要抓住机会,利用这大江之水来为人民造福啊!

词的下半阕,自然展开了在风浪中"起宏图"的描绘。江上是风吹船桅齐飞动,两岸是龟蛇二山静相望。作者的脑子里,闪现出一个宏伟设想:不仅要修好这座飞架南北的大桥——把自古称为"天堑"的长江,变为新中国一条四通八达的交通枢纽;而且毛主席还考虑,更要在上游筑起一道高大拦河坝,把奔腾了千万年的长江水拦腰截断,而在鄂西川东的三峡耸起一座蓄水发电的巨型水坝"西江石壁"。奔流而下的长江水和巫山雨水,都将一起汇入"高峡"上出现的"平湖"了。是啊,那位亭亭玉立在巫山之上的神女,可别把她伤害了! 她应受到精心保护,应该是健在"无恙"的! 她看到这动人景象、这人间奇迹时,会禁不住激动地惊呼:这世界真是大变了! 祖国确实大步前进了!

高峡,是指在中外驰名的长江大峡谷中,由巫山形成的峡谷巫峡和上游的瞿塘峡、下游的西陵峡,合称为三峡。巫山云雨,相传楚国宋玉《高唐赋·序》说,楚襄王在游云梦泽的高唐时,曾梦见与巫山神女相遇,神女自称:"且为朝云,暮为行雨。"毛主席在词里,只是借用这个故事中的说法。但我们如今看到了,古代神话,不是变为现代神话了吗?

还应该说,毛主席的诗词,不仅中国读者、诗人喜爱、钦佩,而且外国读者、诗人也喜爱、钦佩。我认识的一代大诗人吉洪诺夫、苏尔科夫、聂鲁达、希克梅特、纪廉、内兹瓦尔和维尔什宁等,都在他们的诗文中热情歌颂毛泽东,还积极翻译评介毛泽东诗词,并引用他的诗句作为自己诗文的题记或序言。苏联诗人吉洪诺夫曾说,他到了中国,见到了东方巨人,又读了巨人的辉煌诗篇,燃起了他新的诗火。他送我的诗集《五星照耀着绿色的大地》中,有一首《中国人》的诗头题记,就写着:"数风流人物,还看今朝——毛泽东:《沁园春·雪》。"他在诗中写道:

> 韶山英雄领头改变中国面貌,
> 开拓着人的生路,江河的流道。

1953 年春,我们在布拉格世界和平理事会听过从中国访问回来的古巴诗人纪廉的报告,其中有两句话我特别难忘。他说:毛泽东论文艺的书(指《在延安文艺座谈会上的讲话》)是最完整的革命文艺观。毛泽东写革命军远征的诗(指七律《长征》)是时代的史诗。他建议世界上每个作家、诗人,读一读毛泽东这本书和他的诗,是可以从中得到教益的。之后,他听到毛主席多次游过水面宽阔、风急浪高的扬子江这一壮举后,激动地说,这恐怕是古今伟人和诗人中都无与伦比的,我要为此祝贺和欢呼!

我们的老朋友、美国女作家安娜·路易斯·斯特朗曾告诉我们,毛主席于 1959 年 2 月,在与她和美国著名黑人学者杜波依斯夫妇会见时说:他每年都要横渡长江,或游过其他江河——如广州附近的珠江。他还打算游过黑龙江。斯特朗当时对毛主席说:那你就要游到俄国去了!主席笑着回答:"哎,你完全正确!"毛主席还高兴地挥手说:如果你们三位允许,我愿去横渡你们的密西西比河。大概另外三位先生——杜勒斯、艾森豪威尔和尼克松,不会欢迎我去吧! 不过,我是个乐观派。

我最近在美国出的一本写斯特朗生平的《纯正的心灵》一书里,也读到过这段事的描写。毛主席的话,使这三位美国政治家吃了一惊,似有点茫然。因为当时,台湾海峡还炮声隆隆,掀起了狂风巨浪。但是,历史证明:毛泽东这位时代的弄潮儿,大风浪的征服者,不是说对了吗? 十二年后,尼克松不是手提皮包来北京会见这位说过想到密西西比河中流击水的游泳健将——有胆略的革命家和诗人吗?

这也正是风吹浪打起宏图。

想起 1959 年夏,我和西班牙语翻译家陈用仪同志,陪巴西一家很有影响的杂志《星期六》的主编里亚多先生，去北戴河见毛主席。毛主席对巴西和拉美情况的熟悉与看法，使这位老报人敬佩不已。毛主席说，我们亚非拉人民要做自己国家的主人，也要做大自然的主人。我们与人较量，也要学会与天与地较量。毛主席还指着窗外远处的蓝色大海说，是它联结了我们的。我们吃的花生，就是从巴西海那边"游"过来的。主席要我们用炒花生米招待客人。据说，他们只吃煮花生。当客人表示，希望有一天主席先生能访问巴西，到亚马孙河游泳，那该多好呀。主席笑着回答说，大概我只能去"神游"了，因为有人不会喜欢我去。客人说："尊敬的毛先生，全巴西人民都欢迎您！"

我们在海边请客人吃了炒花生，并抄了毛主席的两首词送给他（除了这首《游泳》外，另一首是《浪淘沙·北戴河》），还向他介绍了诗词的内容，特别谈了诗中"当惊世界殊"和"换了人间"两个句子的对比与含义。客人立即向巴西发出了几条重要新闻的电讯。回国后，在他的杂志上发了特大专号，大量刊登了这次与毛主席会见的图文并茂的长篇报道，在西半球以至在世界上，引起了一阵轰动，产生了广泛影响。

我们许多人还记得，50年代中南海那些灯火辉煌的日日夜夜，毛主席、周总理，与我国杰出的科学家们一道热烈讨论和制定改造祖国大江大河的宏伟计划。他们还顶风冒雨走遍大江大河去实地考察。

毛主席在风浪中起宏图和把宏图变为现实的革命精神，是人类征服大自然、创建新生活永远需要的时代精神。尤其在国际风云多变的今天，我们更要发扬这种敢于战胜一切困难，迎着新世纪的阳光前进的共产主义战斗精神、乐观精神！

我以为，这就是这首《水调歌头·游泳》词的深远而丰富的内涵，是毛主席这位一代大诗人给我们留下的一份宝贵精神财富，也给以我们诗创作永不灭的启示之光：大风大浪考验人，也考验诗。时代永远呼唤有志者们、诗人们到中流击水，去撞碎浪尖闪电，去起宏图，去为宏图而拼搏、而献身！

1990年3月12日晨

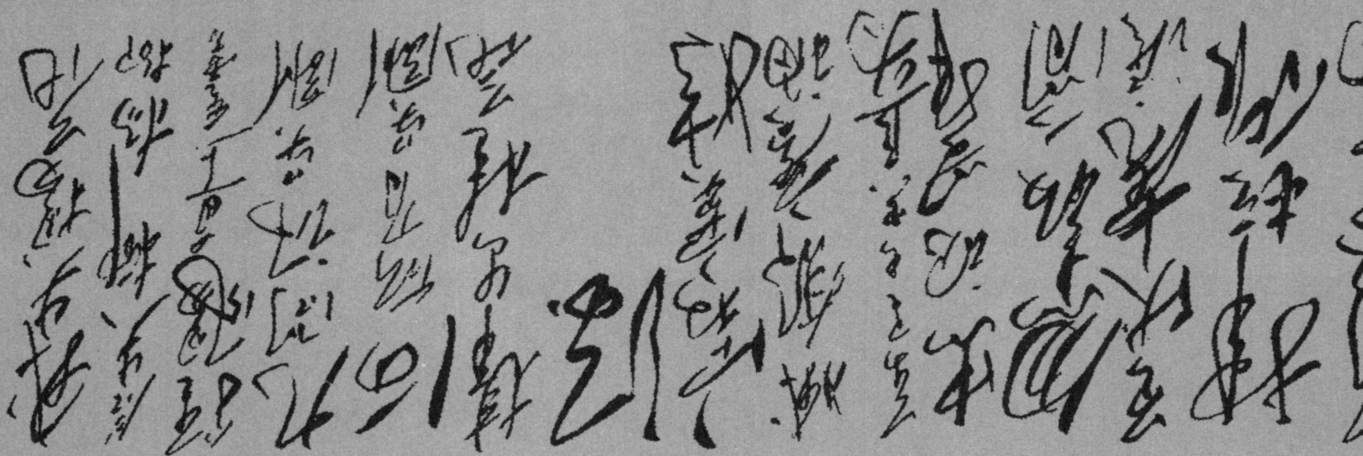

蝶恋花

答李淑一

一九五七年五月十一日

我失骄杨君失柳,杨柳轻飏直上重霄九。问讯吴刚何所有,吴刚捧出桂花酒。　　寂寞嫦娥舒广袖,万里长空且为忠魂舞。忽报人间曾伏虎,泪飞顿作倾盆雨。

这首词写于 1957 年 5 月 11 日,最早发表于 1958 年 1 月 1 日湖南师范学院院刊《湖南师院》。

注　释

[答李淑一]　这首词是作者写给当时的湖南长沙第十中学语文教员李淑一同志的。词中的"柳",指李淑一同志的爱人柳直荀(1898—1932)烈士,长沙人,毛泽东早年的战友。1924 年加入中国共产党,曾任湖南省政府委员,湖南省农民协会秘书长,参加过南昌起义。1930 年到湘鄂西工作,曾任红二军团政治部主任、三军政治部主任等职。1932 年 9 月在湖北洪湖革命根据地不幸牺牲。1957 年 2 月,李淑一同志把她写的纪念柳直荀同志的一首《菩萨蛮》词寄给毛泽东,毛泽东写了这首词答她。

［骄杨］ 指作者的夫人杨开慧同志。

［飏(yáng)］ 飘扬。

［重霄九］ 九重霄，天的最高处。我国古代神话认为天有九重。

［吴刚］ 神话中月亮里的一个仙人。据唐段成式《酉阳杂俎》：月亮里有一棵高五百丈的桂树，吴刚被罚到那里砍树。桂树随砍随合，所以吴刚永远也砍不断。

［嫦娥］ 神话中月亮里的女仙。据《淮南子·览冥训》：嫦娥(一作姮娥、恒娥)是羿(yì)的妻子，因为偷吃了羿从西王母那里求到的长生不死之药而飞入月中。

［舒广袖］ 伸展宽大的袖子。

［忽报人间曾伏虎，泪飞顿作倾盆雨］ 忽然听到中国人民终于打倒了国民党反动统治的捷报，两位烈士的忠魂顿然喜欢得泪流如雨。

［舞、虎、雨］ 这三个韵脚字跟上文的"柳、九、有、酒、袖"不同韵。作者自注："上下两韵，不可改，只得仍之。"

附：李淑一原词

菩萨蛮

惊　梦

兰闺索寞翻身早，夜来触动离愁了。底事太难堪，惊侬晓梦残。　征人何处觅？六载无消息。醒忆别伊时，满衫清泪滋。

附词注释

［征人］ 即作者的丈夫柳直荀烈士。

一朵奇香殊态的青花

——读《蝶恋花·答李淑一》

钟敬文

照我们的理解，同样的诗歌题材、题旨，可以运用不同的创作方法去表现。而创作方法主要有两种：一种是现实的，另一种是幻想的（或称浪漫的）。

诗人在面对当前（或回忆过去所曾接触的）的风景、人物、事件时，有感于心，情思跳动，因而运用自己习熟的或新创的诗歌形式（包括格律、音调等），去给予那对象——诗材、诗思以艺术的剪裁、陶铸，最后产生出定型的作品，这样的创作方法，是现实的。如果进一步探索，这种作品在内容上是否能反映出"真实"（哲学意义的）来，当然存在着问题。但这里只就创作方法的一般意义而言，这样创作的作品，则是一种即兴诗。中国传统的诗歌创作，大都是这种即兴的抒情诗。

不错，在诗歌作品中，还有一种与这种即兴的抒情诗不同的品种，那就是叙事诗。叙事诗当然也要有客观的诗材和相应的主观情思，但它往往因为要对人物、事件作必要的铺陈、描述，从而进行对题材的搜集、选择和排比等活动，结果就使它的特点有别于一般的抒情诗，像古典作品中的《琵琶行》和《圆圆曲》等。这类作品虽然内容侧重人物、事件，有与一般抒情诗区别之处，但从创作方法上看，它还是现实的。我认为，我国历史上的这类作品，并不是严格意义的、《伊利亚特》一类的大叙事诗，而只是一种带有抒情色彩的小叙事诗。像英国的谣曲（Ballad）那样，除去个别作品中间有描写超人间的人物、事件部分（如《长恨歌》里关于道士遇杨妃的情节）之外。

　　跟上述两种作品的性质不同，还有采用另一种创作方法产生的作品，那就是幻想性的（或称浪漫的）诗篇。幻想性诗歌同样需要有客观事物的触发，需要有相应情思的产生。在这两点上，它与现实性作品一样，而并非两者一开始就截然分途的。但是，在诗歌形象的创制上，它却采取了另一种构思方式。它基本不是按照作者感受到的现实形象去加以剪裁、排比、陶铸，而是把原有的诗材、诗情，用一种非现实的形式去构想和表现出来。这有点像原始人神话传说的创作那样。这种诗歌，就是幻想的、神话式的。

　　我国古代诗歌作品是非常繁富的。远在先秦时期，就已经有了那哀然成集的《诗经》。到了汉代，那南方诗体的创作集《楚辞》也出来了。以后，这方面的创作越来越盛，就不用细说了。而由于我国长期的农业社会和比较尚实的文化精神，使得传统诗歌在创作方法上，也主要表现为现实的、而非幻想的（这当然不是说，作品里完全没有幻想和想象的成分）。幻想性（或近于幻想性）的作品不是完全没有，如《九歌》《远游》《离骚》（后半）和晋代以后的游仙诗等，其中有的在品格上还是极高贵的（如《九歌》里的一些篇章）。但是，从总体上看来，在我国的古典诗歌里，幻想性的作品没有占据优越地位——特别是从量上看更是如此。

　　我国这种传统诗史上缺少幻想性作品的局面，就是到"五四"前后，以借鉴外国为助力，发展了反叛传统诗歌作法的新诗创作，情况也未完全改观。这在诗学、文化史乃至文化心态上，都是一个值得思索的问题。

　　然而，幻想性诗作到底是民族诗歌中不可缺少的一种鲜花。这一类韵文作品，只要作者的思维、感受和想像力等方面具有诗人素质，其艺术表现能力又能与内容相符，这样产生的诗篇就可以同那些成功的现实性作品相比拟。而且，由于它构想的特殊性，它还往往会产生更强的魅力。这恐怕是许多读者、特别是年轻人喜爱幻想性作品的原因吧。

　　毛泽东同志的《蝶恋花》，就是运用传统诗型（词的小令）创作的一首幻想诗（词）。

　　这首小词，从题旨上看，是一首追念亡妻和亡友的作品。但我们应该注意,作者在此追悼的,不只是一般的爱侣和密友,而且是两位革命烈士。他们在那黑暗弥天、斗争剧烈的年代,为亿万人民的生存和幸福,贡献了自己的生命。作者追思起这样的亲人、密友、伟大战士,当然胸中会有无穷的往事萦绕,有不尽的痛悼与崇敬心情腾涌。这自然有条件使作者写出有价值的诗篇。而这类悼亡诗、追念死友之诗,在我国古代诗库中不乏其例,其中也不乏真挚感人的作品。但它们的创作方法,大都是些陶铸眼前诗材、诗感而成的即兴抒情诗。毛泽东同志的这首小词,却应用了另外一种创作方法——幻想性的创作方法。

我们首先来看看小词的大略内容。这首词在格式上是双调词体,分上、下两片。上片说的是两位烈士牺牲后魂魄升天的情景。他们的“强魂”(用韩致尧的诗语)离开了罪恶的地面,飞升到青冥的高天(“重霄九”),在那里见到了被惩罚而终日终夜在砍伐月宫里桂树的吴刚。这位仙人捧出天上特有的桂花酒款待他们。接着,下片出现了那位因偷吃不死之药而升天的女仙嫦娥。她为了欢迎这两位地上人豪的到来,兴奋地舒展长长的袖子翩翩舞了起来。正当兴高采烈的当儿,忽然听到人间那些吃人魔王(老虎)被收拾了。他们顿时热泪如骤雨般地倾泻而下。那是混合着无限悲伤与欢乐的泪! 是远非平常意义的泪!

这里所体现的,便是文艺批评家所说的“创造之境”。它的部分素材虽然是取自现实和传说人物的,但是从词的整个构成看,却已是一种非人间的、全新的境界,是所谓“彼岸”的世界。而从作品内蕴的思想、情感讲,虽然亦很不平凡,但实质上依然是人间的、现实的。这就是这首词的意义和价值所在,也正是它的魅力所在。

我们所能看到的毛泽东同志的诗词数十首,从创作方法上看大都是现实性的。其他运用神话、传说和驰骋想象(乃至于幻想)者虽也不少,但像《蝶恋花》这样全部用神话式构思的却不多见。为什么作者要采取这种特殊的创作方法呢? 这大概是留心的读者,特别是诗歌研究者所禁不住要发问的问题吧。关于此点,作者既没有自己的说明,历来的评论家、诗论家们似乎也很少触及。为此,我们便只好大胆地作些猜想了。

首先，我想作者可能是要更有力地表现这个具有庄严意义的题材、题旨。我们前面提到，作者追忆的不是一般的亲人、密友，而是伟大的战士，大义凛然的献身者。对此，作者自然有许多话可说，有许多话要说。然而，一首小词的容量是有限的，这就产生了一个如何说好些的问题。何况，若按实际情况铺排词句，处理得当并非易事。也许，先是出于这种思考，作者就索性凭借想象，另辟一种更新、也更高的境界去表现它。这种考虑是完全可能的。

其次，作者是一位伟大的政治家。他所作悼亡诗、悼友诗，被悼者又具有那样伟大的品格。在这种情形下，作者如果只跟一般诗人一样去写这类作品，即使真挚感人，也多少与作者本人的身份和思想不尽相符，虽然他也是一个正常的人——有血肉、有感情的人。何况在当时环境下，可能还有一些别的实际问题需要考虑呢？这样一来，便驱使他放弃写实的手法，而去驰骋他的诗的幻想了。读者知道，对于中国古典诗词，毛泽东同志是唐代三李（李白、李贺、李商隐）作品的爱好者，而后者的诗作特点都是比较偏重想象，乃至幻想的，其中李贺尤为突出。这也许是使他的这首词采取了幻想性手法的另一点因缘吧。

上述这些，只是个人一时的揣测，可能有的多少沾边，有的也可能只是无稽的幻想。

回到要处，我觉得毛泽东同志这首小词，在创作方法上是具有显著特点的。也许正因为采取了这种特殊意味的创作方法（当然同时还有词中歌咏的题材的意义，作者不平凡的情思及相当娴熟的艺术手腕等在共同起作用），才使它在读者的心灵中更富于吸引力，从而留下了难以磨灭的印象吧。

临末，如果允许我浪漫地从世界文学史的大花园中，给毛泽东同志的这首小词借用一个品题的语词，那么，是否可以称她是一朵青色的花——一朵别具香气与姿态的青花。

1990 年 3 月 1 日于北师大

204

七　绝

观　潮

一九五七年九月

千里波涛滚滚来，雪花飞向钓鱼台。
人山纷赞阵容阔，铁马从容杀敌回。

这首诗写于 1957 年 9 月，首次发表在
1993 年第 6 期《党的文献》。

注　释

[观潮]　指在钱塘江口观看素有"天下奇观"之誉的巨大潮汐。毛泽东在 1957 年 9 月 11 日(农历八月十八)由杭州乘车去海宁七里庙，观看"钱江秋涛"。

[钓鱼台]　诗人取义可能与严子陵钓台有关。钱塘江上游曰富春江，海潮再大也不会波及百里之遥的桐庐严氏钓台。但因严氏钓台临水而居高，在一山崖上，名为钓鱼台，其实不可垂钓。故明袁宏道有诗讥之曰："路深六七寻，山高四五里。纵有百尺钩，岂能到潭底?"王世贞《钓台赋》曰："渭水钓利，桐江钓名。"以此讥讽严子陵。这里是指海宁县七里庙附近某处岸边高台，非是富春江畔严子陵之钓鱼台。

[铁马]　古时配有铁甲的战马，一般指军马，或借喻雄师劲旅。陆游："夜阑卧听风吹雨，铁马冰河入梦来。"(《十一月四日风雨大作》)

观者同于外　感则异于内

——七绝《观潮》赏析

徐　涛

　　1957 年秋，毛泽东在浙江进行工作考察，小住杭州。时值农历八月十八，正是钱江观潮的佳日。毛泽东被这素以"天下奇观"著称的"钱江秋潮"所吸引，于是驱车前往。由杭州而海宁，由海宁而钱塘江镇，直至七里庙，实地观看了海潮涌起的壮观景象。诗人为这奇异而壮观的自然景象所激发，信手写下了这首绝句。毛泽东曾自谦地说："我则对于长短句的词学稍懂一点。剑英善七律，董老善五律。"毛泽东素以填词见长，独步当代词坛。他于绝律也偶有所作，每臻佳唱。《观潮》一诗即是他少数游兴诗之一。

　　本诗紧扣一个"观"字，状写海潮实景，或授诸视野，或授诸听觉，或在视听之区加以神游，把我们带到了"钱江秋涛"的实地，领略这大自然的奇妙景观。

　　起句"千里波涛滚滚来"，从视觉入手，写"远观"所得。东望钱塘江口，大海之上，水天相接处，有一条白练横卧，了无际涯，正所谓"怒涛卷霜雪，天堑无涯"（宋柳永《望海潮》）。嗣后，白练增粗，由远及近，同时传来一阵阵闷雷声响。正前人所谓"海面雷霆聚，江心瀑布横"（宋范仲淹《又和运使舍人观潮》）。"滚滚来"状形、状声，形象逼真，"千里"极言水域之宽，属夸张性实感。起句平实，但较真实。诗为景生，感观所触，壮情自出，壮情即成，诗句立就，绝无雕琢之痕。"千里"悦之以目，"滚滚来"惊之于耳，惊喜之情自在其中。次句写潮势，属"近观"所得。奔涌而至的齐天大潮，以排山倒海之势，扑面而来。潮水与石岸相撞击，雪白的浪花向上升腾，高耸天际，如千座冰山，万座雪峰，飞过了高耸于江岸的石台石阶,形成了"浪涛壁立,冲向天际"的奇观。宋代周密状写此景曰:"震撼激射,吞天沃日;势极雄豪。"都是惊叹雪浪高耸的豪壮气势。写浪花,以"雪"形容,屡见不鲜,但此处以"雪花"状之,大有凌空而降之势,故有"飞向钓鱼台"之比。首句写潮起,声威宏伟,视野辽阔;次句写潮势,浪涛壁立,高耸入云。远观,写潮阔;近观,写浪高。仅此两句就将钱塘潮的潮起与潮势写尽了,写活了。若诗人再写直观感受,势必累赘。古代素有"咏物诗最难工"的说法,所谓"太切题则粘皮带骨,不切题则捕风捉影,须在不即不离之间"(钱泳《履园谭诗》)最佳。因为咏物诗写物图貌,纤毫毕现,形似而已。所谓画工也,缺少意趣,诗味索然;反之,如离题太远,信马游缰,言之无物,失却了想象的依托,诗理无存。写诗就讲究"不切而切,切而不觉其切"(胡应麟《诗薮》)。既以描写客观事物为出发点,又要阐发主观情致,使之有实有虚,虚以实据,虚实相兼。这样,方可留下一些可以体悟、可以领略和可以展开想象的思维空间,让读者用自己无尽的情思去填补。刘勰有过十分精辟的阐述:"岁有其物,物有其容,情以物迁,辞以情发……是以诗人感物联类不穷,流连万象之际,沉吟视听之区;写气图貌,既随物以宛转,属采附声,亦与心而徘徊。"(《文心雕龙·物色》)毛泽东这首绝句,前半部客观地描述了海潮涌起的声威之后,就不再直写海潮,这正是熟谙写诗三昧的表现。第三句写"旁观",有如电影中的"摇镜":"人山纷赞阵容阔。"由观海潮而观人潮,观潮盛况空前,人山人海,场面也足以令人叹为观止。自古就有"士女观如堵"(清蒋学坚《八月十八海昌观潮(己亥)》)的描述。千万人在观潮时发出的惊叹之声、赞美之声,乃至惊喜尖叫之声不绝于耳,这种合声与潮水轰鸣之声相应和,组成了宇宙间最为奇伟的交响乐。因而,这"阵容阔"就具有双关语义了:一为海潮"阵容阔",二为人潮"阵容阔"。由此不难想见,诗人观潮亦观人,观潮者亦自观之,海潮、人潮互为奇观。潮为自然物,人为社会人,人与自然于此时此境融为一体。慕名而来者,地无分南北,国无分中外,男女摩肩接踵,老少咸集,妇孺携手,顾盼左右。或惊、或喜、或拊掌、或顿足、或拈须、或追逐嬉戏、或迎潮沐浴、或远避而登高,指指点点,比比画画,形形色色,尽在"纷赞"二字中。千万人为观潮而同来,又为观潮而同惊同喜,此情此景亦"观"之所得。此正景语亦情语也。结句写"神观",从潮水的声威上生发,加以联想,逼出"铁马从容杀敌回"一句。很显然,这句诗是从陆游"夜阑卧听风吹雨,铁马冰河入梦来"化出,但境界又自不同。陆游生处南宋,为祖国的统一奔走呼号,矢志收复中原,但终生不得其志。就是在睡梦中,也企盼北伐,可见其爱国情志。毛泽东在此借化前人的成句,以"铁马"相比,起十万军声,以壮海潮涛声雄伟。我想,诗人用比取义,非随意为之。见景取象,以比传神,与斯人斯语大有关涉。以观潮而论,各人自有不同心态:地理学家会想到地心引力;舞蹈家会捕捉大潮奔涌的丰姿,准备入舞;音乐家似在品味这天籁的妙曲;童话家则在构思龙王闹海的故事;诗人无不为此营构壮美的诗篇;军事家自然想起十万军声。毛泽东既诗人而军事家,兼而有之,他把这震天动地的海潮声势,比做金戈铁马的军声,势所必然。而这一状声寄情之语与陆游所阐发的"但悲不见九州同"的思想,未必没有关涉。这里"从容杀敌回"似写落潮,胜利的队伍唱着凯歌,踩着舒缓的步子,欢声笑语,向着欢迎的人群,挥手致意。这一"回"字,写潮退,也写人散,"退"得有气势,散得也有情致。从容舒缓,兴尽而去。全诗以"观"字入手,写"远观",写"近观",写"旁观",写"神观";紧扣诗题,从潮起写起,潮落为止,观潮全过程一览无余;于景语中吐露情语,惊叹与豪壮之思尽在字里行间。构思与表述,自与前人不同,虽然同写潮声潮势,但景同而语异,境界也不同一般。前人论诗云:"夫情景有异同,模写有难易。诗有二要,莫切于斯者。观者同于外,感则异于内。当自用其力,使内外如一,出入此心而无间也。"(明谢榛《四溟诗话》)斯人斯语,真实感受尽在其中,毛泽东的《观潮》正是"观者同于外,感则异于内"的绝句。倘若诗人健在,他一定还会为此诗中的复字("容")而再斟酌,使之成为一首更完好的诗。

208

七律二首

送瘟神

一九五八年七月一日

读 6 月 30 日《人民日报》，余江县消灭了血吸虫。浮想联翩，夜不能寐。微风拂煦，旭日临窗。遥望南天，欣然命笔。

绿水青山枉自多，华佗无奈小虫何！
千村薜荔人遗矢，万户萧疏鬼唱歌。
坐地日行八万里，巡天遥看一千河。
牛郎欲问瘟神事，一样悲欢逐逝波。

其　二

春风杨柳万千条，六亿神州尽舜尧。
红雨随心翻作浪，青山着意化为桥。
天连五岭银锄落，地动三河铁臂摇。
借问瘟君欲何往？纸船明烛照天烧。

这两首诗写于 1958 年 7 月 1 日，最早发表于 1958 年 10 月 3 日《人民日报》。

209

注　释

[送瘟神]　把迷信传说中的司瘟疫之神送走。意谓动员起来的群众力量同科学知识相结合,将有可能彻底消灭危害中国长江流域以南很多省份广大人民的血吸虫病。

[余江县]　在江西省东部。

[浮想联翩]　种种想象接连而来。

[华佗无奈小虫何]　华佗,三国时著名的医生。小虫,指血吸虫。本句意谓不发动群众消灭它,就是名医也无能为力。

[千村薜荔(bì lì)人遗矢]　薜荔,野生常绿藤本植物。千村薜荔,形容很多村落荒凉。矢,同屎。"人遗矢",借用《史记·廉颇蔺相如列传》所记战国时赵国名将廉颇的故事。廉颇被废,虽老仍健,赵王想再起用他,但派去的使臣却捏造说他一会儿就拉了三次屎("顷之,三遗矢矣")。这里指血吸虫病流行地区病人下泻不止,濒于死亡。

[坐地日行八万里,巡天遥看一千河]　地球赤道全长四万公里,合八万华里。因地球自转,人于不知不觉中,一日已行了八万里路。地球在天空转动,所以住在地球上的人们也在"巡天"。一千河,泛指宇宙中很多的星河。

[牛郎]　指星河边的牵牛星。传说牵牛星是由人间的牛郎所变。

[一样悲欢逐逝波]　逝波,一去不回的流水,借喻过去的时间。这里是说人间的血吸虫病,在解放以前和党没有发动群众加以扑灭以前,还是同牛郎在时一样患者自悲,欢者自欢,多少年头就这样流水似的过去了。

[六亿神州尽舜尧]　中国的六亿人(当时人口约数)都是尧舜一样的圣人。尧和舜是古代历史传说中唐虞两代的"圣君"。

[红雨]　唐李贺《将进酒》:"桃花乱落如红雨。"

[三河]　汉代把河东、河内、河南三郡称为三河之地(见《史记·货殖列传》),原指今晋西南和河南省西部黄河两侧的一部分地方。这里泛指北方。上句五岭(见七律《长征》[五岭逶迤腾细浪]注)泛指南方。

[纸船明烛]　旧时祭鬼要烧纸船,点蜡烛。这里借来形容瘟神(瘟君)在六亿人民的奋进中无处存身,只有逃离人间。

绿水青山应更多

——读七律二首《送瘟神》之一

吴奔星

　　血吸虫病是为害最大、传染最速的疫病之一。新中国之有血吸虫病,是从旧中国遗留下来的。而江西省的余江县,则是全国血吸虫病最为严重的地区之一。全国解放不久,毛主席在土改、三反、五反以及肃反取得胜利的基础上,于1955年发出了"一定要消灭血吸虫病"的号召。余江人民积极响应,掀起了破除迷信、解放思想、限期消灭血吸虫病的群众运动。经过两年多的奋战,于1958年树起第一面消灭血吸虫的红旗。6月30日的《人民日报》,发表了《第一面红旗——记江西余江县根本消灭血吸虫病的经过》的长篇报道和《反复斗争,消灭血吸虫病》的社论。毛主席看了这篇激动人心的报道,极为兴奋,心潮澎湃,夜不能寐。次日,正好是党的三十七周年诞辰。他面向临窗的旭日,乘兴写下了组诗《送瘟神》七律二首。当时的中国人民,在"鼓足干劲,力争上游,多快好省地建设社会主义"的精神鼓舞下,意气风发,斗志昂扬。中国人民既然实现了推翻一个旧中国的宏伟计划,也就更有建设一个新中国的坚强信心。而改造旧中国,正是建设新中国的刻不容缓的当务之急。毛主席当年之所以发出"一定要消灭血吸虫病"的号召,就是认定了消灭血吸虫、解放生产力是改造旧中国的迫在眉睫的历史任务!

　　从思想内容和艺术表现的统一性看,《送瘟神》二首的关系是一个浑然的整体,显示血吸虫病的流行、治理和消灭,有一个历史的发展过程。毛主席的诗形象地反映了这个历史发展过程。那种机械地把《送瘟神》二首说成第一首是写旧社会,第二首是写新社

会,是不符合诗的实际的。试看第一首:

诗的首联:"绿水青山枉自多,华佗无奈小虫何!"把小小的血吸虫作为自古以来名医代表华佗的对立面看待,就明显地表明:血吸虫病危害绿水青山和劳动人民,是从旧社会直到新社会一贯如此。这样理解,既能把握毛主席在 1955 年发出"一定要消灭血吸虫病"的号召的现实根据,又能明确毛主席于 1958 年写诗命题为《送瘟神》的积极意图。因此,我们鉴赏这两首诗,就必须认识到血吸虫病对绿水青山和劳动群众的危害,从而正视它、治理它,并彻底地送走它。就是为了正视它,首联才以议论性的判断语气提出华佗与"小虫"的尖锐矛盾,以及由这个矛盾导致的必须予以变革的客观现实——"绿水青山枉自多"。在这里,用杜甫的"十室几人在,千山空自多"作注解,是十分贴切的。而且,此诗首联以先讲结果、后说原因的因果关系承上启下,正突出了"小虫"所导致的惊心动魄的情景——那么多的青山绿水被"小虫"糟蹋了,全党、全民必须正视这个现实,再也不能推迟"送瘟神"的历史任务了! 可见第一首诗虽不言"送",却为第二首末尾的"送"作了铺垫。

诗的颔联:"千村薜荔人遗矢,万户萧疏鬼唱歌。"是对首联的议论加以形象化的发挥。毛主席指出:"诗要用形象思维。"而首联只是理性地提出华佗与"小虫"的矛盾,还没有具体地写"小虫"危害的悲惨情景。颔联才对血吸虫流行地区的"人"的遭遇作了具体的形象化的描写:他们居住的村落不见庄稼,到处是蔓生的杂草、荆棘,遍地是病人的粪便。十室九空,冷落萧条,阴风惨号,像瘟鬼在歌唱。这些形象化的描写,正好对上文的"绿水青山"为什么"枉自多"作了回答:都是由于血吸虫病导致人的大量死亡、严重地破坏了生产力的结果。这两句诗对仗工整,声韵铿锵。"千村"一句是诉之视觉的,似乎让读者看见了血吸虫病在空间方面的广阔性;"万户"一句是诉之听觉的,似乎让读者感受到血吸虫病在时间方面的长期性。诗的鲜明的形象性和强烈的节奏感,通过视觉和听觉扣人心弦,不能不引起人民群众和人民政府对血吸虫病的严重关注,从而促使诗意向前发展,非"送"走它不可。

　　诗的颈联紧承上文所说的血吸虫病为害的地区之广和时间之长的客观实际,进一步把"浮想联翩"的形象思维发挥到极致。所谓"坐地日行八万里,巡天遥看一千河",就是毛主席作为关心民疾的共产党人的当然代表,即使在地球上坐着不动,每天却因地球的自转也可以游行八万里路程,还可因地球的公转巡视太空上千条星河。既考察血吸虫危害人民的地区之广,又探求如何消灭血吸虫这个瘟神的有效之策。这真是从浮想联翩中出现的神来之笔。因为只有发挥如此奇特的想像力的一笔,才能承受得了上文"千村"与"万户"遭受瘟神长期肆虐的苦难,并引出下文成了仙的关心农民命运的看牛娃——"牛郎欲问瘟神事"。颈联是承上启下的转折点,表明只有到了新社会,才把血吸虫病的彻底根治提到议事日程上来,并可看出第一首诗并非只写旧社会。对于颈联,有不少分歧的理解。这里参考了郭老(沫若)的看法,据说郭老的看法曾获得毛主席的首肯。

　　诗的尾联:"牛郎欲问瘟神事,一样悲欢逐逝波。"也有许多不同的理解。但是,只要接受郭老对颈联的看法,也就迎刃而解了。这个尾联是由"巡天"一句触发的结束语,与"华佗"一句相呼应。就是说,对付血吸虫,不仅历代名医华佗之流无可奈何,连天上的神仙牛郎想问人间事也束手无策,只能让人民大众的悲哀照老样子跟随东逝的波涛年复一年地过去。这里的"悲欢"是着重于"悲"的偏义词,借以强调人民所遭受的苦难。有的同志把"悲欢"解释为人民的"悲"和瘟神的"欢",将具体的人民和抽象的瘟神并列,一实一虚,当然也不无可取之处。只是讲得太玄乎、太抽象、也太牵强一些,不符合汉语偏义词的传统惯例。其实,强调了人民的悲哀,也就暗示着瘟神的"欢乐"了。我们鉴赏此诗,重点在于抓住首尾呼应,这一呼应关系到诗的思想性,决不可忽视。因为人间的名医和天上的神仙既然长期以来都对付不了血吸虫,那么,收拾血吸虫这个瘟神的艰巨的历史任务,自然责无旁贷地落到中国共产党领导的中国人民的肩上来了。这实际就是"没有共产党就没有新中国"的引申之义,也是《送瘟神》的最突出的思想意义!但是,这种思想意义并不是外加的,而是从全诗首尾的伏笔(或铺

213

垫）和呼应的艺术构思中流露出来的。在这里,我们既体会到此诗的思想性和艺术性,又认识到高度的思想内容和完美的艺术形式的统一。

作为组诗之一,第一首诗表现的是血吸虫病的猖狂流行和设法治理的历史发展过程,正好与第二首《送瘟神》融合为一。

纸船明烛照天烧

——读七律二首《送瘟神》之二

王希坚

毛主席这首诗的第一联:"春风杨柳万千条,六亿神州尽舜尧。"上句是以宜人的季节和秀丽的风光象征社会主义的新时代,下句是讴歌赞颂勤劳勇敢的中国人民。他引用了《孟子·告子下》中"人皆可以为尧舜"那句话,并进一步指出:新时代的中国人民已经是有理想、有作为的社会主义新人,能把长期为害的血吸虫病彻底消灭,这样伟大的人民也就是"尽舜尧"了。这两句诗现在已经是家喻户晓,成为增强我们亿万人民自豪感的不朽名言,激发我们作为一个中国人的光荣感和使命感,永远鼓励和鞭策我们奋勇前进。

这首诗的第二联:"红雨随心翻作浪,青山着意化为桥。"描写了自然景物随着新时代的到来,也能以崭新的面貌与人们治山治水、改造环境、消除病害的努力主动配合,与人为善。欣赏这两句诗的艺术性,应注意以下两点:第一,毛主席善于运用传统诗歌的手法,静中见动,赋予大自然以拟人化的姿态,使景色更为鲜明生动。像王荆公诗中"一水护田将绿绕,两山排闼送青来"的名句那样,毛主席也把"红雨""青山"写活了。"红雨",古诗中用以喻指落花。李贺《将进酒》诗中有句:"况是青春日将暮,桃花乱落如红

214

雨。"《西厢记》中也有"红雨纷纷点绿苔"的句子。在这里,毛主席用这个词语,指的是大自然缤纷的色彩,降临到欢腾的大地上,汇合着飘舞的红旗、红领巾,翻卷起红色的波浪,显示了战胜瘟神的壮观场景。"青山",本来是使劳动人民望之生畏的崇山峻岭,今天却像桥一样可任人自由往来,成为供人享受的美的环境。和前一首诗中的"绿水青山枉自多"恰成对照,说明了血吸虫病消灭前后的不同景象。毛主席以其联翩的浮想,描绘了这样一幅绚丽多彩的生动画面,给人以崇高的美的享受,也表达了天随人意、人力胜天的理想境界。第二,从这两句诗中,还可以体会毛主席炼字炼句的艺术功力。据邹问轩在他 1962 年出版的《诗话》中说,毛主席这两句诗的初稿原来是:"红雨无心翻作浪,青山有意化为桥。"以后经过反复推敲,才又把"无心"改为"随心","有意"改为"着意",这就比原来的意思更生动、更恰切了:"红雨"不是"无心",而是随着它自己兴高采烈的心情;"青山"不仅是"有意",而且是特别地用心用意。这样的一字之差,常会使诗句化平凡为神妙。古人把这种地方称为"诗眼"。这种字斟句酌的精神,是格律诗臻于精练完美的重要条件,值得我们好好地体味和用心学习。

毛主席诗的第三联"天连五岭银锄落,地动三河铁臂摇",是诗人扩展视野,放开笔路,对大自然和新社会宏观景象的铺陈描绘。"五岭"泛指中国的南方;"三河",汉代把河东、河内、河南三郡称为三河之地,这里泛指中国的北方。"银锄落""铁臂摇",可说是亿万劳动人民开山辟岭、团结奋战的实写,也可说是大自然焕发新容的象征,是一幅中华劳动人民改天换地的壮丽画卷。应当注意,这律诗中的第三联,也称颈联,处在全诗承上启下的最关键的位置。不少古今名作中,作者都能以雄浑的笔触和开阔的眼界,在这一联中注入全诗的最强音。《诗林广记》载,杨诚斋与林谦之议论杜甫的《九日》登高诗时曾说:"诗人至此(按:即指七律第三联),笔力多衰。今方且雄杰挺拔,唤起一篇精神,自非笔力拔山,不至于此。"这个评语,用在毛主席的这首诗上,也是非常恰当的。

最后,在诗的末尾一联中,毛主席以饶有风趣的笔法,点出了送瘟神的主题。烧纸送神这种古老的风习,过去是乞灵于神明保佑,消灾免病,今天则成了我们自力更生、战胜病魔的庆祝仪式的象征。"借问瘟君欲何往"是明白地告诉它:我们新社会再没有你的容身之地!"纸船明烛照天烧"则是说,这种祸国殃民的瘟神,只有彻底干净被消灭的一条路。

通观全篇,毛主席的这首七律,在思想性和艺术性上,都称得起是前无古人。至于格律的精严、对仗的工稳,也同样是完美无缺。有人说,写旧体诗像戴着枷锁跳舞。我们从毛主席流畅自然的诗句中,只看到他的浮想联翩,挥洒自如,却不见有一点矫饰生涩的迹象。

血吸虫病曾在我国南方广大地区蔓延,给人民的生命财产造成不可估量的损失。只有在共产党的领导下,动员广大群众,全力以赴,长期不懈,把深藏在地下的小钉螺都一一挖出消灭,才收到彻底防治血吸虫病的空前效果。这好比是一次全民动员的人民战争,胜利来之不易。毛主席和劳动人民心连心,胜利的喜讯使他激动万分,夜不成寐。这两首诗是他博大胸怀中流露的一束情感的火花。在第一首里,主要是反映灾区人民长期遭受的深重灾难和人民群众为战胜瘟神而不辞辛苦、排除万难、坚忍不拔的可贵精神。在这第二首中,则主要是歌颂时代和人民的新面貌、新境界。两首诗成为一个完整的整体。这一宏伟壮丽的诗篇,以其高瞻远瞩的思想和巨大的艺术感染力,给我们以战胜瘟神、战胜穷神、战胜一切牛鬼蛇神的无穷力量。

七 绝

刘 蕡

一九五八年

千载长天起大云，中唐俊伟有刘蕡。
孤鸿铩羽悲鸣镝，万马齐喑叫一声。

这首诗写于 1958 年，根据作者审定的抄
件刊印。

注 释

[刘蕡(fén 坟)] 字去华(？—842)，幽州昌平(今北京市昌平)人。中唐大
和二年(828年)，举贤良方正，刘蕡对策称："宫闱将变，社稷将危"，"阉寺持废立
之权"，"四凶在朝，虽强必诛"。痛论宦官专权，能废立君主，危害国家，劝皇帝诛
灭他们。考官赞赏刘蕡的文章，但惧怕宦官的专横，不敢录取他。令狐楚、牛僧孺
都征召他为幕府从事，后授秘书郎。终因宦官诬陷，贬为柳州司户参军，客死他
乡。作者毛泽东在读《旧唐书·刘蕡传》时，对刘蕡的策论很赞赏，旁批："起特
奇。"

[孤鸿铩(shā 杀)羽悲鸣镝(dí 镝)] 孤鸿，孤单失群的大雁，喻指刘
蕡。铩羽，羽毛摧落，这里比喻受挫、失意。鸣镝，也叫响箭，这里比喻宦官对
刘蕡的中伤和打击。

[万马齐喑(yīn 阴)叫一声] 万马齐喑，亦作"万马皆喑"。喑，哑。苏

217

轼《三马图赞引》:"振鬣长鸣,万马皆喑。"谓骏马抖动颈上的鬣毛嘶叫时,其他的马都鸦雀无声。后用来比喻一种沉闷的局面。叫一声,喻指刘蕡冒死大胆攻击宦官,名动一时。

可叹的幼稚　可贵的真诚

——重读七绝《刘蕡》

王国钦

　　毛泽东的这首绝句写于 1958 年,最早发表于 1996 年中央文献出版社出版的《毛泽东诗词集》,属于"根据作者审定的抄件刊印"和毛泽东生前不同意公开发表的作品。

　　就新中国的历史来说,1958 年不是一个普通的年份,而是一个具有非常重要历史意义的年份。当时,远携建国前二十八年的革命成功之威,近乘建国后第一个五年计划的顺利完成之势,随着三年经济好转、三大改造完成等一系列客观形势的积极发展,全国上下不仅正兴奋于总路线、"大跃进"、人民公社"三面红旗"的迎风飘扬,而且更高唱着《东方红》虔诚地沉浸在对毛泽东个人的空前崇拜之中。就全国来说,从高指标到浮夸风,从强迫命令到共产风,直至各地高产"卫星"的一个个冲天而起——1958 年的中国人民,无不被这种"绝妙"的景象所鼓舞、所激励、所振奋,无不尽情地享受着"共产主义"的"天堂"生活。有史家评论说:"党与个人的威信空前提高……使得毛泽东开始不谦虚谨慎了,个人的独断专行日渐发展起来。"(李锐《庐山会议实录》)尽管这些话确实有着一定的道理,但是也并不尽然。

　　让我们共同探讨一下毛泽东的这首绝句,或许对他会有一个更为客观的认识。

　　毛泽东一生喜欢读史,因而对中国历史和中国历史人物很有研究。如他的名篇《贺新郎·读史》早为读者所熟悉:"人猿相揖别。只几个石头磨过,小儿时节……一篇读罢头飞雪。但记得斑斑点点,几行陈迹。五帝三皇神圣事,骗了无涯过客……盗跖庄蹻流誉后,更陈王奋起挥黄钺。歌未竟,东方白。"字里行间,显示出作为一代伟人不同一般的豪气与胸襟。如果把这首词与他自己那首更为著名的词《沁园春·雪》对读还可以发现:能够在毛泽东诗词中出现的历史人物,不是历代帝王将相,就是农民起义领袖。而无论是哪一种人物,他均以一种"俱往矣"的态度待之。即便是屈原、贾谊这样的文化名人,他也只是带有一种扼腕与叹息。

据有关史料记载:刘蕡,字去华,唐幽州昌平(今北京市昌平区)人,敬宗宝历二年(826年)进士,文宗大和二年(828年)举贤良方正。他在对策中猛烈抨击宦官乱政,公开揭示出唐朝"宫闱将变,社稷将危""天下将倾,海内将乱"的社会危机,痛斥"阉寺持废立之权",并要求朝廷"揭国柄以归于相,持兵权以归于将"。因而,他理所当然地受到当权宦官的刻骨嫉恨并最终被黜不取。后来,令狐楚、牛僧孺在节度山南东、西道时,曾征召他为幕府,授秘书郎。但因为宦官诬陷,还是被贬为柳州司户参军,最后又客死他乡。

同时代著名诗人李商隐,曾在牛僧孺任山南西道节度使时与刘蕡同为幕僚,先后为刘蕡写过《赠刘司户蕡》《哭刘蕡》《哭刘司户二首》《哭刘司户蕡》等多首诗。这种为一人反复写诗的现象,古往今来都是十分罕见的,更何况李商隐大部分皆为"哭"之。其中,如《哭刘蕡》诗的尾联这样写道:"平生风义师兼友,不敢同君哭寝门。"按照《礼记·檀弓》所载礼仪:如果与死者为友,则当在寝门之外哭吊;如果称死者为师,则当在寝门之内哭吊。李商隐自述与刘蕡兼有师友双谊,不敢自居同辈而哭吊于寝门之外——可见他对刘蕡是多么敬佩与尊重。

那么,作为一千多年之后新中国的开国领袖,毛泽东为什么也在诗中对刘蕡如此赞赏有加呢?"千载长天起大云,中唐俊伟有刘蕡。"本诗首句就用一个精彩的比喻,写刘蕡就像在数千年历史天空上乘风而起的磅礴"大云",气势恢宏而气象万千。"长天"二字,典出王勃《滕王阁序》中的名句:"落霞与孤鹜齐飞,秋水共长天一色。"在这里,毛泽东将具体的"万里长天"虚化为想象中的"千载长天",可谓运笔如神,不经意间已将刘蕡的历史地位提高了许多倍。次句接上铺陈,说刘蕡是唐代中兴时期一位才识卓著的俊杰。尤其像毛泽东这样决不轻易赞扬历史人物的伟大诗人,如果没有非常特别的理由,是决然不会在本诗中如此评价刘蕡的。以下两句,则形象而简明地表现了刘蕡的悲剧色彩和功绩所在:"孤鸿铩羽悲鸣镝,万马齐喑叫一声。"说他因为受了宦官的暗算和中伤,既如孤雁失群,又似孤掌难鸣,终于铩羽而归。而刘蕡的伟大之处也正在这里——知不可为而为之,在万马齐喑之时而振鬣长鸣,即便是遭嫉被黜也在所不惜。

按照一般的情况,诗人的咏事咏物之作,一定与自己的身份和所处的时代、地位有关联。但是,当时的唐代不是今天的新中国,今天的毛泽东也绝不是当时的刘蕡——二者之间似乎没有什么相同的可比之处。毛泽东写《刘蕡》这首诗之时,又正是1958年这样一个特殊的年份。屈指算来,他在这一年一共写了四首诗:七律《送瘟神(二首)》、七绝《仿陆放翁〈示儿〉诗》一首和这首七绝《刘蕡》等。其中,《送瘟神(二首)》属于感事抒怀之作,通过读报闻知血吸虫病因时代变化得以根除而"浮想联翩","欣然命笔";《仿陆放翁〈示儿〉诗》属于感时抒情之作,通过苏联人造卫星的发射成功而表达自己"五洲大同"的共产主义理想。而唯有《刘蕡》这首咏史之作,从表面上看是与时代没有任何联系的。

其实不然。按照毛泽东的身份和性格,他绝不是闲来无事夜读书时偶然读到了《旧唐书·刘蕡传》,更不会无缘无故地去对一个距他已经千年之久的刘蕡去随意感慨。我们是否可以这样设想一下:经过了1957年的反右派斗争,在经济上的虚假繁荣之后,政治高压使得原本百家争鸣的思想文化界,突然一下变成了百花凋零、万马齐喑的可怕局面。农民出身而又非常敏锐的毛泽东,既不可能相信那些可怕"卫星"的真实性,也不可能对此"众口一词"毫无察觉,但是又不想生硬地打击广大人民群众一浪高过一浪的建设热情。于是,此时此刻的他,只好把打破这种局面的希望寄托在党内的"不同"声音上,多么希望能够出现一个当代的"刘蕡"来"万马齐喑叫一声"。

而毛泽东没有想到的,却正是1957年的反右派斗争,早已使得人们心有余悸而噤若寒蝉,再也没有人敢于"犯颜直谏"了……而他这种可贵的"愿望",就只能成为一种个人的一厢情愿而已——智慧如毛泽东、伟大如毛泽东者却也不能避免这样幼稚性的错误,也许才是他自己真诚而不自觉的可叹、可悲之处。

不过,仅仅从毛泽东本人的主观愿望来说,尽管他在1959年的庐山会议上,以揪出"彭(德怀)、黄(克诚)、张(闻天)、周(小舟)右倾机会主义反党集团"为标志,亲手扼杀了自己这个可贵的"愿望",并从此将历史的车轮拐入一条错误的道路。但是,本诗毕竟真实记录了他曾经闪现过的这样一个思想火花。虽然这个火花一瞬即逝了,虽然历史不可能重来,而我们不是仍可从本诗中感悟出一些道理和教训吗?

2003年元月于中州知时斋

七 律

到韶山

一九五九年六月

　　1959 年 6 月 25 日到韶山。离别这个地方已有三十二周年了。

　　别梦依稀咒逝川，故园三十二年前。
　　红旗卷起农奴戟，黑手高悬霸主鞭。
　　为有牺牲多壮志，敢教日月换新天。
　　喜看稻菽千重浪，遍地英雄下夕烟。

　　这首诗写于 1959 年 6 月，最早发表于人民文学出版社 1963 年 12 月版《毛主席诗词》。

注 释

　　[到韶山]　韶山在湖南省湘潭县，是作者的故乡。1927 年 1 月，毛泽东同志在湖南考察农民运动时曾回到韶山。三个月以后，蒋介石发动了"四一二"反革命政变；随后 5 月 21 日，湖南军阀许克祥在长沙袭击总工会、农民协会等革命团体，屠杀革命群众，这就是"马日事变"（旧时用韵目代日期，马日代表 21 日）。当时韶山成立了农民自卫军，拿着枪和梭镖，准备配合其他农民武装力量进攻长沙。后来，反动军队大举进攻韶山，农民自卫军在英勇抵

抗后失败。作者在 1959 年 6 月 25 日至 27 日重返韶山,离 1927 年 1 月已经三十二年多了。这首诗便是对于三十二年来的斗争和胜利的概括。

[别梦依稀咒逝川] 参看《水调歌头·游泳》[子在川上曰:逝者如斯夫]注。久别重逢,又唤起了已依稀如梦的斗争和失败的回忆。

[戟(jí)] 古代的一种刺杀武器。

[黑手] 反革命的血腥魔掌。

[菽] 豆类的总称。

为有牺牲多壮志 敢教日月换新天

——读七律《到韶山》

古远清

　　韶山,这个美丽名字的由来,有一个动人的典故。据《嘉庆一统志》第三五四卷记载:"相传舜南巡时,奏韶乐于此,故名。"昔人曾有"歌罢远游人不见,玉箫吹月过东台"之句赞颂韶山。可见,韶山自古就是令人神往的地方。如今,又因为它是中国人民伟大领袖毛泽东主席的故乡,韶山更为世人瞩目。

　　毛主席于 1959 年 6 月 25 日到韶山。他在七律《到韶山》序文中说:"离别这个地方已有三十二周年了。"此语貌似平淡,其实蕴含着对故乡深厚的情感及其丰富的历史内容。三十二年在历史的长河中,不过是短短的一瞬,可就在这一段时间内,历史发生了翻天覆地的变化。当毛主席重新来到韶山冲时,不禁心潮澎湃,浮想联翩,终于熔铸成这一首伟大的诗篇。

　　诗中写到的三十二年前(即 1927 年 1 月 4 日至 2 月 5 日),为写《湖南农民运动考察报告》,毛主席曾到韶山住了五天,找乡亲们开过多次关于农民运动的座谈会和调查会,并亲自听取了三年前自己亲手在湖南农村中建立的第一个党支部的工作汇报。过了三个月,国民党反动派发动了震惊中外的"四一二"反革命政变。为了粉碎敌人对革命势力的进攻,韶山成立了农民自卫军湘宁边区司令部,拟配合友军夺取长沙,后因寡不敌众而失败。从此之后,毛泽东主席再也没有回过故乡。而这次回来,故乡旧貌变新颜,诗人不禁感慨万千。

让我们首先欣赏气氛浓重、情意深厚的头两句:

"别梦依稀咒逝川,故园三十二年前。""逝川"这一典故出自《论语》:"子在川上,曰:'逝者如斯夫!不舍昼夜。'"孔子的原意,是把时事的变化喻作河水一般不停地向东流去,后人便把"逝川"这个词与流逝的岁月等同起来。"咒"即诅咒。不用"泣逝川""感逝川"而用"咒逝川",可见作者对黑暗岁月及其制造者是多么痛恨,而对"故园"和"故园"人民,又体现了多么深厚的感情。作者有意把离别故乡的时间放在后一句,这种倒装句法,一方面突出了对千林暗、百卉殚的旧社会的憎恨,同时又顺理成章地引出下文。后面的波澜重叠,均由此生起。

第三、四句描绘了故园三十二年前所出现的一幅轰轰烈烈的农民运动斗争图景及反革命势力对革命力量所进行的疯狂镇压。三十二年前的韶山,地主恶霸肆意横行,劳动人民被压在社会最底层。正如一首民谣所唱的那样:"韶山冲来冲连冲,十户人家九家穷。农民头上三把刀,债务租重利息高。农民眼前三条路,逃荒讨米坐监牢。"可韶山农民及广大群众并不甘心过这种悲惨的生活。为了改变自己的命运,他们拿起武器进行战斗。"红旗卷起农奴戟"所写的正是这一史实。这里出现的"红旗",是革命的大纛,是战斗的旗帜。它象征着马列主义的指导,象征着党的领导。正是在党的领导之下,在毛泽东同志的亲自指导下,在湘潭、在湖南掀起了一场势如暴风骤雨的农民运动。广大农民高举着梭镖、棍棒,挥舞着大刀、长矛,向土豪劣绅展开了猛烈的进攻。"他们将冲决一切束缚他们的罗网,朝着解放的路上迅跑。一切帝国主义、军阀、贪官污吏、土豪劣绅,都将被他们葬入坟墓。"(毛泽东:《湖南农民运动考察报告》)哪里有"霸主鞭",哪里就会有"农奴戟"。而粗糙的旧式武器"农奴戟",终于斩断了貌似坚不可摧的"霸主

224

鞭"。历史本是奴隶写的,一切霸主都不过是来去匆匆的过客。历史的辩证法就是这样。

《到韶山》在 1963 年底由人民文学出版社公开发表后,对此诗"黑手"一词的解释曾发生过争论。有人认为:"黑手"不应解释为"帝国主义及其走狗的罪恶黑手",而应指"农民"。他们引用《湖南农民运动考察报告》中的一段话说:"他们(按:指农民——引者)举起他们那粗黑的手,加在绅士们头上了。"又引证毛泽东主席《在延安文艺座谈会上的讲话》中"最干净的还是工人农民,尽管他们手是黑的……"加以旁证。不错,毛泽东主席在这两处讲的"黑手",均是指农民,古人也有过"扶犁黑手番成笏"(刘知远《诸宫调》)的诗句,但这仍不能证明《到韶山》的"黑手"是指千千万万农民粗黑有力的手。道理很简单:这是一首律诗,而不是政治论文,而律诗是讲究对仗的。这里的"红旗"、"黑手"所写的"红"与"黑"的斗争,正是革命势力与反动势力的斗争,光明与黑暗的搏斗。"农奴戟"与"霸主鞭"也正是两股不同武装力量的象征。如果绕着弯子去解释:"这些从前被'霸主'们'打在泥沟里'的农民,现在站起来了,用那'粗黑'的手,夺过'霸主'们的鞭子,狠狠地把土豪劣绅、不法地主的威风打了下去。"(《关于毛主席〈到韶山〉诗中"黑手"一词的解释》,《江海学刊》1964 年第 4 期)这反而不利于突出表现当时革命力量与反革命力量你死我活、针锋相对的斗争情况,也不符合毛主席在这首诗及其他诗中所体现的对立统一的辩证观点,更难于理解后面写的"为有牺牲多壮志"的深刻含义。所以我们不能将"黑手"的"黑"理解为实写黑颜色的黑,而应理解为虚写黑了良心的国民党反动派以及黑暗势力。何况,比喻不是固定不变的,在不同情况下完全可以有不同的甚至相反的含义。如在《毛泽东选集》中,"老虎"这个词有时是褒义,用来形容八路军作战英勇似小老虎;有时又用作贬义,把帝国主义和一切反动派比作纸老虎。对"黑手",也可以作如是观。

五、六句深情地赞美了在"霸主鞭"下面牺牲的先烈们的不屈不挠、不怕牺牲、前仆后继的英雄气概。一个"多"字,说明先烈们为人民利益献身,就比泰山还重;为革命捐躯,就是死得其所。可见"为有牺牲多壮志"这句诗，包含着多少宁死不屈的雄心，多少壮烈的高歌，多少视死如归的从容就义，多少"面对死亡我放声大笑"的革命乐观主义精神！革命先烈的血永远不会白流。是他们的鲜血，染红了五星红旗，染红了五尺童子的红领巾，映红了整个神州大地。如果说"为有牺牲多壮志"歌颂的是勇于斗争，那"敢教日月换新天"赞扬的则是敢于胜利的精神。这个气势豪迈、惊世绝俗的警句，既包含有敢于争取"天翻地覆慨而慷"这样伟大的胜利意思，也包含有果然取得了这样伟大的胜利，日月果然换了新天的意义在内。这种雄浑豪迈的诗句，反映了诗人乐观的性格和宏大磅礴的胸襟气魄。

　　最后两句以现实情景作结。面对一去不复返的可咒逝川，诗人不禁以轻捷的笔调描绘韶山新貌，为"换了人间"的故园写生：一望无际的稻菽似海洋荡漾着千重万叠的波浪。在这绿色的海洋中，从前在"霸主鞭"下挺过来的农奴，如今成了生产战线上的英雄。他们披戴着傍晚的烟雾，从工地上归来。"喜看"的"喜"字，和前面的"咒"字正好形成了鲜明对照。

　　《到韶山》这首七律，吐纳风云，横绝太空，不仅歌颂了过去英勇卓绝的斗争，而且深刻地揭示了新旧社会的不同本质，表现了作者鲜明强烈的爱憎情感。在语言运用上，既具有古典诗词的典雅，同时又有现代汉语自然流畅、新鲜活泼的风格。大家知道，旧体诗词由于受格律的严格限制，有时不便使用现代词语，用古语就可避免做砍头入棺的蠢事。如此诗中写的农民使用的武器本来是梭镖，如用这个词无论在字数及声调上都不好安排，因而使用古代兵器"戟"去代称农民武装，便显得既形似而又妥帖。"逝川"的典故也用得圆熟恰当，妥帖自然，不着斧凿痕迹。"红旗"一词，虽不是当代词语，如唐诗中就有"风掣红旗冻不翻"的名句，但古代的"红旗"仅仅是指红色的旗帜，而"红旗卷起农奴戟"中的"红旗"就不只是颜色上的标志，还具有象征红军、共产党的政治含义。这样的用词法，可谓是熔古今于一炉的典范。再如"黑手""夕烟""稻菽"，这些虽然在古诗中出现过但不一定常用的具有现代色彩的词语，由于作者使用时在声调上与格律要求相吻合或在上下文中语气连贯,因而使人感到保持了古体诗词的韵味和色彩,极大地增加了诗词语言的艺术表现力。在对仗上,此诗既工整谨严,又巧妙灵动。如第二联中的"红旗"对"黑手","卷起"对"高悬","农奴戟"对"霸主鞭",同一词性的词两两相对,非常工整。"为有牺牲多壮志,敢教日月换新天。"两句一气贯注,顺流而下,其意义既不是并列的,也不是相反的,而是不能颠倒的因果关系。这一"流水"对,有力地表达了革命的辩证法。在结构上,此诗层次分明,衔接自然,首尾照应,既显示出诗人深厚的艺术功底,也增强了全诗的感染力量。

七　律

登庐山

一九五九年七月一日

一山飞峙大江边，跃上葱茏四百旋。
冷眼向洋看世界，热风吹雨洒江天。
云横九派浮黄鹤，浪下三吴起白烟。
陶令不知何处去，桃花源里可耕田？

这首诗写于 1959 年 7 月 1 日，最早发表于人
民文学出版社 1963 年 12 月版《毛主席诗词》。

注　释

[庐山]　在江西省北部，屹立在长江和鄱阳湖之间。

[跃上葱茏四百旋]　葱茏，草木青翠茂盛，这里指山顶。庐山登山公路
建成于 1953 年，全长三十五公里，盘旋近四百转。

[九派]　这里的九派指江西境内向东北流注鄱阳湖而入长江的河流。
《十三经注疏》本《尚书·禹贡》"九江"注："江于此州界分为九道。"明李攀
龙《怀明卿》："豫章（今南昌）西望彩云间，九派长江九叠山。"

[三吴]　古代指江苏南部、浙江北部的某些地区，具体说法不一。这里
泛指长江下游。

[陶令]　陶潜（365 或 372 或 376—427），即陶渊明，字元亮，东晋诗人，

228

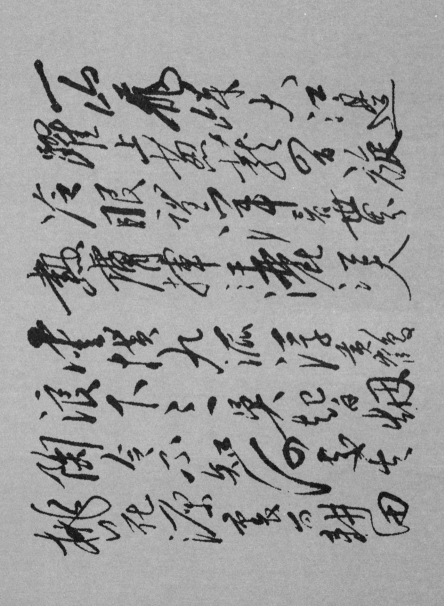

曾经做过彭泽县令,故称陶令。据《南史·陶潜传》记载,他曾经登过庐山,辞官后归耕之地离庐山也不远。

[桃花源] 陶潜曾作《桃花源记》,文中说秦时有些人逃到一个偏僻宁静的"桃花源"(长满桃花的水源)地方避乱,从此与世隔绝,过着和平的劳动生活。直到晋朝才有一个武陵(湖南常德)的渔人,因迷路而偶然找到这个美丽幸福的奇境。

飞动雄豪的诗情

——读七律《登庐山》

吕 进

领会七律《登庐山》的飞动雄豪的诗情,首先要注意写作时间:1959 年 7 月 1 日。

1959 年,是党率领中国人民在经济建设中发挥高度的社会主义积极性和创造精神并取得一定成果的年代,也是我国国民经济在持续三年发生严重困难的起始年代。三年严重困难的缘由,除了工作失误、自然灾害之外,还有当时苏联政府的背信弃义。写作七律《登庐山》的前一个月,即 1959 年 6 月,苏联即已单方面宣布与中国签定的核协议无效,将中苏两党意识形态上的分歧发展到国家关系上。

7 月 1 日,是中国共产党的生日。作为党的主要缔造者之一,诗人挥毫走笔时,三十八年的风雨云烟自然会涌向胸怀。

不论从空间上,还是从时间上,对这首诗都不宜作太局促的意会。这样,七律《登庐山》才会在我们眼前展开它深沉、深邃、深情的诗的世界。

"一山飞峙大江边",着一"飞"字,神采毕现。古人多有吟咏飞来石、飞来峰的佳构。如杨补《飞来峰》:"何来一片云? 化石栖峰面。"云彩飞落,化石栖峰,将黄山的云、石两大奇观连在一起。但这些名篇妙句写的都是小小的一石一峰,而毛主席却让庐山飞了起来。庐山有九十余峰,蜿蜒连绵,主峰汉阳峰海拔一千四百七十四米,山势雄伟。这样一座大山居然"飞峙大江边",就不但化静为动、化山石为生命,而且表现了诗人飞动的气魄、飞扬的风采。诗句"掷地作金石声",使读者也奋然欲飞。

毛泽东诗词里关于"飞"字的妙用,决不止于这首七律。《沁园春·长沙》的"浪遏飞舟":一个"飞"字,含"中流击水"者的豪迈气概于言外。《渔家傲·反第二次大"围剿"》的"飞将军自重霄入":红军勇猛机智的神态,呼之欲出。其他如"记得当年草上飞""一桥飞架南北""泪飞顿作倾盆雨""飞起玉龙三百万""望断南飞雁"等等,字字珠玑,处处生辉。

"飞"是诗眼,从"飞"而"跃","跃上葱茏四百旋",这是诗情的自然伸展。庐山多峭壁悬崖,道路阻隔不通。唐寅《登庐山》有"匡庐山高高几重,山雨山烟浓复浓"的名句。而鲍照《登庐山》的"千岩盛阻积,万壑势加萦",更形象地描绘出庐山的登临之难。但是,这种状况已经留给了历史。建国以后,庐山就修起了全长三十五公里的登山公路。公路经近四百个山弯,腾云驾雾,盘旋而上。"跃上葱茏四百旋"的"跃",是飞跃:庐山在飞,人在庐山上飞;也是欢跃:人民的中国,在短短几年间发生了多么巨大的令人欣喜的变化啊!由飞动而轻快,豪情尽在不言中。

颔联是这首诗的名句。"冷眼向洋看世界"是虚写,是登高望远;"热风吹雨洒江天"是实写,是就地取景。一情一景,一实一虚,产生出浓厚的诗味。"诗含双层意,不求其佳必自佳。"情景交融,虚实交错,又赋予诗句以双层意,似情似景,似实似虚,更耐人寻味。对"世界"的反华小丑,诗人给予"冷眼"。这个"冷"是以"热"作后盾的:中国人民正在热气腾腾地建设自己的国家,反华小丑们不可能阻遏中国大地上翻天覆地的变化。"热风",既是夏天的风,也表现出中国社会主义建设的热烈,又暗示了诗人对人民的社会主义积极性和首创精神的热情。

颈联写诗人登上庐山后的目之所见:西望黄鹤,天上云横;东眺三吴,远烟浩渺。西望东眺,诗人极目千里的长江流域。

　　"九派"的"九"虚指多数。汪中《述学·内篇一·释三九》说:"凡一二之所不能尽者,则约之以三,以见其多;三之所不能尽者,则约之以九,以见其极多。"庐山在江西省北部,而长江在湖北江西一带分为了许多支流,故称"九派"。古人对此也多有诗句,如李白《庐山遥寄卢侍御虚舟》,就有"黄云万里动风色,白波九道流雪山"的描画。"三吴",古地区名,郦道元《水经注》称吴郡、吴兴、会稽为三吴,这里泛指长江下游。以"三"泛指某一地区的语言现象在汉语中颇为常见,如以三楚泛指湘鄂一带(阮籍:"三楚多秀士,朝云进荒淫。"),以三湘泛指湖南全省(宋之问:"五岭碌惶客,三湘憔悴颜。")等。"云横九派浮黄鹤,浪下三吴起白烟":诗人登高壮观天地间,由西而东,气象恢宏。"白烟"极处,就是上海——中国共产党的诞生地。三十余年的奋斗,终于赢得今日的新中国。这联诗句是实景,但诗人写诗不会如同摄影,他是以心观物的。所以,物因心变,物皆著诗人之色彩。"云横九派"和诗人的壮志凌云有关,"浪下三吴"暗合诗人的高情远致。诗人写此联时未必作如是想,读者读此联时未必不可以从"有此情而后有此景"去寻找景外之味。

　　最后两句,是将远望的目光又收回到庐山——于是,诗人想到了曾在庐山脚下生活过的晋代大诗人陶潜。陶潜二十九岁起做过一些小官:江州祭酒、镇军参军、建威参军等。因不满黑暗的朝政,屡次辞官归田,"躬耕自资"。在辞世前两个月,即宋文帝元嘉四年九月,他写了最后一篇作品《自祭文》,文中还说"涅岂吾缁":四周的黑暗(涅,黑染料)岂能染污了我(缁,黑)? 他一生坚守"不为五斗米折腰"的高洁之志。陶潜最后一次辞去的是只做了八十七天的彭泽县令,所以毛主席在诗里称他"陶令"。由"陶令"自然会想到他的传世之作《桃花源记》。这篇散文和所附的《桃花源诗》,虚构了一个"春蚕收长丝,秋熟靡王税"的理想社会,说秦代一些百姓因避秦末乱世来到与世隔绝的桃花源而建立起了这人间乐园。毛主席将现实的人民当家作主的新中国与陶潜虚构的桃花源一笔沟通,这就强化了对今日祖国的礼赞。

　　诗人最后以发问作结,问得深沉,问得风趣:陶令、乱世已成遥远的记忆,中国已实现了劳动人民千百年的梦想,桃花源该也可以山口大开,让人到里面耕田、普天同乐了吧? 这样去问古人,只问不答,就使全诗结得"不愁明月净,自有夜珠来",使读者的思绪在上下一千余年中欢愉地来往,对诗人飞动雄豪之情产生了强烈共鸣。一个问号,蕴藏了无尽韵味呢!

七　绝

为女民兵题照

一九六一年二月

飒爽英姿五尺枪,曙光初照演兵场。
中华儿女多奇志,不爱红装爱武装。

这首诗写于 1961 年 2 月,最早发表于人
民文学出版社 1963 年 12 月版《毛主席诗词》。

注　释

[飒爽] 形容敏捷勇健。唐杜甫《丹青引》:"英姿飒爽来酣战。"

记住中华儿女的奇志

——重读七绝《为女民兵题照》

魏传统

毛主席《为女民兵题照》这首七绝发表后,我是不断揣摩、思
索和回忆的。有人向我索字,写此诗为数不少,特别得到女红军、

233

女八路的喜爱。也曾写过四条作为小屏送日本展览。

在 20 年代末和 30 年代这段时期内，我在四川东部地区搞游击战争。那时依靠农村的贫下中农，在他们中间挑选一些勇敢的男女青年，使用大刀、长矛和梭镖等武器在家秘密练武，经过训练再选送到游击队去当战士。一读到《为女民兵题照》这首诗，总不免引起当年许多往事的联想。抗战时期，在陕甘宁边区的红缨枪中，女民兵的英姿，也令人难以忘怀。

50 年代后期，我陪同民主德国的一个歌舞团在我国作访问演出。到达广东中山县，约请该团全体团员参观女民兵的实弹射击演习。他（她）们看到当地的女民兵在射击时各打五发，枪枪命中，为之惊叹不已。而我的感受却是与他们大不相同，在广东和福建沿海一带的女民兵的演习操作、站岗放哨执勤等，给我留下深刻的印象。当我读到毛主席《为女民兵题照》中以"飒爽英姿五尺枪"作为起句时，我感觉作者是善于用形象思维的艺术手法进行创作的。诗的起句往往是比较难的。这里不说女民兵是背着枪或手持着枪的，而是"飒爽英姿"和"五尺枪"联结在一起，这个形象便给人以美的感受。同时使我联想到：我看到的那些女民兵多么勇敢自豪，多么英雄无畏的气概！起句表现了她们的斗志昂扬、意气风发的精神面貌和姿态，是富有极大的感染力的。第二句"曙光初照演兵场"用虚实皆备的承接方法，写女民兵的团结、紧张、严肃、活泼，俨如一支正规军活跃在操场上。气氛和谐，形象生动。在第三句转语中，毛主席热情赞扬了"中华儿女多奇志"，这个转法是令人惊讶的。到此，读者与作者的感情交融在一起。我们不是惟武器论者，人民战争的思想是富有生命力的。因此，第四句"不爱红装爱武装"就合得更加自然流畅与强而有力了。

此诗全篇的主旨，表现在"奇志"两个字上。毛主席在《共产党人》发刊词中指出，中国革命的三大法宝是统一战线、武装斗争和党的建设。我们就是依靠这三大法宝，把长期压在中国人民头上的三座大山推翻了。没有"不爱红装爱武装"的"奇志"，中国人民便站立不起来，中国便不能崛起。因为一切新老殖民主义者，任谁也不愿意退出中国大陆的。

　　我们的武装力量之所以强大,除党的绝对领导外,就在于各族广大人民群众的爱护和长期保持着军民的鱼水关系。毛主席曾指出:"兵民是胜利之本。"1958 年 9 月 29 日,他在对新华社记者的谈话中说:"帝国主义者如此欺负我们,这是需要认真对付的。我们不但要有强大的正规军,我们还要大办民兵师。"《为女民兵题照》如此热情洋溢地歌颂"中华儿女多奇志",这不仅对从战火硝烟中走过来的人是一种鼓舞和安慰,对新生一代的青年也具有极大的教育意义。

　　当前,我们面临着颠覆与反颠覆、和平演变与反和平演变的剧烈斗争。国外的反动势力,它们从未放松过推行其反动战略。对此,我们不能不倍加警惕。

　　请记住,中华儿女的奇志!

七　律

答友人

一九六一年

九嶷山上白云飞，帝子乘风下翠微。
斑竹一枝千滴泪，红霞万朵百重衣。
洞庭波涌连天雪，长岛人歌动地诗。
我欲因之梦寥廓，芙蓉国里尽朝晖。

这首诗写于 1961 年，最早发表于人民文学出版社 1963 年 12 月版《毛主席诗词》。

注　释

　　[答友人]　这首诗写作者对湖南的怀念和祝愿。友人即周世钊，为作者老友，时任湖南省副省长。解放后与作者信件来往颇多，并有诗词唱和。1961 年 12 月 26 日作者给周的信中，在引用"秋风万里芙蓉国，暮雨千家薜荔村"（见本诗[芙蓉国]注），"西南云气开衡岳，日夜江声下洞庭"（岳麓山联语）两联以后说："同志，你处在这样的环境中，岂不妙哉？"（见《毛泽东书信选集》第五八八页）可以与本诗印证。

　　[九嶷(yí)山]　又名苍梧山，在湖南省南部宁远县城南六十里。古代传说：尧帝有二女，名娥皇、女英，同嫁舜帝。舜南游死于苍梧，即葬其地。二妃寻舜至湘江，悼念不已，泪滴竹上而成斑点，称为湘妃竹。所以下文有"斑

竹一枝千滴泪"之句。

　　[帝子]　即指尧帝女娥皇、女英。

　　[翠微]　轻淡青葱的山色,指"未及山顶"的高处。

　　[洞庭]　洞庭湖,在湖南省北部。

　　[雪]　形容白浪。

　　[长岛]　长沙橘子洲(见《沁园春·长沙》[橘子洲]注),代指长沙。

　　[芙蓉国]　五代谭用之《秋宿湘江遇雨》:"秋风万里芙蓉国,暮雨千家薜荔村。"芙蓉国是说木芙蓉花到处盛开的地方,这里指湖南。

友谊之歌与怀乡之曲

——读七律《答友人》

李元洛

　　七律《答友人》在毛泽东的全部诗词作品中,是别具风采与情韵的一首。它是友谊之歌,怀乡之曲,也是现实与理想的二重奏。

　　世界各民族大都看重友情,中国人似乎尤其是珍重友情的民族,所以在中国古典诗歌中,抒写友情的篇什占了相当的比重,构成了源远流长的传统。中国古老的《礼记》中就说"君子之交淡如水,小人之交甘如醴"。而"友情诗"最早的源头,大约可以上溯到《诗经·秦风·无衣》篇。"岂曰无衣,与子同袍。王于兴师,修我戈矛。与子同仇。"解衣衣人,同仇敌忾。战士们从着衣到赴敌,都是患难与共,"袍泽"一词就成了后人表示战友情谊的代名词。《古诗十九首》中的《携手上河梁》,是我国古代送别诗中最早的作品之一。"行人难久留,各言长相思",后人遂以"河梁"代称送别之地。在汉魏六朝的文人作品中,抒写友情的篇什逐渐增多。"情通万里外,形迹滞江山。君其爱体素,来会在何年。"这是陶渊明的《答庞参军》。"勿言一樽酒,明日难重持。梦中不识路,何以

237

慰相思。"这是沈约的《别范安成》。及至唐宋以还，"友情诗"像其他主题和题材的诗作一样，在中国古典诗苑中别开一枝而且流光溢彩。即以唐代而论，李白的"故人西辞黄鹤楼"（《黄鹤楼送孟浩然之广陵》），王维的"渭城朝雨浥轻尘"（《送元二使安西》），杜甫的"死别已吞声，生离常恻恻"（《梦李白二首》）等等。这些讴歌真情挚谊的动人篇章，千百年来都弹响了异代不同时的读者的心弦。从诗歌传统的角度看来，毛泽东的七律《答友人》是对中国古典诗歌中友情诗的传统的继承，同时更是创造性的发展。

湖南，是毛泽东的出生之地。他在这里度过了"恰同学少年，风华正茂"的学生时代，又投身和领导革命斗争，"百万工农齐踊跃，席卷江西直捣湘和鄂"，将青春献给了这一片生他养他的土地。毛泽东既是一位伟大的革命家，同时又是一个很重乡情与友情的普通人。因此，当他接到湖南友人赠给他的诗词，收到湖南友人送给他的斑竹，睹诗思人，见物怀乡，他当然不免要油然而兴故人之念与故园之思。这种属于他个人的也可以激起许多人共鸣通感的情怀，形之于笔墨，就成了七律《答友人》这一作品。在毛泽东诗词中，以"答友人"为题的只此一首，但抒写革命友谊的却还有七律《和柳亚子先生》以及《蝶恋花·答李淑一》。从友朋之间的情谊着笔，升华到对整个革命事业的礼赞，这是三首诗词在艺术内蕴上的共同之处。但后二者都标明答的对象，所以有关于所答对象的具体情事的描写；而前者则概称之曰"答友人"，而且所答的是湖南的友人。所以这首诗既切定湖南的风物和风情落笔，具有鲜明的乡土色彩，洋溢着乡情与友情，但又不泥于个人之间的具体的情事，笔墨十分空灵和概括。如果说，《楚辞》的特点是"书楚语，作楚声，记楚地，名楚物"，充满浪漫的激情、飞扬奇异的想象，描叙了多彩多姿的神话传说，那么，提倡革命现实主义与革命浪漫主义相结合创作方法的毛泽东，他的这一作品不仅继承了中国古典诗歌友情诗的传统，也可以说遥承了楚文化包括《楚辞》的风华。

《答友人》的首联与颔联，写的是有关楚地的娥皇与女英的神话传说，却一洗古代传说中那种哀怨悱恻的情调，展示的是一个神奇而瑰丽的浪漫主义的艺术世界。这，本来已是古代神话的现代观照、改造和重铸了。诗的颈联与尾联虽然也呈现出飞腾的幻想与强烈的夸张，更侧重的却是对现实的抒写和对未来的展望。这首诗写于1961年，正是我国的国民经济由于天灾人祸而处于空前困难的时期。"洞庭波涌连天雪，长岛人歌动地诗。"从中固然可以看到现实与理想之间的矛盾，但它却也表现了毛泽东对于家乡人民克服困难的殷殷期待，以及毛泽东藐视困难从而战而胜之的坚强意志。古代湖南盛产木芙蓉，唐代谭用之《秋宿湘江遇雨》中有"秋风万里芙蓉国"之句，一般人认为这是毛泽东诗中"芙蓉国"的出典。但《古诗十九首》中有一首诗是："涉江采芙蓉，兰泽多芳草。采之欲遗谁？所思在远道。还顾望旧乡，长路漫浩浩。同心而离居，忧伤以终老。"我以为，娴于中国古典诗词的毛泽东不会不想到它。因此，"我欲因之梦寥廓，芙蓉国里尽朝晖"两句诗，既寄寓了他的怀乡念旧之情，也表示了他对于家乡乃至整个中国的明天的展望。如前所述，这首诗是对古典诗歌中友情诗传统的创造性发展。就正是因为古人写友情时视野毕竟有限，格局有的比较狭窄，常常限于个人的天地之间，如明代邢昉的"胸前千斛泪如澜，为不逢君未可弹。何日尽情拼一哭，两人相对却成欢"（《寄吴见未》），如明代顾起元的"与君相见倍相亲，忽漫分携更怆神。此夜高歌在燕市，不知肝胆向何人"（《送顾考敷南还》）等等，均是如此。而毛泽东的《答友人》与它们比较起来，不仅可见新旧之别，古今之异，而且可见毛泽东作品境界之高远，是古人之作无法同日而语的。

毛泽东这首诗，在艺术上是巨细映衬、点面相形的典范之作。意笔与工笔，概括和精巧，粗犷与细腻，是艺术形象造型的两种不同的手法，在诗歌创作中尤其如此。擅长于思想辩证法的毛泽东，同样讲究艺术的辩证法。毛泽东的诗词包括这首七律，其艺术的总体风貌是继承宋代以苏、辛为代表的豪放派风格而作创造性的发展，诗的境界雄浑壮阔，往往神驰寰宇而目空今古。但是，从诗艺而言，一味豪壮，常常就会空无依傍；大而无当，等而下之的就会堕入凌厉叫嚣之途；一味工细，则容易流于琐屑平庸；天地狭窄，等而下之的就会流于晦涩苍白之境。只有大中取小、以小见大，才会

239

大而不空,小而不仄,大小互补,相得益彰。因此,毛泽东常以其如椽的健笔,既挥洒出大的境界(大景),也注意以较为精细的笔墨点染出小的境界(小景)。惟其如此大小结合、巨细映衬,才能共同创造出豪气干云而情味绵邈的艺术整体。

《答友人》一开篇即是巨细映衬。"九嶷山"亦作"九疑山",又名"苍悟山",在湖南宁远县南六十里。据《史记·五帝本纪》记载,舜"崩于苍梧之野,葬于江南九嶷"。帝尧的两个女儿娥皇、女英是舜的妃子,舜死苍梧,二妃追至,双双投水而死,是为"湘妃"。"九嶷山上白云飞,帝子乘风下翠微。"首联第一句笔力概括,是大景也是背景;第二句特笔写"帝子",是小景也是前景。斑竹又称湘妃竹,晋代张华《博物志》云:"帝崩,二妃啼,以涕挥竹,竹尽斑。"百重衣,指二妃从九嶷山上飘然而下,她们的衣裳如同万朵云霞重叠,这一意象和李白《清平调》的"云想衣裳"异曲而同工。颔联之出句"斑竹一枝千滴泪",相形于对句"红霞万朵百重衣"而言,前者景小而后者景大。这里不仅有内涵上的借助于象征所表现的今昔之异,也有艺术上的含蕴于意象所呈现的大小之比。颈联也是如此,唐代李频《湖口送友人》有"去雁远冲云梦雪"之句,其中的"雪"是实写。苏轼《念奴娇·赤壁怀古》有"乱石穿空,惊涛拍岸,卷起千堆雪"之语,其中的"雪"是比喻。而"洞庭波涌连天雪",则说洞庭湖的波涛如雪浪拍击云天,象征与比喻兼而有之,其景象较前人更为雄浑,内涵也较前人更为丰富。唐代韩翃《送郑员外》有"乐人争唱卷中诗"之咏,白居易《江楼早秋》有"江山入好诗"之辞。然而,"长岛人歌动地诗"("长岛"原为湘江中的橘子洲,此处代指长沙),写长沙人民以自己的劳动和战斗,谱写与歌唱惊天动地的诗篇。古今相较,其境界当然远为阔大而具有强烈的时代感。

在全诗中,颈联两句本来均为大景,但具体分析起来,"洞庭"与"长岛"只是两个有限的平面或立体,与无限性的"连天雪"和"动地诗"比较,又是句中各自的大小交融。尾联同样表现了大小相形的艺术辩证法,"我"是作为抒情主人公的诗人自己的个体形象,而"寥廓"即"辽阔","芙蓉国"代指湖南,而"梦寥廓"与"芙蓉国里尽朝晖",则是诗人想象与展望的更为广远的世界,同时又和起句之"九嶷山上白云飞"构成了前后大小映照的完整图景。总之,全诗既有大景,又有小景,巨细映衬,相成互补。大因小而富于实感,小因大而精神飞动,去单调平板之弊,有丰富多彩之姿。

　　律,即是规定和法度。律诗,是中国古典诗歌众多样式中法度最为森严的一种。它能限制那些缺乏生活体验和诗的才情的作者,那些作者往往只能写出虽然中规中矩却了无生气的诗篇;相反,诗国的高手在法度森严之中仍然可以纵横如意,创造的灵感在限制的天地里仍然可以振羽而飞。有人曾经作过比喻,认为七律好比开七札强弓,古今能开满这种强弓的人为数并不太多,所说明的正是律诗写作艺术的难度。在毛泽东的全部诗作中,七律占了相当的比重,由此可见他不凡的艺术腕力。一般而言,律诗的首联要突兀不凡,颔联要平和舒展,颈联要高扬峻拔,尾联要余韵悠远。这样在尺幅之中一波而三折,极尽错综变化之能事,全篇才能诗律精严而又变化多姿。毛泽东的这首七律《答友人》,正可以让读者领略律诗的高难艺术。

　　诗歌艺术既有其一般规律,也在于作者的运用之妙。《答友人》的艺术结构的特色,可以说是富于动感、变化多方然而又至为严谨。从感情审美的角度考察,毛泽东的感情状态是一种强烈的动态的感情状态。他的诗词作为他人格与感情的外化,其审美方式也是富于动感的。他不仅喜欢"化美为媚",即对静态的事物作动态的表现,如《十六字令》中的"山,倒海翻江卷巨澜",如《沁园春·雪》中的"山舞银蛇,原驰蜡象";对于动态的事物,他更擅长于表现其流动乃至运动之美。《答友人》的艺术结构,正是动态的变化多方的结构。首联一开始就取"仰"与"俯"两个镜头,以"飞"与"下"两个动词,抒写远古的神话和传说,可谓突兀高远,给人以强烈的审美印象。颔联紧承首联的"帝子"而作富于动态的描写,一句着重写"竹",一句着重写"衣",前者象征昔日,后者隐喻今天,彼此毫不犯复,节奏舒徐而时空阔远。腹联横出一语而别开新境,由虚摹而实写,由神话而现实,其中的"涌"与"歌"对举成文,动词的运用颇见匠心与功力。结联的"我欲因之梦寥廓"从李白诗"我欲因之梦吴越"化出，而境界更为开张。其中的"梦"固然是名词的动词化，同时又从主观抒情线索收束全文，因为前面的抒情可以说都是诗人的"梦"——身在京华而神驰故里的想象的结果。而"芙蓉国里尽朝晖"，既从客观描写线索收束全诗，因为前面的描写都是湖南即芙蓉国的风物景象，同时又紧扣诗题，复使读者于题外着想，可称意象高华而风神摇曳。这样，全诗的结构既具飞动之趣，又具严谨之妙，规矩井然而又开合有致。

真挚的友谊之歌，深情的怀乡之曲，理想与现实的尚不和谐的二重奏，古老的诗歌之树在当代开出的一朵新花。这，就是毛泽东的七律《答友人》。

暮色苍茫看劲松，乱云飞渡仍从容。天生一个仙人洞，无限风光在险峰。

一九六一年九月九日

七　绝

为李进同志题所摄庐山仙人洞照

一九六一年九月九日

暮色苍茫看劲松,乱云飞渡仍从容。

天生一个仙人洞,无限风光在险峰。

这首诗写于 1961 年 9 月 9 日,最早发表于人
民文学出版社 1963 年 12 月版《毛主席诗词》。

注　释

[为李进同志题所摄庐山仙人洞照]　仙人洞,在庐山佛手岩下,牡岭之
西,高约两丈,深广各三四丈。传为唐朝仙人吕洞宾所居,故名。李进即江青。

无限风光在险峰

——读七绝《为李进同志题所摄庐山仙人洞照》

西　彤

庐山,这座"横看成岭侧成峰,远近高低各不同"的山岳,因为

243

苏东坡"不识庐山真面目，只缘身在此山中"的名句，而引来了古往今来多少达官贵人、文人雅士们的垂青、探胜。说起仙人洞，原先则是山中一个不很为人所注意的去处。由于《为李进同志题所摄庐山仙人洞照》这首脍炙人口的绝句，遂使游客趋之若鹜，仙人洞也顿时名闻遐迩了。

确实，这首题照诗不但有着高度的思想内涵，而且艺术造诣上也具有令人回肠荡气的诗的境界。当我们一读到首句"暮色苍茫看劲松"，立刻就被这特定的环境、背景和气氛所吸引、所感染。你看，旷远而又迷离的暮色里，一株遒劲的松树，昂然挺拔于天地之间；紧接着便出现了"乱云飞渡仍从容"——任凭那乱云翻涌，大有山雨欲来之势，它不但没有丝毫惊慌失措，而且仍然是那样从容镇定、泰然自若，毫不为之所动。这就进一步将松树的形象映衬得更伟岸、更坚定。"天生一个仙人洞"，好一个天然生成的仙人洞啊，怡然自得地傲视在这峻峭万仞的崖壁之上——似乎像在告诉人们：连那松树都不屑理会翻涌的乱云，何况这坚如磐石般的仙人洞呢！民谣有云："风吹云动山不动，浪涌船移岸不移。"即使那纷至沓来的乱云暂时掩住了这松树、这岩洞，转眼间也会云消雾散、日丽天青的。而在结句，诗人却骤然将笔锋一转，落在了这"无限风光"的"险峰"上——如果要想领略那无限壮丽的风光，必须不畏艰险，勇于登攀，才能真正浏览到最美的景观。读到这里，不禁令人精神为之一振！既顺理成章，又异峰突起，真可谓是峰回路转、柳暗花明、耐人寻味的神来之笔！也是全诗的高潮，诗中的诗眼。

这首诗名为题照，实际上是诗人见景生情、借景抒怀、托物言志之作，有着深刻的寓意。为了更好地了解这首诗的内涵，我们不能不联系这首诗的写作年代与当时的历史背景来作一些分析。这首诗写于 1961 年 9 月，当时正值我国由于自然灾害和国际上的敌对势力掀起反华浪潮，对我国实行经济封锁和技术封锁，以施加各种压力，加上当时党在一些问题上的失误，造成了暂时的困难——即后来所称的"三年困难时期"。作为我党的主要领导人、一个当代的政治家，诗人的心情是复杂的，处境也是相当困难的。彼时彼地的心境,不能排除其中包含着某种忧愤而又苍凉悲壮之感。因此,他便通过自己的诗笔,来抒发自己的胸臆,坚定自己与全党、全民的信念和信心,表达出一种乐观和自信的情怀。我们不妨把作者在同年冬写的七律《和郭沫若同志》《卜算子·咏梅》以及1962年的七律《冬云》等几首诗词联系起来读,便不难发现,这些诗词都反映了诗人当时的这种心绪。这对于我们进一步了解这首题照诗,是会有很大帮助的。

诗歌这种"见景生情,借题发挥"的例子,古往今来,不胜枚举。如清代郑板桥的题画诗《竹石》:"咬定青山不放松,立根原在破岩中。千磨万击还坚劲,任尔东南西北风。"又如明代王冕题自己所画的梅花诗《墨梅》:"不要人夸颜色好,只留清气满乾坤。"还有我们所熟知的陈毅元帅的"大雪压青松,青松挺且直。要知松高洁,待到雪化时",均属此类借题发挥的言志之作。而毛泽东这首题庐山仙人洞照的七绝,更是寓理于情、情理交融的佳篇,不但形象生动,气魄恢宏,而且字里行间蕴含着一种深刻的哲理。对于我们每一个人来说,无论是干事业、做学问,为了实现理想而不懈地去追求、奋斗,或者当我们在人生旅途上受到挫折、身处逆境时,都应有这种精神,这种情怀,这种抱负! 正如一位伟大的哲人所说:"在科学上没有平坦的大道,只有不畏劳苦、沿着陡峭山路攀登的人,才有希望达到光辉的顶点!"

愿我们每一个有远大抱负的人,都从这首诗中汲取力量和信心,奋力登上人生的光辉顶点,去领略那无限壮丽的风光!

七　绝

屈　原

一九六一年秋

屈子当年赋楚骚，手中握有杀人刀。
艾萧太盛椒兰少，一跃冲向万里涛。

这首诗写于 1961 年秋，根据作者审定的
抄件刊印。

注　释

　　[屈子]　指屈原。屈原（约前 340—约前 278），名平，字原，战国楚人，是我国最早的大诗人。曾辅佐楚怀王，官至左徒、三闾大夫，遭谗去职。楚顷襄王时被放逐。因无力挽救楚国的危亡，深感自己的政治理想无法实现，遂投汨罗江而死。

　　[手中握有杀人刀]　喻指屈原作《离骚》所发挥的战斗作用。

　　[艾萧太盛椒兰少]　艾萧，即艾蒿，臭草，这里比喻奸佞小人。椒兰，申椒和兰草，皆为芳香植物，这里比喻贤德之士。

　　[一跃冲向万里涛]　指屈原在悲愤和绝望中投汨罗江而死。

千秋一阕　英雄悲歌

——读七绝《屈原》

李仁藩

　　在群星璀璨的华夏诗国上空,有一颗亘古而闪亮的明星,他就是本诗的主人公屈原。历史翻过了两千二百多年,中国诗坛又升起了一颗光前烛后的巨星,他就是本诗的作者毛泽东。这对双子星座,构成了泱泱诗国两个不可或缺的耀眼光环,提供了中华诗美秉赋中永不衰竭的生命能源。

　　1961 年,正是共和国内外交困的多事之秋。毛泽东本人,也因为"大跃进"和"反右倾"的失误,在党内外承受着巨大的压力。遭际相似,诗心相通,神气相投,使毛泽东想起了屈原,又读起了《离骚》,并赋诗为屈原立传,为自我立言,为诗史立碑。

　　屈原"明于治乱,娴于政令",朝夕理想举贤任能,富国强兵,合纵抗秦,统一中国。然而,"众女嫉余之蛾眉兮,谣诼谓余以善淫"。终遭见弃,两度放逐。历经多年的颠沛流离,深感报国无门,救国无望,遂投汨罗,以死明志,以身警世。屈原的一身硬骨,一腔正气,毛泽东至为叹服。而他集楚湘巫术文化之大成,驰骋奇瑰的想象,罗致山川日月,雷电云霓,香草美人,鸟兽虫鱼,铺陈了句式长短、篇幅宏大、内涵富盛的"骚体诗",更使毛泽东击节叹赏。早在湖南一师就读时,毛泽东就手录《离骚》《九歌》,五六十年代又多次劝人读楚辞。更为令人感慨的是,1958 年 1 月,毛泽东在南宁召开会议。一天夜里,国民党飞机向南宁飞来,全城立即灯火管制,保卫人员劝毛泽东进入防空洞。可他根本不理,令人拿来蜡烛,居然神态安详地秉烛夜读楚辞! 毛泽东之酷爱楚辞,景仰屈原,可见一斑。

欣赏这首诗，要注意体味三态：时态、情态和心态。

时态，两千多年前的"当年"和两千多年后的"今天"。诗中只写"当年"，不写"今天"，欣赏者却万万不可忽略"今天"。否则，毛泽东的写作动机、社会情势、审美心态就无由说起了。

屈原之赋《离骚》，恰如诗题所言，是表达深沉的离别忧愁，是将个人的厄运与国家的灾难连在一起，将一颗被放逐的心灵挣扎、抗争、呐喊、沉沦、毁灭的痛苦历程，惊心动魄地展示出来。这是一个崇高灵魂的自白，是一曲超越时空的理想殉难曲，是一首气薄云天的爱国英雄的悲剧战歌。在他的面前，一切蝇营狗苟的小人，一切卑劣污浊的灵魂，都将受到谴责、鞭挞和唾弃。屈原的人品和诗品，就像一把"杀人刀"，毫不留情地解剖了世世代代的奸佞小人。"当年"如此，"今天"如何呢？按毛泽东当时的看法，国内外的反华势力日夜咒骂我们，帝国主义如此欺负我们，这是需要认真对付的。"手中握有杀人刀"，这剑拔弩张的诗句，正好表达了毛泽东当时的心态。

"艾萧太盛椒兰少"，这既是屈原"当年"所处社会的情态，也是"今天"毛泽东所处国内外环境的写照。"当年"的确如此，"今天"可能未必。即使国际形势险恶，国内却未必"椒兰少"。毛泽东把"今天"的情态估计得这么严峻，这是有远因近况的。国际的反华大合唱，国内的经济大困难，直接导致了毛泽东的严重敌情观。毛泽东的情思遨游于两千多年的时空，诗心纠结于"长太息以掩涕兮，哀民生之多艰"，使他和屈原诗心相通，感同身受。"一跃冲向万里涛"这"一跃"，是刚毅，是决绝，是殉身明志，是宁死不渝！这是千古悲歌，千秋典范，千载美名。毛泽东用一"跃"一"冲"，给了屈原至高无上的礼赞，也袒露了自己临危不惊、遇难不屈、高压不垮的伟丈夫气概！

这首诗最奇特的是第二句："手中握有杀人刀。"将"楚骚"比之"杀人刀"，简直是匪夷所思，令人咋舌。再三品味，就觉得非如此不是毛泽东，非如此不足以再现"指点江山，激扬文字，粪土当年万户侯"的文采，不足以直逼"纤笔一枝谁与似？三千毛瑟精兵"的威风。这赤裸裸、直通通的比，不避嫌，不隐晦，理直气壮，旗帜鲜明,是一奇。而"手中握有杀人刀"竟又"一跃冲向万里涛",这出人意表、违反常情的大转化,大波折,大对比,又是一奇。这两奇,奇出了波澜起伏,奇出了诗蕴悠长,奇出了诗思深邃,奇出了全诗震撼人心的悲剧力量!为理想献身,为民族捐躯,为祖国而赴汤蹈火,这是一切忧国忧民、爱国爱民、报国报民的仁人志士的英雄情结。从屈原的"亦余心之所善兮,虽九死其犹未悔",到孔夫子的"道不行,乘桴浮于海",到周恩来的"面壁十年图破壁,难酬蹈海亦英雄",到毛泽东的"为有牺牲多壮志,敢教日月换新天",正是这千秋一阕的英雄悲歌!

悲剧是一种理想自觉与现实困顿的冲突。在审美体悟中,悲剧又是一种以否定的形态去肯定历史的合理发展。在漫长的中华文明史中,这种悲剧演示绵绵不断,构成了惊天动地的民族心灵史。这首七绝,正是毛泽东浸染于浓重的民族悲剧氛围而对屈原作了透辟的悲剧读解,从而也透示了他作为民族悲剧文化的延展提升的审美奥秘。正是从对中华民族自立于世界民族之林的终极关怀,以"要扫除一切害人虫,全无敌"的超迈情怀,演绎出毛泽东吮吸于屈原、奔涌于历史、撞击于现实的英雄悲剧,迸射出熠熠光华,熔铸了崇高的悲剧价值,构成了毛泽东诗词美学中不朽的审美内容、审美特色和审美魅力。

在这个意义上,我们可以读解七绝《屈原》:它或许也正是毛泽东的生命告白,是毛泽东的革命宣言,是毛泽东和屈原两个诗坛巨子穿越数千年时空而共同创立的丰碑!

七绝二首

纪念鲁迅八十寿辰

一九六一年

博大胆识铁石坚,刀光剑影任翔旋。
龙华喋血不眠夜,犹制小诗赋管弦。

其 二

鉴湖越台名士乡,忧忡为国痛断肠。
剑南歌接秋风吟,一例氤氲入诗囊。

这两首诗写于 1961 年,根据抄件刊印。

注 释

[鲁迅] 鲁迅(1881—1936)为浙江绍兴人,我国现代伟大的文学家、思想家和革命家。

[龙华喋血不眠夜] 1931 年 2 月 7 日深夜,国民党反动派在上海龙华,秘密杀害包括"左联"作家柔石、胡也频、李伟森、白莽、冯铿在内的革命青年共二十三人。喋(dié 蝶)血,血流遍地。鲁迅在《为了忘却的记念》一文中说:"在一个深夜里……我沉重的感到我失掉了很好的朋友,中国失掉了很好的青年。我在悲愤中沉静下去了,然而积习却从沉静中抬起头来,凑成了

这样的几句:'惯于长夜过春时……'。"

[犟制小诗赋管弦]　犟制小诗,指鲁迅作七律《无题》诗:"惯于长夜过春时,挈妇将雏鬓有丝。梦里依稀慈母泪,城头变幻大王旗。忍看朋辈成新鬼,怒向刀丛觅小诗。吟罢低眉无写处,月光似水照缁衣。"赋管弦,指配上音乐。

[鉴湖越台名士乡]　鉴湖,在浙江省绍兴城西南两公里。附近有山阴(今绍兴)人陆游吟诗的快阁。清末女革命家秋瑾(1875—1907),亦是山阴人,别署鉴湖女侠。越台,即越王台,春秋时越王勾践在会稽(今绍兴)为招贤士而建。本句是说,鲁迅的故乡绍兴是古今名人荟萃之地。

[剑南歌接秋风吟]　剑南歌,指陆游的诗集《剑南诗稿》所收诗作。秋风吟,指秋瑾作的《秋风曲》诗和被清政府杀害前书写的惟一供词"秋风秋雨愁煞人"。

[一例氤氲入诗囊]　一例,意即一律,一样。氤氲(yīn yūn),形容烟或云气很盛。这里比喻陆游、秋瑾与鲁迅的诗篇,富有诗味和爱国热忱。诗囊,装诗稿的袋子。李商隐《李长吉小传》称,李贺"背一古破锦囊,遇有所得,即书投囊中"。

"但见奔星劲有声"

——读七绝二首《纪念鲁迅八十寿辰》

陈漱渝

　　毛泽东对鲁迅的经典性评价早已为人们所熟知,但毛泽东以鲁迅为题材的诗作此前尚未见。在鲁迅诞生一百一十五周年、逝世六十周年前夕,由中共中央文献研究室编辑、中央文献出版社出版的《毛泽东诗词集》,首次将毛泽东七绝二首《纪念鲁迅八十寿辰》公布于世,不仅对鲁迅研究者和爱好者是一种鼓舞,而且广大读者也能从中获得启示和教益。

《七绝二首》之一的起句，盛赞鲁迅的广阔襟怀，远见卓识，以及坚如磐石的原则立场。大气包举，笼罩全篇。次句承转，"刀光剑影"一词形象地再现了第一次国内革命战争失败之后白色恐怖的严酷。"任翔旋"生动描写了鲁迅在文化"围剿"下英勇无畏、机动灵活的战斗英姿。鲁迅后期娴熟地掌握了辩证法，不但高瞻远瞩，爱憎分明，而且巧妙地运用了"钻网战术""壕堑战术"，使一时其势汹汹的文氓、文探、文化刽子手们终于一败涂地。鲁迅在反文化"围剿"战役中建树的不朽功勋，鲁迅后期杂文所取得的辉煌思想艺术成就，都是辩证法的胜利。

第三句宕开一层，具体点出了轰动中外文坛的左联五烈士遇难事件，内容由虚而实。"龙华喋血"，系指国民党政府于 1931 年 2 月 7 日秘密杀害二十余位革命志士（其中包括左联五烈士）的骇人听闻的暴行。现已查明，这批革命者是在集会抵制王明在六届四中全会上推行的"左"倾机会主义路线时分头被捕的。左联五烈士的牺牲，是鲁迅在经历了继三一八惨案、四一二政变之后的又一次巨大震动。他因自己失去了很好的朋友，中国失去了很好的青年而彻夜不眠。先前，鲁迅阅读意大利著名诗人但丁《神曲》一书的"地狱篇"，曾惊异于作者设想的残酷。但目睹革命者淤积的凝血，鲁迅感到但丁还是仁厚的："他还没有想出一个现在已极平常的惨苦到谁也看不见的地狱来。"

末句统摄全诗，一个"犹"字，突出了鲁迅在黑暗暴力的进袭面前不避风险、挺然屹立、顽强抗争的战斗精神。"小诗"，指鲁迅的七律《惯于长夜过春时》（亦称《无题》或《悼柔石诗》）。这首诗慷慨悲怆，气壮情真，表达了鲁迅"怒向刀丛觅小诗"的坚强斗志。毛泽东爱读鲁迅诗，尤其欣赏鲁迅那些激情澎湃、笔挟风雷的诗句，并常予援引用以教育党内外同志。毛泽东显然对鲁迅的这首千古绝唱留下了特别深刻的印象，并把这首诗视为体现鲁迅革命精神的代表作之一。

《七绝二首》之二，虽然字面上未提鲁迅，却深刻揭示了鲁迅赖以植根、成长的文化沃土和给鲁迅以丰富精神滋养的爱国主义优良传统，与第一首有着不可分割的内在联系。

七绝之二的首句,寓情于景,由物及人,景、情、人融为一体。"鉴湖""越台",是鲁迅故乡浙江绍兴的代表性景物,象征着萌生于於越部族时代的源远流长的吴越文化。"名士"一词,在这里泛指在中国历史上为国家进步、民族振兴做出过不同贡献的仁人志士。鲁迅在《〈会稽郡故书杂集〉序》中写道,"会稽古称沃衍,珍宝所聚,海岳精液,善生俊异",意思与此相同。在绍兴辈出的"名士"中,鲁迅就是最杰出的代表人物。

七绝之二次句的"忡忡",即忧心忡忡,形容绍兴历代先贤具有为国为民忧虑不安并舍身相报的美德。"痛断肠",形容这些优秀人物在国运艰难、危机四伏的年代痛心疾首,力挽狂澜于既倒。从"壮心未与年俱老,死去犹能作鬼雄"的南宋爱国诗人陆游,到临刑前以"秋风秋雨愁煞人"为唯一供词的反清志士、鉴湖女侠秋瑾,就都具有一脉相承的忧患意识和爱国激情。他们的优秀诗作,连同鲁迅在中国黎明前最黑暗年代制作的小诗,无一例外地成为我国诗歌宝库的珍品,全都融入了我国优秀文化传统的血脉。

毛泽东《七绝二首》,遣词造句都是从内容出发,随意挥写,有的诗句并不完全为格律所拘。全诗风格雄浑,气势挺拔,充满阳刚之美。诗中的议论与形象相结合,与史实相结合,运用了一些并不生僻的典故,增强了作品的概括力,激起了读者的无尽联想。毛泽东这两首七绝的成功,既取决于他对古典诗词的深厚造诣,又取决于他对鲁迅作品和精神的深刻理解。他虽然运用的是旧体诗的形式,但描写的是新的人物,渗透的是新的感情,闪耀着的是时代精神的光芒。鲁迅在七绝《赠人二首》中,有"须臾响急冰弦绝,但见奔星劲有声"之句。毛泽东《七绝二首》中的诗句,音量之洪,音力之厚,恰如那划过夜空发出强劲有力声音的奔星,激励着我们继承发扬鲁迅的爱国主义精神,在改革开放的道路上奋然而前行。

七　律

和郭沫若同志

一九六一年十一月十七日

一从大地起风雷,便有精生白骨堆。

僧是愚氓犹可训,妖为鬼蜮必成灾。

金猴奋起千钧棒,玉宇澄清万里埃。

今日欢呼孙大圣,只缘妖雾又重来。

这首诗写于 1961 年 11 月 17 日,最早发表于人民文学出版社 1963 年 12 月版《毛主席诗词》。

注　释

[和郭沫若同志]　1961 年 10 月间,浙江省绍剧团在北京演出根据《西游记》第二十七回白骨精故事改编的绍剧《孙悟空三打白骨精》。郭沫若看过作了一首诗,借以反对当时所说的现代修正主义。本诗的主旨与郭诗相同(这也是作者此后大多数诗词的主题),只是不同意郭诗敌视被白骨精欺骗的唐僧的看法。郭读本诗后表示接受作者的意见。郭沫若(1892—1978),四川乐山人,当代著名的文学家和历史学家。两诗句中多用《西游记》故事。

[愚氓(méng)]　氓,古义通“民”。愚氓,愚蠢的人。

[鬼蜮(yù)]　蜮,古代传说中水里一种暗害人的怪物。鬼蜮,即鬼怪,后来比喻阴险作恶的人。

254

附:郭沫若原诗

七 律

看《孙悟空三打白骨精》

人妖颠倒是非淆,对敌慈悲对友刁。
咒念金箍闻万遍,精逃白骨累三遭。
千刀当剐唐僧肉,一拔何亏大圣毛。
教育及时堪赞赏,猪犹智慧胜愚曹。

附诗注释

[累三遭] 接连三次。
[猪] 指猪八戒。

今日欢呼孙大圣 只缘妖雾又重来

——读七律《和郭沫若同志》

施议对

这首诗作于 1961 年 11 月 17 日,时值苏共二十二大闭幕后的第十八天。这是一首针对性很强的政治诗。

据郭沫若回忆:"《孙悟空三打白骨精》这出戏,首先是浙江绍兴剧团演出的。我在 1961 年 10 月 18 日在北京民族文化宫第一

255

次看到演出，认为它有教育意义。后来剧团的同志们要我提点意见，我在 10 月 25 日便写了一首七律《看〈孙悟空三打白骨精〉》送给了他们。""主席和诗是 1961 年 11 月 17 日作的，我在 1962 年 1 月 6 日在广州看到……读了，我受到很大的启发。我当天曾经用主席的原韵，又和了一首。"这首和诗，也送给主席看过，主席回信说："和诗好，不要'千刀当剐唐僧肉'了。对中间派采取了统一战线政策，这就好了。"可见，毛泽东的和诗是有所指而作的。所谓"和"者，并非一般应酬唱和，而是借题发挥，即：借助于应酬唱和纠正郭氏原作的错误认识，表达自己对于国际共运新局势的看法，以达到教育人民、团结人民、战胜世界上一切妖魔鬼怪的目的。

众所周知，60 年代初期，国际共产主义运动面临着新的挑战，也就是当时所说的现代修正主义的挑战。1961 年 10 月 17 日至 31 日召开的苏共二十二大，通过了所谓"三和两全"的苏共纲领，在工人运动队伍中引起了极大的思想混乱，国际共产主义运动出现了严重的困难局面。郭沫若和毛泽东的诗篇就是依据当时的这一国际大气候进行创作的。二者均借着戏剧赋诗以抒写政治怀抱，但二者的艺术洞察力及艺术表现显然有着较大的差异。郭沫若的看《孙悟空三打白骨精》，对于"对敌慈悲对友刁"的唐三藏极为气愤，以为应当千刀万剐；而毛泽东则不然，谓"僧是愚氓犹可训，妖为鬼蜮必成灾"，以为唐三藏是可以教育好的中间派，妖怪白骨精才是主要打击对象。毛泽东高瞻远瞩，在这首诗中，成功地对一百多年来世界风云变幻及其发展前景进行了艺术概括。

诗篇首联从大地风雷说起，谓只要大地上出现风暴雷霆，就有妖精化生于白骨堆。风雷，带有双重意义：一为自然现象，一为革命风雷。《易经·说卦》云："动万物者，莫疾乎雷。桡万物者，莫疾乎风。"龚自珍《己亥杂诗》云："九州生气恃风雷，万马齐暗究可哀。我劝天公重抖擞，不拘一格降人才。"所谓风雷，均有双重含义。诗篇所指，乃 19 世纪 40 年代马克思主义学说诞生所引起的世界变化。毛泽东在《新民主主义论》中称："惟独共产主义的思想体系和社会制度，正以排山倒海之势、雷霆万钧之力，磅礴于全世界而葆其美妙之青春。"这是势不可当的革命风雷。精，精灵。

精生白骨堆,谓精灵潜附于白骨堆。绍剧《孙悟空三打白骨精》称之为"千年尸魔"白骨精,诗篇用以比喻形形色色兴妖作怪的机会主义者及当时所说的现代修正主义者。"一从……便有……"构成条件复句,体现因果关系,谓:只要一种情况出现,另一种情况随即出现,说明"对立统一规律是宇宙的根本规律"。这是诗篇的开场白,极其深刻,极其透彻,让人们清醒地认识到:眼前这场斗争是不可避免的。

　　颔联针对郭沫若的模糊观念,对于剧中人物进行阶级分析,这里主要说唐三藏与白骨精。郭沫若观剧联系现实斗争,用意颇佳,但比喻失当。毛诗采用并列对仗的形式,将"僧"(唐三藏)与"妖"(白骨精)加以对比,谓:僧尽管愚蠢,最终还能醒悟;妖则诡计多端,必然带来灾难。僧指小说、戏剧中的唐僧,比喻现实社会中敌我不分的中间派。愚氓,愚蠢的人。小说写唐僧遇见白骨精,"分明是个妖精"也"不认得","只说是个好人",不准打杀并赶走了降妖护法的孙悟空。戏剧写唐僧听说有妖怪,只是念佛,企望"佛祖保佑无妖魔";遇到白骨精,不准棒打,说:"纵然是妖,也应劝其归善。"但是,当白骨精本相彻底暴露、自己又面临汤镬之危时,却说:"痛恨我错把妖怪当善人,枉发慈悲祸自身。悔不该,中妖计,赶走了赤胆忠心的孙悟空。"妖指白骨精,鬼蜮指暗中害人的东西。《诗经·何人斯》云:"为鬼为蜮,则不可得。"小说、戏剧写白骨精,谓其"立志潜修,善变化,惯施机谋","早蓄害人之心"。颔联中的"是"与"为",对于"僧"与"妖"的阶级属性进行了明确判断;"犹"与"必"将两类不同性质的矛盾及其处理方法,剖析得十分透彻。毛泽东认为:唐三藏尽管糊里糊涂,一再受骗上当,但可以教育,而白骨精才是最危险的敌人。

　　颈联承接"必成灾",引出戏剧中的主人公——孙悟空,展现除妖斗争的胜利前景。金猴,对唐僧大徒弟孙悟空的美称。小说写孙悟空本是花果山一块"仙石"化成的"石猴",后来在太上老君八卦炉中炼成了一双善于识别妖魔鬼怪的"火眼金睛",故称"金猴"。又,猴属申,五行配金,故称。千钧棒,指孙悟空使用的武器——如意金箍棒。钧,古代重量单位,一钧合三十斤。小说称金箍棒重一万三千五百斤，这里极言其重。玉宇，即天宇。小说、戏剧谓：孙悟空与白骨精斗争时，只要"睁火眼金睛观看"，"怒视片刻"，便认得是妖精，"更不理论，举棒劈面便打"，"金箍棒下决不留情"。"金猴奋起千钧棒，玉宇澄清万里埃。"二句以流水对形式，展现一幅痛歼妖魔、澄清玉宇的宏伟图景。前一句是因，后一句是果。诗篇借助这幅图景，对斗妖英雄进行了热情赞颂。

末联由戏剧中的神话世界转入眼前的现实世界，揭示全诗主旨。孙大圣，对孙悟空的尊称。小说谓孙悟空大闹天宫后返回花果山，自称"齐天大圣"。妖雾，旧时传说妖怪所散发的妖氛毒雾。戏剧开头称，孙悟空刚刚攀登碗子山，便以其特有的警觉认定："崖高壁陡，妖雾弥漫，定有妖精出没。""今日"二字，急转直下，直接将人们带入国际共产主义运动的斗争当中来。其中，"又重来"遥应开篇，进一步揭示这场斗争的严重性及其伟大意义。毛泽东喜欢以历史的眼光看世界，提倡古为今用。他读小说《西游记》，看绍剧《孙悟空三打白骨精》，即赋以新意。二十八年后，重读毛泽东的这首诗，仍然使人感到无比亲切、无比振奋。

卜算子

咏 梅

一九六一年十二月

读陆游咏梅词,反其意而用之。

　　风雨送春归,飞雪迎春到。已是悬崖百丈冰,犹有花枝俏。　　俏也不争春,只把春来报。待到山花烂漫时,她在丛中笑。

　　这首词写于 1961 年 12 月,最早发表于人民文学出版社 1963 年 12 月版《毛主席诗词》。

　　注　释

　　[陆游]　陆游(1125—1210)字务观,号放翁,山阴(今浙江绍兴)人。南宋爱国诗人。他生当封建统治阶级向外来侵略势力委曲求和的时代,爱国抱负不为时用,晚年退居家乡。他在《卜算子·咏梅》词中表现出孤芳自赏、凄凉抑郁的调子。本词用陆游原调原题,但情调完全相反,所以说"反其意而用之"。

附：陆游原词

卜算子

咏　梅

驿外断桥边，寂寞开无主。已是黄昏独自愁，更著风和雨。　　无意苦争春，一任群芳妒。零落成泥碾作尘，只有香如故。

附词注释

〔驿（yì）外〕　指驿站附近。古代官办的供传递公文的人中途住宿和换马的处所，称驿站。

自信者"俏"　胜利者"笑"

——读《卜算子·咏梅》

石　英

当我们读到毛泽东同志的《卜算子·咏梅》词时，很自然地便会联想到南宋杰出诗人陆游的那首同一词牌的《咏梅》词。我们无意比较这两篇产生于不同时代、不同社会背景和作者性格各异的作品之高下，因为那样做既无甚必要也是不尽科学的。我们只能说：这两首词都是各自那个时代非同凡响的优秀篇章。我们还可以说，时间毕竟已经跨越了八百多年，社会向前大大发展了，诗

260

人的人生观和美学思想也不可同日而语。从这个意义上当然可以说：毛泽东的《咏梅》词，以前人所不具有的昂扬格调和社会主义时代精神，诉之于优美的艺术形象，出色地描绘了一个自信、自豪、自强的革命家性格与情味浓郁的诗的意境。

梅花，是我国历代诗人所爱吟诵的物象。特别是一些品格正直的诗词作家，往往借梅花以抒发内心未申之志，喻节操之高洁，表示决不与浊世同流合污之骨气。这方面的名篇佳句不胜枚举，已与梅花这种高洁的花种一样，亦作为精神瑰宝位列艺术的芳园之中。但古代诗人的咏梅诗，往往在傲骨厌俗中，难免带有孤芳自赏甚至是顾影自怜的气质，感情天地和精神境界毕竟不够广阔。当然，这是不能苛求古人的。毛泽东同志作为伟大的无产阶级革命家，高瞻远瞩于世界风云变幻，托物言志于日理万机之中。他也喜欢以梅喻不畏严寒、蔑敌如鼠的革命战士，并在诗词中渗透着乐观主义精神和必胜信念。"梅花欢喜漫天雪，冻死苍蝇未足奇。"这是他在另一首诗中脍炙人口的名句，足见他对梅花这一物象的挚爱之情。

《卜算子·咏梅》一词产生的时代背景大致与《冬云》一诗相同。中国共产党自她诞生之日起，就是在刀光血影中艰苦奋斗，在敌人的疯狂绞杀中成长壮大，直至取得解放全中国的伟大胜利。但在中华人民共和国成立之后，国内外形形色色的敌人并没有放弃他们明攻暗算的种种图谋。在三年困难时期，国际上的反共反华势力更是串演了一出有声有色的大合唱，妄图倾覆中国的社会主义大厦，改变历史发展的进程。当时中国的形势不可谓不严峻，国内外敌对势力加于党与人民头上的压力不可谓不沉重。但毛泽东同志审时度势，泰然自若，以举重若轻的气度吟诵出迥异于以往诗人所有咏梅作品的诗篇。

雪，本是严寒的象征，但在诗人看来，却是迎接新的春天到来的使者。尽管冰凌垂挂于危崖，朔风怒号于幽谷，气象森然，望而股栗，但梅花偏偏于此时此地坚枝奋挺，花朵繁茂，直若置寒风于不顾，视冰凌为温床，俏色夺目并使人心为之一振。这是一幅何等瑰伟壮阔的图景，又是何等超拔不凡的气魄！

一个"俏"字提挈全篇，传神写照，以少许胜多许。"俏"，不只是一般的美，它美得俊逸，美得机智，美得趣味横生，美得使仇视者嫉恨者也无可奈何。然而，梅花之俏却绝非春色春情的垄断者，更不是一个与百花争宠的角色。"俏也不争春。"她的超前出现，无非是为了证明一个无可逆转的规律——严寒之后必定是百花争艳的春天。做一个义务报春者，梅花心愿足矣！她真正足以自慰的时刻，则是山花烂漫遍野飘香之际。这时，她也没有做那飘然远遁的仙子，而是隐身于百花丛中，为春天的真正到来而展露出会心的笑。这个"笑"，是看谁笑到最后的笑，也是预示下一个胜利的笑。表明它不是旁观者，既在群花之中，又是百卉之神、百卉之胆。

短短八句四十四字，由于注入非凡之精魂、精确传神之词彩，便使这首词透射出诗人的高尚品格和鲜明性格：即先行者和公仆的品格，艰危中奋不顾身、转安后乐于奉献的执着性格。这首词，于庄严中寓轻松，于严谨中有跳荡，于明快中富含蓄，于流畅中见丰厚。这就是属于毛泽东的这一个"梅"。

一首诗词不是枪炮，更不是原子弹和导弹，但在这首词出现之后，反共反华鬼蜮们的图谋确实并没有得逞。那么，诗为心声——作为物质和精神威力的标志，已经完成了它的历史使命，但对后世有着长久的思想启示作用和艺术鉴赏价值。历史的发展虽非循环，但其不同阶段有时却有着某些相似之处。对于中国共产党人和一切真正的爱国者来说，我们任何时候都需要具有梅花的坚定意志：狂风袭来时头脑清醒目不迷，冰天雪地中依然不畏严寒火焰不息。坚信尽管又一个更严酷的冬天袭来，繁花似锦的春天仍会俏立人间。

今天我们重读《卜算子·咏梅》之所以如此亲切，只能证明这首词的思想和艺术的强大生命力。任何真正优秀的作品，都不应是一哄而起赶时髦。以马列主义武装头脑的战士们不是占卜者，也从不相信什么算命先生。但由于他们具有真正科学的头脑和敏锐的目光，能够比较正确地认识社会发展规律，预见未来的风雨阴晴，这也可以说是他们优于敌人的得天独厚之处。从这个意义上也可以说："咏梅"的命题好，"卜算子"的词牌也用得俏！

七 律

冬 云

一九六二年十二月二十六日

雪压冬云白絮飞，万花纷谢一时稀。
高天滚滚寒流急，大地微微暖气吹。
独有英雄驱虎豹，更无豪杰怕熊罴。
梅花欢喜漫天雪，冻死苍蝇未足奇。

这首诗写于 1962 年 12 月 26 日，最早发表于人民文学出版社 1963 年 12 月版《毛主席诗词》。

注 释

［冬云］ 本诗写作日期为 12 月 26 日（作者的生日），在当年冬至节后的第四天。旧说"冬至一阳生"，所以诗中说"大地微微暖气吹"。这里是比喻虽在冬至，大地并没有完全被寒流控制。

［罴(pí)］ 熊的一种，现在叫马熊或人熊。熊罴在这里代指野兽中的庞然大物。

263

绵亘时空的战斗颂

——重读七律《冬云》

阮章竞

　　毛泽东是位伟大的马克思主义者,伟大的无产阶级革命家,又是当代最卓越的诗人。他留下的几十首诗词,像宏大的编钟系列,铸录着一段艰难曲折而又灿烂辉煌的历史。它的每一组壮丽的声音,都激励着我们为祖国美好希望而战斗,而奋进。我每读毛泽东的诗词,都深深感到:不能像鉴赏古往今来诗词那样去鉴赏,因为毛泽东的作品,都记录着他引导祖国所走过的道路上的雷霆风雨、春风旭日的伟大途程。毛泽东前期的诗词,多是吟哦在征途的战马背上,中期多是口占于阳光熹微的海上江上,晚年多草就于风云变幻无常的旗舰舵盘上。因此,鉴赏毛泽东的诗词,很有必要弄清楚当时的国际国内形势、历史背景和诗人在当时的思想情怀,才能求得较深刻的理解。我无意说自己对毛主席诗词有什么理解,我只能够说:我们这一代,是在毛泽东思想教育下长大的一代,对这位历史伟人,总是略近一些、直接一些。对他的思想、著作、战略战术暂且放在一边,单就他的诗词来说,也是指引我们认识世界、认识社会、认识美丑、认识时代赋予我们历史使命的照明灯光和激励前进的战斗欢乐颂。我现在从这个切身体验的角度,来试谈冬云。

　　《冬云》写于 1962 年 12 月 26 日,距现在已经二十八年了。但是每当我想起首联"雪压冬云白絮飞,万花纷谢一时稀"时,50 年代末 60 年代初的历史风云便历历在目。以美帝国主义为首的资本主义世界,对第二次大战后社会主义国家的出现是不死心的;对社会主义新中国的出现,更是咬牙切齿心不死却又无可奈何！他们除了军事恐吓、政治讹诈、经济封锁无效之外,认为"处于守势是不够的,自由必须成为能渗透进去的力量",要"逐步地、谨慎地、和平地"推动"和平变革""和平演变"。这是从已经死了的艾奇逊、杜勒斯到今天的"艾奇逊""杜勒斯"和顽固不化的帝国主义分子,都无一例外,他们时时刻刻、处心积虑地要把这个一枕黄粱变为人间事实。黄粱美梦虽然是梦,但是,"一从大地起风雷,便有精生白骨堆"。在当时国际上,忽然掀起了一股离奇的怪浪潮:什么"和平过渡""和平进入社会主义"的噪声,甚嚣尘上。这股浪潮的实质是:取消被压迫阶级的阶级斗争,取消被压迫民族的解放斗争,取消反对帝国主义侵略政策和战争政策,以适应美帝国主义"不战而胜"的战略要求,从而达到超级大国主宰世界的霸权目的。

以高举反对帝国主义旗帜、高举革命旗帜、高举无产阶级国际主义旗帜、高举维护世界和平旗帜为己任的新中国,受到了来自几个方面的夹击。一方面是边境屡遭侵犯,策划颠覆叛乱;一方面是U-2侦察飞机继续窜入大陆高空,美帝国主义大力鼓励支持蒋军窜犯大陆,大量军火军用物资不断运到台湾,美国军政要员频繁赴台活动;另一个方面,是在许多政治舞台上反复指挥掀起此起彼伏的反华大轮唱。社会主义中国,颇似"万花纷谢",处在孤军奋战的困境。当时,正如诗人在第二联写的,真是"高天滚滚寒流急"啊!处在少年时代的新中国,正面临"大跃进"的失误挫折,三年自然灾害和国外援助协定的突然撕毁等原因所造成的十分严峻的形势。中国战栗了吗?不!我们在短短的时间里,不但迈过了上述的道道难关,而且使经济复苏并取得了发展。诗人句中的"大地微微暖气吹",就是中国人民不畏强暴而且能战胜一切困难的真实反映。

诗人是在严冬12月写作《冬云》的,也正是强冷空气的肆虐季节。强冷空气入侵我国的方位、来向同当时的国际形势,都能使读者产生许多联想。中国革命的胜利,既不是上帝突然清醒、开恩赐予,更不是帝国主义一时打盹儿叫我们占了便宜,而是经过漫长曲折、严酷的浴血战斗,才把几千年来的封建压迫枷锁,从人民手上脚上整套打碎,彻底砸烂;才把自鸦片战争以来一百多年各国列强强加于我们民族身上的耻辱全部清除,洗刷干净。怎能在今天低首下心,听任摆布?毛泽东顶住了原子讹诈、强权压力,顶住了各种场所的围攻和各种文字的咒骂。在第三联里，他以如椽之笔，写出"独有英雄驱虎豹，更无豪杰怕熊罴"的气壮山河的诗句。诗人用十四个字，塑造出了一个伟大的坚强不屈的中华民族形象。

中华民族是个伟大的民族。我们靠几亿人民的两只手，在尸骨绊脚、血泊没膝、断砖碎瓦、蓬蒿丛生的废墟上，把一个崭新的中国树立在世界东方。战争、封锁、孤立、讹诈、制裁，对共产党领导的新中国来说根本无效，使无可奈何的杜勒斯，只好把希望寄托在中国的第二代、第三代上，从内部将社会主义制度"和平演变"为资本主义制度。对此一方面的"和平过渡""和平长入"，同彼一方面的"和平渗透""和平演变"，毛泽东是早有警惕的。这位曾领导人民战胜了所有国内外敌人的伟大诗人，坚信自己的人民，坚信自己的党像在漫天飞雪中的梅花那样，凌寒盛开。所以，对这些嗡嗡喊叫的苍蝇，只能是"冻死苍蝇未足奇"！中国传统古典诗，凡是好的或较好的，都讲究抒情写景。律、绝诗出现，更讲究押韵，讲究声调（平仄），讲究对偶，充分运用汉字汉语独特的、奇妙的品格，创造出多姿多彩、神态生动、音韵和谐、声调铿锵、旋律回环的形象美和音乐美。它能把深远广阔的景物，深厚丰富的思想内涵，用二十或几十个字，在四行八行（不算长律）之间，组成能表现各种思想情怀的作品。《冬云》和诗人其他作品，都是严格遵守这些要求的。

1960 年春夏之间，徐迟同志和我去看郭老，说话间谈到毛主席的诗词。曾经有一位专门研究诗词的著名学者，说毛主席有些词作不合律。郭老说毛主席对诗词的平仄和韵是非常熟练精通、运用非常严谨的，而这位学者的意见是错误的。有郭老这段精辟见解，我可以省去许多话了。现在先试谈押韵和平仄。这首七律是仄起调式，严格遵守韵书四支五微相通的韵，完全合律。再说对仗，"大地"对"高天"，"微微"对"滚滚"，"更无"对"独有"，"豪杰"对"英雄"，"熊罴"对"虎豹"，工整鲜明，形象生动。尤其是动词，很能反映诗人的博大情怀：速动的"急"，用缓动的"吹"来对，使读者可以想见诗人对滚滚而来的寒流沉着、坦然的形象。"熊罴"更有深意。当时，我们还没有原子弹，霸权主义大国常以此进行核讹诈。诗人在这里平静地用"更无"两字，显出不急不躁、从容不迫的风度。毛泽东常以"一切反动派都是纸老虎"来教导我们：在战略上要有敢于藐视敌人、敢于和敌人血战到底的大无畏气概。

毛泽东在创作方法上，向作家艺术家提出革命现实主义与革命浪漫主义相结合的口号。他的诗词作品就是这个口号的体现。近些年来，这个口号的头——"革命"被人砍掉了，资产阶级自由化的各种主义在我国文坛泛滥成灾，令人痛心。

现在，我再试谈一下尾联。先从梅花说起。中国人民喜欢梅花，把她比喻成威武不屈的高风亮节形象。毛泽东喜爱梅花，在写这首七律前一年的12月，已写了《卜算子·咏梅》。这首词，意境高远，风姿俏丽，可说是千古绝唱，表现出中国共产党相信真理、坚持真理、谦虚谨慎的晶莹形象。陆游是我国古代著名爱国诗人，我非常喜欢他的诗词。但以他的《咏梅》和毛泽东的《咏梅》来比，前者流露的是晚景沉沉，后者是朝气勃勃。我国已故著名诗人周钢鸣同志看见这首才问世几天的《卜算子·咏梅》，便对我说："陆游的《咏梅》，和主席的《咏梅》不能比。"他特别对"待到山花烂漫时，她在丛中笑"和"零落成泥碾作尘，只有香如故"做了这样的评比："毛主席对共产主义事业充满必胜的信心，在胜利之时也只求'她在丛中笑'。陆游只求得个'只有香如故'，太消沉了！"周钢鸣同志的评语，非常准确深刻。

毛泽东在诗中将"梅花"与"苍蝇"做了鲜明的对比。前者喻示坚定的马列主义者，后者喻示危害革命的机会主义者。"冻死苍蝇未足奇"，表明了作者对敌对势力的无比憎恨。在世界风云急剧变幻的今天，毛泽东的革命预见性和爱憎分明的思想感情，永远值得我们记取。

毛泽东的文学素养广博高深。他的创作态度认真严肃，遣词用字准确严谨。建国后他在发表土地革命时期写的诗词时，都非常认真地作了校正和修改。据在他身边工作的人员说，毛主席每首诗词写成后，都经过多遍反复吟哦推敲，才最后定稿。可见他的诗作并不仅仗着他的天才。对格律的精通，诗思的敏捷，而且加上认真严格的炼意炼句炼字，从而达到思想内容与艺术形式的完美统一。他的创作态度永远是我们的学习楷模。

满江红

和郭沫若同志

一九六三年一月九日

　　小小寰球,有几个苍蝇碰壁。嗡嗡叫,几声凄厉,几声抽泣。蚂蚁缘槐夸大国,蚍蜉撼树谈何易。正西风落叶下长安,飞鸣镝。　　多少事,从来急;天地转,光阴迫。一万年太久,只争朝夕。四海翻腾云水怒,五洲震荡风雷激。要扫除一切害人虫,全无敌。

　　这首词写于 1963 年 1 月 9 日,最早发表于人民文学出版社 1963 年 12 月版《毛主席诗词》。

注　释

　［寰(huán)球］　指全地球。

　［蚂蚁缘槐夸大国］　唐李公佐小说《南柯太守传》载:有个叫淳于棼(fén)的人,梦见自己在"大槐安国"做了驸马,又在南柯郡当了二十年太守,权势显赫。等到妻子死后,官被解除,槐安国用车子送他回家。醒后追寻梦

游之处,原来是在一株住着一堆蚂蚁的大槐树穴中。

[蚍蜉撼树] 蚍蜉,大蚂蚁。撼,摇动。这是对不自量力的人的嘲笑。唐韩愈《调张籍》:"蚍蜉撼大树,可笑不自量。"

[正西风落叶下长安,飞鸣镝((dí)] 长安,唐朝都城,即今西安市。前半句化用唐代贾岛《忆江上吴处士》一诗"秋风生渭水,落叶满长安"句,表示秋风已起,虫子不好过了。鸣镝,古时一种射出去能发声音的箭,也叫响箭。这里借喻革命力量的声讨。

附:郭沫若原词

满江红

　　沧海横流,方显出英雄本色。人六亿,加强团结,坚持原则。天垮下来擎得起,世披靡矣扶之直。听雄鸡一唱遍寰中,东方白。
　　太阳出,冰山滴;真金在,岂销铄?有雄文四卷,为民立极。桀犬吠尧堪笑止,泥牛入海无消息。迎东风革命展红旗,乾坤赤。

附词注释

[立极] 树立准则。

[桀犬吠尧堪笑止] 桀是夏代最末一个帝王,是个暴君。汉邹阳《狱中上梁王书》:"桀之犬可使吠尧。"(《见汉书·邹阳传》)堪笑止,可笑已极。

[泥牛入海] 宋僧道原《景德传灯录》:"我见两个泥牛斗入海,直至如今无消息。"

269

蚍蜉撼树谈何易

——重读《满江红·和郭沫若同志》

郑伯农

　　1972 年尼克松访华的时候,曾经在一篇讲话中引用毛泽东诗词中的句子:"一万年太久,只争朝夕。"尽管毛泽东多次斥责"帝、修、反",尽管在同一首词中毛泽东还写下这样的句子:"要扫除一切害人虫,全无敌。"但这不妨碍西方的首脑人物在讲话中引用毛泽东的诗句,并以此来显示自己的"幽默"和"文采"。

　　《满江红·和郭沫若同志》写于 1963 年,可以算是"国际题材"的作品。当时,国际形势是急剧动荡的。"四海翻腾云水怒,五洲震荡风雷激。"60 年代初,中苏关系恶化,国外的反动势力妄图孤立社会主义中国,掀起了一股又一股反华浪潮。在这首词中,毛泽东表现了一个无产阶级革命家的大无畏气魄:"蚂蚁缘槐夸大国,蚍蜉撼树谈何易。正西风落叶下长安,飞鸣镝。"在《西江月·井冈山》中,毛泽东曾经写下这样的句子:"敌军围困万千重,我自岿然不动。"《满江红》不就是新的历史条件下的"我自岿然不动"吗? 在《蝶恋花·从汀州向长沙》中,毛泽东曾经写下这样的句子:"六月天兵征腐恶,万丈长缨要把鲲鹏缚。"《满江红》不就是新的历史条件下的"征腐恶""缚鲲鹏"吗? "文如其人",毛泽东的诗词总是鲜明地反映了他独特的精神风貌。

　　如何正确地估量国际国内的形势,如何正确地处理国与国、党与党之间的关系? 不必讳言,这里有许多历史经验教训是值得认真总结的。但诗词是文学作品,它担负不了科学地分析形势、阐明对策的任务。"诗言志",诗词的主要任务是表达人的某种思想感情。虽然毛泽东晚年在形势判断上发生了某种失误,但《满江红》

所体现的思想境界,仍是光彩照人的。当国外反动势力向我们施加压力、进行围攻的时候,是丧魂落魄、卑躬屈膝,还是同仇敌忾,与之进行针锋相对的斗争?"谁敢横刀立马?惟我彭大将军!"这是毛泽东写给彭德怀的诗。其实,用来形容毛泽东本人也是很合适的。广而言之,这也是对党魂、民族魂的生动写照。我们的民族就是需要这种"横刀立马"的精神,敢于顶住"高天寒流",敢于战胜艰难险阻。毛泽东在讲到鲁迅的时候写道:"鲁迅的骨头是最硬的,他没有丝毫的奴颜媚骨。这是殖民地、半殖民地人民最可宝贵的性格。"毛泽东的《满江红》也是这种性格的生动体现。

毛泽东是个感情细腻、意志坚强的伟大人物,其诗词总是体现出丰富感情和宏伟气魄的统一。不论是《菩萨蛮·黄鹤楼》《念奴娇·昆仑》《沁园春·雪》,还是《满江红·和郭沫若同志》,都有前无古人的气魄。这是自然流露出来的,和装腔作势的"假、大、空"根本不是一码事。这种气魄,和领袖人物开阔的视野、广阔的胸襟有密切的关系,和无产阶级解放全人类、改造全世界的历史使命有密切的关系,和毛泽东本人酷爱斗争生活的性格特征也有密切的关系。毛泽东在年轻的时候说过:与天奋斗,其乐无穷;与地奋斗,其乐无穷;与人奋斗,其乐无穷。他不喜欢闲适,喜欢过斗争生活。连他的诗词,有许多也是在"马背上哼成"的。"不管风吹浪打,胜似闲庭信步""战地黄花分外香""梅花欢喜漫天雪""要扫除一切害人虫"等,无不洋溢着革命的斗争精神。近来,斗争精神遭到不少人的嘲讽,似乎它是"左"的同义语。其实,如果不是对"斗争"作庸俗的、"左"的理解,那么,"斗争哲学"并不是错误的东西。哪里有矛盾,哪里就有斗争。共产党人要推动历史前进,就不能抛弃斗争精神。我们要和大自然作斗争,和各种旧势力、旧残余作斗争,和敌对势力作斗争,和各种艰难险阻作斗争,这与爱护人民、讲究策略是并不矛盾的。在资产阶级自由化思潮的影响下,社会上一度流行着庸人哲学:明哲保身,圆滑处世,不敢挺身而出,不敢坚持原则……在这种情况下,重读《满江红》,是能够使人精神一振的。

毛泽东在60年代初期写的诗词中,多次用了"苍蝇"这个比喻。如"梅花欢喜漫天雪,冻死苍蝇未足奇""小小寰球,有几个苍蝇碰壁"。"苍蝇"指的是什么？苍蝇是一种害虫，毛泽东用它比喻一切有害于人类的反动势力。我以为，联系前后文来看，它首先指的是作者心目中的败类、叛徒，共产主义运动中的投机者、变节者。有一个值得深思的现象：毛泽东对于某些资产阶级政治家、战略家如戴高乐将军，曾经就某一方面表示过敬佩，但他十分厌恶共产主义运动中的机会主义者。"嗡嗡叫，几声凄厉，几声抽泣"，这既画出了机会主义者的丑相，也渗透着作者对这一批"小人"的极度蔑视。鲁迅写过一篇著名的杂文，讲战士与苍蝇，他说战士不可能没有缺点，但战士毕竟是战士。常常有这样的情况：由于革命的曲折，战士受到埋怨、攻击，苍蝇的嗡嗡声则成了喧嚣一时的流行调。但历史是无情的，岁月的河流终究会冲刷掉蒙在战士身上的污垢，还他以本来的面目；而大大小小的苍蝇们，只会叮在战士的伤口上吮血，只会散播细菌，它们的下场只能是可悲的。

　　古典诗词中的某些名句，由于形象而又深刻地概括了生活中的某种哲理，往往能够流入千家万户，被人们反复引用。如"欲穷千里目，更上一层楼""春蚕到死丝方尽，蜡炬成灰泪始干"。《满江红》中的"蚂蚁缘槐夸大国，蚍蜉撼树谈何易"，也是这样。每当反动势力企图摧垮我们的事业，一些人在汹涌的逆流面前困惑不前的时候，真正的革命者都会想起毛泽东的上述名言。今天，共产主义运动再次遇到严峻的考验，苍蝇的嗡嗡声东山再起，甚至叫得比什么时候都凶。对此，我们需要说些什么呢？我们应当像毛泽东那样告诉人们："蚍蜉撼树谈何易。"

杂言诗

八连颂

一九六三年八月一日

　　好八连,天下传。为什么? 意志坚。为人民,几十年。拒腐蚀,永不沾。因此叫,好八连。解放军,要学习。全军民,要自立。不怕压,不怕迫。不怕刀,不怕戟。不怕鬼,不怕魅。不怕帝,不怕贼。奇儿女,如松柏。上参天,傲霜雪。纪律好,如坚壁。军事好,如霹雳。政治好,称第一。思想好,能分析。分析好,大有益。益在哪? 团结力。军民团结如一人,试看天下谁能敌!

　　这首诗写于 1963 年 8 月 1 日,最早发表于 1982 年 12 月 26 日《解放军报》。

注 释

　　[好八连]　1963 年 4 月 25 日,国防部批准授予驻守上海某部八连"南京路上好八连"的光荣称号。1949 年 5 月,这个连队进驻上海南京路。经过

273

十四年,连队身居闹市,一尘不染,勤俭节约,克己奉公,热爱人民,助人为乐。作者因此写诗赞美他们。

　　[魅(mèi)]　古代传说中的鬼怪。

激情的颂歌和战歌

——重读杂言诗《八连颂》纪感

纪　鹏

　　1963 年 3 月,毛泽东同志发出"向雷锋同志学习"的号召。同年 4 月,国防部授予驻上海市南京路某部八连以"南京路上好八连"的荣誉称号。全军内外报刊相继介绍了"好八连"的先进事迹和连队建设的宝贵经验。

　　8 月 1 日——人民解放军建军三十六周年,毛泽东同志挥笔题写了《八连颂》这首充满革命激情的颂歌和战歌。实际上,也是号召学习雷锋式的集体连队。

　　身为伟大的无产阶级革命家和我国党政军领袖的毛泽东同志,为几百万人民军队众多连队中的某一连队题诗,这还是首次,也是惟一的一次。这是我国军史、诗史中的光荣一页。

　　严峻的历史告诉我们:20 世纪的 50 年代末期到 60 年代初期,是我国社会主义革命和建设,特别是国民经济遇到建国以来前所未见的坎坷与困难的时期。又加东南沿海紧张、帝国主义重重封锁和中苏关系恶化,华夏的万里晴空,一时乌云密布。

　　五星红旗飞飘十四年,面对这诸多困难的挑战,新中国将往何处去? 这是举世瞩目的大事。是悲观失望、被吓倒、向后退,还是迎难而上、战而胜之,拨云见日笑迎更加璀璨的明天? 这是重要的历史抉择。久经考验的中国共产党中央和以毛泽东同志为首的革命领袖们,坚定地走后一条光明之路。铁的史实再次证明,这是英

274

明正确的选择。因此,《八连颂》不只是写给"好八连"的,也是写给全军和全国人民决心独立自主、自力更生的宣言书。

亲手缔造了人民军队的毛泽东同志,一贯关怀人民军队的建设,不断及时科学地总结中国武装斗争的新经验,诸如"枪杆子里面出政权"、"支部建在连上"、《古田会议决议》、"坚定正确的政治方向,艰苦朴素的工作作风,灵活机动的战略战术"、"团结、紧张、严肃、活泼"的"三八作风",以及"没有人民的军队,便没有人民的一切"、"军政一致,军民一致"、"政治工作是我军的生命线"等一系列重要论述,都在我军胜利前进的征途上,树立了一座座闪光的碑石。

在新的历史时期,毛泽东同志又以诗的形式发出全军学习好八连的新号召。诗中极其简明扼要地指出要学习"好八连"的"为人民"和"拒腐蚀,永不沾"。

"为人民",重申了"为人民服务是我军的惟一宗旨"的建军原则。"拒腐蚀,永不沾",则科学地揭示了和平时期军队建设的新特点和首要信条。早在全国大陆解放的胜利前夕,毛泽东同志就富有预见性地指出,要警惕不拿枪的敌人糖弹的攻击,不要在糖弹面前打败仗。这次又提出新的要求,实际上是要求坚持党的绝对领导下的人民军队,必须具备崇高的共产主义道德情操,一定要用共产主义思想武装自己,指挥自己的一切言行,自觉地克服、抵制资产阶级腐朽思想的腐蚀,抗拒封建残余思想和其他非无产阶级思想的侵袭,坚持并发扬我党我军全心全意为人民服务的光荣传统,树立新的道德风尚,做忠于党和人民事业的革命战士。

诗中不但明确提出连队建设的纪律、军事、政治、思想的"四好"标准,还重向全国军民提出"要自立"和不怕压、不怕迫、不怕刀、不怕戟、不怕鬼、不怕魅、不怕帝、不怕贼的"八不怕"。这与毛泽东同志一贯倡导的"艰苦奋斗"、"自力更生"、"中国人民站起来了"、"帝国主义和一切反动派都是纸老虎"和"不怕鬼"等光辉论述,是一脉相承并做了新的概括和富有诗意的发挥。

诗中的"分析好,大有益",是共产党人坚持辩证唯物主义和历史唯物主义哲学观点的通俗概括。毛泽东同志始终认为:"什么叫辩证的方法，就是对一切加以分析。""没有一处不存在矛盾，没有一个人是不可以分析的。""一分为二，这是普遍的现象，这就是辩证法。"他大力提倡"关于对立统一的观点"，认为这是坚持马列主义哲学观的基石。在此诗中，毛泽东同志再次做了关于辩证法的通俗化的、诗化的宣传。结句的"军民团结如一人，试看天下谁能敌"，既是新的历史时期的新号召，也是全诗的警句和结论。因此，《八连颂》不只是洋溢着革命激情的颂歌和战歌，而且是战胜各种困难的宣言书，蕴藏深邃革命论点的哲理诗。

诗的功能是多方面的，诗的表现方式、艺术风格也是多种多样的。一般说来，诗虽是以抒情为主，但也不绝对排斥直抒胸臆，陈言明志。古今中外这样的名篇佳句是不可胜数的。诗中的"奇儿女，如松柏。上参天，傲霜雪"十二个字，就为不畏强暴、不怕困难、顶天立地的中国人民塑造出高大的英雄群像；"军民团结如一人，试看天下谁能敌"，则可与七律《长征》中的"红军不怕远征难，万水千山只等闲"，《清平乐·六盘山》中的"不到长城非好汉，屈指行程二万"，七律《人民解放军占领南京》中的"宜将剩勇追穷寇，不可沽名学霸王"等名句相媲美。

文艺创作方法，可以多种多样。对于毛泽东同志在古典诗词和民歌基础上发展新诗的提法，也不必定于一尊。但毛泽东同志在旧体诗词的创作实践，却和他的创作主张是一致的。毛泽东同志对我国古典诗词有高深的造诣，又熟谙我国历代优秀民歌，还特别喜欢"三李"——李白、李贺、李商隐的诗，并从中吸取精华，重新熔铸，创作了反映革命历史和当代重大题材的旧体诗词，形成了自己的独特诗风：雄浑，壮伟，奇丽，精深，诗意沛然，耐人寻味。这也是世所公认的。他作为诗人中的政治家、政治家中的诗人，在诗中也闪耀着毛泽东思想的光辉，是毛泽东思想的重要组成部分，也展示了他无与伦比的诗才。《八连颂》虽不像他所写其他旧体诗词那样对仗工稳、情景交融，但它的风格雄浑、气势磅礴、寓意精深、爱憎分明等，与他其他诗词是一致的。他还采用《三字经》的形式，以连队战士喜爱的快板诗、民歌调，在诗的形式多样化和语言通俗、大众化方面，进行了新的成功的创造。这对新诗的革命化、民族化、大众化,也是有深刻的启迪意义的。

时间是考验诗词生命力的试金石,某些"名篇"虽喧噪一时,其实并不具有强大的生命力。从60年代初到90年代以至更长时间的历史,都已证明和将有力地证明:《八连颂》既是属于历史的名作,又具有强烈的现实生命力和昭示未来的具有永恒生命力的诗篇。三十年来,它无时不在鼓舞我们运用辩证法搞好军队的全面建设,激励军民团结、众志成城地战胜一个个艰难险阻,去夺取新的胜利。它是毛泽东同志馈赠中华儿女的珍贵遗产,同时也是留给我们如何识别、批判形形色色假马列主义的锐利武器。

在我国社会主义现代化建设和改革开放取得伟大成就并继续向前深入发展的今天,重读《八连颂》这首从正面阐述革命道理、阐发了许多深刻议论的诗,使我们深受教益。该诗本难写好,但由于作者前后有序,层次井然,逻辑缜密,脉络清晰,又加以运用形象的语言和群众喜闻乐见的形式,终于成功地完成了这一严肃的主题,堪称诗坛佳事。

在振兴中华、跨世纪胜利前进的征途上,不论遇到任何暂时的困难,国内外敌对势力的捣乱或是任何外来的压力,英雄的中国人民都绝不会放弃走社会主义道路和自力更生、艰苦奋斗的光辉旗帜。人民军队永远是共和国大厦的忠诚卫士,军民永远是神州大地的钢铁长城。在中华民族腾飞的大合唱中,《八连颂》也是这支庄严、欢乐颂歌中的一曲强音!

1990年1月20日于北京

七　律

吊罗荣桓同志

一九六三年十二月

记得当年草上飞，红军队里每相违。
长征不是难堪日，战锦方为大问题。
斥鷃每闻欺大鸟，昆鸡长笑老鹰非。
君今不幸离人世，国有疑难可问谁？

这首诗写于 1963 年 12 月，最早发表于
1978 年 9 月 9 日《人民日报》。

注　释

[罗荣桓]　罗荣桓(1902—1963)为湖南衡山人。1927 年加入中国共产党，曾参加湘赣边界秋收起义。1930 年起，历任红军四军政治委员，一军团、江西军区、八军团政治部主任，八路军一一五师政治部主任、政治委员兼代理师长，山东军区司令员兼政治委员，中共中央山东分局书记，中国人民解放军第四野战军第一政治委员，中国人民解放军总政治部主任等职。在中共八届一中全会上当选为中央政治局委员。1963 年 12 月 16 日在北京逝世。毛泽东同志一向很敬重对党和人民无限忠诚的罗荣桓同志，在知道罗逝世的消息以后悲痛逾常。这首悼诗就是在悲痛的激情中写成的。1978 年发表时所署写作时间，是根据原在毛泽东同志身边做医护工作并帮他保存诗稿的同志的

278

回忆。

　　[记得当年草上飞]　这句借用唐黄巢《自题像》诗句。草上飞,指红军在战争中行动迅速。

　　[每相违]　不常相见。违:离别,暌违。

　　[战锦]　是指 1948 年 9 至 10 月间攻打锦州,即辽沈战役的第一个和关键性的大仗。

　　[斥鷃每闻欺大鸟]　斥鷃(yàn),蓬间雀,在蓬蒿中飞起来不过几尺高。《庄子·逍遥游》说,斥鷃笑鹏鸟飞得太高,认为自己在蓬蒿中飞翔,已是飞得最好了。

　　[昆鸡长笑老鹰非]　昆鸡,古说即鹍鸡或鹎鸡,一种大鸡。《尔雅·释畜》:"鸡三尺为鹎。"昆一作群解,如昆虫,这里也可能是用昆鸡泛指群鸡。

心　祭

——重读七律《吊罗荣桓同志》

葛　洛

　　毛泽东的诗词作品中,以悼念死者为主题的只有两首:一首是《蝶恋花·答李淑一》,内容主要是缅怀他的夫人杨开慧烈士;另一首就是七律《吊罗荣桓同志》了。

　　罗荣桓元帅是卓越的无产阶级革命家,我党我军杰出的领导人之一。在一、二、三次国内革命战争时期和抗日战争时期,他为中国人民的解放事业立下了不朽的功勋,全国解放后又为社会主义建设事业做出了巨大的贡献。他一身正气,光明磊落,无私无畏,事事处处顾全大局,在全党全军干部中享有很高的威望。他逝世后,叶剑英曾写悼诗赞扬他:"毕生战斗明敌我,人类庄严一典型。"

　　罗荣桓 1927 年参加毛泽东领导的湘赣边界秋收起义,在红军中从担任连、营党代表到军团政治部主任，曾经长期在毛泽东直接领导下工作。在中国革命的各个历史时期，在各种尖锐复杂的斗争形势下，他始终站在以毛泽东为代表的正确路线一边，同"左"、右倾机会主义进行坚决的斗争，因而受到毛泽东的器重，对他怀有很深的战友情谊。我们从《毛泽东书信选集》里可以看到，1944年罗荣桓担任中共中央山东分局书记时生病，毛泽东去信对他表示无微不至的关怀；此信读来甚为感人。1963年12月16日罗荣桓逝世，毛泽东极为悲痛，先是在中央政治局常委会议上带头向他致默哀，随后又亲自去医院向他的遗体告别。据曾在毛泽东身边工作的同志回忆，就在听到罗荣桓逝世的噩耗后，毛泽东写了这首七律。这首诗，是毛泽东献给自己的战友和学生的一束白花，是写在毛泽东心里的一篇诗的祭文。

这首七言律诗的显著特点，是直抒胸臆，朴实深沉，毫无雕饰。它反映着那时毛泽东十分悲伤和沉重的心情，它极其质朴的风格又是同罗荣桓的人品气质相一致的。如果同那首缅怀杨开慧的充满浪漫主义气息且美丽无比的《蝶恋花》相比较，这首诗的特点就更加明显。由于悼念的对象不同，执笔时的时代环境不同，诗人的心情也便大不相同。虽然同是悼亡之作，两者在内容和风格上也就迥然相异了。

这是一首看似平易却又很耐品味的诗作。乍开始，诗人对罗荣桓的缅怀之情便从笔下滚滚涌出，心头的思绪飞向第二次国内革命战争的烽火年代，追忆着罗荣桓青年时期的勃勃英姿，重温着他同罗荣桓之间的深厚友谊。"记得当年草上飞"："草上飞"并不单指长征过草地，而是概括整个红军斗争时期。那时革命的总战略就是"农村包围城市"，采用的战术是游击战和运动战，红军指战员们年年月月以神速的行动奔驰在丛山草莽之间，同敌人进行殊死的搏斗。"红军队里每相违"："每相违"，即常相睽违，意思是说，尽管当时二人同在红军里，而且罗荣桓还在他的直接领导下工作过很久，但是今天回想起来，二人相处在一起的日子还是太少了，因此感到痛惜和遗憾。从这诗句中，可以窥见毛泽东对罗荣桓的感情是多么深厚。

　　诗的三、四两句,思绪已飞越到解放战争年代,眼前呈现出与罗荣桓密切相关的攻打锦州之战。"长征不是难堪日,战锦方为大问题。"长征是伟大的,但是比较起来,长征中经历的一切艰难困苦还不算令人难堪,1948 年的锦州之战能否取胜,才是中国革命进程中的重大问题。为什么?因为解放战争进行到 1948 年,已经进入同国民党反动派进行战略决战的阶段,中国的历史发展到一个转折点。辽沈、平津、淮海三大战役获得胜利,实现了这个伟大的转折,而三大战役以辽沈战役为发端,攻打锦州又是辽沈战役中最关键的一仗。由此可见,攻打锦州就意味着夺取全国胜利,"战锦"能否成功自然是一个绝大的问题。毛泽东在这里没有明提罗荣桓,但罗荣桓作为东北野战军的政治委员,无疑对这次战斗的胜利起了重要作用。这两句诗实际上对罗荣桓的这一巨大功绩进行了赞扬。有的人联系 1963 年底毛泽东写这首诗时的国内外政治形势,以及毛泽东当时的心态,认为"战锦"的含意不仅是夺取全国胜利,而且也包括反对"现代修正主义",保卫革命的成果。我认为这样理解也是可以的。

　　诗中接下去的两句:"斥鷃每闻欺大鸟,昆鸡常笑老鹰非。"斥鷃即鹌鹑,昆鸡相传是一种黄白色的鸟。《文选·上林赋》:"蹈玄鹤,乱昆鸡。"对昆鸡本无贬意。毛泽东把昆鸡看作一种不能高飞的鸟,如同家鸡。列宁也说过:"鹰有时比鸡飞得低,但是鸡永远飞不到鹰那么高。"以上两句,无疑是借大鸟、雄鹰的形象来颂扬罗荣桓的高尚品格。那么斥鷃、昆鸡是指谁?我意是指在频繁的党内斗争中诽谤、打击罗荣桓的人,也泛指革命队伍中的一切小人。有人认为斥鷃、昆鸡是指毛泽东心目中的"现代修正主义",我认为很可能有这意思在内,但不会是专指或主要指"现代修正主义"。

　　诗的结尾两句:"君今不幸离人世,国有疑难可问谁?"有人把"国有疑难"解释为我国面临着"现代修正主义"的威胁,我认为这样解释太绝对化。毛泽东在写这首诗时,脑子里一定会有"现代修正主义"的影子在晃动,但我认为这个短句主要还是一个假定语。"国有疑难可问谁?"毛泽东投笔问天,这时他心中的悲伤和思念之情一定是达到了顶点。这是人世间一种最大的悲伤，一种最深的思念。同时，这句诗也是对于罗荣桓的最高赞誉。

这里须要说明的是：这首七言律诗自从 1978 年 9 月在《人民日报》发表后，读者对它一直存有不同的理解。其中一种带有很大普遍性的看法，是认为它的主题是斥责林彪、赞扬罗荣桓的。这种看法的根据，是当年身为东北野战军司令员的林彪，在锦州之战中曾一度发生动摇，后经罗荣桓劝说，才又定下攻打锦州的决心。因此就认为："战锦方为大问题"这句诗，指的主要是林彪的动摇；诗中写到的斥鷃、昆鸡，指的也是林彪。最近，《罗荣桓传》编写组的黄瑶同志在《党的文献》上发表文章，对以上看法提出不同意见。他引用不少确凿的文献资料，证明毛泽东不可能在这首诗中斥责林彪。1948 年 10 月 2 日，由于国民党海运大批增援部队在葫芦岛登陆，林彪未同罗荣桓商量，就在当晚 22 时致电中央军委，建议放弃攻锦计划而回师打长春，电报署名却是林、罗、刘（亚楼）。当晚林彪被罗荣桓说服后，于次日凌晨 3 时致电中央军委"拟仍攻锦州"，电报署名仍是林、罗、刘。毛泽东在当时不可能知道罗荣桓与林彪的分歧。此后很久，直到毛泽东写这首七律时，也没有任何资料能够证明毛泽东已经知道了上述情况。而且，1963 年底罗荣桓逝世时，林彪正受到毛泽东的重用（后来更加重用），毛泽东也不可能在这首诗中把林彪比作斥鷃、昆鸡。我觉得黄瑶的文章是有说服力的。同时我也觉得，我们要做到很准确地理解这首七律，还须经过更深入的研究与讨论。

1990 年 2 月 25 日

贺新郎

读 史

一九六四年春

　　人猿相揖别。只几个石头磨过,小儿时节。铜铁炉中翻火焰,为问何时猜得。不过几千寒热。人世难逢开口笑,上疆场彼此弯弓月。流遍了,郊原血。

　　一篇读罢头飞雪。但记得斑斑点点,几行陈迹。五帝三皇神圣事,骗了无涯过客。有多少风流人物?盗跖庄蹻流誉后,更陈王奋起挥黄钺。歌未竟,东方白。

　　这首词写于 1964 年春,最早发表于 1978 年第 9 期《红旗》。1978 年发表时所署写作时间,是根据原在毛泽东同志身边做医护工作并帮他保存诗稿的同志的回忆。

注 释

[石头磨过]　把石头磨成石器,指石器时代是人类的"小儿时节"。

283

［铜铁炉中翻火焰］　指青铜器时代和铁器时代。青铜器和铁器都要用炉火来冶炼和翻铸。

［不过几千寒热］　赵朴初同志指出，照词律这是七字句，当作"不过是几千寒热"，可能漏写一个"是"字。青铜器时代和铁器时代只经过几千年，和石器时代经过几十万年不同，说明人类的进化越来越快。

［人世难逢开口笑，上疆场彼此弯弓月］　前句用唐杜牧《九日齐山登高》句："尘世难逢开口笑。"全句指人类过去的历史充满了各种苦难和战争。北宋苏轼《江城子·密州出猎》："会挽雕弓如满月。"

［五帝三皇神圣事］　传说中国上古有三皇五帝。具体说法不一。总之都被认为是最高尚最有才能的神圣人物。

［盗跖庄蹻流誉后，更陈王奋起挥黄钺］　盗跖(zhí)，跖被古代统治阶级污蔑为"盗"，后来袭称盗跖，春秋时人。庄蹻，战国时人。近人多认为他们是当时被压迫阶级的起义领袖。《荀子·不苟》称盗跖"名声若日月"。同书《议兵》称，楚国在垂沙一战(前301年)被齐、韩、魏三国打败，将领唐蔑被杀，"庄蹻起，楚分而为三四"。流誉，流传名誉。陈王，秦末农民起义领袖陈胜，他进占陈县(今河南淮阳县)称王。挥黄钺(yuè)，挥动饰以黄金的大斧。《史记·周本纪》曾说周武王用黄钺斩商纣。这两句是用来概括中国几千年历史上被压迫人民的武装斗争。

推翻历史三千载　自铸雄奇瑰丽词

——学习《贺新郎·读史》

萧涤非

《贺新郎·读史》这首词，正如题目所标明的，是以历史为题材的。当然，毛主席不是为读史而读史，而是为了"古为今用"，为了教育今人。据个人浅见，这首词的中心思想，它的一以贯之的主线就是阶级斗争观点。毛主席说："阶级斗争，一些阶级胜利了，一些阶级消灭了。

这就是历史,这就是几千年的文明史。拿这个观点解释历史的就叫作历史的唯物主义,站在这个观点反面的是历史的唯心主义。"(《丢掉幻想,准备斗争》)这首词就是这番话生动、形象的写照。

阶级斗争是复杂的,有流血的武装斗争,也有不流血的思想斗争。回顾 1964 年国际国内斗争的尖锐形势,《读史》一词的写作时代背景是很清楚的,不是无所为而发。这些斗争虽已成为陈迹,但在作者看来,阶级斗争并未停息。重新温习阶级斗争的历史,便是这首词的创作初衷。

毛主席诗词一个最突出的艺术特点,是概括性强。这一特点,在《读史》上表现尤为突出。仅用一百一十五个字,便囊括了、咏叹了以中国历史为主体的整个人类社会的历史。从人类诞生到归宿,从原始社会到社会主义社会,跨度长达几百万年。真是"大笔如椽""笔能扛鼎"。

现在,就从词的上阕说起。

"人猿相揖别。只几个石头磨过,小儿时节。"这三句是写人类起源和人类历史最初出现的原始社会。世界上原没有什么人类,是劳动创造了人的双手,从而也就创造了人类本身,由类人猿进化为类猿人、猿人、原始人。"人猿相揖别",便是从猿到人的一种形象化说法。揖别就是拜别,表示珍重。虽不必实有其事,但写得合情合理,恰到好处,不能用其他什么"别"来替代。这首句五个字,飘然而来,用以写人类的从无到有,风调尤觉十分相称,应是诗人的得意之笔。"几个石头磨过",喻指石器时代。"石器"原是考古学名词,毛主席把它还原为自然形态的"石头",这就冲破了这一专门名词对创作所带有的局限,大大地开拓了词句的容量。因为无论是旧石器时代、中石器时代还是新石器时代,也不管是打制石器还是磨光石器,总而言之,都是"石头"。这样,就把长二三百万年的整个石器时代纳入六字之中了。"小儿时节",也是个比喻的说法,指人类的童年时期。

毛主席在给陈毅同志谈诗的一封信中说:"诗要用形象思维,不能如散文那样直说,所以比、兴两法是不能不用的。"(《致陈毅》)我以为这三句便是最好的范例。它全是用的形象化的"比

285

兴"，而不用直说的"赋"。因而能以小摄大，举重若轻；以俗为雅，亦庄亦谐；如话家常，别饶风趣，给读者以巨大的美的享受。

"铜铁炉中翻火焰，为问何时猜得。不过几千寒热。"这是写人类历史开始由原始社会进入到阶级社会。这是一个更高级的社会形态，但残酷的阶级斗争也就从此开始。"铜铁"两个字，标志着两个不同的时代和社会：铜指铜器时代的奴隶社会，铁指铁器时代的封建社会。冶炼术是个了不起的发明，"铜铁炉中翻火焰"正是写的这一壮丽场景，使我们不禁联想起李白"炉火照天地，红星乱紫烟"的诗句。"为问"犹请问，诗词中常用。"猜得"犹猜中，谓做出结论。奴隶社会和封建社会究竟始于何时，史学界迄无定论。关于后者，尤诸说纷纭，竟有西周、春秋、战国、秦统一、东汉和魏晋等六种之多，所以说"为问何时猜得"。这是朋友间相互讨论时的一种风趣说法。它表示的，不是轻易而是亲切。据写于1939年的《中国革命和中国共产党》，毛主席原是一个西周封建论者，如果有同志一定要问为什么说"猜"？ 他老人家满可以回答说，我自己不就是这"猜"的行列里的一员嘛！"不过几千寒热"，是说到底什么时候开始，一时做不出结论也不是什么大问题，横竖不过几千年罢了。按《词律》，这里应为上三下四的七字句，所以赵朴初同志说可能是在"不过"二字下脱落了一个"是"字，"是无心的笔误"（见1978年10月号《诗刊》）。我不以为然。首先，毛主席的真迹俱在，这句写得清清楚楚，无任何涂改迹象。下句的"开口笑"的"口"字脱漏了，但当即作了郑重的添补，未必上一句有脱文就不会觉察。这和毛主席一贯提倡鲁迅先生说的文章"写完后至少看两遍"的精神也是不符合的。第二，《贺新郎》一调原有一百一十四字、一百一十五字和一百一十六字三体。写于1923年的《贺新郎》便是一百一十六字体。这一首虽少一个字，仍自成一体，在词谱上是允许的，不必添字。第三，从艺术角度看，"不过几千寒热"，语健而气足，作"不过是"便显得不那么紧凑。因此，我以为这不是"无心的笔误"，而是有意的精简，不必加。

"人世难逢开口笑，上疆场彼此弯弓月。流遍了，郊原血。"历史是无情的。伴随着阶级的出现而来的，是不可避免的残酷的阶级斗争。这第一句是用杜牧的诗句："尘世难逢开口笑，菊花须插满头归。"（《九日齐山登高》）但改"尘世"为"人世"，便包括了整个社会。杜牧所抒发的不过是个人的失意寡欢，而毛主席感叹的则是整个人类社会的历史悲剧。由于不断的阶级斗争以及各个民族之间的斗争，诸如"血流漂杵""积尸成山""杀人盈城""杀人盈野"这类记载，历史上多得很，真令人不忍卒读，更何来"开口笑"？"上疆场彼此弯弓月"，是对当时战争的一种典型性的写法。弓箭之外，当然还有其他武器。"弯"就是拉或挽。弓未拉开时像弦月或者说新月，拉足时又像满月，所以前人多将弓和月合写。李白诗"边月随弓影，胡霜拂剑花"，又辛弃疾词"小桥横截，新月初弓"，便是写的未拉开的弓；至于苏轼词"会挽雕弓如满月"，则已明言是指拉满了的弓。"弯弓月"，也就是说把弓拉得像满月，因为这样射出去的箭才更有杀伤力。押韵，是古典诗歌在形式上的首要环节。尤其是律诗和词，还有硬性规定，丝毫不能通融，所以唐宋以来有所谓"险韵"或"剧韵"之说。这种险韵往往是逼出来的，碰到必须押韵的地方，苦思冥想地冒险（其中往往即有创新）。押得好时，便能化险为奇，收到如韩愈所说的"险语破鬼胆"的艺术效果，而作者自己也将有一种如李清照说的"险韵诗成，扶头酒醒，别是闲滋味"的快感（当然，押得不稳，那便成了所谓"凑韵"）。毛主席这里的"弯弓月"便是险韵。非大本领、大手笔，不能也不敢在"弯弓"之后押上一个"月"字。"弯弓月"三字很吃紧，表现了阶级斗争的主题，是下文"流遍了，郊原血"的张本。"流遍了，郊原血"这六个字，是一部阶级斗争史的高度概括。"郊原"二字不是随便用的，因为那正是生产粮食以养活人类的肥沃田野。所以，杜甫也曾痛心地写过"有田不种今流血"这样的诗句。

　　词的下阕，紧接上文。作者进一步指明读史的方法，要运用阶级斗争观点来对待历史人物和事件，不要让古人牵着鼻子走。上阕基本上是敷陈其事，不加可否，而下阕则是大发议论，爱憎分明；上阕基本上是不动声色，而下阕则情绪激昂，大声镗鞳，上下之间的表情是很不相同的。

　　"一篇读罢头飞雪。但记得斑斑点点，几行陈迹。"这一句，在结构上占有重要位置。在词的创作上有所谓"过片"。"片"即"阕"，"过片"就是由上片过渡到下片，也就是下阕打头的第一句。词论家认为这一句要写得如"藕断丝连"，又如"奇峰突起"，使读者至此精神为之一振。我们现在很少填词，但这种不失为经验之谈的言论对欣赏仍不无帮助。这里的"一篇读罢头飞雪"，就是一个兼二者而有之的绝妙"过片"。读到这一句，不禁使我们猛吃一惊：什么原因，一篇读罢竟然使得诗人如此悲愤，不仅头白如雪，而且这如雪的白发还仿佛要飞了起来上冲霄汉？大家全熟悉，毛主席是曾以"江山如此多娇"这样壮丽的词句歌颂了我们祖国大地的。然而恰恰就是在这样美好的祖国大地上"流遍了，郊原血"。从"铜铁炉中翻火焰"以后几千年来，不管是奴隶、农奴还是农民又都处于一种被奴役、被剥削的境地。试想，一位伟大的马克思主义者，一位热爱祖国的伟大诗人，读着这样一部人民血泪史，能不"忠愤气填膺"吗？把"头飞雪"仅仅归之于我国史籍的浩繁，读上一遍，白了人头，是不够的，不够阐明"飞"字所蕴含的作者的精神面貌。（这句标点，主席手迹原为逗号。这里改用句号，主要是根据主席重书的另一首《贺新郎》手迹。）"斑斑点点"是指的个体文字，但似具有双重性，是文字，也是血泪。读到这两句，使我们不由地想起鲁迅先生在《狂人日记》里借狂人之口所说的那几句话："我横竖睡不着，仔细看了半夜，才从字缝里看出字来，满本都写着两个字，是'吃人'！"

"五帝三皇神圣事，骗了无涯过客。有多少风流人物？"这几句是揭露、批判反动统治阶级唯心史观的欺骗性和危害性。历史是人民创造的，但历代帝王却把一切创造发明都归功于还处在石器时代的传说人物"三皇五帝"，并说得神乎其神；而历代御用文人又加以吹捧，读史者复无史识，不知是诈，结果是"骗了无涯过客"。"过客"就是指的人，人们来到世上，各自走上一趟便回老家，正有似过客。"无涯"一词，出自《庄子·养生主》："吾生也有涯，而知（智）也无涯。"可兼指时、空两方面说。"无涯过客"即无穷的过客，极叹受骗者之多。按照自然法则，每一个人都是一个过客，但我们不能机械地把"无涯过客"理解为所有的人们，因为也有少数不受骗的。如下面就要提到的盗跖,就曾指着"言必称尧舜"的孔子的鼻子反问:"盗莫大于子,天下何故不谓子为盗丘,而乃谓我为盗跖?"(《庄子·盗跖篇》)陈胜也根本不相信帝王"应天受命"那一套,公然说:"王侯将相,宁有种乎!"(《史记·陈涉世家》)如果联系陈胜以后出现的历史上无数次大小农民起义和众多的起义英雄,问题就更清楚了。我们所能肯定的是,这里的"无涯过客"是个贬义词,所指范围似甚广,包括自以为能读史而其实并未读懂的所谓"知识里手"在内。关于"五帝三皇"本身,我们不去多纠缠,但想借以说明一个问题。据历史传说,三皇在五帝前,毛主席在《论反对日本帝国主义的策略》一文中也是说的"自从盘古开天地,三皇五帝到于今",为什么这里却倒过来说"五帝三皇"?这是一个前面已提及的"律诗要讲平仄"的问题。这句七个字,前四个字必须是"仄仄平平",用"五帝三皇"正合适,用"三皇五帝"就犯了律,绝对不允许。如七律《送瘟神》"六亿神州尽舜尧",也是为适应平仄和押韵的需要而将尧舜倒转为"舜尧"的。这类情况可以说是律诗所享有的一种特权,是千百年来大家认可的。"有多少风流人物?"这个问话句,在全词中是一转折点。由批判转入歌颂,诗人的心情也由激愤转入愉悦,由"头飞雪"转为"开口笑"。这一句束上起下,一般都将它属下和下两句结合在一起,但我觉得还是属上较好。

"盗跖庄蹻流誉后,更陈王奋起挥黄钺。"

这两句就是对奴隶起义、农民起义领袖的大力歌颂,读者至此亦不觉为之眉飞色舞。盗跖是春秋时鲁人,《庄子·盗跖》篇说他"从卒九千人,横行天下,侵暴诸侯"。《荀子·不苟》篇还说盗跖"名声若日月,与舜、禹俱传而不息"。但这些都不能天真地看作是当时学者们在为盗跖说好话,荀子就是把盗跖作为"名不贵苟传"的反面人证的。庄蹻是战国时楚人,楚威王时率众起义。楚分而为四后,他率众至滇池(在今云南),并王其地(据《史记·礼书及西南夷传》)。后人遂将他们连在一起作为"穷凶极恶"的标本。如晋葛洪《抱朴子·塞难》:"盗跖穷凶而白首,庄蹻极恶而黄发。"这简直是恶毒的诅咒。但也从反面证明他们的大得人心,所以能"横行天下""名声若日月"，并得寿考善终。"流誉"犹流芳。继盗跖、庄蹻之后起义的是秦末的陈胜（即陈涉），规模更大，是我国历史上第一次全国性大起义，被推翻的是我国历史上第一个封建大帝国——秦王朝，所以毛主席豪情满怀地写下了"更陈王奋起挥黄钺"的词句。陈王即陈胜，起义后得到豪杰们的拥护，都说他"功宜为王。陈涉乃立为王，号为张楚"（见司马迁《史记·陈涉世家》）。有同志说陈胜"自立为王"，不确；还说毛主席称为"陈王"，意在暗示农民革命为什么总是陷于失败，亦似欠确，未免求之过深。司马迁在《世家》里称陈胜为"陈王"而不名者不下一二十处，毛主席在这里利用了这一古已有之的称号，并未如有人所说的暗含什么讥意。"黄钺"，是以黄金为饰的斧钺。作为封建权力的象征，原为帝王所专用，如《史记·周本纪》载周武王"以黄钺斩纣头"。这里说"陈王挥黄钺"，是一种有意识的"反其道而行之"的说法，也就是歌颂。"陈王"非他，即一"辍耕而叹"之贫雇农陈胜是也。

"歌未竟，东方白。"这是一个语带双关、意在言外的结尾，真是"看似寻常最奇崛"。它具有写实与象征的双重性，从写实角度看，是说我这首《读史》的词还未写完，但东方已发白。毛主席日理万机，为国操劳，经常通宵达旦，这个结尾便是无意中给我们留下一个活生生的纪录镜头。写这首词时，毛主席已是年过古稀的老人。从象征的角度看，则是说，对"陈王"以后那许多同样可歌可泣的起义英雄我还没来得及一一歌颂，而中国革命已告胜利了。这样一来，就把两千多年前的农民起义和今天的中国革命很自然地焊接在一起。不仅结束了人类历史上黑暗的过去，而且把我们引向遥远的光明未来。有同志把"东方白"还原为象征"陈王"的起义，并说正是由于这一起义，东方的中国出现了亚洲的黎明，推翻了秦帝国，出现了两汉创造的灿烂的封建文化，这说法很值得商榷。它不像个结尾，也根本结不住这样一篇《读史》，有似悬疣。非常明显，这里"东方白"的"白"，和《浣溪沙》"一唱雄鸡天下白"的"白"，都是象征中国革命的胜利的，不能作别的理解。其区别只在，后者属于"索物以喻情"的"比"，因写作的当时是在丰泽园的灯下;而前者则兼属于"触物以起情"的"兴",因为写成时正当东方发白,是所谓"兴而比也"。清人沈德潜评李白的七言绝句说:"只眼前景,口头语,而有弦外音,令人神远。"这对我们领会这首词的结尾的思想性和艺术性都很有启发。

"长夜漫漫何时旦!"这是两千多年前的古人所发出的浩叹。如果没有中国共产党,如果不是在中国共产党的领导下进行了长期、壮烈的阶级斗争,这"东方白"是不会出现的。因此,牢记并运用阶级和社会观点观察人世间的一切问题,分清敌友,明辨真伪,不做那蒙欺受骗的"无涯过客",自觉地跟党走,走国家富强、人类共同幸福的社会主义和共产主义道路——这就是我们今天读《读史》一词所应领会的弦外之音。

"推翻历史三千载,自铸雄奇瑰丽词。"这是已故南社诗人柳亚子先生赠毛主席的诗句,可作千秋定评! 我们为伟大的祖国诞生毛泽东这样的风流人物而深感自豪!

1990 年 1 月 22 日

水调歌头

重上井冈山

一九六五年五月

久有凌云志，重上井冈山。千里来寻故地，旧貌变新颜。到处莺歌燕舞，更有潺潺流水，高路入云端。过了黄洋界，险处不须看。 风雷动，旌旗奋，是人寰。三十八年过去，弹指一挥间。可上九天揽月，可下五洋捉鳖，谈笑凯歌还。世上无难事，只要肯登攀。

这首词写于 1965 年 5 月，最早发表于 1976 年 1 月《诗刊》号。

注 释

[重上井冈山] 1965 年 5 月下旬，作者重上井冈山游览视察。22 日，先后到黄洋界和茨坪。在茨坪居住期间，了解井冈山地区水利、公路建设和人民生活，会见了老红军、烈士家属、机关干部和群众。25 日写了这首词。29 日下山。

[黄洋界] 参看《西江月·井冈山》[井冈山]注。

[三十八年过去，弹指一挥间] 从 1927 年 10 月毛泽东同志率领秋收起

292

义部队上井冈山到这次重来,已经过去了三十八年,作者却觉得只是弹一下指、挥一下手的短暂时间。

　　[九天揽月]　九天,天的极高处。《孙子·形》:"善攻者,动于九天之上。"揽月,摘取月亮。唐李白《宣州谢朓楼饯别校书叔云》:"俱怀逸兴壮思飞,欲上青天览明月。"览同揽。

　　[五洋捉鳖]　五洋,太平洋、大西洋、印度洋、北冰洋、南冰洋,这里泛指世界。捉鳖,喻擒拿敌人。元康进之《李逵负荆》第四折:"管教他瓮中捉鳖,手到拿来。"

凌云一曲意纵横

——重读《水调歌头·重上井冈山》

程光锐

　　1927 年秋风萧瑟的季节,罗霄山脉中段的重峦叠嶂,迎接了年轻毛泽东率领的秋收起义的工农子弟兵。从此,这里创建了第一个红色根据地,燃起了中国革命的星星之火。久别之后的 1965 年 5 月,在江南杂花生树、群莺乱飞的季节,毛泽东巡视大江南北之时"千里来寻故地"。井冈山一身新装,迎接了久别的故人。这位是伟大的无产阶级革命家又是诗家的故人,能不心潮激荡,欣然命笔? 于是,一篇壮丽的新词《水调歌头·重上井冈山》诞生了。

　　"久有凌云志,重上井冈山。"首句破空而来,气魄非凡,意境开阔。以起笔突兀造成气势,"其妙在笔未到而气已吞"(刘熙载《气概》),是历代才思高超的诗人词家常用的笔法。苏轼《念奴娇》的"大江东去,浪淘尽、千古风流人物",是写江山的壮美,人物的风流。辛弃疾《沁园春》的"叠嶂西驰,万马回旋,众山欲东",是写山势的奇崛。这里《水调歌头》的"久有凌云志,重上井冈山",则是写革命家意志的高旷。

　　这两句词"看似寻常最奇崛"（王安石诗），在我们面前展开一个更为广阔的境界。时间回溯到20世纪20年代：风华正茂、胸怀奇志的毛泽东独立橘子洲头，有感于"万类霜天竞自由"，击水赋词，"问苍茫大地，谁主沉浮？"三年后，在井冈山八角楼上著文论证中国的红色政权为什么能够存在，坚信"星星之火，可以燎原"。在其后将近五分之二世纪的无数次斗争里，经历了多少次艰难险阻，失败挫折，流血牺牲。然而，任何困厄都未能动摇一个革命家的坚强信心。"穷且益坚，不坠青云之志。"（王勃《滕王阁序》）井冈山的星星之火早已燎原，中国大地上的社会主义建设正在迈进。就在这个时候，他以超过七十的高龄再次登上井冈山。他的凌云之志已非初上井冈时，已升华到更高的高度了。在这里，这首词把"凌云志"同井冈山结合在一起吟咏：井冈山因革命家"凌云志"的辉映而更加巍峨；革命家的"凌云志"因井冈山的衬托而更加崇高，从而给人一种崇高美的享受。

　　"千里来寻故地"，故地不似当年，胜似当年。看遍山黄莺呖呖，紫燕翩翩；高山流水，琴韵玲玲；蜿蜒的高路，盘山绕岭，直入白云深处……好一片生气蓬勃、活力充溢的新世界！当年在"敌军围困万千重"的战争环境里，终日见的是炮火，听的是枪声，想的是工农红军和红色根据地的生死存亡问题，哪有工夫和心情去欣赏井冈秀色呢？这次重来，已天地翻覆，看到井冈山"旧貌变新颜"，能不由衷欣慰！诗人用明快活泼的笔触，写下"到处莺歌燕舞，更有潺潺流水，高路入云端"的明丽诗句，描绘了井冈山的新颜，也是对中国社会主义事业蓬勃发展的生动写照。"高路入云端"一句，诗意雄深壮美，这不仅是对现实的描绘，而且还隐喻着"无限风光在险峰"，中国的社会主义道路还有更高的境界、更远的前程。

　　井冈山是毛泽东战斗和生活过的地方，他熟悉这里的一峰一岭、一草一木。黄洋界是井冈山的险关要隘："黄洋界上炮声隆，报道敌军宵遁。"当年，红军就是在这里打赢了黄洋界保卫战。"过了黄洋界，险处不须看。"这不仅说黄洋界是井冈山的最险处，其他地方就不须看了；也是说经过革命战火严峻考验的中国无产阶级和革命人民,是任何艰难险阻也吓不倒的。

上片生动地描绘了井冈山的明丽新姿,下片凭高望远,因景生情,慷慨抒怀。

"风雷动,旌旗奋,是人寰。"短短三句,凝练有力,铿锵有声。诗人面对神州大地上的风雷滚滚、旌旗猎猎,思绪如潮。回想当初红旗插上井冈山头,由于这块红色根据地处于白色政权包围中,不断遭到敌人进犯,在面临困难和危急时刻,革命队伍中曾经发生过"红旗到底打得多久"的悲观论调。然而,斗争的实践回答了这种论调。在毛泽东的诗词里也到处可以找到红旗的战斗风姿:"红旗跃过汀江,直下龙岩上杭";武夷山下,"风卷红旗如画";广昌路上,"风卷红旗过大关";龙冈之战,"不周山下红旗乱";"六盘山上高峰,红旗漫卷西风"……革命战争从中国南方打到北方,打遍全中国,打断了中国人民身上的铁链,打出了一个崭新的人民共和国。井冈山红旗化为五星红旗,代表着新生的中国迎风招展于世界众旗之林。从井冈山到天安门,是一条胜利的道路,也是一条漫长的道路,一条艰苦而曲折的道路。诗人在一首词的自注中说:"万里长征,千回百折,顺利少于困难不知有多少倍,心情是沉郁的。过了岷山,豁然开朗,转化到了反面,柳暗花明又一村了。"中国革命的整个历程也是这样的。革命毕竟胜利了,人民毕竟解放了。当前中国大地上"风雷动,旌旗奋",这波澜壮阔的奇景,就是亿万解放了的中国"奇儿女"在井冈山红旗的引导下创造的。

"三十八年过去,弹指一挥间。"这两句看似寻常,却包含着丰富的内容。这里可以分两层理解。三十八年,弹指而过,革命胜利了。但是,胜利来之不易,不要忘记过去,不要忘记道路之漫长,斗争之艰苦,牺牲之惨烈。三十八年,弹指而过,革命虽然胜利了,但是,这不过是万里长征的第一步,我们面前还有很长的路要走,还有许多事要做。路曼曼其修远兮,革命者还将上下而求索。

革命者任重而道远,这就需要坚强的意志、坚定的信心和非凡的勇气。"可上九天揽月,可下五洋捉鳖,谈笑凯歌还。"毛泽东以无产阶级革命家的豪迈气魄,以诗人的革命浪漫主义的笔触,写出了中国无产阶级的凌云壮志。李白有诗云"欲上青天览明月",这里是"可上九天揽月"。改一"可"字，意境全出。中国无产阶级有勇气去实现自己的凌云壮志，也有信心能够实现自己的凌云壮志，而且一定会"谈笑凯歌还"。过去曾经是这样，将来也一定会这样。

"世上无难事，只要肯登攀。"诗人把普通的谚语巧妙地改造成一则含义深邃的格言作为全词的结尾，使这首词立刻升华到更高的高度，从而加强了词的思想性和艺术魅力。我们应当理解，胸怀凌云壮志是可贵，而更可贵的是肯去攀登。历史已经证明并仍将证明：不论是过去还是未来，一切的胜利和成功，都属于胸怀凌云壮志而又肯于登攀的人们。

《水调歌头·重上井冈山》，是一首诗情澎湃、格调清新、气势磅礴、意境深远的杰作。全词如行云流水，自然流畅；写景抒情，景真情切，情景交融；语言明丽，浑然天成，不加雕饰。诚如王国维《人间词话》中所说的："大家之作，其言情也必沁人心脾，其写景也必豁人耳目，其辞脱口而出无矫揉装束之态。以其所见之真，所知者深也。"

《水调歌头》词调基本以五字句组成，其中间以三字和六字句，使词的节奏于轻快流利中又有回环起伏。诗人运用此调的特点，挥洒自如，妙笔生花。写景则信手拈来，"莺歌燕舞"，"潺潺流水"，有声有色，活泼动人；写情则用重彩绘出"风雷动，旌旗奋"的波澜壮阔的海洋。词的开头奇崛，结尾警策。"久有凌云志"笼罩全篇，中间以"高路入云端"与"九天揽月""五洋捉鳖"一再重复，以加深"凌云志"给人的印象。最后以"世上无难事，只要肯登攀"回应词首，强调主题。全词有如一部交响曲，前部舒缓，后部激越。随着词调的进展，境界不断开阔，意义不断加深，声调逐步升高，结尾达到高潮，訇然震响，余音绕梁。它给人以希望与信心，给人以勇气和力量，鼓舞人们树立凌云壮志，勇敢地攀登我们壮丽事业的高峰。

念奴娇

井冈山

一九六五年五月

参天万木,千百里,飞上南天奇岳。故地重来何所见,多了楼台亭阁。五井碑前,黄洋界上,车子飞如跃。江山如画,古代曾云海绿。　　弹指三十八年,人间变了,似天渊翻覆。犹记当时烽火里,九死一生如昨。独有豪情,天际悬明月,风雷磅礴。一声鸡唱,万怪烟消云落。

这首词写于 1965 年 5 月,最早由人民文学出版社 1986 年 9 月版《毛泽东诗词选》根据作者手稿刊印。

注　释

〔五井碑〕　井冈山上以茨坪为中心,有大井、小井、上井、中井、下井等地,立有五井碑。

〔古代曾云海绿〕　有人说,这里古代曾经是海。

297

井冈山情结

——读《念奴娇·井冈山》

吴 嘉

　　这首词写于 1965 年 5 月，之后二十一年才首次发表，收在人民文学出版社 1986 年出版的《毛泽东诗词选》中的副编。据该书《出版说明》称："副编诸作……作者写成后都没有最后定稿。其中虽可能间或有因作者忘了，未及再看到和考虑修订的，但一般是作者所不准备发表，有些还明确表示过拒绝发表的。可以推想，作者至少对这部分作品（尽管各篇情况不同）中的许多篇不认为很满意。"如果与早先发表的另一首写于同时、同一题材的词《水调歌头·重上井冈山》相比较，这首词较为平直，气势似亦稍逊。但是，语虽平直，寄慨却深，仍然有着丰富的内涵。

　　本词题为《井冈山》，内容即是作者重上井冈山时的所见所感。三十八年前，作者率领秋收起义部队来到这里，创建了中国第一个农村革命根据地。井冈山革命根据地的建立，使中国革命进程发生重大转折，"从此找到了出路"（作者《菩萨蛮·黄鹤楼》自注），开始了第二次国内革命战争时期。这是"一个困难的时期，但是，正是在这个困难时期中，党达到了政治上和军事上的成熟"（胡乔木:《中国共产党的三十年》）。从 1927 年 10 月起，党在以井冈山为中心的根据地建立了红色政权，发展了工农武装，领导了土地革命，根据地不断扩大。这些成果，是作者和他的战友们在"敌军围困万千重"的险恶情势中，在来自中央领导的"左"倾机会主义路线的重大压力下，以其"异乎寻常的忍耐心和遵守纪律的精神"，"进行了极端艰苦、复杂和英勇的斗争"（引文同上）后取得的。但终因党的领导机关的"左"倾错误使井冈山斗争归于失败，延迟了星星之火的燎原。井冈山的石头、井冈山的小草,不会忘记这英雄血泪志士豪情;井冈山的儿女,不会忘记井冈山的山山水水。对于井冈山根据地的开创者来说,井冈山更是刻骨铭心的忆念。如今,三十八年过去了,国家发生了"似天渊翻覆"的变化,作者本人也由青年进入老年,由一个受排挤的红军总政委成为被万众敬爱的党的领袖。故地重来,怎不心潮起伏,感慨万千!

然而这首词,不是伤逝怀旧之作,没有"今日重来白首,欲寻陈迹都迷"的感伤(王安石:《题西太一宫壁》);不是凯旋庆功之颂,没有"风起云扬""威加海内"的意气(汉高祖:《大风歌》)。作者在词里只是朴实地道眼前景、忆往昔事,进而述志抒怀,自励励人,表现出无产阶级革命家对不断革命、继续革命的坚定信念和坚强意志。

词的用语平易,从字面上不难理解。前片写作者"故地重来何所见"的景物:"参天万木,千百里,飞上南天奇岳。"这是作者来到井冈山最初见到的景观的真实写照。初夏的井冈山,万木欣欣向荣,一派生机,但见参天的大树连绵千百里,郁郁葱葱直至山顶。"飞上""奇岳"两个词,点出了山势的雄伟险奇,也映照出作者博大的胸襟。待入山后来到故地——他所熟悉、所牵记的老根据地,他看到了什么?"多了楼台亭阁"和疾驶如飞的汽车。往日炮声隆隆、硝烟弥漫的战场,变成了今天风景如画、车来人往的游览胜地。旧貌与新颜的强烈反差使作者浮想联翩,"今古一相接",想到了古代这里曾经是海的传说。后片主要写作者之所感:"弹指三十八年,人间变了,似天渊翻覆。"承接前片,由小及大,由实而虚,转折得非常自然。弹指,即一弹指,佛家语。有释为"二十念为一瞬,二十瞬为一弹指",也有释为"一弹指顷六十五刹那",两释皆极言时间之短。其实,三十八年并不短暂,几近人生之半,而作者却感觉如一弹指。这虽属艺术夸张,但也合乎情理。犹如人在痛苦和绝望时会感到"一日三秋""度日如年"一样,当人在欢乐和充满希望时会感到时间过得特别快。"犹记当时烽火里,九死一生如昨。"作者触景生情,忆及往事,这一笔在词里起了很好的对比和反衬的作用,使"人间变了,似天渊翻覆"更为具体、实在、可感了。以下"独有豪情"至词结束这一段，写得比较含蓄，多有象征意味，我觉得不容易理解准确。这一段紧接在"犹记当时烽火里，九死一生如昨"之后，如把它们理解为是对前两句的发挥，是对当年井冈山斗争的赞叹，似无不可。按照这种解释，"独有豪情"是对当时以作者为代表的少数坚持正确路线者的诗意概括。下面的"一声鸡唱"，也就与作者《浣溪沙·和柳亚子先生》一词中"一唱雄鸡天下白"的意思相近，喻宣告新中国成立；"万怪烟消云落"中的"万怪"，则指解放前帝国主义侵华势力和国民党反动派。这样的理解是否合作者本意，我有点儿怀疑。

我觉得这首词题旨不在忆旧而在论今，题目虽是"井冈山"，没有标明现时的"重上"，但其内容与写于同时的《水调歌头·重上井冈山》是相同的。从"久有凌云志，重上井冈山"知道，重上井冈山乃是作者"凌云志"的一个象征或外化。这首词中的"独有豪情"也就是另一首中的"久有凌云志"，是写作者当时的心境。作者此番来到井冈山，不是一般游赏，而是"千里来寻故地"，怀着对井冈山的特殊感情，有某种特殊的精神寄托。现在我们知道，后来发生在中国大陆九百六十万平方公里土地上的、全民被卷入的、历时十年之久的"文化大革命"，早在1965年初，作者已经运筹帷幄，成竹在胸。作为"文化大革命"信号弹的《评新编历史剧〈海瑞罢官〉》，这时已数易其稿，并经作者多次审阅。可见词中的"独有豪情"是作者"无产阶级专政下继续革命"的信念。"天际悬明月"是"壮志凌云"的意象化，很可能是"心随朗月高，志与秋霜洁"（唐太宗：《经破薛举战地》诗句）的化用，两者的题材、意境都有相似之处。"风雷磅礴，一声鸡唱，万怪烟消云落"，是作者对未来的憧憬。

念奴娇

鸟儿问答

一九六五年秋

　　鲲鹏展翅,九万里,翻动扶摇羊角。背负青天朝下看,都是人间城郭。炮火连天,弹痕遍地,吓倒蓬间雀。怎么得了,哎呀我要飞跃。　　借问君去何方,雀儿答道:有仙山琼阁。不见前年秋月朗,订了三家条约。还有吃的,土豆烧熟了,再加牛肉。不须放屁,试看天地翻覆。

　　这首词写于1965年秋,最早发表于1976年1月号《诗刊》。

注　释

　　[鲲鹏]　参看《蝶恋花·从汀州向长沙》[万丈长缨要把鲲鹏缚]注。这里指大鱼变成的大鸟,作褒义用。

　　[九万里,翻动扶摇羊角]　《庄子·逍遥游》:"鹏之徙于南冥也,水击三千里,抟(tuán)扶摇而上者九万里。"下文又说:"有鸟焉,其名为鹏,背若泰

山,翼若垂天之云,抟扶摇羊角而上者九万里。绝云气,负青天,然后图南,且适(往)南冥也。"意思都是说大鹏在向南海飞的时候,凭着旋风的力量,翻动翅膀飞上九万里高空。扶摇和羊角都是旋风的名称。

[蓬间雀]　即《庄子·逍遥游》中的"斥鴳"(同"斥鷃")。见七律《吊罗荣桓同志》[斥鷃每闻欺大鸟]注。

[琼阁]　琼楼玉宇,仙人住处。

[订了三家条约]　指苏、美、英三国 1963 年 8 月 5 日在莫斯科签订的《禁止在大气层、外层空间和水下进行核武器试验条约》。

[土豆烧熟了,再加牛肉]　苏联领导人赫鲁晓夫 1964 年 4 月曾在一次演讲中说,"福利共产主义"是"一盘土豆烧牛肉的好菜"。

大与小的比衬　庄与谐的统一

——读《念奴娇·鸟儿问答》

胡世宗

在毛泽东诗词中,《念奴娇·鸟儿问答》这一首,无论主题方面还是词体方面,都应该说是独具色彩的。

我国古人写词,一般都是主题单一:乡思便乡思,愁怨便愁怨,言志便言志……中唐、晚唐基本都如此。只是到了宋以后,才渐渐产生带有对话情态的词作。元、明的散曲,有的就是台词、唱词、对话式,口吻不是出自诗人。

毛泽东这首词,采取非正常抒情方式,大鹏鸟与蓬间雀一问一答,诗人作为旁述和评论的角色参加进来,写得既庄重、雄浑,又诙谐、幽默,也很辛辣。庄与谐达到高度统一,大与小构成鲜明对比。这种带着寓言意味的、非严肃政论的喜剧风格特征的作品,在我国古代诗词传统里不占主导地位,在毛泽东诗词中也是仅见的一首。

这首词分上下两片。

上片写鲲鹏展翅的壮阔气势及其不动声色俯瞰现实人间的雄姿。同时也写出被"炮火连天,弹痕遍地"吓倒了的蓬间雀的惊呼和哀叹。鲲鹏不动声色地静默观察,极具内在的伟力,它的沉稳庄重与蓬间雀的惊呼哀叹恰成鲜明对照。

下片开首的"借问君去何方",发问者自然是大鹏鸟而不是诗人自己。因为诗人已标出词题为《鸟儿问答》了,这是大鹏鸟与蓬间雀的对话。从"有仙山琼阁"到"再加牛肉",都是雀儿的回答,占据了下片的大部分文字,可让人感觉到它那振振有词、滔滔不绝的样子。尾句"不须放屁,试看天地翻覆",可看作大鹏鸟对蓬间雀的怒斥,更可看作诗人在一旁听了蓬间雀对大鹏鸟的答词后忍不住发出的愤慨之言,这是诗中主体和创作主体两重主体的同一情志。人们都期望和向往"仙山琼阁",而现实世界却没有什么"仙山琼阁"。签订这样那样有关和平的条约,尽管是人们的迫切愿望和努力求索的结果,但保不保证,算不算数,还都很难说。世界上一切善良的人不能完全听信和依赖于它,尚须警醒,尚须不懈奋斗啊! 这就是诗人假两鸟对话,用几近轻松快活的调子所要转告给世人的一种深沉的忧思。

诗如其人。作为 20 世纪在国际斗争中有崇高威望和巨大影响的大政治家和大战略家,毛泽东在任何时候也不把世界估计得很乐观,任何时候也不以为自己没什么事、中国没什么事、世界没什么事了。总而言之,他总感到有事,这个世界是不消停的,这是他一生都讲的"斗争哲学"在起作用。可他还有一个特点,就是从不怕事。例如关于战争,毛泽东就讲过:"我们有两条:第一,我们不要战争;第二,如果有人来侵略我们,我们就予以坚决回击。"(《原子弹吓不倒中国人民》)我想,这就是幻化出鲲鹏与蓬间雀两种截然不同形象的思想渊源吧!

追忆当时的历史景况,"国家要独立,民族要解放,人民要革命"已成为一种世界大潮流。已经获得了独立和解放的中国人民,支持这种潮流是义不容辞的。按说,世界上无论哪些国家合签禁止核试验的条约,都是有利于世界和平的,都是符合整个人类生存与发展的愿望的,都是值得欢迎的。具体到 1963 年 8 月 5 日苏联同美、英两国签订的这一纸《禁止在大气层、外层空间和水下进行核武器试验条约》，我们又不能不看到它引起中国政治家和中国人民义愤的另外一个背景。1963 年 8 月苏、美、英三家在莫斯科签约时，中国共产党代表团在莫斯科刚结束旨在停止中苏这两个世界上最大共产党国家之间的论战、消除分歧、实现团结的末轮会谈；为了打破核垄断，中国的核武器也正处在研制并即将取得成功的重要时刻；而且，中苏两国是签订过友好同盟互助条约的国家，苏、美、英三家签约这么一件大事，苏方理应事先征询中方意见，起码应事先通报中方。这个包括了限制中国拥有核武器内容在内的条约的签订，无疑使中苏两党两国的关系又增添了一层阴影。三个有核国家签约含有缓和意味儿，但同时应看到他们有了就不许别人有。三家在联合经营"核俱乐部"，搞"核霸权"，这是中国人民和世界人民不能接受的。作为政治家的毛泽东，可能在发表政论时会字斟句酌，力求更为科学、严谨、准确；而此时作为诗人的毛泽东，感情色彩极为浓烈，这才有了"不见前年秋月朗，订了三家条约。还有吃的，土豆烧熟了，再加牛肉。不须放屁……"这样嘲讽藐视、痛快淋漓、嬉笑怒骂的句子。

被恩格斯称为"天才的预言家"的英国 19 世纪诗坛巨星雪莱说过："诗人和哲学家、画家、雕刻家、音乐家一样，在一种意义上是他们时代的创造者，在另一种意义上又是他们时代的创造物。"（《〈解放了的普罗米修斯〉序》）诗人，即使是最伟大的诗人，也不能超脱他所生活的时代。我们可以站在今天的高度审视和评论历史，但我们不可以超越当时的客观环境去苛求诗人。诗的价值，不单在其选材，不单在诗作所依托的历史事件本身。文学艺术终究不是新闻报道。而真正的诗的价值，应该是她经时间检验而不息不衰的艺术感染力，是她所创造和开辟出的意境，即艺术氛围、艺术天地及其包容涵盖的哲理主题。

鲲鹏与蓬间雀，一个博大，一个渺小；一个高瞻远瞩、英勇无畏，一个寸光短视、怯懦自私。这种反衬对比，给人以深刻的哲理启示和快慰的审美享受。这首《念奴娇·鸟儿问答》创造的审美形象和它所表现的英雄主义、无畏的战斗精神，将会长久地存留在读者心中。

七　律

洪　都

一九六五年

到得洪都又一年,祖生击楫至今传。
闻鸡久听南天雨,立马曾挥北地鞭。
鬓雪飞来成废料,彩云长在有新天。
年年后浪推前浪,江草江花处处鲜。

这首诗写于 1965 年,最早发表于 1994 年
12 月 26 日《人民日报》。

注　释

[洪都]　旧南昌府的别称。隋、唐、宋三代曾以南昌为洪州治所,又为
东南都会,因而得名。这里指南昌市。

[祖生击楫]　祖生,即东晋名将祖逖。公元 304 年,匈奴族刘渊在黄河
流域建立汉国,中原大乱。祖逖率领亲党数百家来投镇守建邺(今南京市)
的司马睿。313 年祖逖要求率兵北伐,被任为奋威将军、豫州刺史,率部曲百
余家渡江北上,中流击楫,立誓收复中原。击楫,敲打船桨。后用以形容有志
报国的抱负和气概。

[闻鸡]　这里化用闻鸡起舞的典故。《晋书·祖逖传》:"与司空刘琨俱
为司州主簿,情好绸缪,共被同寝。中夜闻荒鸡鸣,蹴琨觉曰:'此非恶声

305

也。'因起舞。"祖逖和刘琨年轻时都有大志,互相勉励振作,因此听到鸡鸣就起床舞剑习武。后以"闻鸡起舞"比喻有志之士奋起行动。

　　[后浪推前浪]　寓有新陈代谢、一代胜过一代之意。宋代文鲔《过茗溪》:"只看后浪催前浪,当悟新人换旧人。"

彩云长在有新天

——读七律《洪都》

吴正裕

　　七律《洪都》一诗,诗人自署作于 1965 年。据原毛泽东身边工作人员回忆:1965 年 5 月毛泽东重上井冈山那次,下山后没有前往南昌;诗人是 1965 年 12 月下旬到南昌的,住在赣江之滨的宾馆里。由此可以推断,这首诗作于 1965 年底。当时正值史无前例的"文化大革命"的前夕,诗人创作的这首述怀明志的政治诗,表现了他对党内、国内形势的审视和展望,反映了他晚年的政治意志和艺术想象。

　　诗篇首联从诗人又到南昌说起。洪都,是旧南昌府的别称,诗中指南昌市。诗人 1964 年 4 月到过南昌,所以说这次到得南昌是"又一年"。"祖生击楫至今传",诗意深曲,值得好好品味。祖生,指东晋名将祖逖。击楫,敲打船桨。西晋末年,北方少数民族在黄河流域建立国家,中原大乱,祖逖率亲党数百家投奔镇守建邺(今南京市)的司马睿。公元 313 年,祖逖向司马睿请求北伐,被任为奋威将军、豫州刺史。他率部曲北渡长江,中流击楫而发誓说:"祖逖不能清中原而复济者,有如大江!"后以"击楫"形容立志恢复山河、报效国家的豪迈气概和高远志向。"至今传",诗人认为,祖逖立誓报国的豪情壮志一直传到今天。其实,这正是诗人直抒胸臆,表明了他报国的抱负和决心。为什么诗人到得南昌联想起祖逖击楫的故实呢? 南昌是 1927 年 8 月 1 日中国共产党领导国民革命军贺龙、叶挺部举行武装起义之地。正是南昌起义,打响了武装反抗国民党反动派的第一枪;随后,诗人亲自领导了湘赣边界的秋收起义,并从此开始了探索和开辟中国革命的道路。这是中国共产党人为苦难深重的祖国的解放所走的重要一步,同祖逖立誓收复中原的精神,仍有一脉相承之处。

额联由祖逖击楫的故实,联想到祖逖和他的好友刘琨闻鸡起舞的故事。《晋书·祖逖传》里说:祖逖、刘琨在司州做主簿时,感情极好,同被共寝。半夜听到鸡鸣,祖逖推醒刘琨说:"此非恶声也。"因此,两人便振作精神,演练武艺。后人常以闻鸡起舞比喻志士奋发。额联出句"闻鸡",是化用闻鸡起舞的典故,以抒发诗人忧国、报国的情怀。毛泽东在青少年时期就胸怀救国救民的志向,后来投身中国革命洪流,在三十多岁时创建了中央革命根据地,特别是独创性地开辟了中国革命的道路,为中国革命的胜利做出了不可磨灭的贡献。"久听南天雨",形象地表现了诗人在我国南方生活四十来年,经历了种种风雨,既有国家艰危的风雨,也有革命受挫的风雨。对句"立马曾挥北地鞭"的"挥鞭",也是引用祖逖与刘琨的典故。这里是写诗人经过二万五千里长征到了我国的北方。他在抗日烽火中,统率八路军、新四军和其他抗日部队,进行了惊天动地的民族解放战争,成为彪炳史册的伟大的民族英雄。在解放战争的岁月里,他运筹帷幄,指挥人民解放军进行了震惊中外的大决战,推翻了蒋家王朝,建立了新中国,成为我国各族人民拥戴的开国元勋。"立马",即驻马,喻指统率军队指挥作战。诗句中的"立马""挥鞭",同六言诗《给彭德怀同志》一诗中的"横刀立马"一样,大气磅礴,雄壮威武。额联生动形象地对诗人的大半生革命生涯作了高度的艺术概括,毋庸置疑是这首诗中的名句。

颈联出句笔锋陡转,出人意料地写诗人年迈衰老,已成无用之人。"鬓雪飞来"是鬓发苍白,宛如雪花飘落双鬓之意。"废料",即废物。诗人自称"成废料",是不是古稀老人的顾影自怜?不!这是他用诙谐调侃的语气,在慨叹自己已经年迈。曹操《龟虽寿》诗:"老骥伏枥,志在千里;烈士暮年,壮心不已。"我想,诗人写作这首诗时的心境和抱负,正应了曹操这四句诗意。他是不服老的,还将有所作为，并寄希望于后人，真可谓"壮心不已"。这从颈联对句和尾联出句中透露了消息："彩云长在有新天。"这是本诗的警策之句，也是本诗的主题所在；既反映了诗人晚年对我国光辉前景的预期和祝愿，也表露了诗人当时行将奋起行动的动机和目的。"彩云"，在本诗中可解作美丽的云，比喻美好的事物。在诗人看来，他虽然老迈不中用了，但是马克思主义真理和共产主义理想却是永葆革命的青春。只要我国始终不渝地确保在这种科学真理和革命理想的光辉照耀之下，就会有社会主义乃至共产主义的新天地。诗人在晚年，为了使马克思主义真理和共产主义理想在我国"长在"，他反复号召要学习马克思主义，谆谆教导要搞马克思主义；他还一再强调要坚持共产主义理想，将共产主义伟大事业进行到底。不幸的是，他当时陷入"左"倾误区，对中国实际情况作了错误的估计，发动了使国家遭受浩劫的"文化大革命"。

尾联写诗人对我国未来的展望和憧憬。他写这首诗时，正驻跸赣江之滨。眼见江水奔涌，自然会想到活水长流，江上花草定将新鲜艳丽，生气盎然。然而尾联不是纯粹写景，而是诗人移情于景，托景寄情，对我国未来殷殷期待，其情其意，极为感人。"后浪推前浪"，比喻岁月如流，代代相承，寓有新事物更替旧事物、一代胜过一代之意。宋代文珦《过苕溪》："只看后浪催前浪，当悟新人换旧人。"现代谢觉哉《偶成》："喜看后浪推前浪，已识今年胜去年。"诗人毛泽东指出，只有年年新人换旧人、新事物代替旧事物，我国才会日新月异，不断前进。"江草江花处处鲜"，形象地描绘了我国欣欣向荣的锦绣前程。

颈联以及尾联，以含蓄的手法揭示本诗的中心思想，内涵丰富，寄慨颇深，富有象征意味，使诗篇的内涵得到升华，增强了它的思想性和艺术魄力，给读者以强烈的哲理思索和审美享受。

这首诗同毛泽东的绝大多数诗词一样，继承和发展了宋代以苏轼、辛弃疾为代表的豪放派风格。诗的意境雄浑，气象恢宏，格调高昂，意蕴深长；语言明快，无斧凿痕，所用典故为一般旧体诗词爱好者所熟知。这是一首充满蓬勃生气和富有美好寄托的佳作，读来能给人以力量、信心和希望。

七　律

有所思

一九六六年六月

正是神都有事时,又来南国踏芳枝。
青松怒向苍天发,败叶纷随碧水驰。
一阵风雷惊世界,满街红绿走旌旗。
凭阑静听潇潇雨,故国人民有所思。

这首诗写于 1966 年 6 月,根据作者审定的抄件刊印。

注　释

[神都]　古谓京城。这里指首都北京。

[南国]　中国南方的泛称。作者写这首诗的前后,正在南方巡视。1966 年 5 月 15 日至 6 月 15 日在杭州;途经长沙于 17 日到韶山滴水洞,在这里住了十一天;28 日赴武汉。

[凭阑静听潇潇雨]　化用岳飞《满江红·怒发冲冠》词"凭阑处潇潇雨歇"句。阑同栏。潇潇,骤急的雨势。

[故国]　即祖国。

309

毛泽东晚年的心曲变奏

——读七律《有所思》

马连儒

这首七律毛泽东生前曾审定过，并准确标明作于 1966 年 6 月。这对于理解这首诗十分重要。诗中的叙事、写景、抒情和议论，都与当时发生的国家大事息息相关、密不可分。但此诗不是纪实，更非论事，而是言志。《尚书·舜典》云："诗言志，歌永言。"杜预注："在己为情，情动为志，情志一也。"弄清诗句背后所要表现的史实不是主要目的，而通过确凿的史事考索，捕捉到诗人复杂的感情律动和变化的心路历程，则是十分必要的。

"正是神都有事时，又来南国踏芳枝。"诗从叙事起，说明作诗的缘由和地点。首句点出正逢首都北京"有事"之时。有何事？这年 6 月 10 日，毛泽东会见越南党和国家的领袖、亲密的老朋友胡志明，在谈到中国当时形势时说："我们最近这场斗争是从去年 11 月开始的，已经七个多月了。最初，姚文元发难，他是个青年人，讨论清官等问题。"不过，"现在我们不搞清官这件事了"，而是"发动群众整反动分子"①。这段话的珍贵价值，在于廓清了人们各种各样的揣摸和猜测，确凿无误地提供了"这场斗争"的由来和现状发展的线索，为解读全诗找到诗人自述的第一手重要依据。

1965 年 11 月 10 日，上海《解放日报》编委姚文元在《文汇报》上发表了《评新编历史剧〈海瑞罢官〉》一文，将批判的矛头直接指向了明史专家、著名民主人士、共产党员、北京市副市长吴晗。吴晗开始写的论文《论海瑞》和后来写的新编历史剧《海瑞罢官》，本

---

① 转引自陈东林《毛泽东诗史》第 332 页。

来是响应毛泽东1959年4月总结"大跃进"经验教训时鼓励敢于讲真话而提出学习海瑞刚直不阿的号召,并在中共中央宣传部的组织下创作的。但是不久,当年8月在中共八届八中全会上,彭德怀代表广大农民群众对大跃进的错误和影响提出尖锐而审慎的批评,却遭到毛泽东针锋相对的批判,不久被罢官。新编历史剧《海瑞罢官》在北京演出时,也毫无影射罢彭德怀官的意图。受到批判的彭德怀一直不服,1962年正式向中央递交了长达八万言的申辩书,结果又被毛泽东指责为"翻案"。此时,江青、康生多次向毛泽东献媚,说《海瑞罢官》有问题,要批判。于是,江青伙同张春桥在上海阴谋组织了姚文,并送毛泽东看过三遍。姚文蛮横无理、断章取义、颠倒是非、任意上纲,竟说1960年写的、1961年上演的《海瑞罢官》,是反映1962年以彭德怀为代表的向党进攻的"翻案风"的。文章发表后一片反感之声。除支持姚文的华东局、上海市委第一书记柯庆施领导的华东各省报刊转载外,不知内情的北京和其他省市区暂时均未转载,为此引起了毛泽东的强烈不满。后来,他严厉批评以彭真为第一书记、市长的北京市是"针插不进,水泼不进"的"独立王国"。这年12月,毛泽东说:"《海瑞罢官》的要害是罢官,嘉靖皇帝罢了海瑞的官。1959年我们罢了彭德怀的官,彭德怀也是'海瑞'。"毛泽东的这一重要论断,把一场学术争论提到了政治斗争的高度,从而引起了一场全国范围的政治批判浪潮,成为不久以后风起云涌的"文化大革命"的开端。

就在姚文发表第三天的11月13日,毛泽东离开北京经山东、安徽、江苏,于11月19日抵上海,月底时到达杭州。除中间曾到过上海、南昌以外,他在杭州一下子住了六个多月,直至第二年即1966年6月15日离开杭州,经长沙回到他的家乡韶山,住在滴水洞。6月28日到武汉,7月16日畅游长江,于7月18日返回北京。此次是他第二次(第一次是在1959年)南巡,前后共八个多月。6月间住在滴水洞时,毛泽东写下了这首七律,这也就是第二句诗的来历。

诗人把这次南巡轻松浪漫地戏称为"南国踏芳"。作为政治家的毛泽东,此次南行的心情实际上却十分不轻松,用忧心忡忡来

形容也不算过分,甚至可以说是十分不寻常。他每到一地都要发表许多人摸不到头脑的危言宏论。例如:

"我已经七十多岁了,接班人是伯恩斯坦,还是考茨基、赫鲁晓夫,不得而知。"

"全世界一大片都是修正主义,这是第二次了。我看还会有第三次、第四次、第五次。""可不要迷信什么中国党不会变成修正主义的党。"

"只反国际的修,不反国内的修? 我历来主张,中央不对时,地方攻中央。"①

从这些言论中可以明显地看出,毛泽东从 1956 年赫鲁晓夫在苏共二十大上反斯大林以来,一直思索着一个生死攸关的致命问题:中国将走向何处?! 中国会不会重蹈苏联的覆辙:"党变修""国变色"。老一辈打下的红色江山毁于一旦——在毛泽东看来,这是一个现实而紧迫、刻不容缓、必须解决的大问题。

带着这种深刻思考上路的毛泽东,似乎已经觉察出由姚文引起的"这场革命"的尖锐性和严重性,并用这种主观思考观察、分析此后事态发展的一切。

以肯定和否定姚文为标志,在北京以彭真为领导的、前已由毛泽东批准的中央文化革命五人小组,制定了一个《文化革命五人小组关于当前学术讨论的汇报提纲》(简称《二月提纲》),力图对已经开展的这种学术批判运动加以适当约束,使其限制在党领导下的学术讨论范围之内,不赞成将其演化为政治批判。历史证明,这一举措在当时历史条件下,是十分难能可贵的。但与此形成鲜明对照的是:在上海,江青、张春桥背着中央,受林彪委托召集一个什么部队文艺座谈会,并形成了一个不伦不类的座谈会"纪要"。"纪要"胡说建国以来文艺战线被一条反党反社会主义的黑线专了政,新编历史剧《海瑞罢官》就是最典型的代表作品之一。毛泽东鲜明地支持了后者,并对"纪要"进行了三次修改,而把斗争的

———————

① 转引自陈东林《毛泽东诗史》,第 334 页。

矛头指向了前者。这样,不仅把一次学术讨论引向了政治斗争,进而将文艺问题引向了政治领域,为即将开始的"一个阶级推翻一个阶级的政治大革命"制造了舆论。

更有甚者,以姚文为发端,把中共党内的高层斗争,推向激烈、白热化的程度。林彪及其老婆无事生非,向毛泽东告罗瑞卿的黑状,致使罗瑞卿于1965年底被解职;杨尚昆也以莫须有的罪名,被调出中央办公厅,外派广东;陆定一是中宣部"阎王殿"的头头,加上其夫人反对林彪而遭到批判;他们中间职务最高的彭真更是首当其冲,他主持制定的《二月提纲》,不仅遭批判、被否定、停止执行,还为此改组了中央文化革命五人小组,把陈伯达、江青、康生、张春桥、姚文元等推上了冲锋陷阵的第一线。康生、张春桥在5月召开的中央政治局扩大会议上,以传达毛泽东指示的方法定下基调,将彭、罗、陆、杨定为反党集团,正式解除了他们四人的各种职务。特别是在这次会议上,通过了指导无产阶级文化大革命的纲领性文件《中国共产党中央委员会通知》(简称《五一六通知》)。毛泽东对这个文件十分重视,前后多次进行审定、修改、补写。对于《二月提纲》正确提出的"真理面前人人平等"的观点,文件给予尖锐批判:"无产阶级同资产阶级的斗争,马克思主义的真理同资产阶级以及一切剥削阶级的谬论的斗争,不是东风压倒西风,就是西风压倒东风,根本谈不上什么平等。"文件号召全党和全国人民,要"高举无产阶级文化大革命的大旗,彻底揭露那批反党反社会主义的所谓'学术权威'的资产阶级反动立场,彻底批判学术界、教育界、新闻界、文艺界、出版界的资产阶级反动思想,夺取在这些文化领域中的领导权。""必须同时批判混进党里、政府里、军队里和文化领域各界里的资产阶级代表人物,清洗这些人,有些则要调动他们的职务。"文件最后认定:"混进党里、政府里、军队里和文化界资产阶级代表人物,是一批反革命的修正主义分子,一旦时机成熟他们就会夺取政权,由无产阶级专政变为资产阶级专政。""赫鲁晓夫那样的人物,他们就睡在我们的身旁。"至此,毛泽东多年以来忧心忡忡、想解决又难于解决、时刻牵挂在心怀的党国存亡的大事,终于找到自认为可以得以解决的好办法。

但是，这种主观愿望有待于在现实中接受来自各方面的巨大而严峻的挑战和考验。《五一六通知》发表以后，在康生的一手策动下，5月25日北京大学贴出了由聂元梓等人写的、矛头指向北京市委和彭真的大字报。毛泽东此时虽身在杭州，却以最快速度，指示电台播送了这张大字报的全文。接着在第二、第三天，《人民日报》发表了《横扫一切牛鬼蛇神》的社论和《欢呼北大的一张大字报》的评论员文章，进一步在全国鼓荡起在"复辟和反复辟的斗争"中，把"资产阶级'专家'、'学者'、'权威'、'祖师爷'打得落花流水，使他们威风扫地"的狂潮。很快，中共中央下令改组北京市委。面对这种建国以来从未出现过的新形势，在京主持中央工作的刘少奇、邓小平，按照多年来解决基层问题的老办法，并在征得毛泽东的同意后，向北大派出了工作组。但江青、康生、陈伯达等与此针锋相对，挑起了北大反对工作组的严重事件。此时，毛泽东却一反自己曾同意派出工作组的态度，指责工作组阻碍和破坏了运动的发展，果断提出了只有"天下大乱"，才能"达到天下大治"的对策。在京的刘少奇、邓小平对此困惑不解。不久，刘少奇在一次讲话中就说："至于怎样进行无产阶级文化大革命，你们不清楚，不大知道，你们问我们。我老实告诉你们，我也不晓得。我想党中央许多其他同志、工作组的成员也不晓得。"邓小平也说是"老革命遇到了新问题"。① 对于这种极不寻常的表态，毛泽东知情后也十分不满，他暂时压制住了心中升腾的怒火。但这种被压抑的感情终于要表现出来、释放出来，乃至于喷发出来。在1966年6月到8月期间，毛泽东对拥护"文革"的人给予了高度的赞扬，对反对"文革"的人给予了坚决的回击。在这种思想情绪的支配下，6月间写成了这首诗；到了8月5日，他的感情终于爆发了，写出了那张直接向刘、邓猛烈开火的、"新老账一起算"的《炮打司令部——我的一张大字报》。

一位熟悉韶山滴水洞山水形胜的毛泽东诗词鉴赏者，通过具

① 转引自《中国共产党执政四十年》，第275页。

314

体考证得知,在毛泽东住在滴水洞期间经常下雨。有天晚上下了一场大雨,使这个三面环山的别墅出现了一片奇异的景色:南面的龙头山下传来阵阵波涛奔涌的轰鸣,山中的枯枝败叶顺流而下;北面虎歇坪上郁郁青松枝叶繁茂,挺拔向上。面对此景此情,诗人借景生情,写下了可以抒发心中愤懑,又极具主观色彩的两句诗:"青松怒向苍天发,败叶纷随碧水驰。"其中的"怒""随""驰"字,活化了没有感情的外界事物,准确表达了诗人内心的怒火和不平,含蕴着一股摧枯拉朽之势。

昨夜的风雨乃至雷鸣,使诗人的思绪像是又飞回了北京。于是,他写出了此诗第五、六句:"一阵风雷惊世界,满街红绿走旌旗。"气势宏伟,雷霆万钧,把"文革"发动时的狂热风潮描绘得无与伦比,充分表达出诗人对这场运动的高度赞美,感奋、期待和必胜信念充溢在两句十四个字中。"满"字极赞群众起来造反的踊跃和热烈,亿万人民身穿绿军装投入战斗的雄姿,高举红语录形成一片红海洋的场面,加上上下翻卷的无数面红旗,极为壮观。一个"走"字,再现了当时群众运动风驰电掣般的迅速发展。其形势如疾风暴雨,是任何力量都不可能阻挡的。

但是,已经七十多岁的革命家毛泽东,此时虽然仍然具有从年轻时代开始一生奋斗追求的"自信人生二百年,会当水击三千里"的豪情壮志,但革命的挫折和失败、考验和锻炼,使他又具有了超人的历练和冷静。于是,诗人的感情在激荡澎湃之后急转直下,写下了令人难解的最后两句诗:"凭阑静听潇潇雨,故国人民有所思。"这种抒写,既可以看作是风雨过后转为潇潇细雨的景物感怀,又为全诗制造了一种特殊的感情氛围。在诗情发展的脉络上,可以说是前面风雷激荡的心曲变奏。诗人凭阑在潇潇细雨中静听。静听什么? 接着诗人又把这种静听引发出来、开展出去,想到全国人民此时此刻也在"有所思"。于是,诗人的静听和人民的所思,便成为此诗的"诗眼",也自然成为解读此诗的关键所在。

遍查毛泽东当时所发表的讲话、批示和书信,找到了距写作此诗不久(即 7 月 8 日)他给夫人江青的一封信。按人之常情,写给夫人的信可以看作心灵自白的。7 月 8 日这封信中,除了出于当时环境、行止保密和涉及毛泽东的接班人林彪政变问题时用了"隐语"和"黑话"以外，还透露了毛泽东对自己、对形势的深入思考。信中谈了自己"自信而又有些不自信"，"有些虎气，是为主；有些猴气，是为次"。引用了汉人李固的话："峣峣者易折，皦皦者易污。阳春白雪，和者盖寡。盛名之下，其实难副。"还在"盛名"二句之下特别加了着重号，强调"正是指我"。他十分清醒地说："不要被胜利冲昏头脑，经常想一想自己的弱点、缺点和错误"；他认为："事物总要走向反面的。吹得越高，跌得越重，我是准备跌得粉碎的。那也没有什么要紧，物质不灭，不过粉碎罢了。全世界一百多个党，大多数的党不信马列主义了，马克思、列宁也被人打得粉碎了，何况我们呢？"字里行间可以感觉到对文化大革命反对者多、赞成者少的严重忧虑。

但忧虑之后，毛泽东还是下定决心，坚决把自己亲自发动和领导的这次文化大革命进行到底，"天下大乱，达到天下大治""七八年又来一次""多次扫除"。他甚至设想过："中国如发生反共的右派政变，我断定他们也是不得安宁的，很可能是短命的"，可能"得势于一时"，但不会得势于永远，左派一定会"将右派打倒"。信的最后，他语重心长地写道："这次文化大革命，就是一次认真地演习。有些地区（例如北京市），根深蒂固，一朝覆亡。有些机关（例如北大、清华）盘根错节，顷刻瓦解。凡是右派越嚣张的地方，他们的失败越惨，左派就越起劲。这是一次全国性的演习，左派、右派和动摇不定的中间派，都会得到各自的教训。结论：前途是光明的，道路是曲折的，还是这两句老话。"①

毛泽东的这些思考，可以帮助我们加深理解这两句诗，至少让我们获得一把打开毛泽东心灵窗口的钥匙。诗人凭阑（栏）听雨，不禁让人想起岳飞在《满江红》词中那种"仰天长啸"的悲壮。不过毛泽东在诗中流露的，却是悲壮沉郁加忧患的特殊感情。至于结句中诗人为什么要把自己的"凭阑（栏）静听"和"故国人民有所

---

① 《建国以来毛泽东文稿》，第12册，第71—74页。

思"紧紧联系在一起,在毛泽东看来,他对"文革"的理解和发动"文革"的初衷,是从人民的利益、代表人民的愿望出发的。他认为开始时,有的人也许不甚理解,甚至反对。但随着时间的推移,坚信他们注定会理解、会拥护的。对此他充满信心。他的心为此似乎也感到无比宽慰。这就是毛泽东的悲剧所在。

然而,历史是无情的。"文革"逐步演变为中国历史上一场空前未有的大浩劫,这是毛泽东本人也难以预料的。历史的发展最终证明:人民不仅推动了历史的飞速前进,而且在前进中寻找和发展了真理。中国共产党人认真总结了"这场革命"的沉重经验教训,开辟了有中国特色社会主义的新时期。如果诗人健在的话,他也会十分高兴的。

七　绝

贾　谊

贾生才调世无伦，哭泣情怀吊屈文。
梁王堕马寻常事，何用哀伤付一生。

　　这首诗的写作时间待考，最早发表于中央文献出版社 1996 年 9 月版的《毛泽东诗词集》。根据抄件刊印。

注　释

　　[贾生才调世无伦]　本句用李商隐《贾生》句："贾生才调更无伦。"贾生即指贾谊（前 200—前 168），洛阳（今河南洛阳东）人，时称贾生，西汉政论家、文学家。初被汉文帝召为博士，不久迁为太中大夫。文帝想任为公卿，因遭大臣周勃、灌婴等排挤，后被贬为长沙王太傅。才调，指才气、才能。

　　[吊屈文]　贾谊被贬为长沙王太傅后，渡湘江时有感于屈原忠而见疏，作《吊屈原赋》"因以自喻"。

　　[梁王堕马寻常事，何用哀伤付一生]　贾谊后被征拜为梁怀王太傅，因梁怀王堕马而死，他认为自己"为傅无状"，忧郁自伤，不久去世。作者非常赞贾谊的才华，认为他因哀伤而死不值得，并感到很惋惜。

赞美与同情交织的诗人情怀

——读七绝《贾谊》

孙东升

毛泽东喜欢读史,读史时又特别关注历史人物。西汉的年轻天才贾谊,就是他特别喜欢的一位。这首咏史诗,就是毛泽东有感而发吟成的诗篇之一。

从字面上看,这首诗明白流畅,并无艰深晦涩之处,只要大致了解贾谊的人生经历,其意旨就很容易理解了。贾谊,这位生于公元前200年、卒于公元前168年的西汉著名政论家、文学家,年轻有为、才华横溢,被毛泽东称为"英俊天才"。据《史记》和《汉书》记载,贾谊十八岁就能"诵诗属书",名闻当世,汉文帝将他征召为博士。每次皇帝下诏让大臣们议论问题时,许多年长的博士说不清楚的地方,年仅二十多岁的贾谊都能对答如流,显示了出众的才华,因而深得文帝的喜爱和称赞。不到一年,文帝就擢升他为太中大夫。贾谊主张改革,提出改订历法、修正律令、订立制度等一系列重要建议和措施,因而遭到当朝保守派权贵们的嫉妒和毁谤。文帝本想提升他做公卿,因为大臣周勃、灌婴的极力反对和排挤而未果,贾谊反被逐出京城,贬为长沙王太傅。一次在渡湘江时,郁郁不平的贾谊望着滔滔江水,有感于屈原遭谗被逐、自沉汨罗的故事,心有灵犀,联想到自己空怀报国之志反被疏远的现实,文思恰如泉涌,写下著名的《吊屈原赋》,"因以自喻"。这就是诗的前两句所写的"贾生才调世无伦,哭泣情怀吊屈文"的来历。

过了三四年,文帝又召贾谊回到长安,曾在未央宫前殿的宣室向他问有关鬼神本原之事。在得到满意的回答、二人彻夜长谈之后,文帝叹曰:我很久不见贾生了,自以为比他强了。现在看来,还是不如他呀！于是，命他做了文帝小儿子梁怀王的太傅。在怀王太傅任上，贾谊忠心耿耿，梦想成就一番事业。他怀着忧国忧民的心情，向文帝写了著名的《治安策》。文中居安思危，清醒地看到当时表面清平盛世下暗藏的种种危机，表现了一位爱国者对国家前途命运的深切忧虑，并提出削小诸侯领地、削弱诸侯权力、加强对少数民族的控制，制定礼仪、纲纪、法度使上下有所遵循。这些论述有理有据，又有很强的说服力，可惜未被统治者所重视。

贾谊是一个政论家，认为在治国安邦平天下的诸多事情中，教育太子——未来君主的任务也相当重要。他在《治安策》中提出，对太子的教育应当选拔天下道德品行都很端正的人与太子为伴，使太子"生而见正事，闻正言，行正道，前后左右皆正人也"，"不使太子见恶行"。在他看来，太子完全脱离世俗的人群，在周围都是正人君子的环境中成长就不至于变坏。这种想法近乎幼稚，因而遭到毛泽东的批评。在1958年4月27日的一封信中，毛泽东除建议他的秘书田家英读班固的《贾谊传》外，还评论《治安策》一文中"论太子一节近于迂腐"。贾谊的主张，说说倒还罢了。但更为可惜的是，他在怀王太傅任上，因为梁怀王骑马不慎掉下来摔死这样一件平平常常的意外事故，便认为是自己"为傅无状"，因此郁郁寡欢，不断自责哭泣，一年以后也去世了，年仅三十三岁。对此，毛泽东惋惜万状地说："梁王堕马寻常事，何用哀伤付一生。"

这首诗是根据抄件刊印的，没有标明写作时间，因而我们无法确切地知道这首诗创作的时代背景。但是，如果我们翻阅一下毛泽东有关的文稿和讲话，知道他较集中地谈论贾谊等年轻天才时是1958年前后。这个时期，毛泽东特别重视年轻干部的提拔，认为"青年人比老年人强，贫人、贱人、被人们看不起的人、地位低下的人，大部分发明创造占70%以上"，就是"因为他们贫贱低微，生命力旺盛，迷信较少、顾虑少，天不怕、地不怕，敢想敢说敢干"（见《读〈初唐四杰集〉批语》，《毛泽东读文史古籍批语集》第11—12页）。在1958年3月22日成都中央工作会议上，毛泽东两次提到贾谊，说他"曾多次向文帝上疏、批评时政，郁郁不得志"；"这位西汉政论家、文学家，十八岁即能诵诗书、善文章，为世人称誉。"这年5月8日,在中共八大二次会议上,毛泽东更是不厌其烦地讲到:"汉朝有个贾谊,十几岁就被汉文帝找去了,一天升了三次官。后来贬到长沙,写了两篇赋:《吊屈原赋》和《鹏鸟赋》。后来又回到朝廷,写了一本书,叫《治安策》。他是秦汉历史学家。他写了十几篇作品,留下来的是两篇文学作品(两篇赋),两篇政治作品,《治安策》和《过秦论》。他死的时候只有三十三岁。"在读《初唐四杰集》时,更是掩饰不住自己的感情,批注道,王勃可与"王弼的哲学(主观唯心主义)、贾谊的历史学和政治学"相媲美,且都是"少年英发""英俊天才","惜乎死得太早了"。

由此不难看出,毛泽东对贾谊的才华十分赞赏,而对他的不幸早逝又十分同情。这首诗看似就事论事,实则饱含了诗人对贾谊这种出名才华的赞美、迂腐之气的痛惜之情。如果说在被贬长沙之后,他郁郁不得志,借吊屈原来抒发自己心中不平之气尚可理解的话,那么,在梁怀王堕马而死之后,他用感情自责的方法来走上绝路,就实在太不应该了,难免让人觉得可笑可叹。诗中,毛泽东对贾谊的人生遭际在思想感情上经历了两次跨越:前两句大唱赞美、颂扬之歌:贾谊以屈原自比,不平则鸣,虽空怀报国之志而不得重用,但他的才情却是举世无匹的;后两句则在惋惜、同情的同时略带指责之意:本来很平常的一件事情,何必忧郁自伤,为之托付一生呢? 短短四句二十八个字,可谓选材精当、议论警绝。诗人似乎想在字里行间凝聚贾谊短暂而又光辉的一生,同时又不由自主地做出了自己的情感判断。这首诗的内在魅力,正在于此。

在文学史上,古往今来,写贾谊的诗颇多。当我们解读毛泽东的这首诗时,也许是因为化用前人诗句的缘故吧,我们很自然地会想起唐代李商隐的那首《贾生》:"宣室求贤访逐臣,贾生才调更无伦。可怜夜半虚前席,不问苍生问鬼神。"众所周知,毛泽东喜欢读李商隐的诗作,并曾在六处圈画过这首诗。几乎可以肯定地说,毛泽东写《贾谊》一诗时,受到了李商隐《贾生》的启发和影响。将这两首诗放在一起相比较,不难看出,二者都是融大议论于短短篇幅之中,且均以慨叹出之,韵味深长,耐人寻绎。不过,正像任何诗作都不能步前人后尘那样,毛泽东的诗更脱前人窠臼,从另一个角度吟出自己的感慨,而效果却同样成为抑扬顿挫、唱叹有致、令人折服的良篇佳构。如果说李商隐的《贾生》着眼点在于统治者不重视人才,而毛泽东则先化用(几乎是在借用)李的一句诗作开头,把着眼点放在贾谊个人的穷通遭际上,同时融入了自己的情感,真可谓一咏三叹,让人回味无穷。借旧瓶装新酒,借旧题出新意,毛泽东运用得洒脱自如。反陆游词意写《咏梅》是一例,这首又是一例。

七　律

咏贾谊

少年倜傥廊庙才，壮志未酬事堪哀。
胸罗文章兵百万，胆照华国树千台。
雄英无计倾圣主，高节终竟受疑猜。
千古同惜长沙傅，空白汨罗步尘埃。

这首诗的写作时间待考，最早发表于中央
文献出版社 1996 年 9 月版《毛泽东诗词集》。
根据抄件刊印。

注　释

　　[少年倜傥(tì tǎng 替淌)廊庙才]　本句是说，贾谊年少有才，豪爽洒
脱，是国家的栋梁之材。据《汉书·贾谊传》载，贾谊十八岁时，以能诵读诗
书、善写文章为郡人所称；二十多岁任博士，一年之内超迁为太中大夫。廊
庙，指朝廷。廊庙才，指才能和才气可任朝廷要职的人。

　　[胸罗文章兵百万]　胸罗文章，指贾谊胸有锦绣文章。他的政论文如
《过秦论》《治安策》《论积贮疏》等，提出了一系列治国策略和改革制度的主
张，表现出卓越的政治远见和才能。兵百万，比喻贾谊的治国策略好像统军
韬略，能指挥百万军队。

323

[胆照华国树千台] 胆照,肝胆相照。华国,即华夏,这里指汉王朝。树千台,指建立众多的诸侯国。汉制设立"三台",即尚书为中台,御史为宪台,谒者为外台,建立众多的诸侯国则势将设立"千台"。贾谊主张加强中央集权,削弱诸侯王势力。他在《治安策》中指出,"欲天下之治安,莫若众建诸侯而少其力。"

[雄英] 出类拔萃的人。

[圣主] 借用古代称颂帝王的惯用语,这里指汉文帝。

[长沙傅] 指贾谊被贬谪为长沙王太傅。

[空白汨罗步尘埃] 空白,徒然说。汨罗,即汨罗江,在湖南省东北部。这里化用屈原自沉汨罗江的典故。步尘埃,即步后尘。贾谊虽没有投江而死,但因梁怀王堕马之死而忧伤死去,同于屈原的投江,还是步了后尘。尤其是屈贾的政治命运相同,都是因谗遭贬,壮志未酬。

千古同惜长沙傅

——读七律《咏贾谊》

丁 毅

这首咏贾谊的诗写作年代待考,估计是毛泽东晚年所作。

"少年倜傥廊庙才,壮志未酬事堪哀。"首联先对贾谊的才华以及作者对其不幸的同情态度作一概括交代。贾谊十八岁时,就以能诵《诗》《书》和善写文章扬名于郡中,得到河南郡守吴公重视,成为吴的门客。又由于吴公推荐,汉文帝刘恒召贾谊为博士,此时他才二十二岁。在诸博士中贾谊最年轻,却表现出出类拔萃的才能。每当文帝下诏令交付讨论,诸老博士欲语不能,而贾谊却能尽为之对,且能道出他人要说的意见,因此公认贾谊才能高出众人不少。这当然引起文帝赏爱,又提拔他为太中大夫,成为皇帝的高级顾问。大约在这时,贾谊写了三篇《过秦论》。这是一组现实感很强的史论,文章就秦的兴衰总结历史教训,借以告诫汉王朝统治者。文章气势磅礴，议论英发，看得出是少年才气发扬之作。这组史论历来受文家推崇，其上篇为现行中学语文教材采用，几乎成为人人必读的范文。毛泽东誉贾谊"少年倜傥"，我们可以从这组文章中得到一些感性认识。

作为高级顾问，贾谊也不负文帝提拔。他提出一系列建设性意见，如改革旧的律令，命令住在长安的诸侯回到自己封地等，都得到了采纳实行。通过这些，都表现出贾谊确实才识过人，是精通国家政治的"廊庙才"，是朝廷的栋梁。

汉文帝二年（前178），正当汉文帝打算"任（贾谊）公卿之位"时，朝廷上出现了一股反贾谊的力量。这里既有奸佞小人，也有功高勋卓的大臣如绛侯周勃等人。他们攻击贾谊"年少初学，专欲擅权，纷乱诸事"，因此汉文帝就疏远了他，"不用其议"。先是贬他做长沙王吴差的太傅，以后再也没有信任他。"壮志未酬事堪哀"，这位历史上少有的青年政治家，最后结局竟如此悲惨，实在让人哀叹不已！

"胸罗文章兵百万，胆照华国树千台。"颔联照应首联第一句，是"少年倜傥廊庙才"的具体化。贾谊是理论创造者，故用"胸罗文章"赞其理论上的建树。罗在这里作动词用，"兵百万"是对"胸罗文章"的补充说明，即贾谊的理论著述作用顶得上雄兵百万。宋朝范仲淹抵抗西夏，守边数年，西夏人畏惧他，不敢侵犯边境，说他"胸中自有数万甲兵"，毛泽东的"胸罗文章兵百万"一句诗即从这里化出。贾谊的理论主张，对于汉王朝前期稳固发展起了很大作用，的确顶得上百万雄兵。再说贾谊主张一改自汉高祖以来对匈奴实行的退让政策，在当时具有振聋发聩作用。这一点引起反对霸权主义的毛泽东重视是很自然的，用军事上的提法来称赞文章功能也就很容易理解了。

"胆照华国树千台"一句，照注中所说是指贾谊忠于汉朝，提出了建立众多诸侯国以达到加强中央集权的建议，势将设立很多下属行政机构。这样理解是可以的，这里再提一个说法供读者参考。贾谊《新书》里有一篇《君道》，是专讲帝王之术的，内言："文王有志为台，令匠规之。民闻之者裹粮而至，问业而作之，日日以众。故弗趋而疾，弗期而成。命其台曰灵台……爱敬之至也。"《诗经·大雅·灵台》专题歌颂之，贾谊文中引了这首诗。《孟子》开篇也引了这首诗并发表议论说："古之人与民偕乐，故能乐也。"看来这是儒家鼓吹民为邦本思想常用的典故。毛泽东用此典是说贾谊赤胆忠心对待朝廷，目的就是希望汉文帝成为周文王那样受百姓拥戴的明君。

尽管贾谊如此忠于国家，其命运却又极其不幸。颈联"雄英无计倾圣主，高节终竟受疑猜"，则是对首联"壮志未酬事堪哀"一句的详细阐明。贾谊在反对派的攻讦之下难以再取得汉文帝的信任，才能再大也施展不开，这是最让人叹惋的。"雄英"一词与"英雄"无本质区别。细思之，又略有差异。"雄"指力量过人，"英"指在智慧方面出类拔萃。"英雄"偏在"雄"义，是力量上的强者；"雄英"偏在"英"义，是智者之美。所以此联出句就应该理解为：尽管贾谊聪明过人，但也想不出办法让汉文帝倾听他的意见。文帝七年（前173年）贾谊被召回朝廷，文帝在宣室接见了他，可惜不是询问政事而是问"鬼神之术"。贾谊答得认真，文帝听得有趣，而且称赞说："吾久不见贾生，自以为过之，今不及也。"荒诞无稽的鬼神说倒引起皇帝欣赏，而且也给贾谊命运带来小小转机。汉文帝让贾谊做他最喜爱的小儿子梁怀王刘揖的太傅，这实在是莫大的悲哀。其后，贾谊多次上疏，即后来合成一长篇的《治安策》，表现出卓越的政治见解。文帝也采纳了其中的建议，如"众建诸侯而少其力"则付诸实行，而贾谊却仍不得重用。"高节终竟受疑猜"，原来一片忠心换来的还是被怀疑，文帝是在控制使用他。

为什么贾谊不被重用？苏轼在《贾谊论》中批评贾谊"不能自用其才"。毛泽东在这首诗里把责任归到汉文帝这边，我认为倒是正中肯綮。既然贾谊已多次表现出政治才能，是难得的人才，反而猜疑他，不是你最高统治者的过错吗？

汉文帝十一年（前169年），梁怀王刘揖入朝时，不小心堕马而死。贾谊身为太傅有失职之嫌，惧怕与歉疚兼而有之，经常哭泣，一年后竟在精神十分痛苦中死去。一代杰出政治家的不幸结局，引起后代不少人同情，也成为不少诗人歌咏的对象，因而引起政治家、诗人毛泽东的同情也是自然的。"千古同惜长沙傅",千百年来大家一致惋惜贾谊的遭遇,毛泽东在惋惜之余也觉得贾谊有可议之处。"空白汨罗步尘埃"一句大有深意,值得玩味。贾谊在长沙渡湘水时,写过一篇《吊屈原赋》,借对屈原的同情发泄自己的愤慨,并批评了屈原不能"远浊世而自藏",似乎比屈原要高明些。毛泽东说他"空白汨罗",意思应该是:你这样评屈原不是白说了吗?你因梁怀王堕马死而忧伤死去,还不也是步了屈原的后尘?你也没有做到"远浊世而自藏"啊!再说,屈原自杀完善了他坚持正道直行的崇高形象;但你哭泣而死,留给人的却是懦弱伤感印象。虽都是死,其意义并不相同。反过来再看,贾谊对屈原投汨罗所发议论不是感到徒然吗?

　　这首诗在艺术上也很有特色,显著特点是处处运用对比手法。贾谊本人才能甚高,与命途多舛形成强大反差。个体的贾谊与"兵百万""树千台"之间,是"一与多的对立统一;"雄英"与"高节"的贾谊反受"圣主"的"疑猜",让人感到太不公平,与屈原结局虽同,两相比较仍有差异,用"空白"一词委婉点出。就在这一系列对比之中,作者的赞美、惋惜、批评态度与感情,准确鲜明地表现了出来。

　　这首诗在题材处理上颇见匠心。首联概括交代人物命运时,以一"哀"字点出所抒之情,尾联再以"惜"字予以呼应,这样全篇就笼罩了浓郁的抒情气氛。颔联抓住人物才德两方面特点刻画其形象,颈联叙事是对人物命运所作的高度概括。中间两联写人、叙事,是首尾两联所抒之情的基础,人、事因情而设,情又以人、事而发,做到了抒情、叙事、写人的完美统一。

　　最后要提及的是,作为党和人民的领袖毛泽东,写咏史诗决非发思古之幽情。晚年的毛泽东以"备战、备荒、为人民"作为基本国策,贾谊的政治主张与毛泽东制定的政策有相通之处,或者为毛泽东制定政策提供了有益借鉴。这些应是这首咏史诗产生的基础,既决定了这首诗的内容,又决定它的艺术贡献。那就是以历史唯物主义的方法评价古人,为现实服务,也是不同于历史上所有咏史诗之处。

附录一

毛泽东同志关于诗的五封信

致臧克家等

克家同志和各位同志：

　　惠书早已收到，迟复为歉！遵嘱将记得起来的旧体诗词，连同你们寄来的八首，一共十八首，抄寄如另纸，请加审处。

　　这些东西，我历来不愿意正式发表。因为是旧体，怕谬种流传，贻误青年；再则诗味不多，没有什么特色。既然你们以为可以刊载，又可为已经传抄的几首改正错字，那末，就照你们的意见办吧。

　　《诗刊》出版，很好，祝它成长发展。诗当然应以新诗为主体。旧诗可以写一些，但是不宜在青年中提倡。因为这种体裁束缚思想，又不易学。这些话仅供你们参考。

　　同志的敬礼！

毛泽东

1957 年 1 月 12 日

致李淑一

淑一同志：

　　惠书收到。过于谦让了。我们是一辈的人，不是前辈后辈关系，你所取的态度不适当，要改。已指出"巫峡"，读者已知所指何处，似不必再出现"三峡"字面。大作读毕，感慨系之。开慧所述那一首不好，不要写了罢。有《游仙》一首为赠。这种游仙，作者自己不在内，别于古之游仙诗。但词里有之，如咏七夕之类。

　　　　我失骄杨君失柳，杨柳轻飏直上重霄九。问讯吴刚何所有，吴刚捧出桂花酒。　　寂寞嫦娥舒广袖，万里长空且为忠魂舞。忽报人间曾伏虎，泪飞顿作倾盆雨。

　　暑假或寒假你如有可能，请到板仓代我看一看开慧的墓。此外，你如去看直荀的墓的时候，请为我代致悼意。你如见到柳午亭先生时，请为我代致问候。午亭先生和你有何困难，请告。

　　为国珍摄！

毛泽东
1957 年 5 月 11 日

致周世钊

惇元兄：

　　赐书收到，十月十七日的，读了高兴。受任新职，不要拈轻怕重，而要拈重鄙轻。古人有云：贤者在位，能者在职，二者不可得而兼。我看你这个人是可以兼的。年年月月日日时时感觉自己能力不行，实则是因为一不甚认识自己；二不甚理解客观事物——那些留学生们，大教授们，人事纠纷，复杂心理，看不起你，口中不说，目笑存之，如此等类。这些社会常态，几乎人人要经历的。此外，自己缺乏从政经验，临事而惧，陈力而后就列，这是好的。这些都是实事，可以理解的。我认为聪明、老实二义，足以解决一切困难问题。这点似乎同你谈过。聪谓多问多思，实谓实事求是。持之以恒，行之有素，总是比较能够做好事情的。你的勇气，看来比过去大有增加。士别三日，应当刮目相看了。我又讲了这一大篇，无非加一点油、添一点醋而已。坐地日行八万里，蒋竹如讲得不对，是有数据的。地球直径约一万二千五百公里，以圆周率三点一四一六乘之，得约四万公里，即八万华里。这是地球的自转（即一天时间）里程。坐火车、轮船、汽车，要付代价，叫做旅行。坐地球，不付代价（即不买车票），日行八万华里。问人这是旅行吗？答曰不是，我一动也没有动。真是岂有此理！囿于习俗，迷信未除。完全的日常生活，许多人却以为怪。巡天，即谓我们这个太阳系（地球在内），每日每时都在银河系里穿来穿去。银河一河也，河则无限，"一千"言其多而已。我们人类只是"巡"在一条河中，"看"则

333

可以无数。牛郎晋人，血吸虫病，蛊病，俗名鼓胀病。周秦汉累见书传，牛郎自然关心他的乡人，要问瘟神情况如何了。大熊星座，俗名牛郎星（是否记错了？），属银河系。这些解释，请向竹如道之。有不同意见，可以辩论。十一月我不一定在京，不见也可吧！

毛泽东

1958 年 10 月 25 日

致胡乔木

乔木同志：

　　诗两首，请你送给郭沫若同志一阅，看有什么毛病没有？加以笔削，是为至要。主题虽好，诗意无多，只有几句较好一些的，例如"云横九派浮黄鹤"之类。诗难，不易写。经历者如鱼饮水，冷暖自知，不足为外人道也。

毛泽东

1959 年 9 月 7 日

致陈毅

陈毅同志：

你叫我改诗，我不能改。因我对五言律，从来没有学习过，也没有发表过一首五言律。你的大作，大气磅礴，只是在字面上（形式上）感觉于律诗稍有未合。因律诗要讲平仄，不讲平仄，即非律诗。我看你于此道，同我一样，还未入门。我偶尔写过几首七律，没有一首是我自己满意的。如同你会写自由诗一样，我则对于长短句的词学稍懂一点。剑英善七律，董老善五律。你要学律诗，可向他们请教。

西　行

万里西行急，乘风御太空。
不因鹏翼展，哪得鸟途通。
海酿千钟酒，山栽万仞葱。
风雷驱大地，是处有亲朋。

只给你改了一首，还很不满意，其余不能改了。

又：诗要用形象思维，不能如散文那样直说，所以比、兴两法是不能不用的。赋也可以用，如杜甫之《北征》，可谓"敷陈其事而直言之也"，然其中亦有比、兴。"比者，以彼物比此物也"，"兴者，先言他物以引起所咏之词也"。韩愈以文为诗。有些人说他完全不知诗，则未免太过。如《山石》、《衡岳》、《八月十五酬张功曹》之

335

类,还是可以的。据此可以知为诗之不易。宋人多数不懂诗是要用形象思维的,一反唐人规律,所以味同嚼蜡。以上随便谈来,都是一些古典。要作今诗,则要用形象思维方法,反映阶级斗争与生产斗争,古典绝不能要。但用白话写诗,几十年来,迄无成功。民歌中倒是有一些好的。将来趋势,很可能从民歌中吸引养料和形式,发展成为一套吸引广大读者的新体诗歌。又李白只有很少几首律诗,李贺除有很少几首五言律外,七言律他一首也不写。李贺诗很值得一读,不知你有兴趣否?

祝好!

毛泽东

1965 年 7 月 21 日

附录二

毛泽东诗词学习研究等方面的
相关文章

浪漫主义和现实主义

郭沫若

认真地说,文艺上的浪漫主义和现实主义,在精神实质上有时是很难分别的。前者主情,后者主智,这是大体的倾向。但情智是人们所具备的精神活动,一个人不能说只有情而无智,或者只有智而无情。我们可以这样说:大抵一个人在年轻时浪漫主义的成分比较多,现实主义的成分比较少;壮年以后的情况便可能完全相反。因此,对于一位作家或者一项作品,你没有可能用化学的定性分析和定量分析的办法来分析,判定他或它的浪漫主义的成分占百分之几,现实主义的成分又占百分之几。文艺是现实生活的反映和批判,如果从这一角度来说,文艺活动的本质应该就是现实主义。但文艺活动是形象思维,它是允许想象并允许夸大的。真正的伟大作家,他必须根据现实的材料来加以综合,创造出在典型环境中的典型人物。这样的创造过程,你尽可以说它是虚构,因而文艺活动的本质也应该就是浪漫主义。这假如和科学的研究活动对照起来看,便很容易了解:科学是更现实主义的,文艺是更浪漫主义的。其实就是科学活动也不能不需要想象,不能不发挥综合的创造性。科学研究有时候却需要你有一分的证据能说十分的话,要你有科学的预见。这是不能不依靠合乎规律的想象的。综合各种各样的研究成果来构成一种自然界所没有的东西,例如最高尖端的人造地球卫星,那也是不能不充分发挥高度的综合创造性的。因此,就是科学研究也包含着丰富的浪漫主义精神。有人说过,马克思的《资本论》是一部伟大的剧本,这话正透示着文艺活动和科学活动、浪漫主义和现实主义的不可分的同一性,或者这两者的辩证的统一。古往今来伟大的文艺作家,有时你实在是难于判定他到底是浪漫主义者还是现实主义者。在这儿请让我举一些例证来说明吧。

339

例如，我国古代伟大的诗人屈原，那看来好像是一位浪漫主义者了。他的《离骚》，他的《九歌》和《九章》，运用了很多超现实的材料。他要驾驭云霓龙凤，驱策日月风雷，在天空中作不知止息的巡游。有时到了天堂，有时回到古代，有时登上了世界屋顶，有时又沉潜到洞庭湖的水底，在天边抚摩着彗星，在缥缈的地方和女神谈恋爱……这还不是一位百分之百的浪漫派吗？但是，他并不是为了逃避现实，去满足自己的欲望或为艺术而艺术，而是为了找寻理想和理想的人物来拯救祖国，救济民生，促进古代中国的大一统。他是完全由现实出发而又回归到现实，并完全把自己的生死都置诸度外的。他所关心的事物真是包罗万有。在《天问》中他所提出的关于宇宙形成的问题，有的一直到今天我们还不能解答。这就使得我们不能不说：他同时又是一位伟大的现实主义者。

又例如，我们近代的伟大作家鲁迅，根据一般人的公认，无疑是一位现实主义者了。他的《呐喊》和《彷徨》里面所收的小说都充满着并透彻着近代现实主义的精神。有人说，鲁迅的特征第一个是冷，第二个是冷，第三个还是冷。这从表面上看来是说得过去的，他的犀利的解剖刀真是可以使你不寒而栗。但鲁迅是真正的"冷"吗？不，鲁迅并不冷！他的作品充满热情，这是大家都知道的。他的《故事新编》中的那些作品是取材于神话传说的，有的远到了开天辟地以前，全靠丰富的想像力编织成了绚烂的万花镜图卷。当然，他是借以讽刺现实的，但你能说那里不是饱含着浪漫主义的风格的吗？因此，我敢于说，鲁迅并不冷。鲁迅的冷，应该解释为不见火焰的白热。他是压抑着他的极高度的热情，而不使它流露在表面。他的冷是可以炙手的冷，是"横眉冷对千夫指"的冷。他那样坚韧的斗士是绝对不会没有极高度的热情的。因此，鲁迅诚然是一位现实主义的伟大作家，但未尝没有浓厚的浪漫主义的成分，甚至于可以说是一半对一半吧。

最显明的例证就是我们的伟大领袖毛泽东同志了。他把马克思列宁主义在中国的革命实践中发展了，他是最伟大的一位现实主义者。但我也敢于说，毛泽东同志同时又是最伟大的一位浪漫主义者。他是伟大的革命家，同时又是伟大的作家、诗人。他的理论文章具有着极大的吸引力,和马克思、列宁的著作一样,其中包含着很多文学的成分。但是,毛泽东同志并不仅仅写作理论性的文章,他近年来正式发表了十九首诗词,更使中国的文学宝库增加了无比的财富。我自己是特别喜欢诗词的人,而且是有点目空一切的,但是毛泽东同志所发表了的诗词却使我五体投地。当然,也有些所谓专家,兢兢于平仄韵脚的吹求的,那真可以说是"明足以察秋毫之末而不见舆薪"。毛泽东同志的十九首诗词是革命的现实主义和革命的浪漫主义的典型的结合,这在目前是已经有了定评了。我现在且就《蝶恋花》一词来说明我的体会吧。

我失骄杨君失柳,杨柳轻飏直上重霄九。问讯吴刚何所有?吴刚捧出桂花酒。　寂寞嫦娥舒广袖,万里长空且为忠魂舞。忽报人间曾伏虎,泪飞顿作倾盆雨。

这词的主题不是单纯的怀旧,而是在宣扬革命。从这里可以看出:①革命烈士的精神是永垂不朽的;②革命家抱有革命的乐观主义,对于革命的关心是生死以之的;③抱有正义感的群众(吴刚和嫦娥),对于革命和革命烈士是怀抱着无限的尊敬和同情的;④革命干部和群众的关系应该像同志一样亲密无间。这些思想仅仅用六十个字便把它形象化了。这里有革命烈士(杨开慧和柳直荀)的忠魂,有神话传说的人物,有月里的广寒宫和月桂,月桂还酿成了酒,欢乐的眼泪竟可以化作倾盆大雨。时而天上,时而人间,人间天上打成了一片。不用说这里丝毫也没有旧式词人的那种靡靡之音,而使苏东坡、辛弃疾的豪气也望尘却步。这里使用着浪漫主义的极夸大的手法,把现实主义的主题衬托得非常自然生动、深刻动人。这真可以说是古今的绝唱。我们如果要在文艺创作上追求怎样才能使革命的现实主义和革命的浪漫主义结合,毛泽东同志的诗词就是我们绝好的典范。

1958 年 6 月 20 日

(节录自《红旗》1958 年第 3 期)

毛泽东诗词鉴赏一得

冰 心

我一向认为：毛主席写诗词，不像我们祖国古往今来的诗人、词人那样，是"做"的，"填"的。毛主席的诗词是他在革命斗争时期和社会主义建设时期，随时随地的思想感情，采用古典诗词的文字形式的自然倾吐。它们像爆发的火山一样，红光冲天；像奔流的巨瀑一样，浪花飞溅！他对于古典诗词有很深的爱好和修养，出口成调，大气磅礴，豪迈精深。

我从前曾写过一篇《一个最有力量的汉字》，就是"万"字。说这个字表达了浩大的气势和雄伟的气魄，如成语中的"万众一心""万人空巷"等等；诗中的"万山无语看焦山""万朵红莲礼白莲"等等。

毛主席诗词中的"万"字，就屡见不鲜，如《沁园春·长沙》（1925 年）：

> 看万山红遍，层林尽染……万类霜天竞自由……粪土当年万户侯。

这一首词内就用了三个"万"字！在《西江月·井冈山》（1928年秋）中有：

> 敌军围困万千重，我自岿然不动。

在《采桑子·重阳》（1929 年 10 月）中有：

> 寥廓江天万里霜。

342

在《减字木兰花·广昌路上》（1930年2月）中有：

命令昨颁，十万工农下吉安。

在《渔家傲·反第一次大"围剿"》（1931年春）中有：

万木霜天红烂漫……二十万军重入赣。风烟滚滚来天半。唤起工农千百万。

又如，《十六字令三首》（1934年到1935年）中的其二有：

奔腾急，万马战犹酣。

在七律《长征》（1935年10月）中有：

红军不怕远征难，万水千山只等闲。

在《念奴娇·昆仑》（1935年10月）中有：

飞起玉龙三百万，搅得周天寒彻。

又如《清平乐·六盘山》（1935年10月）中有：

不到长城非好汉，屈指行程二万。

在《沁园春·雪》（1936年2月）中有：

北国风光，千里冰封，万里雪飘。

在七律《人民解放军占领南京》（1949年4月）中有：

钟山风雨起苍黄,百万雄师过大江。

又在《浣溪沙·和柳亚子先生》(1950 年 10 月)中有:

一唱雄鸡天下白,万方乐奏有于阗。诗人兴会更无前。

在《水调歌头·游泳》(1956 年 6 月)中有:

万里长江横渡,极目楚天舒。

在《蝶恋花·答李淑一》(1957 年 5 月 11 日)中有:

寂寞嫦娥舒广袖,万里长空且为忠魂舞。

在七律二首《送瘟神》(1958 年 7 月 1 日)第一首中有:

千村薜荔人遗矢,万户萧疏鬼唱歌。

在七律《答友人》(1961 年)中有:

斑竹一枝千滴泪,红霞万朵百重衣。

在七律《和郭沫若同志》(1961 年 11 月 17 日)中有:

金猴奋起千钧棒,玉宇澄清万里埃。

在七律《冬云》(1962 年 12 月 26 日)中有:

雪压冬云白絮飞,万花纷谢一时稀。

在《满江红·和郭沫若同志》(1963 年 1 月 9 日)中有:

一万年太久，只争朝夕。

在《念奴娇·鸟儿问答》(1965 年秋)中有：

鲲鹏展翅，九万里，翻动扶摇羊角。

在七古《送纵宇一郎东行》(1918 年)中有：

无端散出一天愁，幸被东风吹万里。

在《念奴娇·井冈山》(1965 年 5 月)中有：

参天万木，千百里，飞上南天奇岳……一声鸡唱，万怪烟
消云落。

这些"万"字，有的是实指，有的是虚数。不论虚实，都表示了
毛主席的胸怀与气魄；在艺术上，给人以强调和强力之感。

以上是我拜读毛主席诗词之一得，肤浅得很，愿得同志们的指
教！

1989 年 12 月 13 日

毛泽东同志与诗

臧克家

毛泽东同志是伟大的马克思主义者,无产阶级革命家,党和各族人民的领袖。他的诗词也写得极为出色,赢得了全国人民的热爱与赞美。革命家和诗人,在毛泽东同志身上是统一的。在半个多世纪的时间里,他肩负着党和人民委托的重任,为革命事业鞠躬尽瘁。可是,他始终没有丢下诗。可以这么说,他写诗,关怀诗,与革命实践同始终,也是和他的内心活动密切联系着的。全国解放以后,外国人常说:一个诗人赢得了一个新中国。这话是有一定道理的。他有着坚强的马列主义信仰,有着坚忍不拔的革命斗志。同时,他心中充溢着诗的感情,他有一颗炽热的诗心。

青年时代,他追求进步,寻找革命真理,努力学习,博览群书,对于诗词产生了浓厚的兴趣。1925 年就写出了《沁园春·长沙》这样非凡的词章来。可能在这之前他就和诗词结缘了,否则,像《长沙》这样成熟的作品,不会是一蹴而就的。1925 年之后,随着岁月的流迁,随着革命形势的变化,他不顾戎马倥偬,环境险恶,昼夜运用心机,与敌周旋。就在这样的情况之下,他还牢牢地抓住诗! 他,以诗抒豪情,表壮志。征途无纸笔,就"于马背上哼成"。诗,不只是他的兴趣所在,而且是他真实的心声的表露。没有随着战火化为灰烬,而今幸存的他的诗词集里的一些作品,以革命家的壮怀、诗人的热情,在我们眼前展开了一幅革命历史的大画卷。读了之后,令人振奋,令人鼓舞! 这些作品的思想性与艺术性是高度统一的,形式是多种多样的,语言是新鲜活泼的。它是高尚的艺术品,不但从内容上使我们受到深刻的教育,在艺术方面,也可以使我们得到美的享受。

毛泽东同志,还有党的其他领导同志,像周恩来、朱德、董必武、叶剑英、陈毅等,都能诗,而且各具特色。这不是偶然的。他们从青年时代起就读了万卷书,在长期革命斗争中走了何止万里路,经验丰富,表现能力强。毛泽东同志在谈话中对我们说过:词中小令,这种形式,像工具,运用惯了,所以写一些。运用惯了,足见他写作之勤,更可以见出,他读这类作品一定甚多。毛泽东同志在文章和谈话中,常常引用一些典故和成语,连我这个大学文科毕业了四五十年的人,也得去查书。真像他批评的:"文人也不文。"毛泽东同志对古代典籍涉猎的范围我不清楚,他对古典诗词的知识是丰富的,用力是极深的。这方面,我约略知道一点点儿。在见面谈话当中,他说:他们给我弄了部《明诗综》来,我觉得李攀龙有些诗写得不错。他不详读,怎能单独提出个李攀龙来? 由此可见,他写诗词,不是专靠灵感,既有极为深厚的生活底子,又肯下苦工夫求得艺术表现能力。他学习古人的长处,又不受古人的局限,既有继承,又有发展,终于形成了个人独特的风格。

对自己的作品,毛泽东同志要求是极严格的。他的每一篇作品都是千锤百炼、一改再改而成的!"跃上葱茏四百盘",后来将"盘"字改为"旋"字;"金沙水拍云崖暖","水"原作"浪","云"原为"悬"。这仅是三例,但足证作者对于自己的作品是精益求精的。毛泽东同志不是闭门造句,孤芳自赏,而是不耻下问,广泛征求意见。1957 年 1 月,他约我和袁水拍同志去作了两小时长谈。以后,每有新作,必先寄我一份。我了解他的平等待人、真诚相见,所以敢于坦率地表示个人意见。《词六首》在《人民文学》发表前,我看到了。这六首词有个很有情味的小序,一开头说:于某某年,于马背上哼成的。我替他勾去了第一个"于"字。他 1962 年 4 月24 日回信给我,信中说:"你细心给我修改的几处,改得好,我完全同意。还有什么可改之处没有,请费心斟酌,赐教为盼。"你看,越是伟大的人物,就越平易近人,越谦虚。

毛泽东同志的谦逊美德,还表现在其他许多方面。他的诗词出版之前,先出了个征求意见本。遵照他老人家的意见,开了一个有二十余人参加的会议,好多位中央负责同志和文艺方面的领导人都出席了。毛泽东同志用大粗铅笔写了张条子:"请同志们一议。"大家对他的诗词进行了认真的讨论。我事先写了二十三条意见,这些意见曾与葛洛同志商讨过,会后托田家英同志代转。《毛主席诗词》出版了,到手之后,我兴奋地即时拜读一遍,其中十三处采纳了我的意见,有标点、个别字、小注中的字句,还有整个句子的调换。我心里激动而又感动,感动而又钦敬!

1960 年夏天,周扬同志的《我国社会主义文学艺术的道路》一文在《人民日报》上发表了。他在作协一次大会上说:我这篇文章,原有一大段论毛主席诗词的。毛主席审阅此稿时,把这一大段一笔勾销了。这说明,毛泽东同志是很谦虚的。

1965 年 7 月 21 日,毛泽东同志因陈毅同志请他改诗,回了一封谈诗的信。这封信,写得非常诚挚,如见心肝,令人感动。一开头就坦率地说:"你叫我改诗,我不能改。因我对五言律,从来没有学习过,也没有发表过一首五言律……我偶尔写过几首七律,没有一首是我自己满意的……我则对于长短句的词学稍懂一点。剑英善七律,董老善五律。你要学律诗,可向他们请教。"扬人之长,道己之短,虚怀若谷,精诚如金,这是何等胸襟!

我个人所以不避嫌疑,对毛泽东同志的诗词勇于提出自己的意见,完全是他伟大的胸怀和品格使我诗情激荡,觉得同在一个诗的世界里。

任何一个人,对文艺作品总有自己的偏爱。毛泽东同志在古代诗人中比较喜爱三李,李白、李贺、李商隐,这是众人皆知的。我看,他的创作也多少受到这几位诗人的影响。李白斗酒诗百篇,是一位伟大的浪漫主义诗人。毛泽东同志的诗词创作的基调是革命浪漫主义的。细味《毛主席诗词》就会觉得,他立足于现实,但着重于革命理想。有些作品用的现实主义手法,如开卷头几篇(《井冈山》《蒋桂战争》《元旦》);革命浪漫主义气味浓重的作品就更多了,特别惹人注目的是《蝶恋花·答李淑一》,这样悼念烈士的表现手法,古往今来是绝少的,堪称创格。每次读这首词,我总是想到李太白和李贺的诗格与诗风。读毛泽东同志的诗词,我们可以感觉到他力避平庸,注重展开想象,使作品幽深而又新颖,这可能是受到李贺、李商隐的影响。在他的某些词作中,也可以感到一点辛稼轩的味道。

毛泽东同志在阅读《词综》时，曾经把自己喜爱的作品，用三种颜色的笔在题目上画大圈，在字句上浓圈密点。这个本子曾经复制过。我从友人处得悉详况，也照样标志在自己的《词综》上。他圈得较多的是辛稼轩、张元干这样一些爱国主义词人的豪放作品。田家英同志曾在电话中告诉我：毛泽东同志的某首词的起头，是有意仿照稼轩《永遇乐·京口北固亭怀古》的。他也圈了岳飞、文天祥，以及一些思想内容并不现实而艺术表现却颇动人、名字颇为陌生的词人的作品，如王碃……对于蒋捷、李清照，他也颇为欣赏。在作家和作品方面，他虽然有个人的偏爱，但在评论作家和作品时，却不摈斥与己不同的东西，不全凭个人好恶来决定优劣。在艺术欣赏与借鉴上，他是眼光放远，一视同仁的。"人莫圆该"，他这种气度与胸怀是难能可贵的。1957年，他在和我们谈话中，曾毫不掩饰地表示过他对杜诗不甚喜爱。但他在成都杜甫草堂参观时，在给陈毅同志的信上，都以评论家的态度对杜甫做出了公允评价。

毛泽东同志没有系统地发表过关于诗词的理论，但从他的创作实践中，从他的一些书信及其他言论中，都可以见出他对诗词问题的看法和意见来。他在给陈毅同志谈诗的信中，一方面大力肯定陈毅同志诗的"大气磅礴"，同时又指出："只是在字面上（形式上）感觉于律诗稍有未合。因律诗要讲平仄，不讲平仄，即非律诗。我看你于此道，同我一样，还未入门。"这几句看来很平常的话，却触及内容与形式的关系问题。对这个问题，毛泽东同志在《在延安文艺座谈会上的讲话》中已经做了深刻的论述。在同一信中，毛泽东同志又提出了一个创作上的重大问题，即"形象思维"问题。这个问题，古代理论家、作家都提出过，而且用自己的创作示范过。但毛泽东同志当时提出这问题，是有着现实意义的。他说："诗要用形象思维，不能如散文那样直说。"他强调"比、兴两法是不能不用的"。几十年来，新诗的散文化倾向是严重的。抽象的说教，直白的道情，使诗失去了鲜明的形象，减却了引人入胜的魅力。读作品时，不能使人如见其形，如闻其声。从诗的散文化，他引申出对唐诗与宋诗的看法。他对韩愈"以文为诗"提出了意见，并评说："宋人多数不懂诗是要用形象思维的，一反唐人规律，所以味同嚼蜡。"这样讲法，似乎不太公允。宋人以文为诗，是有其历史背景、时代要求的。反晚唐情调，勉力独辟蹊径，同时也与宋初的古文运动有关。唐宋诗的长短，至今评价不一，但宋代诗坛上是有大家、名家的。许多优秀作品传之后世，咏诵不衰。今天单凭一本《宋诗选》也可以看出宋诗的轮廓。像北宋的苏东坡，南宋的陆放翁，不能说他们的作品没有形象，"以文为诗"。虽然在评论唐宋诗问题上似乎有欠公允，但毛泽东同志为了救时弊，为了加强人们对诗的形象化问题的注意，提出"诗要用形象思维"，是重要的，也是及时的。

毛泽东同志是写旧体诗词的，对于新诗他看得少些。但是，他很关心新诗及其发展情况。那次他约我们去长谈，结束时，他送出勤政殿正门，立在那儿，向我们挥着大手告别，并遥呼："把你们的作品送一份给我啊。"

1957 年 1 月，《诗刊》创刊，他应邀允许把十八首诗词发表在上面，一时排队买《诗刊》成为佳话。在创刊号上，还发表了他给我和编委们的一封比较长的信，祝《诗刊》成长发展。另外还谈到："诗当然应以新诗为主体。旧诗可以写一些，但是不宜在青年中提倡。因为这种体裁束缚思想，又不易学。"看，他自己写旧诗，但不主张青年人学写旧诗。他对新诗看得不多，也从来没写过，但他主张现在写诗应以新诗为主体。这种不凭个人意气与偏好的科学态度，大大值得我们学习。他在与我们谈话中，虽然没有正式批评新诗的缺点，从他的口气中感觉到他对新诗的散漫、太自由化，是不满意的。相反的，对于民歌则大有好感。他说，从《诗经》的四言，后来发展到五言、七言，到现在的民歌大都是七个字，四个拍子，这是时代的需要。他说新诗应该精练、大体整齐、押大致相同的韵。也就是说，应该在古典诗歌、民歌基础上发展新诗。一方面要继承优良诗歌的传统，包括古典诗歌和五四以来革命诗歌的传统；另一方面，要顺应时代的要求，以求得新诗的发展。他还说过：新诗改革最难，至少需要五十年。找到一条大家认为可行的主要形式，确是难事。一种新形式经过试验、发展，直到定型，是长期的,有条件的。譬如律诗,从梁代沈约搞出四声,后又从四声化为平仄,经过初唐诗人们的试验,到盛唐才定型。形式的定型不意味着内容受到束缚,诗人丧失个性。同样的形式,千多年来真是名诗代出,佳作如林。固定的形式并没有妨碍诗歌艺术的发展。

对于新诗的问题,毛泽东同志在给陈毅同志谈诗的信中也谈到了,可见他对新诗的现况及其发展前途是极为关注的。信中说:"将来趋势,很可能从民歌中吸引养料和形式,发展成为一套吸引广大读者的新体诗歌。"

从毛泽东同志这些话中,我个人觉得他注意到了两个重要问题。一个是"广大读者",也就是诗歌的群众性,要新诗挣开知识分子的圈子;另一个是他一而再地赞扬民歌,这与民歌形式的比较齐整、口语化、大众化有关。总括他老人家的意思,是希望新诗的形式民族化——从古典诗歌和民歌中吸取营养与形式,在思想内容方面反映时代精神与社会主义伟大现实,最终达到新诗的大众化、民族化。他说"发展成为一套吸引广大读者的新体诗歌",而不说"新体诗",添了一个"歌"字,大有意味可寻。

毛泽东同志是无产阶级革命诗人。他用自己的诗词,抒发壮志与豪情,鼓舞起我国和全世界人民的斗志。他探讨、评论古典诗词,留心新诗的现况及其未来的发展。念兹在兹,用心良苦。他一生与诗结下不解之缘,虽日理万机,而胸中始终有个诗字在! 在他老人家诞生九十周年之际,我以感激的心情,缅怀他为诗歌立下的丰功!

1983 年 12 月 30 日

(原载《红旗》1984 年第 2 期)

人去诗情在

——追忆我与毛主席谈诗及其他

臧克家

毛泽东的大名,如雷贯耳,他在我的心中是一个带点神秘性的伟大人物。1945 年 8 月,从重庆《新华日报》上得知毛主席为了与国民党和谈飞到了重庆,我很高兴,又很激动。毛主席的到来,给生活在这座少见太阳多见雾的山城的人们,带来了希望之光。

我立即从远郊住处赶到市里。恰好这一天,毛主席缓步经观音岩向中苏文化协会走去。他身材魁伟,头戴一顶灰白色布盔,神态自然。周恩来同志紧跟在身后。群众怀着崇敬而好奇的心情拥集于周围,场面十分动人! 我一直追随在后边。这是我第一次见到毛主席。

没过几天,叶以群同志通知我:毛主席召开座谈会,要我参加,地址在张治中的公馆。我怀着激动的心情准时到会。徐冰同志在门口迎宾,向毛主席介绍。临到我,说:"诗人臧克家。"毛主席笑着和我握握手。出席座谈会的大约二十人,现在清楚记得的只有张奚若同志一人了。毛主席亲切而和蔼地和每位同志交谈,时间短,话不多。我向毛主席发问:国民党这么顽固,争取团结、民主、进步,办得到吗? 毛主席回答说:"雪山草地都过来了,没有争取不到的事情!"这两句话,给我增加了斗争的信心和勇气。毛主席这次到重庆,我和许多同志都为他的安全担心。毛主席本人,大智大勇,磊磊落落,为国为民,不计个人。与毛主席座谈之后,我心潮澎湃,思绪万千,写了一篇《毛泽东,你是一颗大星》的颂诗,用何嘉笔名,发表在 9 月 9 日的《新华日报》上。

1949 年 7 月,第一次全国文代会在怀仁堂召开,这是新中国成立前文艺界的一次盛会。中央领导同志都来参加开幕式，我又见到了毛主席。他站在主席台上，亲切而庄重地向几百位文学艺术家致意：你们为人民做了好事，我们就有理由欢迎你们。话不多，意义深，事隔四十多年，声犹在耳。

10月1日，开国大典在天安门举行。我仰望毛主席站在巍巍天安门城楼上，气壮山河地宣布："中华人民共和国中央人民政府成立了！"这声音，像洪钟，像春雷，震天动地，激奋人心；这声音，像革命的狂飙，冲上九霄！我心激动，眼泪流。我生于清光绪三十一年，重重痛苦的经历淤积在胸中。这时，革命洪流一下子把它冲掉了。

以后，我参加第二、三届全国人民代表大会和文代会，只能在会场里，远望毛主席。虽然也曾在中南海的草坪上和毛主席一起照相，但没有机会接近他。第二次和毛主席见面，谈诗论文，是在1957年1月14日那一天。话，说来就长了。

1956年我调任中国作家协会书记处书记后，负责筹办《诗刊》。10月，副主编徐迟倡议，给毛主席写信，把我们搜集到的八首毛主席诗词送上，请求他校订后交明年1月创刊的《诗刊》发表，我和全体编委及全编辑部的同志都举双手赞成。我们怀着崇敬的心情，写好这封不同寻常的信，由主编、副主编及全体编委签名，送上去了。大家静静地等待着毛主席的回音。

1957年1月12日，毛主席写给我和《诗刊》编委诸同志的亲笔信以及经他亲自校订的十八首旧体诗词送来了。整个《诗刊》编辑部和作家协会都沸腾了，大家奔走相告，欣喜如狂！毛主席在信中说："《诗刊》出版，很好，祝它成长发展。"他很自谦，说："这些东西，我历来不愿意正式发表。因为是旧体，怕谬种流传，贻误青年；再则诗味不多，没有什么特色。"毛主席的信和十八首诗词将在《诗刊》创刊号上发表的喜讯，到处轰传，创刊号一出版，热情的读者排长队争购，一时传为佳话。

当我正在奢望什么时候能见到毛主席，向他请教有关诗歌诸问题的时候，毛主席召见我的喜讯传来了。1月14日上午11点，当时任《人民日报》文艺部主任的袁水拍同志忽然给我来了电话："毛主席要召见我们，下午3时我坐车来接你。"那时，我住在笔管胡同 7 号人民出版社的宿舍,没有电话,电话是由斜对门的油盐店传呼的。幸而我当时身体衰弱,极少出门,没有误了大事。我心情兴奋紧张,不时看手表,在等候下午 3 点钟!从我的住处到新华门,二十多分钟可达,我心急却嫌路远。车子驶入中南海,直达勤政殿门前。进入殿门,房间空阔,静寂无人。对面有一副屏风,别的没有任何摆设。长长的沙发,一个又一个,十分简朴。殿内静静的,静静的,我的心却很紧张,很紧张。一会儿,一个高大的身影从东边门里出来,一步一步向我们走来。啊,毛主席站到我们身旁了。他安详和蔼地同我们握手,让座,自自然然地从烟盒里抽出支香烟让我。我说:"我不会吸。"主席笑着说:"诗人不会吸烟?"毛主席的神态和谈话,使我的心平静怡然了。主席问:"你在北大教书?""不是,我在作家协会工作。"我回答。接着他以赞许的口吻说:"你在《中国青年报》上评论我的'咏雪'词的文章,我读过了。"我趁机问:"词中'原驰腊象'的'腊'字怎么解释?"主席反问:"你看应该怎样?"我说:"改成'蜡'字比较好,可以与上面'山舞银蛇'的'银'字相对。"毛主席说:"好,你就替我改过来吧。"话没说几句,心和心近了,可以放言无忌了。谈起《诗刊》创刊,我向主席提出了印数问题。我说:"现在纸张困难,经我们一再要求,文化部负责人只答应印一万份。同样是作家协会的刊物,《人民文学》印二十万,《诗刊》仅仅印一万,太不合理了。""你说印多少?"主席问。我说:"公公道道,五万份。"主席想了一下,说:"好,五万份。"我天真地说:"请主席给黄洛峰同志打个电话。"水拍用眼光向我示意,赶忙说:"不用了,不用了。"

上面的话,仅仅是个开场白。随着情绪的高涨,无拘无束,越谈越多。主席先从国际重大事件开头,谈了他的看法。这方面,我们知之甚少,只默听,没法插嘴。他忽然向我们发问:"几百年后,全世界实现了共产主义,还有没有斗争?"问得突然,我们说:"不知道。主席看呢?""我看,还是有斗争的。但不在战场上,而在墙壁上。"我们会意了。

诗人嘛,谈话总是离不开诗。不多时,话入到主题上来了。毛主席是喜欢、看重民歌的。他说:"《诗经》是以四言为主体的,后来是五言,现在七言的多了,这是顺着时代演变而来的。现在的新诗,太散漫,我以为新诗应该在古典诗歌和民歌的基础上求发展。我个人喜欢用词的形式写作,习惯了,用起来得心应手。"毛主席喜欢三李,是人人皆知的了,但他对我们并没有提及,只说:"杜甫诗写得不少,好的不多。"他又说:"他们给我弄了部《明诗综》,我看李攀龙有几首诗写得不错。"毛主席湖南口音太重,李攀龙这名字,经水拍重复了一下,我才明白。

一看表5点了。不能再多占用主席的宝贵时间,我们便告退了。他送出殿门,站在那里远远地向我们招手,高声地嘱咐:"把你们的作品送一份给我啊!"

回到家中,想到与毛主席亲切会见的情景,我心情激动,诗思潮涌。21日,一气呵成了《在毛主席那里作客》这首长诗。

毛主席是诗人,品格高,重感情,虚怀若谷,不耻下问。每有新作,总先送一份给我。《词六首》,在《人民文学》发表之前,送到我手,我改动了一点点儿,马上收到毛主席1962年4月24日的回信。其中有这么几句:"你细心给我修改的几处,改得好,完全同意。还有什么可改之处没有,请费心斟酌,赐教为盼。""还有什么可改之处没有"一句,下面还画了重点符号。主席先后给我写过七封信,1961年11月30日来信,想约我和郭沫若同志去谈诗。无奈他太忙,抽不出时间,未能实现。

我主编《诗刊》,有个便利条件,不时给主席去信索稿,总想他有新作争先在《诗刊》上发表,以增加《诗刊》的声价。主席每次发表诗词,各报刊总约我写点文章。对主席诗词中的某些字句,应该怎么理解好,我请求解答。田家英同志便在电话上告诉我。比如,他说:《送瘟神》第二首中的"红雨随心翻作浪,青山着意化为桥"这两句,不要讲得太死。又如,毛主席的某一首词(我记不清题目)中的几句,是受辛稼轩《京口北固亭怀古》的影响等等。我所写的有关毛主席诗词的短文,都是即兴走笔,有欣赏之情,而乏研究之功。可是,我有独具的条件,可以直接向作者请教。有些理解各异的字句,通过我的文章,把毛主席的原意传达出来。60年代初,袁水拍约我和叶君健同志(在外文出版社负责翻译主席的诗词)一起,研究有关毛主席诗词理解各异的一些字句,打印出来,请教主席。主席当面对水拍做了回答,有十七八处。水拍向我传达时,我在一张记有请示问题的薄纸上做了记号,年代久了,有些模糊不清了。现在我还珍存着它,成为"珍贵的孤纸"了。

1963年,《毛主席诗词》要正式出版了,先印了少数征求意见本,送我一本。我认真地一读再读,准备了二十三条意见,事前曾和《诗刊》副主编葛洛同志在电话里商讨过。大约过了一个月的时间,得到通知,要我到钓鱼台去参加座谈会。大厅里一张大桌子,桌子上摆着毛主席用铅笔写的几张条子,字很大。一张写着:"我写的这些东西,请大家一议。"一张写着主持人的名字。一张排列着邀请参加的人的名字,记得有朱德、邓小平、彭真等几位中央领导同志以及郭沫若、周扬、田家英、何其芳、冯至、田间、袁水拍和我。另外还有少数几位我不熟悉的同志,可能是有关出版社的负责人等等。这次会,主要由田家英同志汇报这次出书的情况。他说:各位看了征求意见稿,会看到其中有些未曾发表过的作品。这次破例,先由出版社出版之后,各报刊再转载。听了这番话,我有点失望,我是带着为让《诗刊》优先发表的希望去的。田家英同志讲完话,大家一致赞扬毛主席的诗词,说它的出版,意义重大。有的老同志不无遗憾地说:主席的作品,恐不仅是这些,在长期战争中一定有的丢失了;有的,今天只留下了残句。对于书稿内容谈的人少。最后小平同志说:我看其中有三篇可以请作者考虑一下,可否抽下。

座谈的时间不长,就散会了。我把我写好的二十三条意见交给田家英同志。《毛主席诗词》出版之后,我查了一下,有十三条意见被采纳了。例如:七律《登庐山》中的"热风吹雨洒江天"一句,"热风吹雨"原作"热肤挥汗",是毛主席接受我的意见改的。足见毛主席的谦逊精神。

自1956年以来,我写了一些学习毛主席诗词的文章,与周振甫同志合作,出版了《毛主席诗词十八首讲解》。1990年,经增订出版了新一版,改名为《毛泽东诗词讲解》,总印数已达一百二三十万册;前年,我又和蔡清富、李捷同志主编了《毛泽东诗词鉴赏》。两年之间,印数就到了十二万册。可见毛主席诗词影响的深广。

几十年来,我与毛主席接触的机会虽不多,但对他的人品、诗品极尊重,极景仰。每忆往事,情深意切。他的人,远了;他的形象,在我心中却更近了。今年是他老人家百岁诞辰,我用这篇短文来表达我深深的怀念之情。

(原载《缅怀毛泽东(下)》,中央文献出版社 1993 年 12 月版)

中华文化的瑰宝　诗歌史上的丰碑

贺敬之

同志们,朋友们!

今天,是中国人民的伟大领袖毛泽东一百零一周年诞辰纪念日。来自全国各地的毛泽东诗词的爱好者、研究者的代表,会集在庄严的人民大会堂,举行中国毛泽东诗词研究会的成立大会。这是一件让人高兴的、意义重大的事情。

我们这个大会和这次学术研讨会,是在毛泽东诗词的感召和吸引下召开的一次诗的盛会。今天正式成立的中国毛泽东诗词研究会,是一个全国性的研究毛泽东及老一辈无产阶级革命家诗词的群众性学术团体。它的任务,就是团结全国的毛泽东诗词研究者,在以往已经取得重要成果的基础上,把毛泽东诗词的研究工作推向新的阶段。

毛泽东是伟大的无产阶级革命家,也是举世公认的伟大诗人。他的诗词,是从中国革命曲折而豪迈的历史进程中升华、结晶出来的诗的瑰宝,具有宏大的历史气魄和鲜明的时代色彩;同时,又记录、反映了中国革命各个历史阶段和一系列重大历史事件,具有丰富的历史内涵和深邃的革命情怀。毛泽东诗词以其前无古人的崇高优美的革命情操,遒劲伟美的创造力量,超迈奇美的艺术想象,

357

高华精美的韵调辞采,形成了中国悠久的诗史上风格绝殊的新形态的诗美。这种瑰奇的诗美,熔铸了毛泽东的思想和实践、人格和个性。在漫长的岁月里,可以毫不夸张地说,几乎是风靡了整个革命的诗坛,吸引并熏陶了几代中国人,而且传唱到了国外。我想,今天在座的人中,不管是华发银鬓的前辈,还是风华正茂的青年,不管是久经锻炼的干部,还是学识渊博的学者,不管是常沾翰墨的作家诗人,还是偶涉诗坛的业余爱好者,在各自的精神生活、文化生活和感情历程中,都会珍藏着一份接触、吟颂、学习毛泽东诗词的美好而亲切的回忆。对于我们来说,毛泽东诗词是托举我们的精神升腾到历史的长空的鲲鹏;是指引我们的步伍跨越革命征途上的万水千山的旌旗;是激励我们的壮志只争朝夕地投入改天换地的伟大斗争的鸣镝;是磨砺我们的情操开拓我们的胸襟的砥石;同时它也是弥漫了家国爱、故旧情、赤子心的化雨润物的春风。毛泽东诗词不仅和我们的革命历史、伟大时代血肉相连,而且和我们每一个有幸参与、亲历了中国革命和建设的历程的当代中国人的心灵世界息息相通。它以强大的艺术力量,深广持久地在我们每一个人心里唤起了中华儿女的民族自豪感,唤起了富有民族气派、民族风格的诗情和美感。它以光复旧物、开辟新宇的磅礴气势,潜移默化的感染力量,对华夏文化优良传统的继承和发扬,对当代中国人民的心理素质的培育和提高,产生了不可估量的影响。

正是基于对毛泽东诗词的热爱和崇仰,才使我们把学习、研究、传播毛泽东诗词视为自己光荣的使命。毛泽东诗词研究,从广义上看,是整个毛泽东研究的一个重要的、有特殊意义的部分,是中国革命史研究和中华人民共和国史研究的重要内容之一;从较狭的意义上看,它又是整个社会主义文学研究中一个不可或缺的、有特殊光彩的部分,是当代美学、当代诗学研究的重要内容之一。毛泽东诗词的研究和传播,在过去已经对我国社会主义文学的发展进程,对培育一代社会主义新人产生了深刻的影响;在现在和今后,这种影响将日益扩大和加深。我相信,进一步开展对毛泽东诗词的学习、研究和传播,对于推进为人民服务、为社会主义服务的革命文艺的发展和繁荣,对于在诗坛乃至文坛高扬正气,高扬社会主义、爱国主义、集体主义的主旋律,对于富有中国作风、中国气派而又不失现代敏感的健康的审美风尚的形成和播扬,都会有重大的现实意义。随着时间的推移,毛泽东诗词研究作为社会主义的人文科学研究和马克思主义文艺学、诗学研究的一个重要分支学科的意义,将会日益显示出来。我们可以充满信心地说:这是一项与我们的现实生活有着密切联系因而必然指向未来、葆有广阔前途的研究事业。

毛泽东诗词研究,在历史上曾几次形成热潮,在国内外都产生了一批具有较高学术水平的研究成果。应该说,这项事业已经有了一个很好的基础。党的十一届三中全会以来,我们社会主义现代化的建设事业,在邓小平建设有中国特色社会主义理论的指引下,进入了一个崭新的历史时期。我们的党和人民,恢复了毛泽东所一贯倡导的实事求是的思想路线,对中国怎样建设社会主义进行了新的探索,确立了以经济建设为中心、以改革开放和坚持四项基本原则为两个基本点的党的基本路线,使社会主义事业取得了举世瞩目的新的历史性进展。在这个伟大的历史进程中,党和人民对毛泽东晚年的错误做了实事求是的科学分析,对毛泽东和毛泽东思想的历史地位做了科学的论定。这一切,为我们在新的历史条件下学习、研究、传播毛泽东诗词,提供了思想指南。对毛泽东诗词的研究和评价,也必须坚持实事求是的思想路线,执行"百花齐放、百家争鸣"的方针,实行学术民主与学术自由。我们既要从无产阶级革命和共产主义宇宙观的角度,科学地评价毛泽东诗词在中国革命历史上的价值,在社会主义文学中的地位,认真总结它们所体现的创作价值和艺术规律;同时,我们也要从中华诗词继承发展和文艺科学的角度,具体地阐明毛泽东诗词的艺术价值,做出深入的艺术分析。在这两个方面有大小各个研究课题,包括史实考订和诗句诠释,以及尚待开拓的新课题(例如学习毛泽东诗词对于新诗健康发展的意义,等等),都需要我们进一步深入地、系统地、更富创造性和科学精神地开展研究工作,充分发挥个人和集体的智慧,通过相同和不同见解的相互探讨,正确、不正确或不完全正确意见的彼此争鸣,才能进一步取得新的更大的研究成果。

我相信,我们只要坚持以马列主义、毛泽东思想和邓小平建设有中国特色社会主义理论为指导，保持与日新月异的现实生活的密切联系，发扬实事求是、严谨细致的科学学风，群策群力，不断开拓研究视野，就一定能把毛泽东诗词的研究工作提高到一个新的水平。为推动具有中国特色的社会主义文学艺术事业的发展与繁荣，提高整个中华民族的文化素质，建设社会主义的物质文明与精神文明做出积极的贡献。

（本文是作者 1994 年 12 月 26 日在中国毛泽东诗词研究会成立大会上的讲话。）

毛泽东诗词的翻译——一段回忆

叶君健

毛泽东诗词在世界流传之广，恐怕要超过《毛泽东选集》本身。因为作为文学名著，它的欣赏价值高，群众性强，远如南美的巴拉圭和地中海一角的希腊都有毛泽东诗词的译本。这些译本，绝大部分是根据北京外文出版社出版的英译本转译的。这个译本的完成，我从始至终都参加了。这项工作的过程，现在回忆起来，也似乎值得一记。

毛泽东诗词，以《沁园春·长沙》为首的十八首，是在 1957 年臧克家主编的《诗刊》上发表的。我那时是我们的对外英文刊物《中国文学》的负责人，自然应该尽快在刊物上发表这些诗词的英译。当时我们曾与"《毛泽东选集》翻译委员会"联系过，希望他们能给我们提供译文。他们认为这是文学作品，不在他们工作计划之内，未能提供。我们只有自己设法来完成翻译的任务——在这方面，外文出版社英文组的负责人于宝榘曾协同做出过很大的努力，因为外文出版社也要出毛泽东诗词英译的单行本。这十八首诗词的英译文终于在 1958 年完成,在该年《中国文学》第 3 期上发表。同年 9 月,外文出版社也出了英译单行本,并加了 1958 年《诗刊》上发表的《蝶恋花·答李淑一》一首,共十九首。有关诗词的注释,我们则大量参考了臧克家、周振甫的《毛主席诗词讲解》中的解释。这个英译单行本 1959 年 3 月重版了一次。

1958 年 10 月,《人民日报》又发表了七律《送瘟神》二首。《中国文学》即将这二首译成英文,连同《蝶恋花·答李淑一》一首在刊物 1960 年的元月号上发表。这些译文发表后,在国内外引起了广泛的注意。1960 年《文艺报》第 22 期,以首篇的地位发表了一篇"酒泉"写的评论毛泽东诗词英译文的文章。文章从人大会堂河北厅里所悬挂的《浪淘沙·北戴河》一词谈起,指出该词中"秦皇岛外打鱼船"句的标点原是句点(。),该句的意思到此完结。但英译本中这个标点却成了逗点(,),与下面的"一片汪洋都不见,知向谁边?"联成一气。文章说这是误译(后来经研究,这个意见可以商榷,因为在中国古典诗词中句点只代表节奏和音韵的一顿,并不说明意思的终结),文章建议重新修订译文,甚至重译。

不久我了解到,作者"酒泉"就是当时中宣部文艺处处长袁水拍的笔名。知道像他这样中央机关的负责人如此关心这项工作,我自然非常高兴。因为我对毛诗的解释一直感到没有把握,很不安。现在有他来关注,许多难点会比较容易解决。我向有关领导部门建议,正式请他主管毛诗的翻译定稿工作(主要是诗文的阐释)。经与他商量,他慨然同意,成立了毛诗英译定稿小组。由他任组长,乔冠华、钱锺书和我为组员(兼做小组一切事务性的组织和联系工作),任务是修订或重译全部毛诗,最后出单行本。袁作为组长,自然对原作的解释具有最后的发言权,但乔冠华对原作的解释也起很重要的作用。钱锺书和我主要是做翻译和译文的润色工作。1962 年 5 月号《人民文学》,又发表了毛泽东的《清平乐·蒋桂战争》等六首词。这几首词的英译定稿就是由这个小组完成的。

1963 年 12 月,人民文学出版社和文物出版社同时出版了《毛泽东诗词》的单行本,共三十七首,其中包括未发表过的七律《人民解放军占领南京》等十首。为了全面修订旧译、并翻译这新的十首,小组又增加了赵朴初,并请英文专家苏尔·艾德勒协助译文的润色工作。这十首新诗词于 1965 年夏天初步完成翻译工作。袁通过中宣部将新译文及过去的旧译一并发往国内几个主要省市宣传部转各有关大学的英语教授征求意见。小组根据回来的意见,对这十首新诗词最后做出英译定稿,于 1966 年在《中国文学》5 月号上发表。本来小组也要即将着手修订旧译,但不久"文化大革命"到来了,袁水拍得接受审查,钱锺书靠边。至于乔冠华,我也无法与之联系,接着我自己也被专政。整个工作停顿下来了。

1974 年秋天,袁水拍和我都可以开始自由行动。我们见了面,所谈的第一件事就是如何最后完成毛诗全部译文的定稿工作。他看了一下我在靠边站前夕整理出来的译文,说剩下的问题不多,可以去会同钱锺书和艾德勒做出初步的译文定稿。这项工作不久也完成了。于是,袁建议我和他一起去上海、南京、长沙、广州等地,向那里一些大学外语系的师生及有关人士(如毛泽东的老友周世钊老人)征求意见。我们于 1975 年初出发,头一站是上海,到广州结束,在许多大学里开了一系列的译文讨论会。回京后,小组根据各地提的意见,对译文作了最后加工。乔冠华因外事太忙,推荐外交部的周珏良代他参加讨论。经过多次的反复推敲,译文终于得以定稿,由袁负责送有关的上级审核。在 1976 年"五一"那天,《毛泽东诗词》的英译本终于由北京的外文出版社正式出版了。

这个英译本事实上成了外文出版社接着出版的法、德、日、意、西和世界语等几种译本的蓝本。也就是说,这几个语种的翻译小组就是参考英译对原作的解释进行工作的。我也无形中成了这几个翻译小组的咨询,也就是转述英译定稿小组对原作的理解——如果他们也有什么疑点的话。当然,我没有把我个人的理解强加于人,虽然我对原作的某些语句也有我个人独自的体会。

原作虽然是艺术品,但字里行间政治含意也很深。这也是我们译者不时感到困惑的地方。特别是作者不愿意对自己的作品作出任何解释,理由是:文学作品应该由读者自己去体会,不需要别人去为他们画框框。我们这几个翻译和译文定稿人当然也是读者,既要正确理解原作字句本身的意义,又要正确阐释其中的政治内涵。我个人自然认为袁水拍和乔冠华的政治素养高,见识广,所以当我感到我对原作的体会与他们解释不一致时,在处理译文时总是以他们的看法为准——这也算是小组的一种组织原则吧。但他们的理解——特别是袁水拍——有时也不免受当时政治气候的影响。如《水调歌头·游泳》一词中的"子在川上曰:逝者如斯夫"一句,原出于《论语》,对此我们自然得加注释。我根据旧译的注释用英文起草了一个关于孔子及此句原意的简单脚注。袁在当时"批孔"的气氛下,作了这样的修改和引申:

> 孔丘,春秋时代政治上的顽固分子,反动思想家。他一生致力于维护和复辟奴隶制。由于他逆历史潮流而动,就哀叹过去的一切像流水似的一去不复返。

这样一解释,"逝者如斯夫"的调子就很低沉了。这显然与原诗的意境不尽符合。我心里很不踏实,在长沙访问周世钊老人时,我特别就此句向他求教。他说:原文"逝者如斯夫"后面还有"不舍昼夜"句,这是"川流不息"的意思,并非"批孔",也毫无消极的含意,而是号召人们要不断努力,积极建设社会,因为接着的下一阕是"……起宏图。一桥飞架南北,天堑变通途……"。这个理解很重要,使我意识到注释里面也有很大的政治,与原作的内容具有极为紧密的有机联系。我想,这情况对任何文学作品的翻译和注释都是如此。

于是,注释就在我们译文的定稿工作中也成为了一个极为复杂、细致和敏感的问题。我们深知,这个译本出去后,由于是在北京出版,一定会被国外人士当作是"官方定本",注释自然也代表了这个"定本"的"官方"意见(美国总统尼克松初次访华时,在人民大会堂祝酒辞中引用的"一万年太久,只争朝夕"句的译文,就是引自我们的这个译本,虽然美国当时已经出版了自己的毛诗译本)。有鉴于此,乔冠华最后建议,除原作者自己的注释外,我们所作的注解一律撤销。所以我们最后出版的毛泽东诗词译本,没有译者的注释。也许这是美中不足,但当时我们的考虑是慎重的。

对于毛诗的理解，我们除了广泛请教有关专家和英语界的人士外，小组的成员本身对每一个句子、每一个词也都进行了反复的讨论和斟酌，包括协助我们润色的英语专家苏尔·艾德勒。他不谙中文，正因为如此，他作为第一个英语读者，对译文在英语中所产生的"诗"的效果特别敏感。他从英语"诗"的角度所提的意见，也成为了我们讨论的中心。我们的要求是：译文既要"信"（包括意义、意境和政治的"信"），又要"雅"——也就是具有相当高水平的"诗"，而且是现代的"诗"，不是古色古香的"诗"（因为原诗所表达的是生气勃勃的现代生活和思想），虽然原作所采用的形式是中国的古典诗词。所幸，我们小组中有赵朴初那样著名的诗人和钱锺书那样有修养的诗评家。这样，我们最后译文的"风格"，还基本上能达到一致认可的程度。

国外有些汉学家，可能由于对我们的译文持有"官方定本"的主见，往往忽略了我们在"信"和"雅"方面所作的努力，而喜欢表现自己，显示出他们对原作具有"独立见解"并推出自己的译文，不理睬我们的解释。从文学翻译的角度讲，这种"百花齐放"的做法自然值得提倡和鼓励，但具有数千年历史和传统的汉文却是陷阱重重，稍一疏忽就会"失误"。英、美有四种毛诗的译本，其中有一本还是美国一个对研究中国文学颇具声望的大学出版的。如在《沁园春·雪》这首词中，它对"唐宗宋祖，稍逊风骚"的理解是"唐宗宋祖，文化修养不是太高，未能充分欣赏《国风》和《离骚》"；对"数风流人物"句中的"风流"，则理解为"风流倜傥"，具有花花公子的含意。同样，《西江月·井冈山》中"黄洋界上炮声隆"句，被解释成"在黄色海洋的边上响起了隆隆炮声"；这给人的印象是一支海军正在登陆。

这种现象说明另一个问题，即翻译困难，从中文翻译则更难。特别是具有深厚中国民族文化传统的中文——不具这种传统和特色的中文，恐怕也很难说是"文学语言"的中文，因而也不值得花那么大的气力去翻译。我们的文学是世界文学的一个组成部分，也是世界人民的财富，确也应该"面向世界"。但把中文的"文学语言"转化成外文的"文学语言"，确是一项艰巨的工作。但这项工作可惜至今还很少引起人们的重视。当然这是另一个问题，与这篇回忆无关。

继承·借鉴·创新

公　木

　　生活是文学艺术的源泉,唯一的源泉。书本上的文艺作品,古代的和外国的文艺作品不是源而是流,"是古人和外国人根据他们彼时彼地所得到的人民生活中的文学艺术原料创造出来的东西"。但是,我们必须继承一切优秀的文学艺术遗产,批判地吸收其中有益的东西,作为创作的借鉴。有没有这个借鉴是大不相同的,有文野之分,有粗细之分,有高低之分,有快慢之分。所以,"我们决不可拒绝继承和借鉴古人和外国人,哪怕是封建阶级和资产阶级的东西"。这是毛泽东同志在延安文艺座谈会上曾经明确讲述过的,半个多世纪以来已成为我们广泛的共识,为我们所经常称颂。

　　"经纶外,诗词余事,泰山北斗。"(郭沫若《满江红·读毛主席诗词》)堪称为诗词中泰山北斗的毛泽东诗词,反映着中国革命的光辉历程,体现着革命导师的伟大思想。它的根须当然深深扎在现代中国的战斗生活土壤中,又吸吮着马克思列宁主义普遍真理雨露阳光的滋润,生动地表现出一代伟人的自由意识的生命活动,矗立起一个从古典和谐走向现代崇高的抒情主人公的典型性格形象。那么,作为诗人的毛泽东,是怎样继承遗产的呢?是怎样借鉴前人的呢?人所共知,在诗词创作上,外国人那里无可撷取,这是毛泽东诗词的界限;而我们诗词的民族传统则是源远流长,精彩绝艳,形成为一道洸洸乎无漏尽的诗的大河。诗人毛泽东,正是在这诗词传统的源头活水中搏击风浪而成长和崛起的。

　　毛泽东诗词是怎样借鉴古人、继承遗产的呢?这并不是容易回答的问题。不但由于历史知识的不足,更是限于理论见识的乏力。只凭管窥蠡测,略陈所见,抛出几块砖头瓦片吧。

一、大家都晓得，毛泽东同志具有深厚的古典文学素养，尤其对古典诗词有强烈的爱好。他的一生，不仅在临窗伏案时，而且在戎马倥偬间，也不辍吟哦或默诵。到建国以后，生活条件变了，欣赏起来就更加酣畅淋漓，于日理万机之余，几乎全部沉浸在诗词艺术氛围中。可以说，古典诗词成了他的审美趣味中心，至少是中心的一个重要方面吧。从"三百篇"到《人境庐》，一切伟大和杰出的诗人，无不结识神交，所有重要和优秀的诗篇，尽量搜求饱览。这些，我们只要约略数数毛泽东同志评点圈阅过的古典诗词，相当部分还大圈小圈，圈中点，点套圈，都是反复阅读，多次评点过的，便可见一斑。于评点圈阅之外，我们还读到由中央档案馆整理出版的《毛泽东手书古诗词选》，编选者在"出版说明"中指出，这些古诗词，是毛泽东同志在"工作之余""凭记忆"书写的"大量古诗词"中的一部分。仅此一部分凡一百一十七首，上起于宋玉的《大言赋·句》，下迄林则徐的《出嘉峪关感赋》，即包罗了两千余年间五十八位作家的作品。论者以为，在一般人所目及的古诗词选本中，尚未有任何一家的本子在浩如烟海的旧籍中，选得如此之精严！且就书法而言，因是在"工作之余"随意所为的，故更得天趣之妙。以入选各代诗人的作品数计，其比例略为：李白十五首，约占总数的百分之十三；杜牧九首，约占总数的百分之七；李商隐、刘禹锡各六首；杜甫、温庭筠各五首；王昌龄、辛弃疾各四首。此外，曹操、王之涣、白居易、苏轼、陆游、李煜等，均有二至三首入选。其中书写于 1961 年 11 月 6 日的高启的《梅花》，在诗前还特加一个小注："高启，字季迪，明朝最伟大的诗人。"按：《梅花》诗云："琼姿只合在瑶台，谁向江南处处栽。雪满山中高士卧，月明林下美人来。寒依疏影萧萧竹，春掩残香漠漠苔。自出何郎无好咏，东风愁寂几回开。"无论就格律、文藻、意境来说，都堪称上品。而高启在中国文学史上并未为后人所鼓吹，其姓名几近淹没，为今日学子所少道及。毛泽东同志却于差被遗忘的寂寥中发现了这株异卉奇葩，其涉猎面之广，即此可知。而且于手书的古诗词中，还收录了不少长诗。如《木兰辞》（四百言左右），李白的《梁父吟》（三百言左右）、《梦游天姥吟留别》（三百言左右），白居易的《琵琶行》（六百余言）。这些浩繁的巨作竟能"凭记忆"默书,其记忆力之惊人诚叹观止;而这些古典诗词在他头脑里印象之深刻,也可由此想见。这说明什么？这说明在中国民族文化中,古典诗词的确有它自己的生命力。正像毛泽东同志在《同音乐工作者的谈话》中所说:"艺术离不了人民的习惯、感情以至语言,离不了民族的历史发展。艺术的民族保守性比较强一些,甚至可以保持几千年。"这虽然讲的是音乐,但完全或更加适应于古典诗词。古典诗词的形式是经过多年的摩挲砥砺,在实践中已经使大家觉得是一种最方便、最熟练、最能得心应手的文学体裁,可以拈来随口应用。三千年来我们列祖列宗用它来抒情志,明教化,寄神思,逞才性,淘沙拣金,去粗取精。历代诗人以生命写成的颇见性情的篇什,作为一个总体,它之所以使人感动,使人惊异,不单是诗篇的形式,它的语言,它的音韵、节奏和旋律。更重要的是,通过诗篇表现出来的诗人所代表的我们民族的精神内涵——深沉的思想,诚实的品德,宽宏的怀抱,自然的意趣,情致婉约,风骨挺拔,以及操守、格调、丰神,刚柔兼陈,隐秀错采,都有一派扣人心弦引人入胜的情感的魅力。正是由于这些缘故,毛泽东同志在理性上虽然主张:"诗当然应以新诗为主体。旧诗可以写一些,但是不宜在青年中提倡,因为这种体裁束缚思想,又不易学。"但是,在审美趣味上则仍然放在我国悠久而丰富、瑰丽而辉煌的古诗词这一方面。这正是"必然会引导去重视诗人们通过历代的经验,长期而耐心地锤炼成的诗体。这不仅仅是诗人们的经验,而且是诗人和他们的读者的共同的经验。也就是说,会引导去重视经诗人们的锤炼而为人民所喜闻乐见的诗体"。这是阿拉贡为法国诗人"建立共同的诗学"而说的,岂不正可引以说明,毛泽东同志沉浸于古典诗词,不仅属个人兴趣,而是富有深远意义的吗？

二、毛泽东同志不是一般的古典诗词爱好者和欣赏者,他是一个杰出的诗人、杰出的书法家,又是一个伟大的政治家和思想家,一个革命统帅和国家元首。基于后者,他不能不把"政治标准"放在首位。"对于过去时代的文学艺术作品,也必须首先检查它们对待人民的态度如何,在历史上有无进步意义,而分别采取不同态度。"他喜欢屈原，能够熟练地背诵《离骚》，并且把《离骚》翻印出来分发给党的中央委员们阅读，主要还是肯定屈原敢于面斥君恶，热爱人民，具有"路曼曼其修远兮，吾将上下而求索"的执着精神；对于曹操，给予高度评价，首先还是从政治上着眼。他把曹操同刘表相比较，在《刘表传》中批注："杀降，不祥，孟德所不为也"；"做土皇帝，孟德不为也"。《武帝纪》中，注释者卢弼指责曹操的《让县自明本志令》是"奸雄欺人之语"，是"志骄气盛，言大而夸"。又说："文词绝调也，惜出于操，令人不喜读耳。"毛泽东同志不同意，他说："此篇注文，贴了魏武不少大字报，欲加之罪，何患无词。李太白云：'魏武营八极，蚁视一祢衡。'此为近之。"1954 年夏，他在北戴河曾对身边的工作人员说："曹操统一中国北方，创立魏国。那时黄河流域是全中国的中心地区。他改革了东汉的许多恶政，抑制豪强，发展生产，实行屯田制，提倡节俭，使遭大破坏的社会开始稳定、恢复、发展。这些难道不该肯定？难道不是了不起？说曹操是白脸奸臣，书上这么写，剧里这么演，老百姓这么说，是封建正统观念制造的冤案。还有些反动氏族，他们是封建文化的垄断者，他们写东西就是维护封建正统。这个案要翻。"正是在这个前提下，他才对曹操的《短歌行》《观沧海》《龟虽寿》诸诗篇十分激赏。沈德潜在《古诗源》笺注中说"有吞吐宇宙气象"，"写得苍劲萧瑟，于三百篇外，自开奇响"。毛泽东同志完全予以首肯。就这样，对于唐宋以迄明清的诗坛词苑，也莫不是从这同一视角看待的。但是，重视"政治标准"，决不意味着看轻"艺术标准"。虽然"处于没落时期的一切剥削阶级的文艺的共同特点，就是其反动的政治内容和其艺术形式之间的存在的矛盾"，而"我们的要求则是政治和艺术的统一，内容和形式的统一"。这是因为："缺乏艺术性的艺术品，无论政治上怎样进步，也是没有力量的。"所以，毛泽东同志把审美趣味放在古典诗词，正因为古典诗词的艺术性高，它具有进步性人民性的政治内容决定活生生的艺术形式，从而也成为艺术性的不可分离的构成因素。在这个意义下，毋宁说是更加看重"艺术标准"的。毛泽东所一贯主张的"剔除其封建性的糟粕，吸收其民主性的精华"，这"封建糟粕"与"民主精华"便是政治与艺术相统一的两个概念。在古典诗词上的所谓"民主精华",便是统一了内容与形式的"艺术标准"。这从毛泽东的"评点"和"圈阅"以及记录下来的相关的片言只语就看得更清楚了。于唐诗,人所共知,他最倾倒的是三李:李白、李贺、李商隐,而不是杜甫、白居易;在杜甫诗中他肯定《北征》,更多欣赏晚年流落蜀湘的篇什,而不是脍炙人口的"三吏""三别";在白居易诗中,他称赞《长恨歌》,尤其是《琵琶行》,而对于流誉后世的《秦中吟》、《新乐府》则很少论及。这些都可视作为重视艺术性的表征,更尤其显著的莫如对宋词的评析和欣赏了。在读过柳永《乐章集》后,毛泽东同志曾说:"词有婉约豪放两派,各有兴会,应当兼读。读婉约派久了厌倦了,要改读豪放派。豪放派读久了,又厌倦了,应当改读婉约派。"说到他自己,他自称兴趣是"偏于豪放,不废婉约"。这是非常真实而确切的表述:偏于豪放,是主流,表现在对苏轼、张元干、岳飞、陆游、辛弃疾诸家的广涉博览,手书背诵,引用唱和,解读宣讲。甚至于董老逝世,时在1975年4月,悲痛得断食断饮,沉默不语,却整整放了一整天张元干《贺新郎》的录音,时而躺下听,时而用手击拍,还把原词"更南浦,送君去",改为"君且去,休回顾"!以寄哀思,以悼亡友。这只是他对豪放派词家深情的一例,自然是完全符合和基本反映那博大胸襟和崇高风范的。但又远不止此,另一方面还是不废婉约的。这表现在对柳永词、李清照词,亦都酷爱。不但对李清照的《醉花阴》"莫道不销魂,帘卷西风,人比黄花瘦"曾多次摩挲,留有点点圈圈手迹;而且柳永的慢调《望海潮·东南形胜》,曾用五页白纸背诵手书,首尾连贯,一气呵成;至于《雨霖铃·寒蝉凄切》《八声甘州·对潇潇暮雨洒江天》等名篇,那就更加击节称赏了。谁能说这等审美兴趣是政治掩盖了艺术呢?

完全适应并反映着这样的审美兴趣,毛泽东同志虽然继承并发展了中国诗歌"言志"的传统,从而不得不把立足点放在"干预"生活和"设计"生活的结合点上,但并没有局限在"载道"的轨迹中。从少年时代起,他就以一个旧秩序的挑战者和反抗者的姿态出现,尽管在理性上他深刻理解并真挚尊重传统,但在审美需求上则是与那种古典和谐的美格格不入。也就是说,他是反中和的,甚至是崇异端的。在诗词的欣赏中，他总是把首肯的天平倾向于主观个性情感的自由抒发。而对那些所谓"怨而不怒，哀而不伤"的诗教，摇头不顾，甚至视为须待冲决的"词章之网罗"。他欣赏刘禹锡，刘禹锡长期处于政治逆境中，在感愤忧伤的情绪下，写了一些讽刺诗，一再被贬，而仍不屈。如《再游玄都观》中的"种桃道士归何处？前度刘郎今又来"，表现了不畏强暴的硬骨头精神。包括十四年前写的《玄都观桃花》，毛泽东同志都很喜爱，曾背诵着挥毫手书，为身边工作人员讲解。还曾说过："柳宗元是一个唯物主义哲学家，见于他的《天对》，刘禹锡发展了这种唯物主义。"在一本《唐诗别裁》中，于刘禹锡这个名字上面，用红笔画一个大圈记，又用黑笔画一条粗重线，在《酬乐天扬州初逢席上见赠》一诗中，用红黑两色叠加圈点，复于"沉舟侧畔千帆过，病树前头万木春"一联句旁，用红色画上重线。且对原注解所说"沉舟二语，见人事不齐，造化亦无如之何。悟得此旨，终身无不平之心矣"打上黑线，并批注说："此种解释是错误的。"意谓诗中虽自比为"沉舟""病树"，而"千帆过""万木春"，暗示个人的沉滞算不了什么，世界还是在向前发展着。这种看法，纠正了原注语对诗的形象意义的歪曲，否定了在命运面前无能为力的人生哲学，无疑是符合历史发展规律的。毛泽东正是以这种审美取向，以这种追求运动、抗争和奋进的精神，来泳游于中国古典诗词长河中的。他特别喜欢《离骚》，特别欣赏李白、李贺、李商隐、王勃、苏轼、辛弃疾和汤显祖等人的作品，因为这些作品都具动态的情感形式和气势。他曾说：王勃"为文光昌流丽，反映当时封建盛时的社会动态，很可以读"；又曾夸苏轼的词"气势磅礴，豪迈奔放，一扫晚唐五代词家柔靡纤弱的气息"；还说过辛弃疾的词"慷慨纵横，有不可一世之概"。正如一切具有深厚知解力的读者，每阅读一部作品时，并不是在一张白纸上绘上图画，而是在一定知识修养语言基础文化氛围等综合来的生活经验上来阅读作品。先前的生活经验对即刻的阅读必然会产生一定导向整合作用，理解便是在现在经验的规范下出现的，反过来又会积沉在人的生活经验中，从而再构成现在经验与后来体会之间的阐释的循环。毛泽东同志对古典诗词的阅读便是典范。

三、"才华信美多娇,看千古词人共折腰。"这是 1945 年诗人柳亚子读过《沁园春·雪》以后,对毛泽东诗词的高度赞赏。诚然,无论就创作主体的才德胆识力,无论就描写对象的理事情景神,掂量起来,毛泽东诗词都可称得是千古独步了。但是,任何摩天巨树,也必扎根在大地,吸吮着雨露阳光的滋润,才得生长起来。毛泽东诗词的源泉自然离不开近现代中国和世界波诡云谲石破天惊的生活实践,而在艺术表现上,则不能不借鉴传统精华。他沉浸寄兴的古典诗词,光怪陆离,精彩绝艳,既满足了他的审美需求,便不得不于熏陶渐染、潜移默化中形成为他的审美定势。对一位诗人艺术家来说,所采取的艺术形式便是感性个体的生命投影。诗人毛泽东以传统诗词的形式来抒情言志,驰骋想象,创造意境,这自非偶然,而是具体生活经历和一定修养所决定的,但难能可贵更值得研究的是丰富的巨大的创造性。在尊重传统,继承遗产,"对于过去时代的文艺形式,我们也并不拒绝利用。但这些旧形式到了我们手里,给了改造,加进了新内容,也便变成革命的为人民服务的东西了。"毛泽东在其诗词创作上是怎样体现这一原则或这种精神的呢?

"与天奋斗,其乐无穷! 与地奋斗,其乐无穷! 与人奋斗,其乐无穷!"毛泽东同志正是以这种奋斗哲学来阅读古典诗词,其所取于古典诗词的便是那勃勃生机、奋进搏击、自强不息、行健有为的思想情感和动态形式。毛泽东诗词从总体上看是继承并发展了这一优良传统精神的。起于 1918 年七古《送纵宇一郎东行》以迄1965 年《水调歌头·重上井冈山》,四十七年凡五十一首,这是我们所见到的毛泽东诗词。数量不算多,但艺象各异,涉及面广,涵盖了自然、社会和人生,反映了现当代全部革命和建设的战斗历程。据此若从历时性角度来划分,基本上可分为三组,即 1935 年12 月遵义会议以前的作品为第一组,十五首;1949 年 10 月建国以前的作品为第二组,十三首;建国以后的作品为第三组,二十三首。合起来读,恰是一部中国无产阶级革命的壮丽史诗,是毛泽东思想形成和发展的形象显现。第一,从"年少峥嵘""鲲鹏击浪"的豪情,"昆仑崩绝壁,台风扫环宇"的壮志,到"问苍茫大地,谁主沉浮"，从而"霹雳一声暴动"，"不周山下红旗乱"。第二，在"刺破青天锷未残"、"而今迈步从头越"的气概中，体现了创作主体性的高扬和诗人理想性的憧憬，于是剑裁昆仑，同匀凉热，于是"俱往矣，数风流人物，还看今朝"，以至于"天翻地覆慨而慷"。第三，"一唱雄鸡天下白"，"敢教日月换新天"，于是"六亿神州尽舜尧"，"极目楚天舒"，这样才有"我失骄杨"的忆旧和"得宽余"，而专注于"我欲因之梦吴越"。论者以为，这体现了从打破古典和谐走向近代豪放再迈向现代崇高的美学轨迹和诗人心态。而国际风云的变幻、反"修"斗争的兴起，正是这种历史背景，沉潜在诗人的激化情绪中，从而强化了政治上的失误。但是，如果要说这一时期反"修"斗争的诗词，只可从艺术和审美的角度来理解，那也不一定确切。"风物长宜放眼量"，环顾当前的国内外形势，难道不正是"斥鷃每闻欺大鸟，昆鸡长笑老鹰非""今日欢呼孙大圣，只缘妖雾又重来"，岂不还是更富远见性吗？总之，从历时性角度来衡量，诗人毛泽东不同于从而超越于历史上一切伟大诗人之处。他不止于求索，不限于抱负，不只是发出"安得广厦千万间"的浩歌，更不会兴起"旌旗未卷头先白"的慨叹。他辉煌的诗篇都根植于他更伟大的实践，对于中国古典诗词的战斗传统，这岂止是继承更尤其是大大的发展了。他在中国革命战场上导演了一出出威武雄壮的戏剧，在"一穷二白"的中国大地上绘出了一幅幅最美丽最鲜艳的图画。他缔造的是中华人民共和国，他开辟的是人类历史的新时代。

　　再从共时性角度来看，毛泽东诗词亦可概括为三组：第一组侧重自然景物，突出的为《沁园春·长沙》（1925）、《菩萨蛮·黄鹤楼》（1927）、《菩萨蛮·大柏地》（1933）、《十六字令三首》（1934—1935）、《念奴娇·昆仑》（1935）、《沁园春·雪》（1936）、《浪淘沙·北戴河》（1954）、七绝《为李进同志题所摄庐山仙人洞照》（1961）、《卜算子·咏梅》（1961）等等。第二组侧重于社会历史，突出的为《西江月·井冈山》（1928）、《清平乐·蒋桂战争》（1929）、《如梦令·元旦》（1930）、《渔家傲·反第一次大"围剿"》（1930）、《渔家傲·反第二次大"围剿"》（1931）、七律《长征》（1935）、《清平乐·六盘山》（1935）、七律《人民解放军占领南京》

（1949）、七律《到韶山》（1959）、七律《和郭沫若同志》（1961）、《满江红·和郭沫若同志》（1963）、《念奴娇·鸟儿问答》（1965）、《贺新郎·读史》（1964）等等。第三组侧重人生爱情，突出的为七古《送纵宇一郎东行》（1918）、《贺新郎·别友》（1923）、《采桑子·重阳》（1929）》、七律《和柳亚子先生》（1949）、《水调歌头·游泳》（1956）、《蝶恋花·答李淑一》（1957）、七律《吊罗荣桓同志》（1963）等等。在第一组诗词中，突出地表现出自然景物的雄奇壮美，热情地讴歌大自然富有生命活力的运动状态："鹰击长空,鱼翔浅底,万类霜天竞自由"；"飞起玉龙三百万,搅得周天寒彻"；"山舞银蛇,原驰蜡象,欲与天公试比高"……诚然,尽如诗人早年所说:"天地盖惟有动而已,而这些'动'更尤其是'养乎吾生,乐乎吾心'。"（《体育之研究》,见1917年4月1日《新青年》第3卷第2期）在第二组诗词中,特别注重描写人民军队的作战运动以及整个社会的历史变迁。打从"六月天兵征腐恶,万丈长缨要把鲲鹏缚""百万工农齐踊跃,席卷江西直捣湘和鄂"；直到"百万雄师过大江""天翻地覆慨而慷""为有牺牲多壮志,敢教日月换新天",讴歌向上和抗争的思想情感是一以贯之的。这之中,特别应当咀嚼的是《贺新郎·读史》。诗人站在历史唯物主义高度,仅以一百一十五字的乐章,概括了整个一部人类社会发展史,眼界开阔,气象恢宏,笔墨纵横,实属空前。且于国际上各种反动势力反华大合唱甚嚣尘上之际,纵情歌唱了革命,坚定了胜利的信心,这在今天以至永远都是具有深远和重大意义的。在第三组诗词中,表现出作为一个有血有肉的个体存在,诗人与普通人一样,也有着生死感怀,夫妻离别,亲人牺牲,甚至孤独苍凉的体验："汽笛一声肠已断,从此天涯孤旅"；"人生易老天难老,岁岁重阳,今又重阳"；"君今不幸离人世,国有疑难可问谁"；"我失骄杨君失柳,杨柳轻飏直上重霄九"。诚然,个体的生存是短暂的,人世的生活总是艰难的。但是,诗人毛泽东还是以自强不息的奋斗精神来处理个体生存的烦恼："凭割断愁丝恨缕。要似昆仑崩绝壁,又恰像台风扫寰宇。"到那时,遭受磨难的爱情,才显示出意义和价值,并得到升华："重比翼,和云翥。"

综合观之，诗人毛泽东对自然、社会、人生的思想感情，归纳起来，就是追求运动、抗争和奋进的动态过程。这些自然是继承和发展了中国古典诗词的优良传统。反之，也可以说是我们诗歌的民族传统在新的历史条件下伟大的实践基础上的飞跃和升华吧。

在语言的熔铸和运用上，诗人毛泽东是怎样对传统精华创造性地继承革新呢？论者指出，运用比喻、象征等习惯手法不落俗套，巧妙采集神话传奇借以构筑独辟蹊径的艺术图像。用典而不为典所用，遵循格律而又不受其束缚，从而别开生面地遣词命意，创造独特意境。凡此一切所构成毛泽东诗词的特点，海内诸家已多有论述，我们现在只略举两例，以作说明。

人所共知，毛泽东同志喜欢李贺，也每好化用李诗句意。例如七律《人民解放军占领南京》尾联出句"天若有情天亦老"，全用李诗原文。而本诗《金铜仙人辞汉歌》的"衰兰送客咸阳道，天若有情天亦老"，说的是仙人辞汉，凄冷荒凉，苍天若是有情，苍天也会为之黯然神伤，愁白了头。而到"毛主席诗词"中，则完全赋予新义：首先上承颔联"宜将剩勇追穷寇，不可沽名学霸王"。盖"沽名"亦是"有情"，"不可沽名"也就是"不可有情"，而青天不老，正以其"无情"；所以才说"天若有情"，那"天亦老"了。老者，人老化，老死即停止运动之谓。然后这才又反衬出下句："人间正道是沧桑。""正道沧桑"也正为"青天不老"，而不是"天亦老"，所以说是反衬出。上下绾合得是多么紧凑啊！是的，"天若有情天亦老"，原在李贺诗中也是情至之语、情理理真的名句，直赢得历代才人赞赏叹为绝响。宋柳耆卿对以"月如无恨月长圆"，则显露斧凿痕，焉知月有恨，何须曰"如无"？远不如"天若有情"来得自然，一字未废。把它放置在承上启下的关键，配合着"翻天覆地"的大变化，形象地道出了一整套辩证唯物主义和历史唯物主义的大道理，全然改变了原诗句义，境生象外，意酣词畅。不曰起死回生，也是推陈出新。不是大功力、大手笔，怎么能办得到呢？有的注家泥于李诗原义，谓一朝倾覆，震动上苍，这就失之毫厘，谬以千里了。

至于《浣溪沙·和柳亚子先生》中的"一唱雄鸡天下白"，也是用李贺《致酒引》中"雄鸡一声天下白"句意。而原诗只是在说眼看鸡鸣天亮,便更加"我有迷魂招不得"了,了无新意。今化用其意,只把歌行声调,稍加调整,改为律句,用在词中,则使这意象,针对"长夜难明赤县天",表现新中国的早晨已经到来。意境顿觉宏阔,无异点铁成金了。

毛泽东同志在诗词创作中,对新与旧的辩证处理,实已达到出神入化的程度。在虚实庄谐上,在形神情理间,确实进到了意味深长、魅力无穷的境界,在中国诗歌史上是空前的。

毛泽东同志曾说过:"诗当然应以新诗为主体。旧诗可以写一些,但是不宜在青年中提倡。因为这种体裁束缚思想,又不易学。"他还说过,对于自己的作品,"历来不愿意正式发表,因为是旧体,怕谬种流传,贻误青年"。可是,他又曾多次表达过,不喜欢读新诗,把读新诗的感受,暗示为受洋罪,受折磨;而沉浸在古典诗词中,并创造出灿烂的篇章。这说明:在理论上的理性认识,与在艺术上的审美趣味,不是一码事,是有分歧的。这也正如他尽管主张:"我们决不可拒绝继承和借鉴古人和外国人,哪怕是封建阶级和资产阶级的东西。"而在诗歌上,则只读古人,不读或很少读外国人的东西。这便是他不同于郭沫若、闻一多的地方。虽然说,"口之于味,有同嗜焉",但偏嗜是无可厚非的。或由于习性,或由于修养,都勉强不得。不是也有诗人宣称"对我国古典诗歌采取排斥态度"吗? 要是只从欣赏趣味出发,那就只可悉听尊便了。

不过,毛泽东同志自称他的作品是"旧体",是"旧诗",那是由于使用了传统的古典的格律,是专指体裁形式说的;若论内容实质,则当属现代范畴,它是用"旧体"写的"新诗",用"古典形式"写的"现代诗歌"。正名当叫做现代诗词,是开放在现代诗坛百花园中的花朵,甚至是无与伦比的异卉奇葩。它是为老百姓所喜闻乐见的中国形式中国气派,是民族的,也是世界的。在诗与艺术上,只有深深扎根在民族土壤中的东西,才能走向世界。谁能否认毛泽东诗词在世界范围放出的光芒呢?

但并不是说"外国人的东西"可读可不读。既然说"诗当然应以新诗为主体",那就不得不承认郭沫若、闻一多开辟的道路应当是主流。攻击它"由韵趋散","洋化,现代主义化是绝对走不通的",也未免偏激。如果明确了现代化并不等于现代派，现代化当是中国诗歌的首要趋势。外国人的东西，即使是资产阶级的，也是不可拒绝的。这是就整体说的，至于各人兴趣不是已经说过"悉听尊便"吗？可是现代化之后，还有个民族化，还有个大众化，都是少不得的。即使专作新诗，立志"以古典＋民歌为区别对象"，只"把瞳孔对准国境线外的花朵"，那久了也难免变成色盲，失去了从民族的人民的母体深处吸取营养，步入空虚，是不可能一蹴而"走向世界"的。所以，从事"现代诗词"即旧体创作，不读外国人的作品，也许还能行。但究竟以读一些为好，要创新嘛！从事"现代诗歌"即新诗创作，不读中国古典诗词，就基本上不能行。"目前在许多国家，一谈起诗歌的节奏、韵律、句法、诗段的变化、音节的配合等等，不说是反动的，至少是有点不体面的。对于这种怪论，我们不能同意。"这是法国的阿拉贡于 50 年代《诗论》中说的。阿拉贡所不同意的"怪论"，在我们广大诗人群的头脑里，可能还占有着支配地位吧。新诗必然发展下去，现代诗词也已成为百花中的一朵，"多样化"是势不可当的。百花齐放，和而不同，主旋律不在形式上，万紫千红在创作实践中去自由竞争吧。但毛泽东诗词乃中国诗林中矗立的一株摩天大树，是老中青新旧诗人不可不读的，也必然是人人爱读的。作为研究课题，它又是不捐细流，不废荇藻，而一望无际，无限深广、无限丰富的汪洋大海。虽指数方逾半百，而穷我常人毕生之力，恐怕是难得达到尽头的，因为它是没有边涯的呀。

言诗寄情思

邵 华

又是秋日。

遥望天际，流云万里。

376

铺开浩浩长空,写不尽的依然是那如云、如风的思绪。

在我们的生命里,无比珍贵的是那永远的记忆。她深埋在我们心底,成为我们生命的一部分。

当我们走进中南海,踏入那古朴幽静的"丰泽园",我们仿佛又看见了爸爸那魁伟的身影,仿佛又听见了爸爸那慈祥的话语……

记得那是一个晴朗的日子。我离开北大校园,像一只快乐的小鸟,飞进"丰泽园"爸爸的书房。

"爸爸,我们现在学习宋词呢!"我迫不及待地告诉爸爸。

爸爸在他那张堆满线装书和宣纸信纸的桌子后面抬起头,微笑地看着我。

"好,那我就问问你:你喜欢宋代哪位诗人?"

"陆游,我喜欢陆游!"我脱口而出。

"为什么?"爸爸问。

"陆游的诗词充满强烈的爱国主义激情,有雄浑豪放的战斗风格。他的诗,常常表现'铁马横戈''气吞残虏'的英雄气概和'一身报国有万死'的牺牲精神……"

我滔滔不绝地回答着。

爸爸对我的回答很感兴趣。他离开书桌,坐到沙发上。

"你喜欢他哪几首呢?"爸爸又问。

"《关山月》《书愤》《诉衷情》《夜游宫》《示儿》……"我一口气说出好几个篇名。

我看见爸爸脸上露出赞许的神情。我受到了鼓舞,于是我将其中的几首背给爸爸听。我想在爸爸面前显示一下我的成绩,岂知爸爸比我记得更熟。有几个地方,当我略微犹豫或是稍稍停顿的时候,爸爸就给我提示。

在我背诵《夜游宫》的时候,爸爸还指出有一个字音我读错了。"睡觉寒灯里"这句中的"觉"字,不应该读"jiào",而应该读成"jué"。爸爸还让我回学校问问老师这样念对不对。

我的脸红了,但心里很高兴。在爸爸身边,我们永远有学不完的知识。

377

那天,爸爸兴致正浓。我请求爸爸把这首词写给我。爸爸欣然同意。爸爸从沙发上站起身来,走回书桌前,铺开宣纸,饱蘸墨汁,挥笔写下了《夜游宫》这首词:

> 雪晓清笳乱起。梦游处、不知何地。铁骑无声望似水。想关河:雁门西,青海际。　睡觉寒灯里。漏声断,月斜窗纸。自许封侯在万里。有谁知:鬓虽残,心未死!

爸爸写完后,我立刻双手捧起,轻轻吹干墨迹。爸爸的字写得那么苍劲有力,那么狂放豪迈,让人领略到一代伟人的艺术气质和文化情怀。对于我们儿女来说,爸爸的墨迹是无价之宝,那滴滴墨汁饱含着父亲对儿女的情和爱。十年动乱,我们东躲西藏,终于将这墨迹保存下来。如今看到这墨迹,就如同看到了爸爸的音容笑貌。

爸爸的"丰泽园"是知识的海洋,是书的海洋,也是诗的海洋。我们徜徉在这大海之中,得到教诲,得到陶冶。

还有一次,我们和爸爸谈起建安诗。我说我喜欢曹植的诗,爸爸则说他喜欢曹操的诗。爸爸认为曹操的诗词文章极为本色,直抒胸臆,豁达通脱,应当学习。他还说他喜欢曹操的《龟虽寿》《短歌行》《观沧海》等篇章。谈论中,爸爸拿起铅笔在纸上写下了《短歌行》的前四句:"对酒当歌,人生几何? 譬如朝露,去日苦多。"爸爸边写边解释,说曹操的这首诗,在苍凉之中透出对人生的酷爱。他求贤若渴,以周公自喻,如"山不厌高,海不厌深"。

爸爸还和我们谈起唐代的诗人。爸爸赞扬李白的诗文采奇异,潇洒飘逸,有脱俗之风。他说《将进酒》是一篇好诗,《蜀道难》也有些意思。爸爸评论白居易的《琵琶行》不但文采好,描写得逼真细腻,而且更难得的是作家对琵琶演奏者的态度是平等的。白诗的高明之处在于此而不在于他。爸爸还喜欢王昌龄的诗,并把他的《从军行》写给我们。爸爸对初唐四杰之一的王勃评价也很高。说他年轻有为,才高学博,为文光昌流丽,二十几岁就写了十六卷诗文作品。只可惜死得太早了。爸爸喜欢他的《送杜少府之任蜀川》,对其中的"海内存知己,天涯若比邻"两句很欣赏。当爸爸发现我们也十分喜欢《滕王阁序》时很是高兴，边背诵其中佳句边作评论。谈兴正浓时，爸爸挥动羊毫，悬腕作书，为我们书写了"落霞与孤鹜齐飞，秋水共长天一色"这一千古名句。书法家评论这一墨迹时说：这十四个字分三行，互相呼应，一气呵成，气势磅礴，不同凡响。就全篇整体来看，结构和谐，画面很美。细看每一字又严谨而有法度，笔笔不苟，没有败笔。是一幅十分珍贵的墨宝。

诗言志，诗言情。

我们敬爱的岸英哥哥为中朝人民牺牲了。噩讯传来，爸爸欲哭无泪，只在心头吟咏着北周庾信的《枯树赋》：

> 昔年种柳，依依汉南。
> 今看摇落，凄怆江潭。
> 树犹如此，人何以堪？

爸爸把毕生精力献给中国人民的解放事业，也把他的全部情感献给中华民族。为了中国人民的革命事业，爸爸已有五位亲人献出了生命。而在新中国诞生之初，爸爸又失去了他的第六位亲人——他年轻英俊的长子。在安葬岸英哥哥时，曾请示爸爸是否将哥哥的遗体迁回祖国，爸爸以古诗回电：

> 青山处处埋忠骨，
> 何必马革裹尸还。

爸爸的胸怀就是如此坦荡！

爸爸失去的第二位亲人是他亲爱的妻子、我们敬爱的开慧妈妈。爸爸深爱着妈妈。爸爸为妈妈所作的每一首诗，都浸透着他的无限爱恋。这伟大的爱情在爸爸心中深埋了半个多世纪。悠悠岁月带不走爸爸对妈妈的思念，却使这思念更深，更浓。1957 年 5 月 11 日，在爸爸与妈妈诀别三十年后，爸爸写下了千古绝唱——《蝶恋花·答李淑一》：

我失骄杨君失柳，杨柳轻飏直上重霄九。问讯吴刚何所有，吴刚捧出桂花酒。　寂寞嫦娥舒广袖，万里长空且为忠魂舞。忽报人间曾伏虎，泪挥顿作倾盆雨。

爸爸称颂妈妈是"骄杨"，寄托了一片挚爱深情。爸爸多次向我们谈起妈妈，敬佩她的忠贞和英勇，说妈妈毅然抛下年迈的母亲和三个年幼的孩子，大义凛然走向刑场，这是常人多么不容易做到的事啊！

我们求爸爸把《蝶恋花·答李淑一》写给我们，以作永久的纪念。爸爸坐到桌前，一边慢慢地蘸着笔，一边凝神思索。我们默默地站在桌旁，屏声静气，唯恐扰乱爸爸的思绪。良久，爸爸轻轻铺开宣纸，缓缓地用手抚平，悬起手腕，提笔写下"我失杨花"四个字。我以为爸爸笔下有误，忍不住问道："爸爸，不是'骄杨'吗？"

爸爸停住笔，思索着。我以为爸爸要重写，赶紧递过一张宣纸。但爸爸没有接。爸爸缓缓说道：

"称'杨花'也很贴切。"一语表露出爸爸对妈妈的怀念之情、爱慕之心。

听到这样的回答，泪水一下子模糊了我的视线。我知道，称"骄杨"，表达了爸爸对妈妈的赞美；称"杨花"，又表达了爸爸对妈妈的一片深情。爸爸一气呵成写完了这首词，双手拿起，郑重地交给我们。我们激动地捧在手中，一遍又一遍地看着。

是的，"骄杨"，女子革命而丧其元，焉得不骄？

是的，"杨花"，女子革命而捐其春，安不称花？

爸爸是伟大的革命家，也是伟大的诗人。他那宽广博大的胸怀，奔涌的永远是人类最伟大最崇高的情思；他那气势磅礴的诗篇，抒发的永远是人类最美丽最芬芳的感恋。在爸爸离开我们十九年的今天，他留给我们的依然是那没有穷尽的思念。我们一遍又一遍地吟咏那些古往今来的诗句，为的是用我们的心捧起那最深最切的记忆。

毛泽东诗词的非凡魅力

刘济昆

1995年4月29日,纽约《世界日报》刊出一则世界书局的广告:"《毛泽东诗词全集》:刘济昆编。毛泽东生前写了不少诗词,每一首背后都有一件甚或数件中国现代史上惊天动地的大事。本书编者以此为出发,为我们揭开毛泽东一生的内心世界……"

有人认为"毛泽东热"已退,但从上述广告中,我们可得知"毛热"在美国华人社会中再度兴起。宋代是"凡有井水处,皆能歌柳词";今日是凡有华人饮水处,就有毛泽东诗词。

我出了三本有关毛泽东诗词的书:《毛泽东诗词演义》《毛泽东诗词全集》与《笑谈毛泽东诗词》。

50年代初期,我在印度尼西亚苏门答腊岛打京岸镇入读华侨小学。老师经常讲红军反"围剿"和长征的故事,将毛氏七律《长征》抄录在黑板上,这就是我接触到的第一首毛泽东诗作。

不久,我又从棉兰《民主日报》上读到《沁园春·雪》和六言诗《给彭德怀同志》。

这三首毛诗词深深铭记在我心中。回想起来,每一首毛诗词对我来说都有过目不忘的魅力。读过之后,就可背诵。

1957年1月,臧克家先生主编的北京《诗刊》集中发表了毛氏十八首诗词。印尼雅加达《生活报》、棉兰《民主日报》、《苏门答腊民报》等竞相转载。我如获至宝,剪报珍藏。不久,臧克家、周振甫的《毛主席诗词十八首讲解》一书运到棉兰光明书店,我立即买来拜读,且珍藏三十多年,迄今未曾读破。

1960年我从印尼回到祖国,先是在贵阳第六中学读高中。我记得60年代初期毛氏《词六首》发表,还有较早发表的《蝶恋花·游仙》,俱使我雀跃喜爱。

"文化大革命"期间,大字报铺天盖地,传单也到处散发,其中,我最留意的是所谓"未发表的毛泽东诗词"。其中大部分是"以假乱真"之作,但也有几首后来被我再三考证为"货真价实"者。这些"未发表"的毛诗词,那些年头被视为"国家最高机密"。我当然不敢将传单携出国境,但因为牢牢记在一颗脑袋中,也就随着脑袋传到香港和海外。不过,等我披露时,已是 80 年代末期。这几首诗词包括七律《读报有感》等。

1968 年我陷身成都"市大监",1971 年初获释。两年多牢狱生涯,只有《毛选》和《毛泽东诗词》可以阅读,禁止读别的书。我是个没有书就活不了的人,也就将雄文四卷一字不漏精读了六遍,连注解也没有放过;《毛泽东诗词》更是倒背如流。二十多年来,人们问起我毛氏言论的出处,我可如数家珍回答。

1976 年 9 月 9 日,毛氏逝世。翌日,香港《天天日报》老板韦荃舜先生(现为全国人大代表)约我撰写毛氏生平故事。我灵机一动,就以毛诗词为经,毛生平事迹为纬,撰写《毛泽东诗词演义》。我当时就认为,毛诗词实际就是中国革命史诗,五六十首诗词可以综合起来当做一部长篇抒情叙事诗,在世界文学宝库中占有出色地位。

《毛泽东诗词演义》连载后,我收到许多读者的信,要求出书。韦荃舜先生也有意出版,但后来不知何故未出成。其时我穷得要命,当然没可能想到自费出书一途。直到 1989 年,我成立了香港昆仑制作公司,立即想起这本书值得印行,也就着手制作。推出后随即跃上三联书店畅销书榜,使我大受鼓舞,也就编辑《毛泽东诗词全集》。此书出版后,连续七个月高居三联书店畅销榜前列。迄今畅销不辍,已印八版。

1991 年 4 月 30 日,台湾宣布"终止动员勘乱时期"之日,台北海风出版社闪电般与我签署版权合约,决定在台湾出版以上两本书。如果在那日之前有些动作,我必被国民党当局称为"刘匪济昆"。但时移世易,多谈艺术,少谈政治,我也就不会被视为"匪"而被视为大有功于海峡两岸文化交流的书生了。

《毛泽东诗词全集》在台湾出版,两方传媒特别瞩目。美联社向全球发了新闻图片,并作追踪式报道,说台湾当局并未查禁云云。此书之风行宝岛是可以想象的,我相信台湾的"党国要人",都是人手一册。民间更有人写信给我求证他们之中流传的毛诗词。

我还经常在报上专栏谈论毛诗词,后将这些文章汇集为一本《笑谈毛泽东诗词》。

由于喜爱毛诗词,研究毛诗词的最权威学者、诗人臧克家先生成了我的忘年之交,他经常来信赐教。日后人们研究臧先生,还得"请教"我刘济昆才算全面。

我另外两本书《毛泽东兵法》和《毛泽东制胜哲学》都出了台湾版,其中也不时引用毛诗词。

我想告诉国内读者一句话:世界上即使最反共反毛的人士,都要拜读毛泽东诗词,都折服于毛诗词的非凡魅力。

1995 年 8 月 11 日于香港

新诗改罢自长吟

——谈毛泽东对自己诗词的修改

蔡清富　李　捷

在中华沃土上,产生过无数风流倜傥的诗人,却很少有人像毛泽东那样在人民群众中产生如此广泛深远的影响。这除了毛泽东作为伟大的政治家所具有的特殊的历史地位外,还与他深厚的文学功底和波澜壮阔、气凌霄汉的气势分不开。"文如其人。"诗词的品位,首先是由作者的人格决定的。

毛泽东对自己的诗词,同对自己的其他著作一样,始终抱着严谨、负责的态度。经他同意发表的作品,无一不经过字斟句酌。他说过:"诗难,不易写。经历者如鱼饮水,冷暖自知,不足为外人道也。"唐代大诗人杜甫说过:"陶冶性灵存底物,新诗改罢自长吟。"

毛泽东为诗词的写作和修改付出了大量的心血，也从中得到了乐趣。他的诗词作品中，有许多脍炙人口的佳句，就是从反复修改中诞生的。

写于1923年霜重时节的《贺新郎》，也是毛泽东的一首爱情词。它既描写出诗人同杨开慧依依惜别的儿女情长，又抒发了一对革命情侣"凭割断愁丝恨缕""重比翼，和云翥"的远大志向和宽阔胸怀，堪称爱情作品中的上乘。

毛泽东对这首词作过认真的修改。上半阕的末两句"人有病，天知否"，在原稿上曾为"重感慨，泪如雨"。同样是对夫妻惜别时复杂心境的描写，修改前后，艺术意境却差异很大：一个内在，一个表面；一个含蓄，一个铺陈；一个千言万语尽在诘难之中，难以一语道破；一个直抒胸中情怀，言溢于表。再从上下结构看，"更那堪凄然相向"四句，已经清楚地描述了"重感慨，泪如雨"的情景，再用这两句收尾，反有重复雷同之感。更何况前面已有"热泪"，这里不宜再有一"泪"字。因此，作者改用这样的设问，再现"苦情重诉"的悲怆，而使上半阕终了，陡然形成感情的高潮，词的韵味也更浓烈。

全词的最后四句，是思想性和艺术性结合的完美处，也是情感的最高潮："要似昆仑崩绝壁，又恰像台风扫寰宇。重比翼，和云翥。"这四句原为："我自欲为江海客，更不为昵昵儿女语（另一稿为"不愿作昵昵小儿女"）。山欲坠，云横翥。"作者用了两处典故。"江海客"出自杜甫给张镐的诗："张公一生江海客，身长九尺须眉苍。征起适值风云会，扶颠始知筹策良。""昵昵儿女语"出自韩愈的《听颖师弹琴》。该诗开头两句是："昵昵儿女语，恩怨相尔汝。"形容唐代著名琴师颖师的琴声，好似一对年青的恋人正在温柔缠绵地低低絮语。毛泽东引用这两个典故，表达革命者以四海为家，不沉湎于儿女情长的志向。这固然也有很强的思想性和艺术感染力，但与修改后的词句相比，还是略逊一筹。"要似昆仑崩绝壁，又恰像台风扫寰宇"，用如此凌绝一切的气势，比拟"凭割断愁丝恨缕"去参加革命斗争的坚强决心，并表示要像比翼双飞的鸟儿一样,在未来的革命风暴中直上云端。这是何等的豪情!这种修改,从通篇的效果看,已经远远超出爱情诗的范畴。

1927 年大革命失败前后,毛泽东继续探索中国革命的道路,这在他的《菩萨蛮·黄鹤楼》《西江月·秋收起义》中,都有所反映。作者自注前一首词的"心潮"说:"一九二七年,大革命失败的前夕,心情苍凉,一时不知如何是好。这是那年的春季。"为了充分表达当时的"苍凉"心情,诗人对《菩萨蛮·黄鹤楼》的标点作了认真推敲。该词在《诗刊》1957 年 1 月号发表时,下阕的标点是:"黄鹤知何去,剩有游人处。把酒酹滔滔,心潮逐浪高。"收入人民文学出版社 1963 年版《毛主席诗词》时,全词变动了两个标点:"黄鹤知何去?剩有游人处。把酒酹滔滔,心潮逐浪高!"一个问号,充分表达了作者"一时不知如何是好"的郁闷心情;一个感叹号,强烈地抒发了作者继续革命的意向。

《西江月·秋收起义》的"匡庐",首次发表时原作"修铜","潇湘"原作"平浏"。"修铜""平浏"均为简称后的县名组合,入词显得平直。诗人将二者改为"匡庐""潇湘",以当地的名山秀水代指地名,更富有诗情画意。

《人民文学》1962 年 5 月号上,发表了毛泽东作于土地革命战争时期的六首词。据作者说,这些词是"在马背上哼成的"。在《人民文学》发表时,这六首词只有词牌名,没有题目;1963 年人民文学出版社出版的《毛主席诗词》,这六首词不仅全补上了题目,并且加上了写作时间。其中,《减字木兰花·广昌路上》起首两句是:"漫天皆白,雪里行军情更迫。"最初发表时,"情更迫"三字原作"无翠柏"。收入 1963 年版《毛主席诗词》时,作者改作"情更迫"。原先的"无翠柏"与"漫天皆白"相呼应,写出雪势之大,地上的一切都淹没在雪白的世界里,连郁郁葱葱的翠柏也都变成白色,英勇的红军却顽强出没于大雪之中。这十一个字多在写景,反复说明雪势之大。而作者改成"情更迫"三字,将情融于景,做到情景交融。"漫天皆白"是景,"雪里行军"依然是景。写到这里,作者笔锋一转，用"情更迫"三个字，便使将士们赶赴战场的急切心情跃然纸上，可谓凝练、传神。

《词六首》里，有两首以《渔家傲》为词牌的作品。细心的读者会发现，尽管两首词的字数和句子长短别无二致，标点却不尽相同。在《渔家傲·反第一次大"围剿"》里，上片第二句用句号，第三句是逗号："万木霜天红烂漫，天兵怒气冲霄汉。雾满龙冈千嶂暗。"而在《渔家傲·反第二次大"围剿"》里，开头三句却一气呵成："白云山头云欲立，白云山下呼声急，枯木朽株齐努力。"细心的读者同样会发现，这三句的标点，在最初发表时，和前一首的前三句完全一样，只是在 1963 年版《毛主席诗词》里，才改成现在的样子。这个改动，用两个逗号，使三句联成一片，如排山倒海，如飞流直下，其势可感，其景如见。再看前一首头三句的标点，也恰到好处。一个句号，把第二、第三句隔开。"雾满龙冈千嶂暗，齐声唤，前头捉了张辉瓒。"在雾霭林深的崇山峻岭间，战争捷报四处回荡，呈现出人民战争的壮丽图画。

《采桑子·重阳》上阕为："人生易老天难老，岁岁重阳。今又重阳，战地黄花分外香。"下阕是："一年一度秋风劲，不似春光。胜似春光，寥廓江天万里霜。"上阕感慨人生的短暂和宇宙的无限，赞颂革命战争给社会带来的巨变。下阕描绘秋色的壮美，江天的广阔。这上下阕的顺序，原先是相反的。修改后，虽然只是次序的调整，却使起句更加突兀挺拔，收尾更加余韵悠然，绕梁未绝。

1935 年 10 月，毛泽东率中央红军主力到达陕北，中国革命从此冲破阴霾，重见光明。毛泽东诗兴勃发，接连创作了几首名篇。

七律《长征》是一首威武雄壮、气势磅礴的史诗。毛泽东喜爱这首诗，也不会忘记那位"一字之师"。他在诗的批注里写道："水拍：改浪拍。这是一位不相识的朋友建议如此改的。他说不要一篇内有两个浪字，是可以的。"事情是这样的：七律《长征》中间四句原为："五岭逶迤腾细浪，乌蒙磅礴走泥丸。金沙浪拍悬崖暖，大渡桥横铁索寒。"这里，有"细浪"和"浪拍"两个"浪"字重复出现。大学教师罗元贞偶然地发现了这个问题，便于 1952 年 1 月写信向作者建议,将"浪拍"改为"水拍"。毛泽东欣然接受。同一句里,还有"悬崖暖",后改"悬崖"为"云崖",更加逼真地状写出了高耸入云的悬崖峭壁。

《念奴娇·昆仑》发表后,诗论家对其主题说法不一。1958年12月,作者在批注中写道:"昆仑:主题思想是反对帝国主义,不是别的。"为表达这一思想,作者用过三个排比句:"一截遗欧,一截赠美,一截留中国。"这首词发表不久,毛泽东将最后一句改为"一截还东国"。这一改动,不只是意境的完美,而且是思想的升华。紧接上述批注,毛泽东继续写道:"改一句,'一截留中国',改为'一截还东国'。忘记了日本人民是不对的,这样英、美、日都涉及了。""东国"是泛化的地理概念,既包括中国,也包括日本。这一改动,不仅寓有把帝国主义分子同日本人民严格分开的深意,而且将"留"改为"还",作者的立足点更高大,也更富浪漫色彩。

《清平乐·六盘山》也是中央红军长征胜利时的作品。"六盘山上高峰,红旗漫卷西风",在读者面前展现了一幅优美的画卷。"红旗"二字,最初发表时本作"旄头"。"旄"是古时旗杆上的装饰,用牦牛尾做成,故得此名。"旄头"本指旄的上端,又用来代指旗子。通常,"红旗"比"旄头"浅显,但从修改后的效果看,它的寓意却深刻得多。诚如诗人李瑛所说:"红旗衬着蓝天绿野,更增加了全诗的鲜明色彩和亮度。望着如火的红旗,在山上西风里自由地舒卷,战士们轻松的心绪和豪情,便自然地烘托出来了。"

《沁园春·雪》是毛泽东诗词中的精品。全词讴歌了祖国的大好河山,以一压群芳的气势,评点数千年来华夏的英雄豪杰,抒发作者改造中国与世界的博大胸怀。这篇力作发表后,诗论家广为赞许。即便如此,毛泽东仍然就教于专家,言听意从。词的上片,有一句原为"原驰腊象"。一次,诗人臧克家向作者询问这里的"腊"字该作何解,毛泽东和蔼地反问:"你看应该怎样?"臧克家提议:"如果作'蜡'比较好讲,'蜡象'正可与上面的'银蛇'映对。"毛泽东点头同意:"好,你就替我改过来吧。"原词中的"腊象",指真腊象。古真腊即今柬埔寨,是象的产地。改为"蜡象","蜡"即乳白色,形容白雪皑皑的样子,显得更为形象生动。

387

　　"一唱雄鸡天下白。"新中国成立后，毛泽东的诗词创作，再度出现高潮。

　　《浣溪沙·和柳亚子先生》首次发表时，末两句为："万方奏乐有于阗，诗人兴会更无前。"1958年9月，文物出版社刊印木刻大字本《毛主席诗词十九首》，将这首词照样收入。同年12月，毛泽东在广州认真读了这部书。当读到"万方奏乐有于阗"句时，他在眉批上写道："这里误置为'奏乐'，应改。"对如此细微的排印错误，作者也不放过，可见其认真之至。《毛主席诗词》1963年版正式把它更正为"万方乐奏有于阗"。另外，这首词发表时，只有词牌和小序。收入1963年版《毛主席诗词》时，作者加上"和柳亚子先生"六个字，作为这首《浣溪沙》的标题。

　　《水调歌头·游泳》作于1956年6月。同年12月，毛泽东将这首新作书赠周世钊，题为《水调歌头·长江》。直到在《诗刊》1957年1月号发表，才改"长江"为"游泳"。通观全词，无处不在描写长江，写它的寥廓，写它的波涛，写它的变化，写它的未来。但仔细品味，作者描写长江所取的视角，全是由游泳时的观察引起的。以"游泳"点题，正切合全词的要旨。另外，这首词初次发表时，有两句标点是这样的："一桥飞架南北，天堑变通途。"但在收入《毛主席诗词十九首》和1963年版《毛主席诗词》时，作者根据别人的意见，把这两句标点改为："一桥飞架，南北天堑变通途。"这个改动，也自有道理。但通读全词，高亢的气势到这里为之一顿，若激流直下忽见平缓，跌宕之势衰减。1966年4月，胡乔木向毛泽东反映袁水拍的意见，提议将这两句的标点仍作"一桥飞架南北，天堑变通途"。毛泽东当即同意。

　　《蝶恋花·答李淑一》是唯一一首经作者同意，首先在地方刊物发表的作品。起初，毛泽东将它书赠李淑一时，曾题为《游仙》，取全篇备述"杨柳轻飏直上重霄九"之意。公开发表时，作者在原题以外又加文字说明，改作《蝶恋花·游仙（赠李淑一）》。收入1963年版《毛主席诗词》，又删去"游仙"二字，改成现今这个样子。这些改动，表明了作者对创作的严肃态度，也说明他同柳直荀及其夫人李淑一的情谊确不寻常。

在正式发表的版本之外，毛泽东还曾特意对《蝶恋花·答李淑一》作过改动。一次，毛泽东的二子岸青和儿媳邵华请求父亲书赠这首词作为纪念。毛泽东悬腕疾书，书写第一句的前四个字为"我失杨花"。岸青和邵华惟恐有误，提醒说："不是'骄杨'吗？"毛泽东沉思片刻，答道："称'杨花'也很贴切。"这一改动，饱含着作者对夫人杨开慧烈士的思念之情，堪称绝笔。

1958 年 10 月 3 日，《人民日报》发表了毛泽东的七律《送瘟神二首》。"其二"有这样的诗句："红雨随心翻作浪，青山着意化为桥。"这两句中，"随心"原作"无心"，"着意"原作"有意"。虽然只是各改一字，却能妙笔生辉。它使"红雨""青山"有了灵性，在六亿舜尧的呼唤下，顺从地听从调遣。

这两首七律发表以后，引起很大反响。作者并不以此为满足，依然虚心听取各方意见。"其一"有一句是："千村薜荔人遗矢。"由于"薜荔"二字搭配起来语义不明，一些诗论家只好把它一分为二，解作："薜指薜荔，蔓生植物；荔指蓼荔，草名。"1966 年 4 月 5日，胡乔木就诗词注释本遇到的问题，写信向毛泽东请示。其中提到："七律《送瘟神》中的'千村薜荔人遗矢'，据读者来信建议和查阅有关典籍结果，拟作'千村薜荔人遗矢'（荔只用于蓼荔，系十字花科植物，即薪菜；薪字不与薜连用，亦不单用）。"毛泽东接受了这个建议。现今的版本中，均已改作"薜荔"，用以形容村落萧疏、田地荒芜的样子。此外，这两首律诗收入 1963 年版《毛主席诗词》时，还由作者对标题作了统一处理，改作七律二首《送瘟神》。

1959 年夏，难忘的韶山之行使毛泽东诗兴勃发，数日内相继写下了七律《到韶山》和七律《登庐山》。9 月 7 日，他写信嘱胡乔木送郭沫若一阅："看有什么毛病没有？加以笔削，是为至要。"郭沫若很快回信，提议将七律《登庐山》的第三、四两句改为"坦道蜿蜒四百盘，热情挥雨洒山川"。毛泽东阅后十分高兴，9 月 13 日晨又致信胡乔木说："沫若同志两信都读，给了我启发。两诗又改了一点字句，请再送郭沫若一观，请他再予审改，以其意见告我为盼！"这两首诗发表以前,送郭沫若看过两次,修改过两次。

七律《登庐山》前四句是这样的:"一山飞峙大江边,跃上葱茏四百旋。冷眼向洋看世界,热风吹雨洒江天。""四百旋"原为"四百盘";"看世界"原为"观世界";"热风吹雨"原作"热肤挥汗",这四个字是臧克家写信请他改动的。这样改动的好处是:"旋"比"盘"更有升腾感;"看"比"观"更富动感和力度,"观"还含有旁观、静观的意思,"看"则更有主动性;"热肤挥汗"改作"热风吹雨",使境界更显开阔。这首诗原有个小序,云:"1959 年 6 月 29日登庐山,望鄱阳湖、扬子江,千峦竞秀,万壑争流,红日方升,成诗八句。"湖南省委第一书记周小舟看过此诗,建议删去小序,毛泽东采纳了他的建议。另据李锐回忆,当时周小舟曾将毛泽东的原稿拿给他看,诗的最后两句为:"陶潜不受元嘉禄,只为当年不向前。"陶潜即东晋大诗人陶渊明,元嘉是南朝宋文帝的年号(424—453)。陶潜卒于元嘉四年。这里指的是他辞官不就,不为五斗米折腰的故事。现在这两句是:"陶令不知何处去,桃花源里可耕田?"用设问点出陶渊明的理想,如今已成现实,并增添了抚今追昔的内容。

七律《到韶山》也有两处改动。据说,首句原为"别梦依稀哭逝川"。湖北省委秘书长梅白建议将"哭"改"咒",毛泽东欣然同意,还诙谐地说:"你是我的'半字之师'。""哭"与"咒",虽然同有对已逝岁月的痛恨,但"哭"较平淡,"咒"则深沉而感情强烈。诗的最后一句"遍地英雄下夕烟",原作"人物峥嵘胜昔年",几经修改才成定稿。原句抽象浮泛,承接上句略嫌突兀。修改后的句子生动凝练,接续自然。另据梅白说,他看到的末句,原为"始使人民百万年"。这究竟是怎样的稿本,还有待进一步查证。

毛泽东对故乡人民怀有深厚感情,他的诗词不乏思乡之作。作于 1961 年的七律《答友人》,就是怀乡之曲和友谊之歌的二重奏。诗的标题经过反复修改。在一份手稿上,原为《答周世钊》。又据说,乐天宇曾在郭沫若家见到毛泽东的诗稿,题为七律《答周世钊、李达、乐天宇》。后改成七律《答友人》,这比专答某人或几人,具有更深广的涵义。

七绝《为女民兵题照》作于 1961 年 2 月。"中华儿女多奇志,不爱红装爱武装。"这末一句,原为"不爱红妆爱武妆"。妆,指妇女身上的装饰,因而有红妆与武妆之称。但"红妆"与"武妆"相对,毕竟不如与"武装"相对来得贴切。"红妆"改"红装",则对比更为强烈。诗的首句,"飒爽英姿五尺枪","飒爽"原作"飘爽"。这个改动,使形象更生动,搭配更妥帖。

60 年代初,动荡不安、变幻莫测的国际局势,引起毛泽东的极大关注。他感慨万端,创作出若干气势恢宏的诗篇。

《卜算子·咏梅》作于 1961 年 12 月,反南宋诗人陆游《咏梅》词意而用之。全词也经过反复修改。如"已是悬崖百丈冰,犹有花枝俏","犹"原作"独"。修改后,不仅韵味更浓,而且"犹有"同"已是"相对,也恰到好处。又如"俏也不争春"一句,"俏也"原作"梅亦"。修改后,同上句"犹有花枝俏"呼应,用两个"俏"字首尾衔接,使全词节奏紧凑,具有响亮的音乐美。同时,隐去"梅"字,使全词虽无处不在咏梅,却无"梅"字出现,耐人寻味。全词以"她在丛中笑"结尾,把情感推向高潮,使意境得以升华。"丛中"原为"旁边",经反复推敲,才成为现今这样。"旁边"给人以孤独、旁观之感,改作"丛中",更好地烘托出梅花高洁如玉却又不妒群芳的品格。

时隔一年,毛泽东写成七律《冬云》。"高天滚滚寒流急,大地微微暖气吹。"这栩栩如生、对仗谨严的诗句,既是对自然气候的描写,又是对政治局势的概括。"寒流急"原作"寒流泄",修改后使"滚滚"之态更加鲜明突出,"急"与"吹"对仗更工整,增强了全诗的力度和节奏感。

1963 年初,毛泽东读过郭沫若填的《满江红》,深为"沧海横流,方显出英雄本色"的激情感染,写出《满江红·和郭沫若同志》。据身边工作人员回忆,当晚他在屋里踱来踱去,时而凝眉沉思,时而昂首吟哦。忽然,他停住脚步,坐在桌前写上几句,又摇摇头,把纸揉成一团,扔进纸篓。在不断的吟哦、写作中,这首名篇诞生了。次日清晨,工作人员发现纸篓已装满大半。即便如此,毛泽东又作过反复修改,直到满意为止。发表后的这首词,与 1 月 9 日作者书赠周恩来的手迹相比,有几处重要改动。"蚂蚁缘槐夸大国"，原为"欲学鲲鹏无大翼"，又曾改作"蚂蚁缘槐称大国"。原句只是一般地描绘出妄自尊大的样子，修改后，更加鲜明地勾画出目空一切、称王称霸的神态。至于"称大国"改作"夸大国"，则更含讽刺意味，使人感到"蚂蚁"的滑稽可笑。还有"多少事"一句，原作"千万事"。从字面看，"千万事"比"多少事"气势更大，但仔细品味，后者的含量却何止千万！"四海翻腾云水怒，五洲震荡风雷激"，原为"革命精神翻四海，工农踊跃抽长戟"。这一重要的修改，使全词脱去铺陈，而韵味更深沉，气势更磅礴。

"好诗难得百回改。"诗词修改的过程，也是主题不断深化、意境不断升华、结构不断完美、语言不断凝练的过程。鲁迅说过："写完后至少看两遍，竭力将可有可无的字、句、段删去，毫不可惜。"毛泽东也说："我看重要的文章不妨看它十多遍，认真地加以删改，然后发表。"写文章如此，文学创作（包括诗歌）更是如此，更要具有准确性、鲜明性和生动性。而要做到这点，除了在崎岖的山路上勇于攀登、对自己的作品千锤百炼之外，是没有捷径可走的。毛泽东认真修改诗词，表现出他对社会、对人民、对艺术的高度负责，值得后人认真学习。

"新诗改罢自长吟。"一代伟人长辞而去，他的诗篇却永留人间。

1990 年 3 月

一本富有特色的毛泽东诗词选注本

吴正裕

去年 9 月，人民文学出版社编印的《毛泽东诗词选》，是一本很有特色的、具有较高学术水平的毛泽东诗词选注本，问世以后受到广大读者的欢迎和好评。

这本《诗词选》的编辑工作,从编辑方针、体例的确定,到诗词的编选和注释,都是在胡乔木同志具体指导下进行的。特别是对全书诗词的注释,胡乔木同志更是倾注了心血,所有条目都经他一一审定,许多条目是他亲自撰写和改定的。周振甫、钱锺书、陈秉忱等同志对本书的编辑工作,也做出了重要的贡献。

1963年人民文学出版社出版的《毛主席诗词》,收诗词三十七首;1976年再版,收诗词三十九首。新编的《毛泽东诗词选》,是历年来出版的毛泽东诗词集中所收诗词最多的选本。这本书编选毛泽东自1918年至1965年期间的诗词五十首,比1976年本多十一首。新编《诗词选》的一个特点,是分正编和副编。正编四十二首,其中三十九首是根据1976年本,都是毛泽东生前手定发表过的,另加上毛泽东逝世后经中央审定正式发表过的三首。副编八首,作者写成后还没有最后定稿,一般是作者所不准备发表的。但都具有鲜明的革命色彩,从艺术上看也是那些未发表过的诗词中的上乘之作,并且都是流传较广或较有纪念意义的。其中《浣溪沙·和柳[亚子]先生》《念奴娇·井冈山》二首是第一次公开发表,另有几首曾陆续刊载于近几年的一些出版物。本书分正编和副编,是从政治上艺术上的高度加以取舍和编定的。正编诸作同副编诸作,既有统一的风格,也有不同的韵味。正编诸作精湛丰美,堪称革命史诗,其内容之精深,气魄之雄浑,格调之昂扬,意境之恢宏,显然为副编诸作所不能比拟。

本书对已经发表过的诗词的正文和标点,都重新校订过一遍,并同保存的作者手迹和修改稿(在他人抄件上作的修改)进行了仔细校勘,纠正了过去版本中的几处错字和误标。如《贺新郎》中的"知误会前番书语"和"又恰像台风扫寰宇"句,首次发表时"前番"误作"前翻","寰宇"误作"环宇"。造成讹舛的原因是,当时制版刊出的那件手迹上就写作"前翻"和"环宇"。但作者留下的这首词的另几件手迹上,则写作"前番"和"寰宇",可见刊出的那件手迹上写作"前翻"和"环宇",纯属笔误,本书据此作了订正。又如《西江月·秋收起义》,首次发表时原作"修铜一带不停留,便向平浏直

393

进"。本书根据作者修改稿,改为"匡庐一带不停留,要向潇湘直进"。又如《贺新郎·读史》中"为问何时猜得"句,《念奴娇·鸟儿问答》中"借问君去何方"句,首次发表时句末都用问号,本书订正为逗号。这两句都是诗人的设问,但并不是诗人在发问,不成其为问句。诗词中用这样的设问法,不是为了求答,而是为了说明或引出下面的话,所以句末不宜用问号,应该用逗号表示。这种标点方法,在毛泽东诗词中早已有例可援。七律二首《送瘟神》中"借问瘟君欲何往"句,首次发表时句末也用问号,作者在 1963 年版《毛主席诗词》中改成了逗号。

新编《诗词选》对一部分诗词的写作时间作了深入考证。如《贺新郎》作者原只署作于 1923 年。考证出这首词的具体写作时间,对确定它的写作背景和理解它的思想内容,是很有意义的。本书编者根据这首词的一些词语和其他有关史料,在注释中指出"本词可能作于这年 12 月底离开长沙的时候"。这首词是作者同他的夫人杨开慧离别时所作的咏别诗。词中说"今朝霜重","霜重"即浓霜。在湖南只有早春、深秋和冬季才降浓霜,所以这首词只可能作于这三个季节中的某个时间。这年 3 月以前,毛泽东一直在长沙领导湖南工人运动。4 月,他被赵恒惕通缉,据周世钊等人回忆,通缉令发出半个月后才离长沙赴上海。那时已是农历暮春三月,不可能有浓霜,本词当不作于此时。这年 9 月中旬,毛泽东由上海回湖南从事党的工作(见 1923 年 9 月 28 日毛泽东在湖南致林伯渠、彭素民信)。11 月 24 日至 25 日,中共中央执行委员会在上海召开全体会议,会议纪要中说毛泽东"因事赴湘"未到会。可见,这年深秋毛泽东也不可能写这首词。这样,可以判定这首词作于这年冬季。词中说"汽笛一声肠已断",说明毛泽东离湘时杨开慧曾去车站或码头送行。这年 11 月 13 日,杨开慧在长沙生下第二个孩子。依照过去习俗,未满月的产妇不可能在凌晨冒着风寒出门送行。据此推断,杨开慧送别毛泽东当在她生产满月以后,即在 12 月 13 日以后。词中说"半天残月",在这年 12 月 13 日以后有残月(即下弦月)出现的日子,只有 29 日至 31 日这三天。再说,这年 12 月 25 日中共中央曾发出通告,要求我党出席

1924 年 1 月在广州召开的国民党一大的各省代表，过沪"集合议决一致的主张"。毛泽东是出席国民党一大的代表，他可能奉中央通知于这年 12 月底离湘赴沪，本词也就作于这个时候。词中"霜重"，正是湖南冬天的实写。又如《如梦令·元旦》，原知作于 1930 年 1 月，词题《元旦》表明了写词的日子。过去注家都把"元旦"注为"1930 年 1 月 1 日"，其实是不当的。毛泽东 1930 年 1 月 5 日给林彪的信（收入《毛泽东选集》第一卷时，改题为《星星之火，可以燎原》），原文末尾写着"于上杭古田"的字样。这证明他在 1929 年 12 月底召开古田会议之后到 1930 年 1 月 5 日，尚未离开古田。因此，1930 年 1 月 1 日，毛泽东根本不可能写出这首词中那些内容。"元旦"一词，最早见于南朝梁萧子云《介雅》诗："四气新元旦，万寿初天朝。"南宋吴自牧《梦粱录》说："正月朔日，谓之元旦，俗呼为新年。"自汉武帝以降，历代相沿，都以正月初一为元旦。1949 年建国后，用"公元纪年"，将阴历正月初一称春节，将阳历 1 月 1 日定为元旦。毛泽东这首词的标题《元旦》，正是指阴历庚午年正月初一，即阳历 1930 年 1 月 30 日。这一天就是毛泽东写这首词的日子，当时追写了他率领红四军第二纵队由福建转移到江西的行军途中的情景。毛泽东有一些诗词是事后追写的。如《西江月·井冈山》《忆秦娥·娄山关》等。他在回忆《忆秦娥·娄山关》的写作过程时说：词是后来追写的，那天走了一百多华里，指挥作战，哪有时间和精力去哼词呢？

本书对过去发表过的每篇诗词所作的尾注，都注明了最早发表的时间和处所。有的尾注还有主要版本情况的说明。如《沁园春·雪》，除注明最早正式发表在 1957 年《诗刊》1 月号外，还具体说明 1945 年 11 月 14 日被重庆《新民报晚刊》传抄发表，以后别的报纸陆续转载，1951 年 1 月 8 日《文汇报附刊》曾将作者写赠柳亚子的这首诗词的墨迹制版刊出。这种尾注，有助于读者了解每首诗词原来的发表情况，有助于研究者在必要时据此对不同版本比较异同。

下面，着重地谈谈《毛泽东诗词选》注释的主要情况和特点。

《诗词选》同作者生前出的诗词集相比较，有一个突出的不同之处，就是有较为详细的注释。过去出的几种毛泽东诗词集，作者对某些作品只写了极少量的注释（本书采录标为"作者原注"）。1966年春，作者曾同意对他的诗词出一简要的注释本在内部发行，可惜后因"文化大革命"未能付诸实现。本书编者根据毛泽东对自己诗词所作的批注和口头解释，以及对毛泽东诗词有专门研究或对其中多数作品写作情况比较了解的同志所提供的帮助，对每首诗词都作了注解。例如，对写作背景和诗句"本事"，对典故、史实、诗词格律和较为生僻的词语，都作了或详或简的注释。

首先，"作者自注"和吸收的作者口头解释，是本书注释中的重要部分。不仅对研究毛泽东诗词，而且对研究毛泽东的生平和思想，都具有珍贵的文献价值。

毛泽东的一部分诗词1957年在报刊发表以后，研究者纷至沓来，一时注家蜂起。由于有些注释对原作意义有不少误解，因此，作者于1958年12月在文物出版社同年9月刻印的《毛主席诗词十九首》的天头上作了一些批注。这些批注作者没有发表，本书采录其中的绝大部分（个别史实有误的，未收），标为"作者自注"。从作者自注来看，纠正了当时一些注家对毛泽东的一部分诗词的曲解，对读者正确理解这部分诗词有启发作用。如《沁园春·长沙》："曾记否，到中流击水，浪遏飞舟？"作者自注："击水：游泳。那时初学，盛夏水涨，几死者数。一群人终于坚持，直到隆冬，犹在江中。当时有一篇诗，都忘记了，只记得两句：自信人生二百年，会当水击三千里。"这个自注，消除了有的注家把"击水"说成驾船的误解，并且透露了青年毛泽东当年的革命豪情壮志，有助于读者理解作者在"中流击水"句里所蕴含的真情实感。又如《念奴娇·昆仑》的作者自注："昆仑：主题思想是反对帝国主义，不是别的。"一般读者对这首词中"安得倚天抽宝剑，把汝裁为三截？一截遗欧，一截赠美，一截还东国。太平世界，环球同此凉热"这几句所包容的反帝思想，是体会不到的。经这个自注点明，读者当会有豁然开朗、恍然大悟之感。对这首词，从反对帝国主义这个高度来理解，我们才能进一步体会到作者表达在词中的伟大的共产主义思想和崇高的国际主义精神，才能进一层领悟到作者以形象思维表现抽象道理的高超的艺术技巧。又如《菩萨蛮·黄鹤楼》："把酒酹滔滔,心潮逐浪高!"作者自注:"1927年,大革命失败的前夕,心情苍凉,一时不知如何是好。这是那年的春季。夏季,8月7号,党的紧急会议,决定武装反抗,从此找到了出路。"这个自注,不仅对领会本词所蕴含的深刻内容和所抒发的革命情怀是必要的钥匙,而且对研究毛泽东在大革命失败前夕的思想发展和心情变化是珍贵的文献。

外国文书籍出版局按照人民文学出版社1963年版《毛主席诗词》出版英译本时,作者应英译者的请求,在1964年1月就作品中一些理解上有分歧的词句,一一作了口头解释。这些解释,大都吸收到了本书的注文之中。如《渔家傲·反第二次大"围剿"》中的"枯木朽株"一语,当时注家有说指敌方,有说指我方,众说纷纭,莫衷一是。作者答英译者说:"枯木朽株",不是指敌方,是指自己这边,草木也可帮我们忙。本书根据作者的这个说法,把"枯木朽株齐努力"这条注表述为:"说在我军包围歼灭国民党军队的时候,连枯木朽株也发挥了帮助我军反对敌军的作用。"又如七绝《为李进同志题所摄庐山仙人洞照》中的"暮色苍茫看劲松,乱云飞渡仍从容"一句,一般注家都把"仍从容"解作"松从容"。作者答英译者说:是云从容,不是松从容。毛泽东身边的工作人员后来又问过他"乱云"句的含意,他再次明确答道,"仍从容"是指云从容,并说他喜欢乱云。本书在"仍从容"注中,遵照作者的意见表述为:"指飞渡的乱云。"本书注释吸收作者的口头解释,一般都用其意而自铸注文。

其次,对写作背景和诗句"本事"的注释,下力最大,着墨最浓,成果最丰。这部分注释,吸收了近年来毛泽东诗词和党史资料方面研究工作的新成果,使用了一些新的文献资料,提供了不少重要的说明,对读者理解毛泽东诗词很有帮助。

本书注释对绝大部分诗词都详细介绍了写作背景,包括各首诗词写作当时的客观情景、主观气氛以及创作过程。如《蝶恋花·从汀州向长沙》一词,抒发了红军在1930年6至7月进军中的豪迈心情,但也反映了立三路线的党中央关于夺取南昌、长沙和会师武汉的错误决策。本书在这首词说明写作背景的注释中,介绍了一个重要的史实："毛泽东同志说服红一方面军的干部，改变当时立三路线的党中央指示的夺取湘鄂赣省会的冒险方针，分兵攻取茶陵、攸县、醴陵、萍乡、吉安、峡江、新喻（现改新余）等地，占领了大片地区，扩大了部队，为粉碎敌人的第一次'围剿'准备了条件。"这条注讲清了毛泽东对立三路线的抵制，肯定了他的正确主张对发展红军力量和革命根据地所起的巨大作用。又如六言诗《给彭德怀同志》，过去一些报刊发表时都称是腊子口之战留下的一个电报，这种说法是不符合史实的。因为攻克腊子口的是红一军团，不是彭德怀指挥的。本书编者根据《彭德怀自述》，参照彭德怀在 50 年代对此诗写作过程的介绍（见王亚志《关于毛主席给彭德怀同志的诗》，1979 年 2 月 8 日《人民日报》），并参考其他有关党史资料，对此诗的写作背景作注说明：中央红军主力到达陕北吴起镇时，宁夏马鸿逵、马鸿宾的骑兵跟了上来，中国工农红军陕甘支队政委毛泽东和司令员彭德怀拟写了一份电报，主张给马家骑兵一个打击，以防把敌人带进根据地，电文有"山高路远沟深"句。击败追敌骑兵后，毛泽东写了这首诗，首句即用电文句，但改"沟深"为"坑深"。

　　本书注释对诗句"本事"，本着求准、求实的原则，力求讲清楚事情的背景和原委。如《蝶恋花·从汀州向长沙》："赣水那边红一角，偏师借重黄公略。"为什么把赣江一带说成"红一角"呢？为什么把黄公略率领的红六军称为"偏师"呢？本书注释对此作了说明：黄公略率领的红六军在赣西南的赣江流域建立了红色根据地，所以把那里说成"红一角"。1930 年 6 月，红六军同红四军、红十二军组建为红一军团。当红一军团的主力红四军和红十二军由福建汀州向江西进军时，红六军尚在赣西南的赣江流域，所以称它为"偏师"。又如七律《吊罗荣桓同志》："长征不是难堪日，战锦方为大问题。"长征时环境险恶，困难重重，为什么说"不是难堪日"呢？打锦州时已出现革命将要在全国取得胜利的大好形势，为什么反而说成了"大问题"呢？本书注释把这两句诗的"本事"说清楚了：遵义会议后，毛泽东在贵州、四川境内率领中央红军迂回作战，部队经常需要急行军。林彪对此极为不满，写信给中央军委，认为这样"走弓背路"要"拖垮军队",要求改变军委领导。林彪的这个要求,被在四川会理召集的中央政治局会议完全拒绝。这个问题的解决没有遇到什么困难,所以作者说算不得"难堪"。作者认为的"大问题"是,林彪在 1948 年 9 至 10 月间,以种种理由一再反对中央军委和毛泽东关于先打锦州的决策,这关系到解放战争的大局。本书注释由于讲清了诗句的"本事",就使读者对诗句容易理解了。

再次,注释简要、准确、可靠,有不少颇具新意。《毛泽东诗词选》是历年来所出毛泽东诗词注本中,注释得比较好、比较正确的本子。

本书是个简注本,这是符合毛泽东生前主张只出简注本的意愿的。注释力避太多太繁,是本书既定的编辑方针。从全书看,注释条目不算太多,注释文字比较简要。解释词语后句义自明者即不再串讲,注明典故后疑难全消者即不再解说。古人所谓"诗无达诂",并非说诗歌不可解释、无法明白,而是说不能穿凿附会,硬作解语。本书注释注意不泥于字面、拘于事实;对"只能意会,难以言传"的诗句,则不诂不解,让读者驰骋想象,用心灵去领悟。这也是本书注释没有失之于太多太繁的原因之一。

本书注释吸收了各家所长,加上编者新的考证和研究,又多方征求了意见,因此所涉有关史实、人物、典故等内容,是比较准确和可靠的。对注释中涉及的大量史实,进行了认真核实;对人物注释力求全面地客观地反映人物的主要情况和经历,避免过多的断语;对用典出处注得可靠,作了不少精辟的解释。如《蝶恋花·答李淑一》一词的"答李淑一"注,是对 1966 年本《毛主席诗词》编者注的修订,其中关于柳直荀烈士的简传,把他加入中国共产党的时间由"1923 年"订正为"1924 年",增补了"1930 年到湘鄂西工作,曾任红军二军团政治部主任、三军政治部主任等职"的内容,并把"1932 年在湖北洪湖战役中牺牲"的错误说法订正为"1932 年 9 月在湖北洪湖革命根据地牺牲"(因为柳直荀是在"肃反"中遭诬陷被杀害的)。又如《菩萨蛮·黄鹤楼》一词的"黄鹤楼"注中说:"《太平寰宇记》说骑鹤仙人叫费文袆,一作费袆,每乘黄鹤到此楼休息。"过去有些作家,引述《太平寰宇记》时,对骑鹤仙人有的称作费文袆,有的称作费袆，这是囿于各人所见的版本不同。现在北京图书馆藏有这本书的三种清版本、两种清抄本：乾隆五十八年和嘉庆六年的刻本，称骑鹤仙人为费文袆；光绪八年金陵书局刊本和两种清抄本则称之为费袆。可见，本书注释对骑鹤仙人姓名的表述法是得当的。

本书不少注释有独到的新的见解，读来使人有新颖感。如七律《吊罗荣桓同志》一诗的"每相违"注："常有不同意见的争执。"那种解作诗人和罗荣桓经常不能相见，是缺乏事实根据的。在红军时期，罗荣桓先后在红四军、红一军团、总政治部等单位担任领导职务，同毛泽东因工作关系见面的机会是较多的。另外，诗人在这首诗的原稿上，曾写作"有非违"，后改为"每相违"，可见解作"常有不同意见的争执"，是符合诗人的原意的。按照这样解释，就使全诗首尾一贯，并真实反映了诗人作诗时的心情。又如七律《和柳亚子先生》的附诗柳亚子的七律《感事呈毛主席》，诗中的"说项依刘"，一般解作说人好话、依附于人，本书编者由于对当时政治背景有深刻理解，独具匠心地解说为："劝说项羽接受刘邦的领导。"柳亚子学识渊博，诗才横溢，对党和毛泽东一向崇敬，但为人自负，颇不适于参加政治活动。柳到京不久，正遇中共中央争取南京国民党政府接受和平解决方案，希望民主人士共同努力。他感到自己政治地位不如他人，对国共和谈问题自觉无能为力，所以才会写出这样"牢骚太盛"的诗句。如果分项解释"说项"和"依刘"，则毫无意义，他当然不会认为到北京来是"依刘"，笼统的"说项"在这里也很难说通。

此外，本书编者为了满足不同层次的读者对毛泽东诗词阅读和欣赏的要求，对生字作了注音，对僻语作了诠释，对深奥的诗句作了串讲，对诗词的格律作了简介，可以说《诗词选》注释做到了雅俗共赏。

（原载《文献和研究》1987 年第 2 期）

从毛泽东为郭沫若改文章谈起

吴正裕

　　毛泽东和郭沫若,是中国现代诗坛上两颗灿烂的巨星。早在抗日时期,他们就有翰墨来往。建国以后,他们时有诗词唱和。五六十年代,毛泽东开始公开发表自己的一些诗词,有时他还请郭沫若为他润色诗稿。例如,1959年毛泽东作七律《到韶山》《登庐山》两首,于9月7日写信给胡乔木说:"诗两首,请你送给郭沫若同志一阅,看有什么毛病没有? 加以笔削,是为至要。"郭沫若两次写信,直率地谈了修改意见。毛泽东在9月13日又写信给胡乔木说:"沫若同志两信都读,给了我启发。两诗又改了一点字句,请再送郭沫若一观。请他再予审改,以其意见告我为盼!"

　　1962年正值全国筹备纪念毛泽东著作《在延安文艺座谈会上的讲话》发表二十周年的时候,毛泽东同意在《人民文学》5月号上发表他作于三十多年前"马背上哼成的"六首词。《人民文学》编辑部在六首词发表前抄送郭沫若,请他写些注释性的文字,以便于青年读者们了解。郭沫若随即写信给毛泽东,对六首词的字句修改和编排次序,提出了意见。4月底毛泽东复信郭沫若,肯定了郭老对六首词的编排次序的意见,并说:"'七百里驱十五日',改得好。"与此同时,郭沫若欣然答应《人民文学》编辑部的约稿,于5月1日写成《喜读毛主席〈词六首〉》(以下简称《喜读》)一文。5月9日郭沫若收到《人民文学》编辑部送去的清样,马上写信送请毛泽东"加以删正"。

　　郭沫若在《喜读》中说:"我对于《娄山关》这首词作过一番研

究，我起初也觉得是一天的事……清早由遵义城动身，晚上到达娄山关，那是合情合理的。然而进一步考虑，却发现了问题。红军长征第一次由遵义经过娄山关，是在 1935 年 1 月。第二次又经过娄山关回遵义，是在当年 2 月。就时令来说都是冬天，为什么词的上阕写的却是秋天？'西风'，'雁叫'，'霜晨'，都是秋天的景物。这怎么解，要说主席写词不顾时令，那是说不过去的。因此，我才进一步知道：《娄山关》所写的不是一天的事。上阕所写的是红军长征的初期，那是 1934 年的秋天；下阕所写的是遵义会议之后，继续长征，第一次跨过娄山关。想到了这一层，全词才好像豁然贯通了。'"我对于《娄山关》一词做了这样的解释，我虽然没有当面问过主席，不知道我的解释究竟是否正确，但在广州的诗歌座谈会上，我很高兴同志们是同意了我的见解的。"

　　毛泽东在看《喜读》的清样时，将郭沫若关于《娄山关》词的解释部分全部删去，在清样的边旁空白处，以郭老的口吻改写了一段文字（以下简称《改文》），其中写道："我对于《娄山关》这首词作过一番研究，初以为是写一天的。后来又觉得不对，是在写两次的事：头一阕一次，第二阕一次。我曾在广州文艺座谈会上发表了意见，主张后者（写两次的事），而否定前者（写一天），可是我错了。这是作者告诉我的。""在接近娄山关几十华里的地点，清晨出发，还有月亮。午后二三时到达娄山关，一战攻克，消灭敌军一个师，这时已近黄昏了。"毛泽东的《改文》长达五六百字，是一件珍贵的文献，不仅对研究毛泽东的《娄山关》词，而且对研究中国工农红军的长征史，都有重要的价值。

　　郭沫若的《喜读》一文，发表在 1962 年 5 月 12 日出版的《人民文学》，同日的《人民日报》《光明日报》作了转载。经查上述报刊，《喜读》一文没有按毛泽东的《改文》排印。翻阅郭沫若的著作集如《沫若文集》《郭沫若全集》等，都未见收入《喜读》一文。这不能不使人产生一个疑问：是否毛泽东没有把修改后的清样退还郭沫若呢？笔者带着这个疑问，最近走访了郭沫若的女儿、郭沫若故居陈列馆副馆长郭平英。她说：60 年代在父亲的书房里，看到过毛主席《改文》的复制件。可能是这个复制件送给父亲时，未能赶上《人民文学》的出版时间，否则父亲不会不按照毛主席的修改付印。她还说，关于父亲的文艺评论文章，他生前没有来得及编辑成书，因此那篇文章尚未能按毛主席的修改出版。郭平英透露，在郭老的文稿中，记载了同毛主席的这一段鲜为人知的交往。

毛泽东对自己的诗词一般不愿意做出任何解释，理由是：文学作品应该由读者自己去体会，不需要别人去为之画框框。因此，他对《娄山关》一词做出如此详尽的解释，是极其可贵的。他的解释使注家有争论的问题得到了廓清：

（一）是写一天的：上阕写清晨，下阕写傍晚，而不是写两次的事。

（二）描述的是1935年2月中央红军第二次重取娄山关，而不是同年1月第一次攻占娄山关。

（三）词中"从头越"，宜解作再战娄山关时的重新跨越，这样解释更能反映红军攻无不克的英勇精神；如果解释为"从山头上越过去"，就显得平淡无奇，难以体现红军第二次攻克"雄关"的英雄气概。

（四）《娄山关》词不像有的注家所说，是第二次重取娄山关的当天所写，而是后来追写的。

（五）词中"西风""雁叫""霜晨"是写云贵川一些地区冬天的实景，而不是像某些诗词中是写秋天的景物。

毛泽东的《改文》指出：遵义会议后，"红军由娄山关一直向西。经过古蔺、古宋诸县打到了川滇黔三省交界的一个地方，叫做'鸡鸣三省'，突然遇到了云南军队的强大阻力，无法前进。中央政治局开了一个会，立即决定循原路反攻遵义，出敌不意打回马枪，这是当年2月"。毛泽东的这一段回忆告诉我们：1935年2月在云贵川交界的"鸡鸣三省"的庄子里，召开了中共中央政治局会议，改变了遵义会议关于中央红军在宜宾和泸州之间渡江北上，到川西建立根据地的决定，转为实施向川滇黔边境地区发展的战略方针，并决定挥师东进、再取遵义。据周恩来1972年6月在中共中央召集的一次会议上讲话说，在"鸡鸣三省"那个地方，"洛甫做了书记，换下了博古"。这说明这次中共中央政治局会议，是中共中央在长征途中召开的一次重要会议。

毛泽东的《改文》说，"1935年1月党的遵义会议以后，红军第一次打娄山关",这可能是一个笔误。据《聂荣臻回忆录》和杨成武《忆长征》记载:中央红军第一次打娄山关,是在 1 月 10 日,由红一军团二师四团(杨成武任政委)完成攻占任务的。遵义会议后,1 月 19 日红军经过娄山关,没有发生任何战斗,因为那时娄山关早在我军控制下了。

（原载 1991 年 12 月 26 日《人民日报》）

附:毛泽东的改文

我对于《娄山关》这首词作过一番研究,初以为是写一天的。后来又觉得不对,是在写两次的事:头一阕一次,第二阕一次。我曾在广州文艺座谈会上发表了意见,主张后者(写两次的事),而否定前者(写一天),可是我错了。这是作者告诉我的。1935 年 1 月党的遵义会议以后,红军第一次打娄山关,胜利了,企图经过川南,渡江北上,进入川西,直取成都,击灭刘湘,在川西建立根据地。但是事与愿违,遇到了川军的重重阻力。红军由娄山关一直向西,经过古蔺、古宋诸县打到了川滇黔三省交界的一个地方,叫做"鸡鸣三省",突然遇到了云南军队的强大阻力,无法前进。中央政治局开了一个会,立即决定循原路反攻遵义,出敌不意回马枪,这是当年 2 月。在接近娄山关几十华里的地点,清晨出发,还有月亮。午后二三时到达娄山关,一战攻克,消灭敌军一个师,这时已近黄昏了。乘胜直追,夜战遵义,又消灭敌军一个师。此役共消灭敌军两个师,重占遵义。词是后来追写的,那天走了一百多华里,指挥作战,哪有时间和精力去哼词呢? 南方有好多个省,冬天无雪,或多年无雪,而只下霜。长空有雁,晓月不甚寒,正像北方的深秋。云贵川诸省,就是这样。"苍山如海,残阳如血"两句,据作者说,是在战争中积累了多年的景物观察,一到娄山关这种战争胜利和自然景物的突然遇合,就造成了作者自以为颇为成功的这两句话。由此看来,我在广州座谈会上所说的一段话,竟是错了。解诗之难,由此可见。

诗史与史诗的和谐统一

——毛泽东诗词写作背景介绍

李 捷 闻 郁

　　毛泽东是伟大的政治家、理论家、军事家,也是一位独领风骚的诗人。他的诗词不多,却是中国人民革命和社会主义建设的写照。读过他的诗词的人,多为其大气磅礴所感动,也为作品的丰富内涵而赞叹。毛泽东的诗词,是革命现实主义同革命浪漫主义结合的典范,但写实多于浪漫。对时代背景不甚了解,便很难准确把握作品的思想内涵,深入鉴赏作品的艺术成就。为帮助读者赏析毛泽东诗词,我们对时代背景略作介绍。这种介绍,依作品写作时间为序。有些重要事件,在本书鉴赏部分已详细介绍,为避免重复,这里只略作说明,不再展开。

早年和大革命时期的作品

　　这一时期的作品,已经公开发表的,共有五篇。

　　七古《送纵宇一郎东行》作于 1918 年。纵宇一郎,即罗章龙,新民学会会员。五四运动前夕,赴日本留学,途经上海,忽闻东京发生日警侮辱、殴打、逮捕中国爱国留日学生的事件,学生们为抗议日方暴行,纷纷罢课回国,罗乃中止赴日本。离开湖南前,新民学会在长沙北门外的平浪宫聚餐,为罗章龙饯行。毛泽东还到码头送行,当面交给他一个信封,说内有一首诗相赠,即这首七古《送纵宇一郎东行》。那几天,连日阴雨,至轮船启碇时,积阴转晴，因而诗中有"云开衡岳积阴止"句。

在这首诗里，毛泽东对罗章龙以"纵宇一郎"相称，自己署名"二十八画生"，意味深长。"二十八画生"是毛泽东的笔名，因为繁体的"毛澤東"三字共有二十八画。1915 年 9 月，毛泽东用此笔名向长沙各校发出"征友启事"，首先响应的便是罗章龙。他用了化名，即纵宇一郎。据他在《椿园载记》中回忆："我赴司马里第一中学访友，于该校会客室门外墙端，偶见署名'二十八画生征友启事'一则，启事是用八裁湘纸油印的，古典文体，书法挺秀。我伫足浏览，见启事引句为《诗经》语：'愿嘤鸣以求友，敢步将伯之呼。'内容为求志同道合的朋友，其文情真挚、辞复典丽可诵，看后颇为感动。返校后，我立作一书应之，署名纵宇一郎。逾三日而复书至，略云：接大示，空谷足音，跫然色喜，愿趋前晤教云云。"数日后，久雨初晴，丽日行空。毛泽东和罗章龙如约在定王台湖南省立图书馆会面，他们坐在馆内一长条石上，畅谈政治、经济、治学以至宇宙和人生。初次会面，彼此给对方留下深刻的印象。两年多后，毛泽东赠诗送行，真挚地表达了惜别之情，祝愿朋友像鲲鹏展翅成就一番事业。

《虞美人·枕上》作于 1921 年。全词的中心，在一个"愁"字。读来委婉悱恻，几许寂寥，许多惆怅。

旧体诗词，自古以来就有豪放与婉约之分。毛泽东也有自己的偏爱。据他自己说，他的兴趣偏于豪放，但也不废婉约。而这首词，称得起是婉约风格的上乘之作。

1921 年，正是毛泽东为创建中国共产党奔波繁忙的一年，也是他所献身的革命事业开始发生重要转机的一年。在此前后，毛泽东崭露头角，在国内发生的一系列重大事件中，表现出非凡的领导才能和宏才大略。与此同时，他的个人生活也发生了重要变化。在这首词中，展现出他在漫漫人生中的另一个侧面。

杨开慧的父亲杨昌济，和毛泽东有师生之谊，把毛泽东视为自己的高足之一。杨昌济病重之际，还向章士钊举荐毛泽东和蔡和森。说："二子海内人才，君不言救国则已，救国必先重二子。"毛泽东对老师杨昌济也十分敬重。1920 年 1 月 17 日，杨昌济在北

406

京病逝。毛泽东赴京领导湖南驱张运动,也抽出时间和杨开慧一起为杨昌济守灵,操持丧事。如果说毛泽东和杨开慧有缘,这缘分多半得自杨昌济。

1920 年冬,毛泽东和杨开慧在长沙结婚。这是一对才华横溢的革命情侣的美满结合,令人赞叹。

毛泽东和杨开慧,从彼此爱慕到结婚,经历了两年的恋爱生活。这两年虽不算长,但两人先后从长沙到北京,又从北京到长沙,时而相聚,时而离别,饱尝天各一方的凄苦和久别重逢的欢畅。彼此的心在磨难中贴得更紧了。杨开慧曾经这样回忆他们的爱情生活:"不料我也有这样的幸运,得到了一个爱人,我十分爱他。自从听到他许多事,看了他许多文章、日记,我就爱了他。""他有许多的信给我,表示他的爱意。""知道他的情形的朋友,把他的情形告诉我,我也完全了解他对我的真意。""我看见了他的心,他也完全看见了我的心。"

杨开慧深深地爱恋毛泽东,也爱恋他所献身的事业。她说:"自从我完了解了他对我的真意,从此我有一个新意识,我觉得我为母亲而生外,是为他而生的。我想象着,假如一天他死去了,我的母亲也不在了,我一定要跟着他死!假如他被人捉着去杀,我一定同他去共一个命运!"更为感人的是,她把这段誓言一直埋藏在心底,直到英勇就义。人们在整理她的遗物时,才读到这段催人泪下的话。

新婚宴尔,毛泽东和杨开慧并没有能像寻常夫妻那样长相厮守,尽享月圆之梦。事业上的轰轰烈烈与成功,同新婚生活的极不安定与牵挂之苦,形成极度反差,因而有《虞美人·枕上》这首道尽新婚别离之苦的风格婉约的佳作。这绝不是一般文人笔下的儿女凄情,恰恰是以拯救民族危亡为己任的无产阶级革命者舍"小我"顾"大我"的崇高精神风貌的写照。

《虞美人·枕上》和《贺新郎·别友》同是写别离之苦。不同的是,这一首词着意于相思"愁",而不是别离"恨"。诗人从"堆来枕上愁何状"始,以"对此不抛眼泪也无由"终,缠绵悱恻,凄然泪下,真实感人,把一对革命情侣的相思情、离别苦描写得淋漓尽致,具有很强的悲剧美感和艺术魅力。全词结尾，虽然没有豪放风格的轩昂意气，但它的感情力度却毫不逊色，堪称婉约风格的精品。

随后，毛泽东把这首词送给杨开慧。杨开慧将它视为珍宝，还背诵给好友李淑一听。建国后，李淑一要毛泽东重写这首词，毛泽东婉言谢绝。他在回信里说："开慧所述那一首不好，不要写了罢。有《游仙》一首为赠。"信中提到的《游仙》，就是传诵一时的《蝶恋花·答李淑一》。

建国以后，毛泽东多次手书过这首词，叫人抄写，并再三斟酌，作了修改。可见他对这首《虞美人·枕上》的珍视。这或许是词中深藏着他对杨开慧的一片爱心的缘故。

《贺新郎》作于1923年，具体时间众说不一。同七古《送纵宇一郎东行》相比，这也是一首惜别词，但前者描写朋友惜别，这一首则是夫妻离别。从词的内容看，很可能作于这年12月作者离开长沙的时候。

1923年"二七惨案"发生后，中国工人运动暂时转入低潮。同年6月，中国共产党第三次全国代表大会在广州举行。在此之前，毛泽东调中央工作，告别长沙，经武汉，于4月到达上海。此后又来到广州出席大会，当选为中央执行委员会委员、中央局委员、中央局秘书。大会通过《关于国民运动及国民党问题的决议案》，决定同国民党合作，建立革命统一战线。大会以后，中国共产党积极推动孙中山改组国民党，使革命形势逐渐高涨。毛泽东同陈独秀、李大钊等曾在广州停留一段时间，会见过廖仲恺、谭延闿。9月，毛泽东经武汉来到长沙。毛泽东这次回湘，主要是与李维汉、夏曦、何叔衡等一道，支持谭延闿（当时谭已受孙中山之命，入湘讨伐赵恒惕，被任为湖南省长兼湘军总司令，准备来长沙就职）的"讨贼军"，积极开展反对赵恒惕的斗争和工农群众运动，发展国民党员，筹建国民党湖南支部。年底，毛泽东奉中央通知由长沙到上海，再转广州，准备参加国民党第一次全国代表大会。临行前，夫人杨开慧为他送行。

1921年秋，在中共湘区委员会成立后不久，杨开慧加入了中国共产党。之后,一直伴随毛泽东从事革命活动。1922 年 10 月,杨开慧生下他们的长子,取名毛岸英。1923 年 11 月,又生下次子,取名毛岸青。就在毛岸青诞生不久,毛泽东为了革命工作的需要,又要离别刚生产的妻子,此时的心情是可想而知了。1924 年夏,杨开慧和母亲一起,带着毛岸英和不满周岁的毛岸青来到上海。毛泽东亲到码头上迎接,结束了梦牵魂绕的两地生活又在一起并肩战斗了。

1925 年春节过后,毛泽东同杨开慧带岸英、岸青回到韶山。他这次回乡是为了养病,但还是带了一百多斤重的书籍。毛泽东在韶山一直住到 8 月,农民群众的痛苦,组织起来的力量,给他留下深刻的印象。为躲避赵恒惕的追捕,毛泽东再次来到长沙。9 月,转赴广州。在长沙期间,他漫步湘江,望着万山红林,漫江秋色,联想逐渐高涨的革命形势,当年新民学会会友聚会一堂的情景重现眼前,情绪激昂地吟成了《沁园春·长沙》。

新民学会成立于 1918 年 4 月 14 日。这是个星期天,湖南第一师范等校的十余名学生聚集在岳麓山刘家台子蔡和森家。会议推举萧子升为总干事,毛泽东等为干事,还通过由毛泽东、邹鼎丞起草的学会章程。章程相约不虚伪、不懒惰、不浪费、不赌博、不狎妓,并以"革新学术,砥砺品行,改良人心风俗"为宗旨。蔡和森、张昆弟、萧子暲(萧三)、罗章龙等都是学会第一批会员。

同年 6 月,毛泽东从湖南第一师范毕业,和朋友们寄住在岳麓书院半字斋。他们吃着蚕豆米饭,上山拾柴、挑水,过着自食其力的恬淡生活,身无半文,却心忧天下。爱晚亭、岳麓宫、禹王碑、溁湾市、橘子洲,都是他们常去的地方。在这里,他们议论着祖国的前途,争论着改造中国的根本方法。岳麓山上的这段生活,给毛泽东留下深刻的印象。

湘江,是毛泽东经常游泳的地方。他回忆说:"那时初学,盛夏水涨,几死者数。一群人终于坚持,直到隆冬,犹在江中。当时有一篇诗,都忘记了,只记得两句:自信人生二百年,会当水击三千里。"当年诗人"到中流击水"的情景,在张昆弟 1917 年 9 月 16 日

409

的日记里可以得到印证："晚饭后,三人(毛泽东、张昆弟等)同由山之正面下,就湘江浴;浴后,盘沙对语,凉风暖解,水波助语,不知乐从何来也。"

毛泽东写作《沁园春·长沙》时,心情是舒畅的。9月下旬起,他在广州参与国民党二大的筹备工作。又于10月5日,在国民党中央党部常务会议上,被推举为代理宣传部长。

《菩萨蛮·黄鹤楼》作于1927年春,大革命失败前夕。当时,在轰轰烈烈的北伐战争和工农运动下面,一股以蒋介石为首的反革命暗流在蠢动。革命危机四伏,陈独秀右倾机会主义者却仍在一味妥协退让,对工农运动严加限制。为回答党内党外对农民运动的种种指责,1927年1月4日至2月5日,毛泽东深入湖南农村,实地考察湘潭、湘乡、衡山、醴陵、长沙五县农民运动,写成了《湖南农民运动考察报告》。报告最早载于长沙出版的《战士》周报,不久又在中共中央机关刊物《向导》上刊出一部分。2月16日,毛泽东还致信中共中央,提出解决农民的土地问题,已经不是宣传而是立即实行的问题。陈独秀对此置之不理。

同年3月10日至17日,国民党二届三中全会在汉口举行。毛泽东出席了这次会议。会上,共产党人和国民党左派联合,通过了限制蒋介石个人独裁的一系列决议,挫败了蒋介石在南昌另立中央的企图。但在陈独秀右倾投降主义影响下,会议继续让蒋介石担任国民革命军总司令,使他名正言顺地调集嫡系部队至沪宁一带,策划"四一二"反革命政变。而在蒋介石叛变后,陈独秀等人又寄希望于唐生智和汪精卫,企图依仗他们的势力东征讨蒋。这一希望后来也破灭了。

毛泽东同陈独秀的右倾错误作了斗争。他为革命的前途焦虑万分,在武昌黄鹤楼,望着隐没在烟雨之中的浩荡长江,吟成《菩萨蛮·黄鹤楼》。毛泽东曾这样说明当时的心境："1927年,大革命失败的前夕,心情苍凉,一时不知如何是好。这是那年的春季。夏季,8月7号,党的紧急会议,决定武装反抗,从此找到了出路。"

秋收起义至中央苏区时期的作品

迄今为止,这七年间的作品,能够见到的有十一首。

1927 年 8 月 7 日,毛泽东在汉口出席中共中央紧急会议,当选临时中央政治局候补委员。会议决定实行土地革命和武装反抗国民党反动派屠杀政策的总方针,并在湘鄂粤赣四省发动秋收暴动。会后,毛泽东回到湖南,着手准备起义。

《西江月·秋收起义》,作于 1927 年秋起义军向平江、浏阳挺进的时候。暴动的经过是这样的:

毛泽东离开汉口,先到长沙,制定暴动计划。8 月 30 日,在湖南省委常委会议上,被任命为中共湖南省委前敌委员会书记。9月初,毛泽东来到江西安源,部署湘赣边界秋收起义,决定成立工农革命军第一军第一师,兵分三路会攻长沙。第一路(二团)以安源工人为主力,进攻萍乡、醴陵;第二路(一团)以卢德铭原国民革命军第四集团军第二方面军总指挥部警卫团为骨干,从修水向平江进攻;第三路(三团)以浏阳农军为主,由铜鼓向浏阳急进。在准备起义的过程中,产生了工农革命军军旗:旗底为红色,中央为五星,饰有镰刀、斧头。在旗子与旗杆相连的一条白布上,写着"工农革命军第一军第一师"。这些情况,在《西江月·秋收起义》的上阕,作了概括而形象的描写。

起义准备就绪,毛泽东前往铜鼓,准备随第三团进军。一个意外事件,使他没能在 9 月 9 日暴动时赶到部队。他回忆说:"当我正在组织军队、奔走于汉冶萍矿工和农民武装之间的时候,我被一些国民党勾结的民团抓到了。""那些民团奉命把我押到民团总部去处死。我从一个同志那里借了几十块钱,打算贿赂押送的人释放我。普通的士兵都是雇佣兵,枪毙我对他们并没有特别的好处。他们同意释放我,可是负责的队长却不允许。因此我决定设法逃跑。但是,直到离民团总部大约不到二百米的地方,我才找到机会。我一下子挣脱出来,往田野里跑。"(《毛泽东一九三六年同斯诺的谈话》第 52 页）9 月 10 日，毛泽东来到铜鼓，与第三团会合。

部队没有得到整训，敌人又过于强大，失败的消息一个接着一个：9 月 12 日，第一团行至金坪，邱国轩部突然反水，部队伤亡很大；14 日，第三团在东门市失利；16 日，第二团在浏阳城陷入重围；19 日，毛泽东在文家市召开前敌委员会，决定放弃攻打长沙的计划，改向罗霄山脉中段前进。

《西江月·井冈山》作于 1928 年 8 月底击破湘赣两省敌军第二次"会剿"之后，描绘了黄洋界保卫战的雄壮场面。

1927 年 10 月下旬，毛泽东率领秋收起义队伍到达井冈山茨坪，开始创建井冈山革命根据地。1928 年 4 月，朱德、陈毅率南昌起义余部及湘南暴动的农军上井冈山，同毛泽东会师。随后，合编为工农革命军第四军（后改称工农红军第四军），朱德为军长，毛泽东任党代表。

此时，南方各省国民党新军阀的统治正处于相对稳定时期，湘赣两省敌人于 1928 年 7 月初对井冈山发起第一次"会剿"，前锋逼近江西永新。为调动敌人回援，朱德、陈毅率红四军第二十八、第二十九团抄敌后路，向湖南酃县、茶陵进攻，毛泽东率第三十一团在永新地区袭扰正面之敌。正当永新之敌急忙撤回茶陵之际，湖南省委代表杜修经附和第二十九团官兵的思乡情绪，导扬（"导扬"一词，见《毛泽东选集》第二版第一卷第六十一页）部队进击湘南。7 月 24 日，部队在湘南遭受挫折。第二十九团自由行动，跑回宜章家乡。军部率第二十八团及第二十九团余部，向桂东转移。

红四军主力在湘南失利的消息传到永新，毛泽东当即决定率第三十一团三营迎还主力，留第三十一团一营和第三十二团坚守井冈山。

就在毛泽东亲自率部接应红四军主力之际，湘赣两省敌人趁机向井冈山根据地发动第二次"会剿"。8 月 30 日上午，湘敌一个师向井冈山的五大哨口之一黄洋界发起猛攻。我第三十一团一营一部，凭借黄洋界的险要地形，打退敌人多次进攻。下午 4 时许，敌人再次组织进攻，我军以仅有的一门迫击炮向敌人集结部队轰击。这门炮只有三发炮弹,前两发都因受潮没有打响,第三发终于在敌群中开了花。敌人以为红军主力已经回山,无心恋战,当夜撤回酃县。"黄洋界上炮声隆,报道敌军宵遁",就是描写当时的情景。

8月23日,毛泽东同朱德、陈毅在桂东会合。9月上旬,红四军主力回到井冈山南麓的黄坳。毛泽东得知黄洋界保卫战取得全胜,十分兴奋,写下了《西江月·井冈山》。

1929年3至4月,国民党南京军阀蒋介石和广西军阀李宗仁、白崇禧之间爆发蒋桂战争,同年秋又爆发了蒋冯(玉祥)战争。毛泽东抓住有利时机,开辟赣南、闽西革命根据地。这年秋季,毛泽东怀着欣喜的心情,写下了《清平乐·蒋桂战争》和《采桑子·重阳》。

还是在这年3月中旬,红四军就由江西进入福建西部,占领长汀。3月20日,毛泽东在长汀主持召开前委扩大会议,决定乘蒋桂战争之机,在赣南、闽西开展游击战争,深入土地革命,造成新的割据区域。随后,红四军回师江西,在瑞金、于都、兴国、宁都一带创建了赣南苏区。

同年5月,毛泽东、朱德等根据赣南、闽西形势的新变化,率红四军再度跃入闽西,于5至6月间三次攻克龙岩。蒋介石连忙组织赣闽粤三省兵力对闽西苏区及红四军实行第一次"会剿"。红四军主力先向闽中前进,又折返闽西苏区,连克溪南、漳平,龙岩守敌望风而逃。与此同时,闽西特委组织游击战争,迫使赣敌、粤敌退守长汀、连城、永定。9月21日,红四军攻占上杭,继而进占武平,永定守敌弃城逃走。敌人对闽西苏区的"会剿"也被挫败。

7月9日起,毛泽东随中共闽西特委行动,指导特委的工作。红四军攻占上杭不久,他写了《清平乐·蒋桂战争》。"收拾金瓯一片,分田分地真忙",真实地再现了创建闽西革命根据地的情况。

同年10月,毛泽东在上杭吟成《采桑子·重阳》。这时,他已离开红四军领导岗位,到闽西养病兼做地方工作。这是因为在建军原则以及建立根据地等重大问题上,红四军内部的认识一时难以统一。部队向赣南、闽西挺进时,这些问题便充分暴露出来。毛泽东曾打算在龙岩召开的红四军第七次党的代表大会上解决这些问题,但在会上发生严重的意见分歧。表决结果,毛泽东未能当选为前委书记。

毛泽东并不气馁,而是耐心等待同志们的觉悟。毛泽东离开红四军领导岗位后,先在上杭蛟洋指导召开中共闽西"一大"。8月初,来到上杭大洋坝。8月上旬离开大洋坝,经永定的灌洋、虎岗、堂堡、湖雷、陈东坑、石岭、豪坳头等地,于9月间到达永定金峰大山的牛牯牸村。在牛牯牸村住了二十多天后,于9月下旬来到永定的合溪。他深入上杭、永定的农村基层,一面养病,一面指导地方的土地革命斗争。这年的10月11日是重阳节。在重阳节前,毛泽东坐担架离开合溪,经黎袍山、兰家渡、黄潭、卢丰、安乡,来到刚解放的上杭县城。仲秋时节的闽西山区,层林尽染,山坡上的黄色野菊花争相竞放。毛泽东面对川流不息的汀江,绚丽夺目的山乡秋色,吟成了充满着革命乐观主义精神的词作《采桑子·重阳》。

《如梦令·元旦》作于1930年1月毛泽东重新担任红军领导职务不久。这里的"元旦",是过去传统的称呼,指旧历正月初一,公历为1930年1月30日。

1929年10月,正值红四军主力出击东江失利的前夕,陈毅带着党中央的"九月来信"回到部队。"九月来信"是指示前委要维护朱德、毛泽东的领导,毛泽东"应仍为前委书记",团结全体同志努力同敌人作斗争。朱德听了陈毅的传达,十分兴奋,表示坚决拥护党中央的指示精神,并决定率部队从东江重返闽西。11月18日,红四军抵达上杭官庄。当天,朱德、陈毅立即写信给毛泽东,详细传达了党中央的指示,并接毛泽东回红四军。11月26日,毛泽东回到部队。经过一段准备,12月底在上杭古田召开红四军第九次党的代表大会,通过"古田会议决议",毛泽东当选为前委书记,重新回到领导岗位。

红四军"九大"刚结束,部队就面临严重的敌情。1930年1月初,赣闽粤三省敌军调动十四个团,第二次"会剿"闽西苏区,前锋抵达离古田只有三十里的小池。红四军前委沉着迎敌,决定各个击破。先由朱德率主力转向连城,筹措给养,避敌锋芒,毛泽东率二纵队阻击来敌,赢得时间。1月6日,红四军主力到达连城,追敌迅至,隔断了朱、毛的联系。为调动敌人回援,主力部队又于9日向赣南挺进,16日占领广昌。毛泽东率第二纵队在小池地区给闽敌以打击后,便去江西同红四军主力会合。他们从古田地区北进,经连城以东的姑田、归化(今明溪)、清流、宁化,翻越武夷山进入江西,1月24日在广昌东韶遇到了朱德率领的主力。

在红四军向江西进军途中,当广大指战员冒寒风,穿深山,跃溪涧,胜利到达闽、赣边界的武夷山下时,但见山前山后,红旗招展,红军战士,精神抖擞。红军的行军队伍同迂回曲折、峰峦起伏的武夷山,相互交织成一幅雄伟壮丽的画图。毛泽东回首这段征程,写下了富有诗情画意、充满革命激情的词篇——《如梦令·元旦》。

《减字木兰花·广昌路上》作于1930年2月。

1930年1月下旬,红四军所属各纵队在江西广昌的东韶地区会合之后,在宁都、永丰、广昌等县分兵游击,扩大赣南革命根据地。此时,蒋介石正在加紧准备对冯玉祥、阎锡山的战争,赣敌一部已调往皖北。而这时,红五军主力和红六军都在赣西吉安、泰和一带积极开展活动。

红四军前委为了进一步促进赣西南革命形势的发展,2月6日至9日在吉安陂头召开红四军前委、赣西特委和红五军、红六军军委的联席会议。会议确定党和红军当前的主要任务是深入开展土地革命、建立革命政权和发展工农武装。在军事行动上,会议根据赣西地区的敌情,决定集中兵力攻打吉安。

会后,红四军奉命由藤田地区经水南向吉安推进,准备首先夺取吉水。这时,正逢大雪,红军迎风雪,战严寒,翻山越岭,向赣江流域吉安方向进军。《减字木兰花·广昌路上》这首词,就是写于红四军由广昌向吉安进军的途中。

但是,蒋介石已经得悉红军集中在吉安、泰和附近赣江两岸的消息,急令驻吉安的部队加强防御,并从湖北调嫡系部队独立十五旅到江西。2月20日,敌独立十五旅到达吉水县城和乌江镇一线,准备阻击红军。红四军前委根据这一情况,果断地放弃原定计划,立即率部向富田退却,准备诱敌深入,然后消灭之。敌独立第十五旅发现红军后撤,随即分兵三路,向红军进逼。红军乘该旅兵力分散,态势孤立之机,集中兵力各个歼灭。24日,红四军在红六军第二纵队的配合下,集中猛攻进至水南之左路敌军,经半小时激战,歼其大部。25日,红军又以一部兵力插入敌后,主力猛攻右路、中路之敌,经一天激战,歼其大部,残敌逃往吉安。这一胜利,促进了赣西南革命形势的发展。

1930年夏,国民党新军阀蒋、冯(玉祥)、阎(锡山)之间爆发了空前规模的大混战。数月之内,江西、湖南一带,除南昌、长沙等少数大中城市外,都无强敌,革命面临着胜利发展的新形势。同年6月,中共中央政治局在李立三主持下,通过《新的革命高潮与一省或几省的首先胜利》决议案。决议要求红军向着主要城市与交通道路发展,最后会师武汉,饮马长江。

此刻,红四军与红六军、红十二军已合编为红一军团(开始称第一路军),朱德任总指挥,毛泽东为政治委员。他们接到中央命令,要红一军团夺取南昌、九江。7月下旬,部队行至樟树镇(今清江县城),毛泽东同朱德认真分析局势,判断攻击南昌于我不利,便于8月1日派小部队攻击牛行车站,隔江向南昌鸣枪示威,纪念南昌起义三周年,主力至安义、奉新休整筹款。8月,红一军团从江西向湖南进军,在浏阳东北永和市同彭德怀率领的红三军团会合。接着,组成红一方面军,朱德任总司令,毛泽东为总政治委员。8月29日,红一方面军进抵长沙近郊,待机歼敌。

《蝶恋花·从汀州向长沙》,作于1930年7月。同年6月,红一军团由福建汀州出发,7月进逼南昌,又欲直抵长沙。毛泽东在词中,热情讴歌了"百万工农齐踊跃,席卷江西直捣湘和鄂"的革命豪情。但是,在敌强我弱的总态势没有改变之前,这种急于攻打中心城市的策略是不足取的。在长沙郊外,毛泽东说服有关同志,于9月12日主动撤围,分兵攻取茶陵、攸县、醴陵、萍乡、吉安等地,使赣西南苏区扩展到三十多个县境。

词中提到的"赣水那边红一角,偏师借重黄公略",指赣西南根据地和黄公略领导的红六军。红六军成立于 1930 年 1 月,6 月归入红一军团建制,7 月改称红三军。红六军成立不久,攻占了吉水县城。1930 年 2 月,在吉安的富田、东固一带与红四军会合。24 日,又配合红四军在吉水的水南、吉安的值夏一带全歼敌独立十五旅。此后,黄公略即根据以毛泽东为书记的总前委"以三个月为期分路游击"的决定,将红六军分布在赣西南赣水流域开展游击战争,发动群众,深入土地革命,建设红色政权,扩大红军和地方武装。红六军在为期三个月的分路游击中,不仅为推动赣西南地区的革命斗争、奠定中央苏区的基础作出了重要贡献,而且也使部队成为一支很有战斗力的队伍。

1930 年 10 月,蒋、冯、阎大战刚结束,蒋介石便部署向中央苏区发动第一次"围剿"。随后,又于 1931 年 2 月部署第二次"围剿"。毛泽东采取诱敌深入、各个击破的方针,指挥红一方面军取得了两次反"围剿"的重大胜利。在胜利的捷报声中,毛泽东接连创作了《渔家傲·反第一次大"围剿"》和《渔家傲·反第二次大"围剿"》两首词。

1930 年 2 月,蒋介石任命江西省政府主席兼第九路军总指挥鲁涤平为南昌行营主任,集中十万兵力,对中央苏区分进合击。

这时,红一方面军有第一、第三两个军团,共约四万人,部署于清江(今临江)至分宜的袁水两岸地区,以战备姿态进行群众工作和筹款。在面临敌人大规模"围剿"的情况下,红一方面军总前委和江西省行动委员会,于 10 月下旬在新喻县(今新余县)罗坊举行联席会议,决定采取"诱敌深入"的战略方针,红一方面军东渡赣江,退到根据地内作战。

12 月 16 日,各路敌军向根据地中心区域进攻。张辉瓒等三个师进占富田、东固、龙冈、源头一带。龙冈、源头离红军主力集结地不远,群众条件好,便于隐蔽接近敌人。毛泽东决定中间突破,先歼灭张辉瓒、谭道源两师。红军乘雾预伏在龙冈附近山中,30 日凌晨,毛泽东同朱德登上小别山指挥战斗。上午 9 时许,张辉瓒率第十八师在龙冈以东、小别山以西开始登山,突遭红军迎头痛击。下午4时左右,红军发起总攻,歼敌九千余人,师长张辉瓒被俘。谭道源师闻讯向东韶逃跑,被红军追歼过半。红军在五天内打两仗,富田、东固、头陂之敌纷纷撤退。第一次反"围剿"胜利结束。

蒋介石不甘心失败,1931年2月,由军政部长何应钦兼任南昌行营主任,调集二十万军队部署第二次"围剿",并改取稳扎稳打、步步为营的战法。4月1日,敌军分四路大举进攻,由兴国、吉安、乐安、南丰等地向中央苏区压了过来。"二十万军重入赣,风烟滚滚来天半",形象地勾画出当时的严重局势。但是,毛泽东相信人民群众的力量,坚信胜利是属于人民的。

如何打退敌人的"围剿"?苏区中央局内出现意见分歧,有人主张"分兵退敌",有人主张退向云贵川。讨论的结果,大家同意了毛泽东的主张,继续集中兵力、诱敌深入,并把突破口选在打富田之敌。

红一方面军主力在东固山区待敌二十余日,富田之敌终于离开坚固阵地。5月15日,红军各部开始行动。为打好这一仗,毛泽东和彭德怀登上白云山跑了一天,在山上眺望到左平等许多地方。他对彭德怀说:把你的三军团全部打包抄,一军团打正面,敌人一定会垮下去。他还连夜赶往红三军,同黄公略勘察道路,在东固至中洞大道的南侧,找到一条侧击来敌的小路。16日,伏击战打响。毛泽东和朱德在白云山上指挥战斗。集结在山上的红军,从山上打到山下,如神兵从天而降。敌人被前堵后截,又受到红三军从小路突然侧击,阵脚大乱,敌二十八师大部被歼。接着,红军向东横扫,从赣江流域的富田一直打到闽北的建宁、黎川山区。半个月(至31日止)中走七百里,连打五仗,歼敌三万余,缴枪二万支,痛快淋漓地打破了"围剿"。"七百里驱十五日,赣水苍茫闽山碧,横扫千军如卷席。"毛泽东的词作《渔家傲·反第二次大"围剿"》,就是对这次反"围剿"胜利的生动写照。

《菩萨蛮·大柏地》,1933年夏重过大柏地时所作。

418

这年夏季的一天,毛泽东路过离瑞金县城六十里的大柏地。阵雨过后,太阳从云层里钻出,铺洒在远近的群山上,苍松翠柏更显得郁郁葱葱。大地散发着沁人的潮气,蔚蓝的天空衬映着七色彩虹。那彩虹像条飘舞的彩练,把中央苏区连成一片。

毛泽东望着这美丽的景色,当年艰苦转战的情景重现在眼前。1929年1月,毛泽东、朱德率领红四军主力向赣南、闽西进军曾经过这里,还在大柏地发生过激战。2月9日,红四军主力来到大柏地,赣敌刘士毅部尾追进至瑞金。毛泽东见出敌孤立,决心聚而歼之。10日恰是春节,敌人进至大柏地以南,红军小队边打边退,诱敌至大柏地。次日晨,红四军主力向敌人发起猛攻,激战数小时,歼敌近两团,俘敌团长以下八百余人,取得了离开井冈山后的第一个大胜仗。此刻,望着残垣断壁,斑斑弹痕,毛泽东思念英勇善战的将士,又为中央苏区的胜利发展而欣慰,吟成了《菩萨蛮·大柏地》。

当时,毛泽东受王明"左"倾冒险主义排斥,被调离军事领导岗位,改做政府工作。这个决定,是在1932年10月苏区中央局宁都会议之后不久做出的。毛泽东在会上被指责为"动摇",犯了"等待观念的错误"。尽管周恩来提出"泽东积年的经验多偏于作战,他的兴趣亦在主持战争","如在前方则可吸收他贡献不少意见",会议还是决定毛泽东"暂时请病假,必要时到前方"。10月12日,又决定由周恩来代理第一方面军总政治委员,毛泽东"暂回中央政府主持一切工作"。毛泽东服从组织决定,来到福建长汀福音医院休养。临走,他对前来看望的周恩来说:前方如有急需,可来电,我即来。

福音医院,由傅连璋创办,是一所教会医院。毛泽东在这里住到第二年1月,还说服傅连璋将医院迁往瑞金,创建了中央红色医院。随后,毛泽东来到瑞金,主持中央政府工作(早在1931年11月中华苏维埃共和国临时中央政府成立时,他就当选中央执行委员会主席)。此后,毛泽东受到的压力越来越大。1933年2月,苏区中央局在福建反对所谓"罗明路线"。3月,又在江西批判邓(小平)、毛(泽覃)、谢(唯俊)、古(柏)。这些斗争实际上都是对着毛泽东的。但他坚信错误终将过去,希望就在前头。他一面搞调查研究,领导查田运动,一面抓紧时间阅读马列著作。恩格斯的《反杜林论》,列宁的《社会民主党在民主革命中的两种策略》《共产主义运动中的"左派"幼稚病》等书,就是在这一时期读的。

　　《清平乐·会昌》,作于 1934 年夏季,正值中央苏区面临前所未有的严峻局势。第五次反"围剿"从 1933 年 9 月开始,已持续近十个月,五十万敌军四面紧逼苏区中心区域。中央红军已失去内线歼敌的可能,战略转移只是时间问题。这年 4 月至 7 月,毛泽东在粤赣省委驻地会昌调查研究、指导工作,住在城北文武坝。早在福建事变发生时,他就向中央建议,将主力突进到苏浙皖赣地区,驰骋于杭州、苏州、南京、芜湖、南昌、福州之间,威胁敌人的根本重地,调动敌人在广大无堡垒地区作战。这个提议被博古、李德等拒绝。处于无权地位的毛泽东,眼看战局一日不如一日,心急如焚。6 月下旬,毛泽东亲临南线前沿红军二十二师驻地李官山(会昌城东南约三十公里)进行军事调查,并作了一系列重要指示,使奋战在南线战场的红军二十二师认识和抵制了"左"倾机会主义,使当时四面受敌的中央根据地在南线出现了新局面。7 月下旬,毛泽东从南线前沿回到会昌文武坝。23 日凌晨,毛泽东带领粤赣省委干部和警卫员渡过绵水,登上会昌山。毛泽东站在山岭之巅,纵览红色根据地的锦绣河山,写下了《清平乐·会昌》。他曾在《清平乐·会昌》的批注里写道:"1934 年,形势危急,准备长征,心情又是郁闷的。这一首《清平乐》,如前面那首《菩萨蛮》一样,表露了同一的心境。"

　　尽管如此,毛泽东对中国革命的前途充满必胜的信心:挫折终将过去,曙光即在前头。会昌,位于江西东南部,东连福建,南通广东,毛泽东曾多次来到这里。他在破晓时分漫步山间,望着那熟悉的一草一木,望着这片洒过烈士鲜血的土地,回想起 1929 年为开辟赣南根据地到达这里的情景,心境豁然开朗。当他看到在自己指导下的中央根据地的南线出现了新局面,心情自然是欢快的,因此吟成了"踏遍青山人未老,风景这边独好"的佳句。

　　作者正是怀着如此复杂的心境,创作了《清平乐·会昌》。

来自长征路上和秦晋高原的绝唱

　　1934 年 10 月,中央红军开始战略转移。将士们含着眼泪,告别故乡,告别妻子儿女,踏上了充满危险的征程。所有的人都没有想到,这次转移竟长达一年之久,目的地会是二万五千里之外的陕北吴起镇。"红军经历了无数艰难险阻,横渡中国最长、最深、最危险的江河,越过中国一些最高和最险峻的山口。通过强悍的土著居民地区,跋涉荒无人烟的草地,经受严寒酷暑、风霜雨雪,在占全中国白军半数的敌人的追击下,通过了所有这一切天然险阻,并且突破了湘、粤、桂、黔、滇、川、康、甘、陕各省地方部队的堵截,终于在 1935 年 10 月到达了陕北。"(《毛泽东一九三六年同斯诺的谈话》第 73 页)

　　在长征路上和秦晋高原,毛泽东的诗情宛如潮涌。从 1934 年 10 月到 1936 年底,接连吟成《十六字令三首》、《忆秦娥·娄山关》、七律《长征》、《念奴娇·昆仑》、《清平乐·六盘山》、六言诗《给彭德怀同志》、《沁园春·雪》、《临江仙·给丁玲同志》十篇诗词,形成一个重要的创作高峰。

　　《十六字令三首》,作于 1934 年至 1935 年间,描写行军途中经过的险峻群山。其一,写山的高大;其二,写山的磅礴气势和气吞霄汉的壮丽;其三,写山的坚韧。作者将自己的情感寄托其间,借以表达中国工农红军压倒一切敌人、战胜一切困难的坚强决心。

　　中央红军从江西、福建出发,越过敌人的四道封锁线,艰难地向西进军。部队携带大量笨重物资,在狭窄的山路上前行,不少骡马坠入深渊,许多人跌倒后再也没有爬起来。主力军团在两侧形成甬道式队形,掩护中央机关转移。尽管每天只能行进二十余里并失去了作战中最可贵的机动性,但英勇的红军在胆怯的敌人面前依然勇往直前。11 月 27 日至 12 月 1 日,红军以数万人的代价,冲破最后一道封锁线,强渡湘江,进入湘桂边境的西延山脉。

随后,又进入群峦起伏的贵州山区。12 月 18 日,中央政治局在黎平召开会议,正式放弃挺进湘西的计划,决定在川黔边建立根据地,为遵义会议的召开准备了条件。彭德怀元帅回忆这段历程说:"一、三军团像两个轿夫,抬起中央纵队这顶轿子,总算是在 12 月(应为 1 月——引者注)抬到了贵州之遵义城,结束了统治四年之久的王明路线。"(《彭德怀自述》第 194 页)

　　《忆秦娥·娄山关》,作于 1935 年 2 月,描写中央红军第二次攻克娄山关,并迅速从这里通过的情景。

　　1935 年 1 月,中共中央政治局在遵义召开扩大会议,取消博古、李德的最高军事指挥权,推选毛泽东为政治局常委。会后,又由毛泽东、周恩来、王稼祥组成三人军事指挥小组。会议在极端危险的时刻,挽救了党和红军。之后,红军计划经过川南,渡江北上,在川西建立根据地。但是土城一仗,红军受到挫折。2 月 7 日,毛泽东果断放弃北渡长江的计划,改向川滇边的扎西(今威信)集结。这时,滇敌、川敌及中央军周浑元部从三面迫近扎西。中央政治局开会,决定立即循原路再攻遵义,出敌不意,打回马枪。红军二渡赤水,24 日攻占桐梓,25 日凌晨借着月色向娄山关挺进,与黔军在红花园遭遇,敌军仓皇应战,败退关口。红军沿盘山道向关口猛烈攻击,又在点金山一带的山梁上与敌激烈拼搏,经过反复争夺,终于占领点金山高地,牢牢控制了关口。这时已近黄昏。中央红军在夕阳映照下,疾速通过娄山关。26 日,击溃了向娄山关反扑之敌,27 日在遵义以北粉碎敌三个团的阻击。28 日,红军乘胜追击,再取遵义。这次战役,歼敌两个师又八个团,俘敌近三千人,是遵义会议以来的第一个大胜仗。毛泽东怀着兴奋的心情,写下了《忆秦娥·娄山关》。上片描写纪律严明的红军,在拂晓时逼近娄山关的情景,下片讴歌红军攻占并越过娄山关的雄伟场面。"苍山如海,残阳如血"两句,是作者在战争中积累多年的景物观察,使战争胜利的场景与大自然的壮丽景象融为一体。这是作者认为颇为成功的两句词。

　　1958 年 12 月,毛泽东在广州重读这首词,写下这样的批注:

"万里长征,千回百折,顺利少于困难不知有多少倍,心情是沉郁的。过了岷山,豁然开朗,转化到了反面,柳暗花明又一村了。以下诸篇(引者按:包括《十六字令三首》)反映了这一种心情。"

　　七律《长征》作于1935年10月,回顾了中央红军一年来的长征历程。五岭,散布于江西、湖南、广东、广西边境,是大庾、骑田、萌渚、都庞、越城诸岭的统称。1934年10月,中央红军从江西、福建出发,首先经过五岭,越过一座座高山,冲出一道道封锁线。渡过湘江,中央红军已由八万多人锐减至三万余人。在五岭山区,红军翻越了最高峰——越城岭。部队由山脚向峰巅行进时,已是满天星斗。无数的火把连接在一起,蜿蜒起伏,千回百转,组成无数个"之"字形,和天上的星光相映照,仿佛是一条巨龙直冲九霄,景象蔚为壮观。乌蒙,即乌蒙山脉,屹立于云贵高原。四渡赤水时,毛泽东指挥中央红军忽东忽西,突然直逼昆明,使几十万围堵的敌军为之胆寒。而当敌人驰援昆明时,我中央红军已于5月3日至9日安全渡过金沙江,把几十万敌军甩到后面。红军从皎平渡和洪门渡过江时,正值春暖之时,因而作者诗中有"金沙水拍云崖暖"一句。

　　大渡河源出青海和四川交界处,由高原直下四川乐山,入岷江。河水陡急,两岸尽是悬崖绝壁,惊涛拍岸,隆隆作响。1863年,太平天国翼王石达开率领数万大军在安顺场北渡未成,全军覆没。泸定桥在四川泸定县,桥长三十丈,用十三根铁索组成,每根重约二点五吨,平时铺有木板。始建于清康熙四十四年(1705年),历时五年方成。它是四川通往康藏高原的要道。1935年5月29日下午4时,二十二名红军勇士冒着对岸密集的火力,攀缘铁索,奋勇冲锋。一个战士被击中,坠入十余丈的深渊,更多的战士继续冲向前去,终于占领桥头,打开了中央红军北上的通道。敌人妄图使红军成为第二个石达开的阴谋,彻底破产。"大渡桥横铁索寒",作者用一个"寒"字,烘托出战斗的紧张激烈,寄托着对死难烈士的无限哀思。

　　岷山的南支和北支,位于四川、甘肃交界处,有几十座海拔超过四千五百米的山峰,山顶终年积雪。9月中旬,毛泽东率领中央红军主力,克服了张国焘右倾分裂主义,突破天险腊子口,越过岷山。据吴玉章回忆:"这一天天气特别晴朗,敌机来骚扰数次。""我们很快登上了岷山的山顶,从山顶远望山下的田野,牛羊成群,农民在田间辛勤劳动。大家很愉快地像潮水般涌下山去,到了大草滩宿营地。在回汉族人民的热诚欢迎中,我们很快进入了村子。"(《长征回忆录》第 123 页)毛泽东形容部队越过岷山的心情,犹如"柳暗花明又一村"。"更喜岷山千里雪,三军过后尽开颜",正是反映这种心境的点睛之笔。

同年 10 月,毛泽东怀着同样的心情创作了《清平乐·六盘山》。

9 月 18 日,毛泽东到达哈达铺。他从旧报纸上,得知陕北保存有红军的消息,兴奋异常。中央政治局常委在榜罗镇会议上,正式做出将革命落脚点放在陕北的决定。会后,中央红军主力分三路北上,翻越六盘山。

10 月 7 日上午,部队来到青石咀,发现敌人骑兵正在村里休息,当即出其不意,向敌人围攻。仅用三个多小时,歼敌两连,缴马百余匹。在战斗胜利的鼓舞下,当天下午,红军一鼓作气登上了长征途中最后一座高山——六盘山。六盘山,主峰在宁夏固原、隆德县境内,海拔二千九百二十八米。部队翻过六盘山,在山的东面露营。当时,敌骑兵追赶很紧。为摆脱追敌,部队于次日拂晓出发,昼夜兼程,终于在 10 月 19 日到达陕甘苏区的吴起镇,胜利结束长征。在长征即将结束时,毛泽东站在六盘山上,向东眺望,表达了他对革命的必胜信心:"今日长缨在手,何时缚住苍龙?"

当红军主力到达吴起镇时,宁夏马鸿逵、马鸿宾的骑兵跟了上来。毛泽东和彭德怀拟写了一份电报,主张给马家骑兵一个打击,以防把敌人带进根据地。10 月 21 日,当马鸿宾的三十五师骑兵团进入二道川后,立即遭到红军的猛烈袭击。这次战斗,歼敌一个团,击溃三个团,俘敌约七百人,缴马匹近千。捷报传来,毛泽东挥笔写下六言诗《给彭德怀同志》。彭德怀收到这首诗后,把最后一句改为"惟我英勇红军",并将原诗退还毛泽东。

彭德怀是湖南湘潭人。1938 年 4 月加入中国共产党。中央红军长征期间,一直担任红三军团军团长,同红一军团一起,披荆斩棘,英勇奋战,出色地完成了前锋和后卫任务,成为毛泽东依靠的得力战将。在同张国焘右倾分裂主义作斗争中,他率红三军团保卫中央北上。1935 年 9 月,中央红军主力在哈达铺整编为中国工农红军陕甘支队,彭德怀任司令员,毛泽东任政治委员。他还是在俄界会议上决定成立的五人团成员(包括毛泽东、周恩来、彭德怀、林彪、王稼祥),领导红军工作。六言诗《给彭德怀同志》,不仅是对他击退敌人骑兵的赞扬,而且是对他在革命战争中立下的汗马功劳的称颂。

中央红军主力长征到达陕北之时,国内局势正发生急剧变化。日本帝国主义继 1931 年在东北制造"九一八"事变后,又于 1935 年夏策划"华北事变",迫使南京政府签订《何梅协定》和《秦土协定》,激起全国人民的义愤。民族矛盾逐渐上升为国内主要矛盾。中共中央正在酝酿实行抗日民族统一战线的方针。

昆仑山脉,主脉在新疆和西藏交界处,其南支向东伸展,和岷山相连。毛泽东在长征途中登上岷山(可以看作昆仑山的一个支脉),但见群山蜿蜒,一片皆白。望着祖国的大好河山,联想日益深重的民族危机,一篇气势宏伟的词作在胸中升腾,这就是《念奴娇·昆仑》。后来,他曾明确表示:"昆仑:主题思想是反对帝国主义,不是别的。"

这年 11 月间,中共中央发表《为日本帝国主义并吞华北及蒋介石出卖华北出卖中国宣言》。不久,张浩(即林育南)由莫斯科来到陕北,带回共产国际七大的指示精神和我党《八一宣言》。12 月,中共中央政治局在瓦窑堡召开具有历史意义的会议,正式确立了抗日民族统一战线的策略方针。

《沁园春·雪》,作于 1936 年 2 月,红一方面军即将东渡黄河进入晋西的时候。

1936 年 1 月,中共中央决定东征,扩大红军,表示红军的抗日决心。随后,毛泽东和彭德怀到黄河左岸,指挥渡河准备工作。2月20日,红一方面军以"中国人民红军抗日先锋军"的名义,在毛泽东、彭德怀指挥下,从陕北清涧以东的沟口、河口等地渡过黄河,发起东征战役,遭到阎锡山军队的拦击。红军英勇作战,取得很大胜利。蒋介石急忙任命陈诚为"剿共"军总司令,调集十个师,号称二十万人,分两路增援阎锡山。同时又命令黄河以西的国民党军队相配合,企图彻底消灭红军,摧毁陕甘革命根据地。红军为顾全抗日大局,保存国防实力,履行中国共产党提出的停止内战、一致抗日的主张,于5月初决定从河东回师。5月5日,中共中央发出《停战议和一致抗日通电》,呼吁蒋介石及其一切爱国军人"停战议和,一致抗日"。经过两个多月的东征,红军的力量得到扩大,并在山西的十多个县开展群众工作,宣传党的抗日主张,建立一些抗日游击队,为后来开辟抗日根据地打下了基础。

这年2月,在积极准备东渡黄河的过程中,毛泽东在陕西清涧写成《沁园春·雪》。作者面对雪后初晴的高原风光,历数几千年封建统治者的"文德武功",抒发中国共产党人拯救全民族的远大志向,吟成这篇绝唱。作者在批注中说:"雪:反封建主义,批判二千年封建主义的一个反动侧面。文采、风骚、大雕,只能如是,须知这是写诗啊!难道可以谩骂这一些人们吗?别的解释是错的。末三句,是指无产阶级。"

《临江仙·给丁玲同志》,据分析作于1936年底。

丁玲,原名蒋冰之,1904年生于湖南临澧。1932年加入中国共产党。著名左翼女作家。1936年11月1日,丁玲离开西安,奔赴保安。在此以前,她于1933年5月被国民党特务秘密绑架,囚禁在南京。直到1936年9月,在党组织的帮助下才逃脱出来,之后秘密经上海、北平、西安来到陕北保安。中共中央宣传部在一座大窑洞里开会欢迎她,中央领导同志毛泽东、张闻天、周恩来等出席。后来丁玲又一一走进毛泽东、周恩来、林伯渠、徐特立等领导人的窑洞拜访做客。当时毛泽东曾问她:"丁玲!你打算做什么呀?"丁玲回答:"当红军。"毛泽东说:"好呀!还赶得上,可能还有最后的一仗,跟杨尚昆他们领导的前方总政治部上前方去吧!"不久,她便随红军来到陇东前线,从"文小姐"一变而成"武将军"。

中国工农红军第一、二、四方面军于 10 月在甘肃会宁、静宁地区胜利会师。为了打退蒋介石国民党军的进攻,红军于 11 月 21 日向山城堡之敌发起攻击,战斗至 22 日上午结束。是役红军歼敌一个多旅,给蒋介石嫡系主力胡宗南军以沉重的打击,迫使该敌退至大水坑、萌城、甜水堡及其以西地区,停止了敌人对陕甘根据地的进攻。山城堡战斗的胜利,是中央军委正确决策和三大主力红军团结战斗的结果,它显示了红军的威力,推动了抗日民族统一战线的实现。

丁玲到前线去,曾跟随红一方面军一军团行动,聂荣臻是政委,左权是代理军团长。《记左权同志话山城堡之战》就是根据左权的口述,丁玲写作的一篇记述红军战斗的散文。在庆阳,丁玲收到了毛泽东用电报发来的给丁玲的欢迎词,就是这首《临江仙》。电报是由红一方面军转交给丁玲的。1937 年初,丁玲回延安时,毛泽东又亲自抄录了全文送给她。

新中国成立前后的诗篇

从 1949 年到 1950 年,毛泽东受到革命胜利的鼓舞,在一年多时间里,接连创作了四首诗词。

七律《人民解放军占领南京》,作于 1949 年 4 月下旬。

1949 年 1 月 31 日,东北野战军进入北平,举世闻名的辽沈、淮海、平津三大战役胜利结束。在从 1948 年 9 月 12 日起的一百三十九天作战中,平均每天歼敌一个正规师,共歼敌一百五十四万人。蒋介石的主要军事力量基本上被消灭,全国已处于革命胜利的前夜。1 月 2 日,蒋介石宣告"引退"。2 月 24 日,毛泽东同周恩来在西柏坡会见受代总统李宗仁派遣来访的邵力子、章士钊等人,就国共和谈达成非正式协议。4 月 15 日,国共和谈经过半个月磋商,产生了由中共代表团提出的《国内和平协定(最后修正案)》。4月20日,南京政府在蒋介石的授意下,拒绝接受这个协定。21日,毛泽东和朱德发布《向全国进军的命令》,号召人民解放军"坚决、彻底、干净、全部地歼灭中国境内一切敢于抵抗的国民党反动派,解放全国人民"。从20日夜至21日,第二、第三野战军在东起江苏江阴、西至江西湖口长达一千里的战线上,强渡长江天险,一举摧毁敌人苦心经营三个半月的长江防线。23日,第三野战军占领南京,宣告国民党二十二年统治的灭亡。

毛泽东在北平香山双清别墅获悉占领南京的捷报,心情振奋,挥笔写下七律《人民解放军占领南京》。中央军委还将这首诗用电报拍发到前线,给全军指战员以巨大的鼓舞。"宜将剩勇追穷寇,不可沽名学霸王。"这豪迈的诗句,激励着他们向西南、西北进军,将革命进行到底。

毛泽东是3月25日随中共中央、中央军委迁到北平的。此前,他于3月5日至13日,在西柏坡主持召开中共七届二中全会,号召全党在胜利面前,务必保持谦虚、谨慎、不骄、不躁和艰苦奋斗的作风。23日上午,毛泽东告别西柏坡,踏上前往北平的路途。他把此行比作"进京赶考",希望大家考试及格。周恩来在一旁笑着说:"我们应当都能考试及格,不要退回来。"毛泽东点点头,带着坚毅的神情说道:"退回来就失败了。我们决不当李自成!我们都希望考个好成绩。"25日凌晨2时,毛泽东在涿县换乘火车,天亮时分抵达北平清华园车站。此时,上距1919年至1920年最后一次来北京,已有三十年。当天上午,他兴致勃勃地游览了清末皇家园林——颐和园,还高兴地说:"以后就可以让人民到这里参观游览了!"当天下午,毛泽东、朱德、刘少奇、周恩来、任弼时来到西苑机场,同各界代表及民主人士一千余人亲切会面,还乘车检阅了部队。晚间,毛泽东乘车来到香山,在双清别墅住下。他在这里一直住到5月。后来,为了准备召开新政协,筹备创建中华人民共和国,毛泽东从香山迁入中南海,住进了丰泽园。

3月28日,柳亚子先生作七律《感事呈毛主席》。诗中流露出退隐之意。

柳亚子先生是著名爱国诗人,江苏吴江人,1887年生,毛泽东的诚挚朋友。大革命时期,他和宋庆龄、何香凝等都是著名的国民党左派人士。1926年5月,柳亚子赴广州出席国民党二届二中全会,同毛泽东初次会面。蒋介石在会上提出"整理党务案",排斥共产党人。毛泽东等据理力争,柳亚子也同何香凝等支持这一立场。会下,他还对毛泽东等共产党人表示自己的同情和担忧。

1945年8至9月间,毛泽东和柳亚子在重庆第二次会面。当时,毛泽东为了停止内战,实现国内和平,毅然接受蒋介石的邀请,赴重庆谈判。柳亚子非常敬佩毛泽东不畏艰险、大智大勇的气魄,称赞毛泽东是"弥天大勇",犹"雨霖苍生"。同年10月上旬,毛泽东等亲往沙坪坝南开学校津南村看望柳亚子,后以旧作《沁园春·雪》相赠。10月4日,毛泽东致信柳亚子,指出"前途是光明的,道路是曲折的",并对柳亚子的诗,作了高度评价。

1949年2月,柳亚子得到毛泽东的邀请,离开香港,转赴北平。此时,他是国民党革命委员会中央常委兼秘书长。3月25日,毛泽东抵达北平,他亲赴西苑机场迎接。当晚,毛泽东在颐和园益寿堂宴请柳亚子先生等。柳亚子高兴万分,即席赋诗三首。随后,他又写了《感事呈毛主席》这首诗,委婉地表达了内心的苦闷和退隐之意。

4月29日,毛泽东写成七律《和柳亚子先生》,表示中国共产党人不会忘记朋友们的贡献,劝他放大眼界衡量,继续为新中国做出贡献。毛泽东派人把这首诗送往颐和园益寿堂柳亚子住所。柳亚子游园归来,读罢这首诗,心中有所震动。他在《次韵奉和毛主席惠诗》中,用"昆明湖水清如许,未必严光忆富江"两句诗,表示接受毛泽东的劝说。

毛泽东为做民主人士的工作,不遗余力。只要谁为人民做过一点有益的事,毛泽东都铭记不忘,更何况是柳亚子这样的老朋友。5月1日下午,毛泽东携女儿李讷等到颐和园拜访,相约畅游,还泛舟湖上。柳亚子在当天的日记中写道:"先至清心处略谈,旋来余益寿堂后轩,谈诗甚畅。佩妹建议去昆明湖坐船,而未能先加准备,余尚能支持,润之(即毛泽东)则汗珠流面,颇觉过意不去也……行尽长廊,始得船两艘,与护兵分踞之。润之已疲倦,不及长谈,登岸即坐汽车返。约定双五节以车来迓,谒总理衣冠墓于碧云寺。"(《柳亚子选集》第1202页)5月5日,即孙中山就职广州非常大总统纪念日(双五节)。毛泽东如约偕柳亚子谒孙中山衣冠冢,并合影留念。还接柳亚子夫妇到自己寓所,共进午餐。朱德总司令和田家英作陪。

毛泽东的真诚,使柳亚子深为感动。中华人民共和国成立后,柳亚子曾任中央人民政府委员、政务院文教委员会委员、中央文史馆副馆长等职。

1950年10月4日,毛泽东又为柳亚子先生写了第二首和诗,即《浣溪沙·和柳亚子先生》。

1950年10月1日,中华人民共和国迎来周年国庆纪念日。在过去的一年里,刚刚执政的共产党人,极大地改变了中国的面貌。中国大陆除西藏以外,已经全部解放,各族人民获得了新生。中央人民政府先后没收了全部官僚资本及帝国主义在华资产,建立了社会主义国营经济,掌握了国家的经济命脉。在广大的农村,土地改革正在有计划、有步骤地展开,摧毁着绵延数千年的封建土地所有制。在这年6月召开的中共七届三中全会上,毛泽东发出"为争取国家财政经济状况的基本好转而斗争"的号召,全国各族人民正在为迎接繁荣昌盛的明天辛勤工作。

10月3日晚,前来参加国庆盛典的各民族代表聚集在中南海怀仁堂,举行隆重的献礼大会。一百五十八名少数民族代表,分别来自内蒙、西北、西南、中南、华东、东北及东北七个地区。西南各民族文工团、新疆文工团、吉林省延边朝鲜族文工团、内蒙文工团的二百一十九名团员,也参加献礼大会。他们兴高采烈地向毛泽东主席和其他党和国家领导人献旗献礼,为他们披戴本民族最华贵的衣冠,借以表达各民族获得新生的喜悦和对领袖的爱戴。

献礼完毕,各少数民族文工团纷纷登台演出。新疆哈萨克族的圆月舞,西康藏族的弦子舞,大凉山彝族的舞蹈,蒙古族的献花舞,朝鲜族的洗衣舞……精湛的表演赢得全场的阵阵掌声。毛泽东兴致勃勃地观看演出,柳亚子先生恰好坐在前排。毛泽东高兴地对他说:"这样的盛况,亚子先生为什么不填词以志盛呢? 我来和。"于是,柳亚子先生即席赋《浣溪沙》一首,呈送毛泽东,这就是他在《浣溪沙》小序里提到的"毛主席命填是阕,用纪大团结之盛况云尔"。

第二天,毛泽东"因步其韵奉和",在宣纸上填写《浣溪沙》词,致送柳亚子先生。柳亚子先生把它视为珍宝,装裱起来,配上镜框,端端正正地挂在客厅里,供友人观瞻。

事隔一个月,毛泽东又填了第三首和诗,即《浣溪沙·和柳[亚子]先生》。

1950 年 10 月,新生的中华人民共和国面临新的严峻的考验。

是年 6 月 25 日,朝鲜内战突然爆发。27 日,美国派出海军和空军,武装干涉朝鲜内政,并命令第七舰队向我国领土台湾沿海游弋,阻止中国人民解放台湾。28 日,外交部长周恩来受权发表声明,强烈谴责美国政府侵略朝鲜、台湾及干涉亚洲事务的行为。9 月,美军在仁川登陆,使朝鲜战局急转直下。美国还打着联合国军的旗号,越过三八线,向鸭绿江和图们江进逼,直接威胁我国东北边境的安全。

面对美国的侵略气焰,中共中央经过慎重考虑,决心承担最大的民族牺牲,组成中国人民志愿军,出兵朝鲜,抗美援朝,保家卫国。10 月 8 日,中国人民革命军事委员会主席毛泽东发布《给中国人民志愿军的命令》:"着中国人民志愿军迅即向朝鲜境内出动,协同朝鲜同志向侵略者作战并争取光荣的胜利。"并任命彭德怀为中国人民志愿军司令员兼政治委员。

中共中央的决定,得到全国人民的热烈支持。广大青年踊跃参军,工人、农民加紧生产,爱国民主人士和民族资本家也纷纷捐款。11 月 4 日,各民主党派发表联合宣言,郑重声明:"中国全体人民团结一致,保卫家乡,保卫祖国,保卫和平的坚强意志,是无论如何也不能摧毁的。"

在全国人民的支援下，中国人民志愿军于 10 月 19 日到达朝鲜前线。就在此时，联合国军总司令麦克阿瑟还在美国总统杜鲁门面前保证："在感恩节前，南北朝鲜各地的正式抵抗都将告终。"中国人民志愿军以迅雷不及掩耳之势，粉碎了敌人的梦想。10 月 25 日至 12 月 24 日，中国人民志愿军在朝鲜人民军的配合下，接连发起第一、第二次战役，歼敌五万余人，收复平壤，把敌人赶回三八线附近，扭转了朝鲜战局。

同年 10 月 4 日晚和 5 日晚，柳亚子先生在中南海怀仁堂两次观看中央戏剧学院舞蹈团演出的歌舞剧《和平鸽》。这出歌舞剧由著名艺术家欧阳予倩编导，舞蹈家戴爱莲主演。精湛的技艺和优美的舞姿，使柳亚子先生接连观看不厌。为表达热爱和平、憎恶侵略的强烈愿望，他填写了《浣溪沙》词。毛泽东读了这首词，深为柳亚子先生的爱国热忱和正义精神所感动，又恰值中国人民志愿军取得第一次战役胜利的捷报频传，挥笔写下《浣溪沙·和柳[亚子]先生》。

五十年代中后期的作品

这一时期的诗词，从《浪淘沙·北戴河》到七律《登庐山》，现已公开发表的，共有十二首，多为触景生情、抒发感慨之作，讴歌祖国日新月异的巨大变化，缅怀为革命献身的亲人、战友及仁人志士。

《浪淘沙·北戴河》作于 1954 年夏。当时，毛泽东来到避暑胜地北戴河，一边工作，一边休养。一日，北戴河海滨狂风大作，波涛百丈，浪涌万叠。毛泽东照例到海滨游泳。卫士长李银桥劝他不要下海，毛泽东回答：风浪越大越好，可以锻炼人的意志。他在白浪滔天的汪洋中，畅游了一个多小时。事后，毛泽东意犹未尽，追古思今，一气呵成《浪淘沙·北戴河》，抒发他对社会主义祖国的无限热爱和美好憧憬。

当时，国民经济出现前所未有的好势头，以第一个五年计划为标志，大规模的经济建设全面展开。国泰民安，政府廉洁，社会风气达到前所少有的好情况。1953年夏，毛泽东代表中共中央正式提出过渡时期的总路线和总任务，即"要在一个相当长的时期内，基本上实现国家工业化和对农业、手工业、资本主义工商业的社会主义改造"。同年12月，根据这条总路线，中共中央通过《关于发展农业生产合作社的决议》。社会主义改造运动，首先在幅员辽阔的农村展开。

1954年初，中共中央根据过渡时期总路线的基本精神，着手制定中华人民共和国的第一部宪法。早在共和国诞生前夕，中国共产党同各民主党派协商产生了具有临时宪法性质的《共同纲领》，并规定在适当的时候制定正式宪法。如今，这个时机终于来到了。在经过八千多人的广泛讨论以后，同年6月14日，毛泽东在中央人民政府委员会第三十次会议上，作了《关于中华人民共和国宪法草案》的报告。他号召全国人民，经过五十年即十个五年计划，把祖国建设成为伟大的社会主义国家。他深信，这是一项前人没有做过的极其光荣伟大的事业。他认为，这个目的一定要达到，这个目的一定能够达到。在这首词里，作者通过历史与现实的强烈对比，艺术地表达了这种信念。

1955年4至6月，毛泽东两次来到风景宜人的杭州，在工作之余，游览了灵隐寺、北高峰、五云山等名胜，并到浙江其他地方，游览了莫干山等地。五律《看山》、七绝《莫干山》、七绝《五云山》三篇诗作，就是在这个时候写成的。

在此之前，毛泽东多次到过杭州。早在1921年8月，他第一次来到杭州。当时，他作为湖南共产主义小组的代表，到上海出席了具有历史意义的中共第一次全国代表大会。8月2日，即散会的当晚，毛泽东经绍兴转道途经杭州，第二天一早就匆匆赶回湖南长沙。西湖美景也不能使他驻足片刻，因为他深知自己肩负的重任实在太重大。

　　建国以后，情况有了很大的变化。1953 年 12 月 27 日，毛泽东带着田家英等人来到杭州，在这里主持起草共和国的第一部宪法，一直到 1954 年 3 月 14 日才离开杭州回到北京。在主持起草宪法的日子里，毛泽东还坚持每天爬山，风雨无阻，足迹遍及西湖沿岸的群峰（包括北高峰）。他还初次游历了位于德清县的莫干山。

　　1955 年 4 月 9 日至 6 月 20 日，毛泽东又两次来到杭州视察。

　　当时，社会主义制度在中国正在成为现实。1954 年 9 月，全国人大一届一次会议通过了第一部社会主义宪法。毛泽东在会上当选为中华人民共和国第一任主席。随后，在毛泽东的领导和推动下，社会主义改造运动正在走向高潮。毛泽东此时的心情是顺畅的。这种心境体现在诗作上，使这三篇诗作的风格欢畅明快，轻盈流畅，而且都重在写景，诗人当时的轻松心境跃然纸上。

　　北高峰，是西湖群峰之一，位于灵隐寺后面，海拔三百一十四米。沿着山路拾级而上，经过三十六盘石阶到达峰顶，远眺对峙的南高峰等山峰，尽情观赏水天辉映的西子湖，偌大的杭州城尽收眼底，别有一番乐趣。毛泽东曾经多次登上北高峰，并告诉随行人员：这里看西湖最美。在多次登上北高峰之后，毛泽东为这里的美妙景色所陶醉，吟成了五律《看山》。在诗中，诗人巧妙地把北高峰及其附近的名胜连成天衣无缝的诗句，可谓独具匠心。

　　莫干山，在浙江德清县境内。相传春秋末年，有莫邪、干将夫妇被吴王阖闾召唤，在这里铸成名扬天下的"莫邪""干将"二剑，夫妇二人却力竭身亡。莫干山因此得名。

　　莫干山海拔七百一十九米，山多修竹。盛夏时节凉爽如秋，是避暑胜地。山上有天池、剑池等名胜。剑池位于荫山山谷，是传说中莫邪、干将磨剑的地方。池水清澈见底，上有飞瀑悬空直泻，形成三叠，甚是壮观。

　　1954 年春，毛泽东第一次游莫干山，留下了美好的印象。第二年天暖，他重游莫干山，写下了七绝《莫干山》这首诗。与历代文人墨客不同的是，毛泽东的这首诗虽以莫干山为名，叙述的却是乘坐汽车返回杭州之事。然而，透过这明快隽永的诗句，仍能使人想象得到诗人游莫干山时那兴致勃勃的样子,既十分传神,又余韵未绝。

五云山,是西湖西南面一座富有神秘色彩的山峰。相传古时这里常有五色祥云在山峰上缭绕,经久不散,因而得名。在山腰上有一小亭,可以近瞰钱塘江,回望西湖长堤。亭上的楹联写道:"长堤划破全湖水,之字平分两浙山。"

毛泽东也多次登上五云山,并在亭前小憩,读过那副楹联。从七绝《五云山》这首诗里可以看出,这里的风景,真正吸引毛泽东的,不仅是五云山上的飞云和她那美妙的传说,更是五云山"远接群峰近拂堤"的独特的地理位置。这正是五云山成为西湖游览胜地的重要原因。

美景也要遇知音。毛泽东不仅作为革命家、政治家、军事家和战略家非凡绝伦,就是作为诗人和游客,同样慧眼独具,非同凡响。

七律《和周世钊同志》,作于1955年10月初。10月4日,毛泽东复信周世钊,将诗抄录在信尾,借以表达对故乡和旧友的无限思念。作者还通过"樽前谈笑人依旧,域外鸡虫事可哀"两句诗,表达他对国际局势的观察。

1953年7月27日,朝鲜停战协定在板门店签字,朝鲜战争结束。1954年7月,日内瓦协议为印度支那半岛带来短暂的和平。从此,台湾海峡成为远东局势的焦点。1955年4月11日,国民党特务分子制造"克什米尔公主"号航班爆炸事件,出席万隆亚非会议的中国代表团工作人员石志昂等不幸遇难。在万隆会议上,周恩来总理宣布:"为了和缓台湾地区的紧张局势,中国政府愿意同美国政府坐下来谈判。""但是任何谈判都丝毫不能影响中国人民行使自己的主权。"

当时,美苏两大阵营的冷战在继续。美国凭借核优势恫吓弱小国家。1955年1月28日,毛泽东在接见芬兰首任驻华大使孙士敦时说:"美国的原子讹诈,吓不倒中国人民。""世界大战的结果,不是有利于好战分子,而是有利于共产党和世界革命人民。"同年3月,他在中国共产党全国代表大会上又说:"帝国主义拿来吓唬我们的原子弹和氢弹，也没有什么可怕。世界上的事情，总是一物降一物。"

同年 7 月，毛泽东作《关于农业合作化问题》的报告，全国农村的社会主义合作化高潮迅即到来。为推动形势的发展，毛泽东在 9 月主持编辑了《怎样办农业生产合作社》一书。10 月，印发中共七届六中全会参阅。12 月，毛泽东又将此书重编一次，篇目作了较大的调整，并重写了序言，书名定为《中国农村的社会主义高潮》，于 1956 年 1 月正式出版。在编书过程中，毛泽东的心情十分舒畅。10 月 11 日，他在七届六中全会上说："我用十一天工夫，看了一百二十几篇报告，包括改文章写按语在内。我就'周游列国'，比孔夫子走得宽，云南、新疆一概'走'到了。"他还要省委书记们也试试看。

这年 6 月，毛泽东回到长沙。6 月 20 日，他在南郊猴子石跃入湘江，畅游许久，才在岳麓山下的牌楼口登岸。他又在周世钊的陪同下，登上岳麓山。随后，周世钊写下七律《从毛主席登岳麓山至云麓宫》："滚滚江声走白沙，飘飘旗影卷红霞。直登云麓三千丈，来看长沙百万家。故国几年空兕虎，东风遍地绿桑麻。南巡已见升平乐，何用书生颂物华。"他将此诗和其他几首诗词寄给毛泽东。10 月 4 日，毛泽东复信，回赠七律《和周世钊同志》，并说："读大作各首甚有兴趣，奉和一律，尚祈指政。"

1956 年 6 月初，毛泽东在武汉畅游长江，乘兴写下《水调歌头·游泳》。

当时，社会主义改造运动已经接近尾声，毛泽东开始认真思考中国的社会主义建设道路问题。从这年 2 月开始，他用了两个半月时间，每一或两天找一个部，向三十四个部门的负责同志作调查，形成了《论十大关系》这篇讲话。后来，他在《十年总结》中回顾说："前八年照抄外国的经验。但从 1956 年提出十大关系起，开始找到自己的一条适合中国的路线。""开始反映中国客观经济规律。"

4 月 25 日和 5 月 2 日，毛泽东在中共中央政治局扩大会议和最高国务会议上，先后两次作《论十大关系》讲话。不久，他便启程南巡。毛泽东先到广州,又飞抵长沙。5月30日上午,他在长沙畅游湘江,并登上橘子洲。随后又飞往武汉,准备横渡长江。

毛泽东对长江有着特殊的感情,繁忙的工作也难消除长江的魅力。他把浩瀚的长江比作"天然的最好的游泳池",喜欢在波涛里畅游。

6月1日,晴空万里。中午时分,毛泽东从武昌岸边长江大桥八号桥墩附近下水,时而仰游,时而侧游,至汉口湛家矶江面登船,历时两小时,全程近十四公里。

6月3日,下午2时许,毛泽东再次畅游长江。为了考察建设中的武汉长江大桥,他提议从汉阳鹦鹉洲附近下水,穿过桥墩,游到武昌八大家江面上船。这一次,他又游了十四公里。

6月4日,有人请毛泽东到东湖游泳,他执意不肯,又一次游长江,从汉阳游到武昌。

畅游长江期间,毛泽东既为大江的宏伟气势所鼓舞,又为祖国日新月异的建设场面所激励,挥笔写下《水调歌头·游泳》。同年12月,他怀着欣喜的心情,将这首词抄赠黄炎培和周世钊。

1957年5月,毛泽东作《蝶恋花·答李淑一》,以怀念夫人杨开慧和战友柳直荀。

李淑一是杨开慧的好友,20年代就同毛泽东熟识。后来由于战争年代的艰苦环境,天各一方,彼此失去联系。1950年1月17日,李淑一给毛泽东寄去新中国成立后写给他的第一封信,把杨开慧牺牲的情景以及自己的近况告诉他。4月18日,毛泽东回信,深情地说:"直荀牺牲,抚孤成立,艰苦备尝,极为佩慰。"

1957年1月,《诗刊》创刊号首次发表毛泽东诗词十八首。李淑一反复诵读,爱不释手。她想起,毛泽东早年曾经填过一首《虞美人》词赠给杨开慧。她只记得词的开头两句,便写信向毛泽东索取全文。同时寄去的还有她所填《菩萨蛮》词一首,作于1933年,是悼念丈夫柳直荀的。5月11日,毛泽东回信给李淑一,诚挚地说:"大作读毕,感慨系之。开慧所述那一首不好,不要写了罢。有《游仙》一首为赠。"他还请李淑一"到板仓代我看一看开慧的墓。此外，你如去看直荀的墓的时候，请为我代致悼意"。信中所说的"《游仙》一首"，即《蝶恋花·答李淑一》。

柳直荀，湖南长沙人，1898年生。他是李淑一的丈夫，也是毛泽东的战友。建党前夕，他就同毛泽东经常往来。随后，又一同从事湖南农民运动。在这期间，柳直荀同李淑一结成伉俪，还是杨开慧做的"红娘"。1930年11月，杨开慧在长沙浏阳门外识字岭英勇就义。1932年9月，柳直荀在湖北洪湖根据地不幸牺牲。他们辞别人世时，一个刚满二十九岁，一个不过三十四岁，正值年华似锦的时候。由于以上这些情况，毛泽东在这首词里，由"杨"联想到"柳"，便是很自然的了。

1957年5月，李淑一收到《游仙》一词，热泪盈眶。这时，湖南师范学院中文系三年级的学生，正在她执教的长沙市第十中学实习。他们意外地读到这首词，深为它的意境及先烈们的事迹所感动，就写信请求作者同意在他们的刊物上发表。毛泽东满足了青年人的要求。同年11月，他在复信里说："来信收到，迟复为歉！《蝶恋花》一词，可以在你们的刊物上发表。《游仙》改《赠李淑一》。"于是，1958年1月1日出版的《湖南师院》上首次刊载了这首词。1963年12月，人民文学出版社将这首词收入《毛主席诗词》时，征得作者同意，改题为《蝶恋花·答李淑一》。

1957年9月11日上午10时，毛泽东来到浙江海宁县观看著名的钱塘潮。下午，又乘兴畅游了钱塘江。在此前后，吟成了七绝《观潮》。

钱塘潮，也称海宁潮，观潮的胜地在浙江海宁县的盐官镇附近。因钱塘江的入海口呈喇叭状，江口大，江身小，涨潮时，海水从宽达百余里的江口涌入，却受到迅速变窄的江岸挤压，形成涌潮。前面的涌潮又与后面的海涛互相作用，后推前阻，形成壁立江面的罕见景观。潮头最高达三点五米，落差可达八点九米。这就是闻名中外的钱塘潮。

钱塘潮因其惊心动魄引来历代文人墨客争相赞颂。宋朝人周密在《武林旧事》一书中说："浙江（钱塘江的别称）之潮，天下之伟观也,自既望以至十八日为最盛。方其远出海门,仅如银线。既而渐近,则玉城雪岭,际天而来,大声如雷霆,震撼激射,吞天沃日,势极雄豪。"

海宁观潮,以农历八月十八日为最佳,旧有"潮神生日"之称。一年之中,这一日的潮讯最大,惊涛拍岸,顿作泼天骤雨。专程赶来看此奇观的人,数以万计。

毛泽东来海宁观潮,恰逢农历八月十八日。

12时20分,随着隆隆巨响,排山倒海般的潮水奔腾而来,观潮的人群发出阵阵赞叹。毛泽东伫立在临时搭起的帐篷前,聚精会神地凝视着大潮,又好像在思考着什么。随后,他对周围的人谈起钱塘潮的变迁说:"南宋的时候,钱塘潮可以直达杭州。那时,我们可以站在吴山上观潮。现在,钱塘江的喇叭口因为泥沙堆积变小了,所以要跑到海宁来观潮。再过几百年,在海宁也要看不到潮啦!"在他内心深处,生出一番感慨。

海宁观潮,给毛泽东留下深刻而美好的印象。他诗兴勃发,吟成了七绝《观潮》。同样是潮声雷鸣,排山倒海,在这位"横扫千军如卷席"的统帅笔下,宛若"铁马从容杀敌回"的雄师劲旅。

七律二首《送瘟神》作于1958年7月1日,时值中国共产党诞生三十七周年纪念日。作者在小序中写道:"读6月30日人民日报,余江县消灭了血吸虫。浮想联翩,夜不能寐。微风拂煦,旭日临窗。遥望南天,欣然命笔。"第一首写解放前血吸虫病对人民群众的危害,第二首写解放后人民群众的巨大创造精神。作者用强烈的对比,表达了他对祖国和人民的无限热爱。

血吸虫病,是一种寄生虫引起的疾病,广泛流行于我国南方各省。患者到了晚期,面黄肌瘦,腹部严重积水,被群众形象地称为"大肚子病"。血吸虫病不但能够致残,而且会造成病人大量死亡。在血吸虫病流行地区,许多村庄人烟稀少,良田荒芜。由于得不到有效控制,它成为旧中国的一大灾害。

中华人民共和国成立后,曾多次派出大批医护人员到疫区调查,对患者免费治疗。1955年冬,毛泽东主席发出"一定要消灭血吸虫病"的号召。第二年,中共中央又根据毛泽东的提议,成立中央防治血吸虫病领导小组,由柯庆施任组长。血吸虫病疫区所在的省、地、县,也普遍成立了领导小组。1957年4月,国务院发布《关于消灭血吸虫病的指示》。

根治血吸虫病的工作很快取得进展。1958年6月30日,《人民日报》刊登一篇通讯,题为《第一面红旗——记江西余江县根本消灭血吸虫病的经过》。报道说:"江西余江县在全国血吸虫病防治工作战线上插上了第一面红旗——首先根除了血吸虫病,给祖国血吸虫病科学史上增添了新的一页。"

余江县是江西省的重点疫区。在该县有粮仓之称的兰田坂,近五十年间,有三千多人因患血吸虫病死亡。二十多个村庄被毁,一万四千多亩良田变成荒野。1956年春天,余江县也和全国一样,出现农业合作化高潮,中共余江县委对血吸虫病的防治工作提出"半年准备,一年战斗,半年扫尾"的计划。有人对此将信将疑。结果,几个月后,组织起来的群众就把纵横交错的旧沟洫全部填平,又修起新的灌溉网,根除了血吸虫的滋生地。医护人员也在科学实验的基础上,探索出新的治疗方法,缩短了疗程。两年以后,原定的目标终于实现。

《人民日报》刊登这条振奋人心的消息时,毛泽东正在景色秀丽的杭州视察。当天,他仔细阅读了这篇通讯,高兴地对工作人员说:"好!好!全国都这样那该多好。这种小虫可害人哩,余江人民消灭了血吸虫病,我看了就高兴。"从这个喜讯,毛泽东又一次感受到人民群众的创造力。当时,"大跃进"正在全国展开。毛泽东在南巡期间,曾经感慨地说:"此次旅行,看到了人民群众的很大的干劲。在这个基础上,各项任务都是可以完成的。"诗人在七律二首《送瘟神》里,正表达了这种心境。

1959年6月25日至27日,毛泽东在故乡韶山度过了难忘的三天,写下了七律《到韶山》。

1927年1月,毛泽东在考察湖南五县农民运动期间,回到韶山,在这里调查了五天。这次考察,他步行一千四百余里,历时三十二天,掌握了大量第一手材料。同年 2 月,毛泽东回到武汉,在武昌都府堤 41 号赶写出《湖南农民运动考察报告》,热情讴歌农民运动的伟大创举,批驳一些人对农民运动的责难。不久,蒋介石在上海发动"四一二"反革命政变。5 月,湖南军阀许克祥又在省会长沙制造"马日事变"。面对即将来临的血雨腥风,韶山成立农民自卫军,奋起保卫革命成果。后因寡不敌众,终致失败。

1959 年 6 月 25 日下午 5 时许,在离别三十二年之后,毛泽东重回故乡。此时,他已年近六十六岁。在艰苦卓绝的革命斗争中,他无私地奉献出自己的年华和亲人——从妻子到弟弟妹妹,甚至还有心爱的长子。望着熟悉的一草一木,他抚今追昔,思念逝去的亲人,痛悼死难的烈士,更热爱朝气蓬勃的故乡人民。

6 月 26 日,毛泽东重访旧居,探望熟识的乡亲们。他还来到韶山学校,同师生们畅谈,并合影留念。下午,毛泽东又来到韶山水库,兴致勃勃地跃入水中,畅游了两个钟头。当晚,毛泽东在招待所邀集为革命作过贡献的老人座谈,请他们吃饭。他见到韶山党支部第一任书记毛福轩烈士的遗孀贺菊英老人,深情地说:"毛福轩是个好同志。他为革命牺牲了,死得很光荣。"就餐时,毛泽东举杯恭敬地说:"离开韶山几十年了,今天请大家吃餐便饭,敬大家一杯酒。"说罢,离席为各位老人敬酒。

在韶山期间,毛泽东还来到父母的墓前,献上几束松枝,深深地鞠了一躬。事后,他对罗瑞卿说:我们共产党人是彻底的唯物主义者,不迷信什么鬼神。但生我者父母,教我者党、同志、老师、朋友也,还得承认。

韶山之行给毛泽东留下了深刻的印象。他为故乡人民勇于献身的精神而骄傲,更为他们的冲天干劲而自豪。他在七律《到韶山》一诗中,真实地记录了这些感触,深刻地概括了三十二年来的斗争和胜利。

1959 年 6 月底,毛泽东告别韶山,怀着轻松喜悦的心情,登上位于江西九江的庐山,7 月 1 日写出七律《登庐山》。他在小序里曾写道:"1959 年 6 月 29 日登庐山,望鄱阳湖、扬子江。千峦竞秀，万壑争流，红日方升，成诗八句。"这条小序，后来被作者删去，但对理解诗的意境，是有所裨益的。

此刻，中苏两党在意识形态上的分歧，已进一步导致国家关系的恶化。1958年7月，苏联领导人向我国政府提出设立长波电台和建立联合舰队的要求。遭到拒绝以后，苏联政府又于1959年6月单方面撕毁了中苏两国关于国防新技术的协定，拒绝提供原子弹样品和生产原子弹的技术资料。面对大国的压力，作者用"冷眼向洋看世界，热风吹雨洒江天"的诗句，表达了中国人民藐视一切困难、自力更生、奋发图强的决心。

七律《登庐山》写于庐山中央政治局扩大会议的前一天。毛泽东把这次会议称作"神仙会"，因为他已决心纠正大跃进的某些偏差，而要到会的高级干部放下包袱，畅所欲言。

从1958年11月起，毛泽东先后召开第一次郑州会议、武昌会议、中共八届六中全会、第二次郑州会议和中共八届七中全会，试图解决人民公社化和"大跃进"中出现的问题，还为此于1959年2月到河北、山东、河南三省了解情况。他对"共产风"、浮夸风和高指标提出批评，要求大家"压缩空气"，要有清醒的头脑，不要相信假话。他强调，破除迷信，不要把科学破除了。凡迷信一定要破除，凡真理、凡科学，一定要保护。根据毛泽东的意见，周恩来、刘少奇、朱德、陈云等中央领导同志前往各地巡视，初步纠正了一些偏向，更发现不少问题。

毛泽东对人民公社化和"大跃进"，始终有个基本估计。他认为，这些都是人民群众的主动性和创造精神的体现，其中难免会有错误，但与成绩相比，不过是一个指头同九个指头的关系。他决心纠"左"，是为了使运动更加健康地发展，而不是要根本否定它。他最欣赏的，一是人民群众热火朝天的革命干劲，一是人民公社体制。他曾设想，人民公社有可能成为建成社会主义和逐步向共产主义过渡的最好的组织形式。这些思想，在这首诗里有所体现。

在这次庐山中央政治局扩大会议上，毛泽东确定的基调是总结经验，纠正错误。然而，从7月14日彭德怀给毛泽东写信开始，在中央内部引发出一场激烈的争论，这出乎毛泽东的意料。随即，毛泽东决心发动对以彭德怀为代表的所谓"右倾机会主义"的批判,使会议的主旨,由纠"左"而变为反右。

六十年代的作品

这一时期,是国际局势风云变幻的时期,也是毛泽东的思想发生重要变化的时期。一首首诗作,随着思绪的升腾,从作者胸中喷薄而出,形成了毛泽东诗词创作的又一个高峰。从 1961 年 2 月到 1965 年秋,现已公开发表的作品,有十四首。

七绝《为女民兵题照》,作于 1961 年 2 月。作者只用了二十八个字,就热情赞颂了中国妇女,充分肯定了民兵制度的重要。

民兵制度在毛泽东人民战争思想中,占有极其重要的地位。它起源于第一次国内革命战争时期,在土地革命战争、抗日战争和解放战争中发挥了巨大的作用。它是人民军队的有力助手,并为人民军队补充源源不断的兵员。在长期的革命战争中,逐步形成为野战军、地方军、民兵三结合的人民武装力量体制。

毛泽东十分重视民兵建设。早在抗日战争刚刚爆发时,他就提出"武装民众实行自卫"的号召。随后,又在《论持久战》里提出"兵民是胜利之本"的著名论断。1949 年 9 月,在他指导下形成的《中国人民政治协商会议共同纲领》中规定:"中华人民共和国实行民兵制度,保卫地方秩序,建立国家动员基础。"新中国成立后,毛泽东多次就民兵工作发表意见。1958 年 8 月 29 日,他在北戴河中央政治局扩大会议上讲话,提出:"必须在全国范围内把能拿武器的男女公民武装起来,以民兵组织的形式,实行全民皆兵。"同年 9 月 29 日,他对新华社记者发表谈话,表示:"帝国主义者如此欺负我们,这是需要认真对付的。我们不但要有强大的正规军,我们还要大办民兵师。这样,在帝国主义侵略我国的时候,就会使他们寸步难行。"

1959 年,在毛泽东的关怀下,中央军委起草《关于民兵工作问题的请示报告》。同年 12 月 14 日,中共中央向全党批转了这个报告。1960 年 1 月，人民解放军总参谋部、总政治部在北京联合召开全国民兵工作会议，贯彻这个报告，统一全党全军对民兵的战略地位的认识。与会代表还受到毛泽东等中央领导同志的亲切接见。这次会议，有力地促进了全民皆兵防御体系和民兵制度的完善。

毛泽东在七绝《为女民兵题照》这首诗里，同样表达了他对民兵工作的殷切希望。后来，他在 1962 年 6 月 19 日的一次讲话里，又进一步提出：“民兵工作要做到组织落实、政治落实、军事落实。”

七律《答友人》作于 1961 年，具体日期待考。当时，国内形势是严峻的，但毛泽东对前途充满信心。他用轻松、浪漫的笔调，将思乡之情同湘文化中的美丽传说，巧妙地融为一体。

1961 年，中国农村度过了关键的一年。1 月间，毛泽东在中共八届九中全会上，号召全党大兴调查研究之风。不久，他认真听取了由他组织的浙江、湖南、广东三个调查组的汇报，并在广州主持制定了《人民公社工作条例（草案）》。3 月 22 日，中共中央工作会议通过了这个条例草案。同年 5 至 6 月间，中共中央在北京举行会议，取消了原草案对食堂和供给制的规定，形成条例的“修正草案”。毛泽东在会上对错误承担了主要责任。他说：“违反客观事物的规律，要受惩罚，要检讨。”

《人民公社工作条例（修正草案）》的贯彻，在农村引起强烈的反响，农业开始复苏。8 至 9 月间，中共中央在庐山举行工作会议，进一步解决工业、财贸、教育、科学等战线的问题。毛泽东希望大家“开一个心情舒畅的会”。他在讲话中充满信心地说：问题暴露出来了，将走向反面，现在是退到山谷了。形势到了今天，是一天天向上升了。会后，毛泽东又于 9 月 27 日来到邯郸，就农村基本核算单位问题亲自作调查。29 日，他在写给中央常委等同志的信中，谈了自己的感想：“我们对农业方面的严重的平均主义的问题，至今还没有完全解决，还留下一个问题。农民说，六十条就是缺了这一条。这一条是什么呢？就是生产权在小队，分配权却在大队。"10月7日，中共中央专门就此发出指示，要求各级党委认真调查研究，以便中央作出决定。翌年2月，中共中央下达《关于改变农村人民公社基本核算单位问题的指示》。

全国形势的复苏，更引起诗人对故乡的向往和怀念。1961年的某一天，乐天宇、李达、周世钊一起闲谈。他们都是毛泽东早年的友好。客人给乐天宇捎来九嶷山的斑竹，三人商定送一枝斑竹给毛泽东。另外，李达送一根斑竹毛笔，又写了一首咏九嶷山的诗。周世钊送一幅内有东汉文学家蔡邕的文章的墨刻。乐天宇送一条幅，上有蔡伯喈《九嶷山铭》的复制品，还有乐天宇写的一首七律《九嶷山颂》。据有人考证，这就是毛泽东写作七律《答友人》的缘起。它以浓郁的浪漫色彩，寄托了诗人对故乡湖南的怀念、神往与祝愿。

同年12月26日，毛泽东在六十八岁生日给周世钊的信中说："'秋风万里芙蓉国，暮雨朝云薜荔村。''西南云气来衡岳，日夜江声下洞庭。'同志，你处在这样的环境中，岂不妙哉？"这同样表达了作者的思乡之情。

七绝《为李进同志题所摄庐山仙人洞照》，作于1961年8月23日至9月16日中共中央庐山工作会议期间。这次庐山会议主要讨论工业、财贸、教育、科技等问题，通过了《关于当前工业问题的指示》。会议对贯彻"调整、巩固、充实、提高"八字方针，使国民经济走出低谷，起了重要作用。毛泽东主持了这次会议。

庐山，又名匡山或匡庐，在江西九江市南，飞峙长江边，傍倚鄱阳湖。相传周朝有匡氏七兄弟上山修道，以草庐为舍，故得此名。庐山峰奇山秀，自古闻名。据说夏代禹王疏九江，秦始皇南巡，都登临庐山。东汉明帝时，这里成为中国佛教中心之一。历代诗人慕名而来。宋代大诗人苏轼曾留下千古名句："不识庐山真面目，只缘身在此山中。"

仙人洞在牯岭西北处佛手岩下，海拔一千余米，是庐山著名景观。它是悬崖绝壁上的天然石洞，高约两丈，深广各三四丈，圆门上刻有"仙人洞"三个字。传说唐朝吕洞宾曾在这里修炼求仙。

还有人说,明朝名士周颠也来此隐居。朱元璋派人寻访,来到洞前,不见踪影,疑为仙人。"仙人洞"因此得名。

毛泽东的这首诗,不仅是写景,更反映了他对国内外形势的观察。1959年到1961年,我国国民经济面临严重困难。1960年8月,中共中央决定实行"调整、巩固、充实、提高"的八字方针。同年11月,中共中央又发出《关于农村人民公社当前政策问题的紧急指示信》。即使在最困难的时刻,毛泽东也总是激励全党,坚信乌云必将过去,曙光即在前头。

与此同时,我国在外交上也面临不利的局面。美国在南越使战争不断升级,第七舰队不断在台湾海峡游弋,核潜艇经常出入于日本冲绳港,威胁中国及亚太地区的安全。中国面对着一个所谓的"新月形包围圈"。苏联也将意识形态的分歧逐步扩大,由两党间的争论变为许多党对我党的围攻,由政治孤立扩大为经济遏制。面对复杂的局势,毛泽东镇定自若。他认为,威胁也好,封锁也罢,真正受到孤立的终将是他们自己。

七律《和郭沫若同志》,作于1961年11月。

从50年代后半期起,中国共产党同苏联共产党在对待战争与和平、和平过渡、和平竞赛以及社会主义道路等重大问题上,逐步产生严重的意见分歧。1960年4月22日,在列宁九十周年诞辰之际,中国共产党接连发表《列宁主义万岁》等三篇文章,系统表达了原则立场。

同年6月24日至26日,社会主义国家共产党和工人党代表在罗马尼亚首都布加勒斯特举行会议。会议前夕,苏共代表团突然散发苏共中央致中共中央的通知书,对中共全面攻击。会议期间,赫鲁晓夫又带头围攻中共代表团。一些兄弟党在不明真相的情况下,也随声附和。11月,在莫斯科八十一国共产党、工人党代表会议上,苏共代表团又率先同中共代表团激烈争论。在这些场合下,中国共产党人同苏共代表团进行针锋相对、有理有节的斗争,对兄弟党则始终采取忍让和说服的态度,因而赢得了主动。毛泽东在七律《和郭沫若同志》这首诗里,用艺术的语言,表达了中国共产党人的上述立场。

郭沫若,1892 年生于四川省乐山县,现代著名文学家和历史学家。1961 年 10 月 18 日,他在北京民族文化宫观看浙江省绍剧团演出的《孙悟空三打白骨精》,这出戏是根据《西游记》第二十七回改编的。在小说里,孙悟空的第三棒就打死了"白骨夫人"。剧本将后半部改为:白骨精从第三棒下逃脱,又待孙悟空被逐,乘机降住唐僧和沙僧。猪八戒侥幸逃脱,请回孙悟空,设计除掉白骨精。全剧最精彩处,是孙悟空化作白骨精之母,要白骨精在师父面前三现原形,使唐僧悔悟。演出结束后,绍剧团的同志要郭沫若提出意见。10 月 25 日,郭沫若写了七律《看〈孙悟空三打白骨精〉》一诗,结合当时的国际斗争,表达诗人的观感。

不久,毛泽东在广州读到郭沫若的这首诗,便于 11 月 17 日奉和,表示他对唐僧的不同看法。第二年 1 月 6 日,郭沫若在广州读了和诗,接受毛泽东的意见,当日步原韵再和一首,诗中有"僧受折磨知悔恨"一句。毛泽东看过,回信赞赏:"和诗好,不要'千刀当剐唐僧肉'了。对中间派采取了统一战线政策,这就好了。"

毛泽东喜爱梅花。南宋爱国诗人陆游常以梅花为题,填词抒情。1961 年 12 月,毛泽东在广州,为即将召开的中共中央扩大的工作会议作准备。闲暇时,他读了陆游的《卜算子·咏梅》,不甚满意词中表现出的孤芳自赏、凄凉抑郁的情调,因而"反其意而用之",写下了《卜算子·咏梅》。

这是一首政治写意词。进入 60 年代,社会主义各国经过一段辉煌时期后,先后进入曲折发展的时期。由于各国的历史条件和现实特点不同,各自的方针、政策和思想认识产生了很大的差异和分歧。习惯以"中心"自居的苏联领导人,却将这种正常的分歧扩大到国与国的关系上,中苏两国的关系逐渐冷淡。1960 年 7 月,布加勒斯特会议以后,苏联单方面撤走在华的全部专家,撕毁几百个协定和合同,停止供应重要设备,加重了我国的经济困难。当时,以美国为首的西方国家一直对华经济封锁。苏联的严重步骤,实际上断绝了我国从国外获取先进技术装备的正常渠道。与此同时,我国国内正面临建国以来最困难的"三年灾害"。全国人民同心同德,节衣缩食,日夜苦战,一要温饱,二要建设,三要还债。这是前所未有的严峻考验。

在严重的困难面前,毛泽东始终保持了中华民族大无畏的气概,顶住了大国沙文主义的压力。中国共产党人向全世界庄严宣告:"国际共产主义运动的命运,取决于各国人民的要求和斗争,取决于马克思列宁主义的指导,而绝不是取决于任何人的指挥棒。"尽管历史证明,在中苏论战中,我们的许多观点同样脱离或超越了中国的实际,以至于竟要付出像"十年浩劫"那样惨重的代价。但是,中国人民独立自主、自力更生的精神,却赢得了普遍的赞誉。毛泽东的这首词,艺术地再现了中华民族和中国共产党人的这种气概。

七律《冬云》,写于作者的六十九岁生日,时值 1962 年岁尾。

1962 年,在国际共产主义运动中,在我国边境上,都出现许多严重的事态:

4 月间,新疆维吾尔自治区塔城、裕民、霍城三县居民六万余人逃往苏联。5 月,又发生伊犁暴乱事件。据悉,苏联领事馆等人员卷入了这些事件。事后,苏联方面还断然拒绝遣返中国公民。

8 月,苏联政府正式通知中国政府,苏联将同美国达成防止核扩散的协议。针对美苏剥夺第三国拥有核武器的权利的企图,中国政府一再提出抗议。

10 月 20 日,印度军队从中印边界东西两段同时发动大规模武装入侵,中国边防部队自卫还击,迅速粉碎了印军的进攻。11 月 22 日零时,中国边防部队主动实行全线停火,并自 12 月 1 日起从 1959 年 10 月 7 日的实际控制线主动后撤二十公里。苏联却借机指责中国,并对印度提供经济援助。

11 月起,苏联又连续发表几百篇文章,抨击中国共产党的内外政策。国际上,四十多个兄弟党发表决议、声明或文章,对中国共产党多方指责,一时间形成一股国际压力。

面对日趋严重的事态,中共中央决定,对一些兄弟党的攻击,有选择地公开答辩。同年 12 月 15 日,第一篇公开答辩的文章在

《人民日报》发表。

与此同时，国内为克服经济困难所作的努力，已经带来转机。在 1962 年 1 至 2 月间召开的中共中央扩大的工作会议上，毛泽东号召到会同志"开出气会"。"白天出气，晚上看戏。两干一稀，大家满意。"他对中共中央在工作中的问题，主动承担了部分责任。这次会后，又召开中央政治局常委"西楼会议"，一致通过陈云所作的《目前财政经济情况和克服困难的若干办法》的报告，并征得在武昌的毛泽东的同意。由于采取有效的经济调整措施，再加上落实知识分子政策，为部分党员、干部甄别平反，调整民族政策和统一战线政策，到 1962 年底，国民经济开始走出"谷底"，全国形势逐渐回升。

《满江红·和郭沫若同志》，作于 1963 年 1 月 9 日，上距七律《冬云》的写作不过十四天，反映的都是诗人的同一心境。

中国人民顶住苏联大国沙文主义的巨大压力，克服国民经济调整的重重困难，终于在辞旧迎新之际，看到了转机。著名诗人郭沫若敏锐地察觉到这种变化。当时的喜悦心情，只能用"山重水复疑无路，柳暗花明又一村"来描绘。1963 年新春在即，他提笔填了《满江红》一词，并请人送呈毛泽东。

此刻，毛泽东正在广州。他从《光明日报》上看到郭沫若的《满江红》词，诗兴勃发，孕育于胸中的宏伟理想不禁喷薄欲出。他反复吟唱，走笔疾书，填成《满江红·和郭沫若同志》，送战友周恩来阅看，还特意提醒："郭词见一月一日《光明日报》。"

第二次世界大战以后，世界格局发生显著变化。亚非拉国家的民族独立和人民解放运动此起彼伏，汇成一股不可阻挡的历史潮流。到 1963 年为止，亚洲和非洲五十多个国家赢得了独立，近代以来形成的殖民体系迅速解体。第二次世界大战后，美国取代英国成为西方盟主。它多次发动侵略战争，企图挽救殖民体系的崩溃。如：1948 年 8 月，出兵哥伦比亚；1958 年 7 月，美军在黎巴嫩登陆；1959 年 1 月和 5 月，出兵干涉多米尼加和尼加拉瓜内政；1960 年，镇压刚果（金）（即扎伊尔）的民族独立运动；1961 年 4 月，派遣雇佣军在古巴吉隆滩登陆，被击溃；同年 5 月，又在越南南方发动"特种战争"。然而，这些举动非但不能挽回颓势，反倒使自己从"金元帝国"的顶峰衰落下来。广大"中间地带"国家在国际事务中的作用逐渐增长，中国在这些国家中的威望日益提高。

毛泽东敏锐地觉察到这些变化，并概括为"四海翻腾云水怒，五洲震荡风雷激"。他希望以"只争朝夕"的精神，把国际国内的事情做好。1964 年 12 月，周恩来总理在全国人大三届一次会议上庄严宣告：调整国民经济的任务基本完成，整个国民经济将进入一个新的发展时期。他号召全党和全国人民，要努力把我国逐步建设成为一个具有现代农业、现代工业、现代国防和现代科学技术的社会主义强国。由于毛泽东错误发动和领导了"文化大革命"，这个宏伟的计划被迫搁浅。

1963 年 4 月 25 日，国防部发布命令，授予人民解放军驻守上海某部八连"南京路上好八连"的光荣称号，号召全国官兵学习。在八一建军节之际，毛泽东挥笔写下杂言诗《八连颂》。

1949 年 5 月，这个连队进驻上海南京路。上海是产业工人集中的城市，富有革命传统，但也曾经是帝国主义和买办资产阶级势力集中的地方。帝国主义分子预言，共产党进了上海，不久就会发霉、发黑、烂掉。然而，这个连队的官兵，身居闹市，一尘不染，勤俭节约，艰苦为荣，克己奉公，团结友爱，顶住了"糖衣炮弹"的侵袭，保持了全心全意为人民服务的宗旨。

毛泽东对于脱离群众的作风，对于党内腐败现象，始终保持着高度的警惕。1949 年 3 月，在七届二中全会上，经毛泽东提议，曾作出几项规定：一曰不做寿；二曰不送礼；三曰少敬酒；四曰少拍掌；五曰不以人名作地名；六曰不要把中国同志和马、恩、列、斯平列。毛泽东还告诫全党，不要被"糖衣炮弹"所征服。进入 60 年代，毛泽东对干部脱离群众的某些倾向逐渐感到忧虑。1963 年 3 月 1 日，中共中央发布开展反对贪污盗窃、投机倒把、铺张浪费、分散主义和官僚主义的指示。同年 5 月 9 日，毛泽东又在《浙江省七个关于干部参加劳动的好材料》的批语中提出，要"使我们的干部成为既懂政治、又懂业务、又红又专、不是浮在上面做官当老爷、脱离群众,而是同群众打成一片、受群众拥护的真正好干部"。当时采取的一系列措施,尽管在定性和处理上混淆了两类不同性质的矛盾,但对纠正党内某些腐败现象确有一定作用。

毛泽东看到"南京路上好八连"的事迹,受到很大鼓舞。他希望人民解放军能起带头作用,振奋起全党和全国人民的革命精神。同年12月16日,毛泽东在一封信里,发出了国家工业各部门(从部到厂矿)学习解放军、加强政治工作的号召,并说:"这个问题我考虑了几年了。"

七律《吊罗荣桓同志》,作于1963年12月。

这年12月16日,中共中央政治局委员、中国人民解放军总政治部主任、中华人民共和国元帅罗荣桓在北京病逝,终年六十一岁。

罗荣桓是湖南衡山人,1902年生,1927年加入中国共产党。参加过毛泽东领导的湘赣边界秋收起义,历任红四军连、营、纵队党代表。1929年底,出席由毛泽东主持的红四军第九次党代表大会,即"古田会议",当选前敌委员会委员。后任红四军政治委员、红一军团政治部主任。中央红军长征期间,任总政治部巡视员、红一军团政治部副主任。抗日战争时期,任八路军一一五师政治部主任,开辟山东抗日民主根据地,后任中共中央山东分局书记。抗日战争胜利后,率山东主力部队开辟东北根据地,历任东北民主联军副政治委员、东北野战军政治委员。辽沈战役中,他坚决贯彻毛泽东和中央军委的战略意图,坚持先打锦州,把国民党军围困在东北予以全歼,受到毛泽东的赞扬。1949年1月,任第四野战军第一政治委员,参与指挥平津战役,主持和平解放北平的谈判工作。中华人民共和国成立后,任总政治部主任兼人民解放军政治学院院长等职,曾主持制定《中国人民解放军政治工作条例(草案)》。60年代初,他反对林彪把学习毛主席著作庸俗化的做法,强调学习毛泽东思想的立场、观点和方法。他长期抱病工作,积劳成疾,不幸以身殉职。

噩耗传来,毛泽东悲痛逾常。他到医院向罗荣桓的遗体告别,连续几天沉浸在对战友的哀思之中。据身边的医护人员吴旭君回忆："在这之后几天中，主席讲话很少，若有所思。有一天，主席服了大量的安眠药后仍睡不着觉，躺在床上写东西。当时已是半夜了，我怕他的安眠药上劲，让他先睡觉，起床后再写。他说现在写得正在劲头上，放不下，并叫我去休息一会儿，有事打铃叫我。"七律《吊罗荣桓同志》，就是在痛悼亡友的激情中写成的。

又据吴旭君回忆："当读到'国有疑难可问谁'这句时，我说：'主席，您这么谦虚！'主席说：'为人还是谦虚点好。'我又问主席：'是谁能使阁下这般钦佩?'主席从我手中接过诗稿，在稿纸上半截空白的地方写了个题目——吊罗荣桓同志。"毛泽东在诗中回顾了罗荣桓对党和人民无限忠诚的一生，高度评价了他的历史功绩和地位。

《贺新郎·读史》作于1964年春。

毛泽东酷爱读书。他说过：有了学问，好比站在山上，可以看到很远很多的东西；没有学问，如在暗沟里走路，摸索不着，那会苦煞人。他比常人站得高些，看得远些。一个重要的条件，就是他的学识渊博，贯通古今。

毛泽东对中国史书读得很多，也十分熟悉。他通读过《二十四史》，有的部分读过不止一遍。进城不久的1952年，他添置了一部大字本的《二十四史》。二十多年过去了，上面添了大量的圈、线和批注。1975年8至9月间，他的视力略有恢复，还两次读过《晋书》。正史以外，毛泽东也兼读其他。1937年1月，他致电李克农："请购整个中国历史演义两部（包括各朝史的演义）。"在延安，他还读过《容斋随笔》等。范文澜送给他一套《笔记小说大观》，他一直保存下来。此外，《资治通鉴》《纲鉴易知录》等编年体史籍，还有纪事本末体史籍，他也通读了。在毛泽东的亲自过问下，中华书局组织专家校点了《二十四史》。他还采纳吴晗的建议，由谭其骧主持编绘了《中国历史地图集》。在那段时间里，他在办公之余，一直在看司马迁的《史记》及范文澜的《中国通史简编》。

毛泽东说过，读历史的人不一定是守旧的人。1954年冬，他对吴晗说:《资治通鉴》这部书写得好,尽管立场观点是封建统治阶级的,但叙事有法,历代兴衰治乱本末毕具。我们可以批判地读这部书,借以熟悉历史事件,从中吸取经验教训。这正是他通晓历史的目的。毛泽东多次说过,中国的历史,就是一部阶级斗争史。因此,他对历史记载中的"贼""匪""盗""寇",给以很高的评价。在1958年12月武昌会议上,还将《三国志·张鲁传》向与会者推荐。他对中国古典文学中具有进步性的名作,也同样认真看待。《红楼梦》他至少读过五遍,还说:《红楼梦》写的是很精细的社会历史,要把它当历史读。

毛泽东熟悉历史,不是为了考据,而是要通今。他曾经号召全党:"对于近百年的中国史,应聚集人才,分工合作地去做,克服无组织的状态。应先作经济史、政治史、军事史、文化史几个部门的分析的研究,然后才有可能作综合的研究。"1939年冬,他和几个同志合作完成的《中国革命和中国共产党》,就是教育干部认识历史和现状的认真尝试。

《水调歌头·重上井冈山》和《念奴娇·井冈山》,都作于1965年5月下旬。

1965年5月22日,毛泽东从湖南长沙驱车前往井冈山。1927年10月,毛泽东在那里创建了第一个革命根据地。当年,他不过三十四岁。如今,又过了三十八个春秋。

井冈山位于江西、湖南两省边境,罗霄山脉中段,最高峰海拔一千八百多米,山势雄伟险峻。井冈山根据地全盛时,拥有宁冈、永新、莲花三县,东起拿山,西到水口,北依茅坪,南接黄坳,方圆二百七十五公里。新中国成立后,井冈山地区发生很大变化。从湖南长沙,经韶山、安源、三湾、宁冈,直达茨坪的公路已经修通。毛泽东重上井冈山,就是沿这条公路故地重游的。

22日,毛泽东首先来到井冈山下的茅坪,举目注视着谢氏慎公祠。这里曾是中共湘赣边界第一、第二次代表大会会址,毛泽东在这里当选第一任湘赣边界特委书记。祠后不远的一幢砖房,就是八角楼。毛泽东曾经住在这里,写下具有历史意义的名篇《中国的红色政权为什么能够存在》。

当天，毛泽东驱车登上"高路入云端"的黄洋界。它同八面山、桐木岭、双马石、朱砂冲，并称为井冈山五大哨口，至今仍保留着当年守哨红军住过的营房。毛泽东仔细察看修复后的营房，又向哨口走去。黄洋界海拔一千三百四十三米，位于井冈山北部，是江西宁冈和湖南酃县通向井冈山的要隘。站在哨口举目瞭望，数百里群山尽收眼底，白云在脚下翻腾，如临汪洋大海，黄洋界因此得名。黄洋界设哨口两道，第二道哨口两侧有一槲树，高十余丈，三人合抱，枝繁叶茂，犹如巨伞。毛泽东、朱德、陈毅率红军挑粮上山，常在这里休息。

茨坪位于井冈山的中心。这里四面环山，一条溪流横穿盆地，有山路直通五大哨口和大小五井。有歌谣形容它的险要："行州府，茨坪县，大小五井金銮殿。"当年，井冈山根据地的党政军首脑机关就设在这里。1953年，在茨坪北面的山冈上，树立了井冈山革命烈士纪念塔。1959年，又在毛泽东、朱德、陈毅的旧居及红四军军部旧址附近，建立了井冈山革命博物馆。楼高二层，面积约三千平方米，设有七个陈列室。

当晚，毛泽东来到茨坪。这个当年不过十余户人口的小山村，如今已成为熙熙攘攘的重镇。毛泽东在茨坪住了七天，直到5月29日下山。他广泛了解井冈山地区的水利、公路建设及人民生活等情况，分别会见当年的老红军和烈士家属，向他们表示慰勉之情。他还同机关干部及普通群众亲切交谈，鼓励他们把老革命根据地建设好。5月25日，他写下了《水调歌头·重上井冈山》，并在此前后吟成《念奴娇·井冈山》。

《念奴娇·鸟儿问答》作于1965年秋，表明作者在战争与和平问题上的原则立场。

1963年8月5日，苏、美、英三国外长在莫斯科签订了《禁止在大气层、外层空间和水下进行核武器试验条约》。这项动议是1959年4月由美国首先提出的。美国从1945年7月爆炸第一颗原子弹起，到签订条约为止，共进行二百五十九次核试验。它还拥有规模巨大、设备完善的地下核试验场,进行过七十余次地下核试验,在这方面拥有明显的优势。因此,美国迫切希望达到禁止在大气层、外层空间和水下进行核试验的协议,以保持核垄断的优势。

在地下核试验方面处于劣势的苏联,急于签订这样的条约,也有自己的考虑。慑于核战争的巨大毁灭力,苏联领导人提出战争与和平的新理论,认为:"在本世纪中叶所制成的火箭——核武器,改变了以前关于战争的概念。""任何一个小小的'局部战争',都会成为引起世界大战的火灾的星星之火","我们将会毁灭自己的诺亚方舟——地球"。当美国提出建议以后,苏联立即作出积极响应,经过一段谈判,达成了"三家协议"。

毛泽东对战争问题始终持十分谨慎的态度。但他一贯坚信,决定战争胜负的是人民的力量,而不是一两件新式武器。1957 年11 月,毛泽东在莫斯科共产党和工人党代表会议上,就曾经明确表示:"不是我们要打,是他们要打,一打就要摔原子弹、氢弹。我和一位外国政治家辩论过这个问题。他认为如果打原子战争,人会死绝的。我说,极而言之,死掉一半人,还有一半人,帝国主义打平了,全世界社会主义化了。再过多少年,又会有二十七亿,一定还要多。我们中国还没有建设好,我们希望和平。但是如果帝国主义硬要打仗,我们也只好横下一条心,打了仗再建设。"这些思想,在《念奴娇·鸟儿问答》中得到了体现。

第二次世界大战结束后,局部战争一天也没有停止过。美、英等国向第三世界弱小国家发动侵略战争,企图重新建立殖民体系。与此同时,一大批亚非拉国家通过长期斗争,纷纷挣脱殖民枷锁。国家独立、民族解放,汇为一股不可阻挡的历史潮流。它为世界格局增加了和平、稳定的新因素。毛泽东对广大中间地带的崛起,寄予很大的期望。1962 年 1 月,他在中共中央扩大的工作会议上说:"从现在起,五十年内外到一百年内外,是世界上社会制度彻底变化的伟大时代,是一个翻天覆地的时代,是过去任何一个历史时代都不能比拟的。处在这样一个时代,我们必须准备进行同过去时代的斗争形式有着许多不同特点的伟大的斗争。"在《念奴娇·鸟儿问答》中,也反映出他对未来世界发展趋势的这种观察。

1965 年 12 月 24 日,毛泽东来到南昌,有感而发,写下了七律《洪都》。

洪都,是旧时南昌府的别称。隋、唐、宋三代,南昌都是洪州的治所,又是东南一带的都会,因此得名。初唐四杰之一王勃省亲路过洪州,写过不朽名篇《滕王阁序》。序的开头便是:"南昌故郡,洪都新府。星分翼轸,地接衡庐。"毛泽东对王勃的序十分喜爱,还手书过其中的名句:"落霞与孤鹜齐飞,秋水共长天一色。"

毛泽东对江西怀有特殊的感情。这里是他开创中国革命道路的地方,也是万里长征"从头越"的起点。在这里的山山水水间,长眠着许许多多跟随他闹革命的仁人志士,包括他亲爱的二弟毛泽覃。建国以后,他多次来到江西省会南昌,视察工作,召开会议。尤其自 1961 年以后,他几乎每年都要路过南昌。因此,诗中开头就有"到得洪都又一年"的说法。

当时,中国政局正酝酿着复杂的变化。一方面,国民经济已经渡过了严重的困难,新的更加宏伟的经济建设时期正在到来。另一方面,"以阶级斗争为纲"的"左"倾迷误也正在迅速发展,并且大有蔓延之势。在毛泽东的内心深处,迫切希望在他有生之年把中国的事情办得更好,发出了"一万年太久,只争朝夕"的感慨。同时,也寄希望于未来,希望着社会主义的中国后继有人,渴望着"年年后浪推前浪,江草江花处处鲜"。不幸的是,毛泽东对当时的中国政局和党内状况作出了完全错误的估量,以致发生"文化大革命"这样的全局性错误。

毛泽东是非凡盖世的伟人,但绝非十全十美的完人,更不是先知先觉的圣人(这种"圣人"只是人们理想中的产物)。不过,我们有充分的理由说,中国正是在他的领导之下,才彻底摆脱了屈辱、分裂、内乱、贫困的历史,开始获得新生。在中华人民共和国的历史上,将永远铭刻着他的功劳。他的功劳是第一位的,他的错误则是第二位的。因为错误就抹杀他的丰功伟绩,只能意味着抹杀整个民族的这段辉煌的历史。这使我们想起了列宁引用过的一句名言:"鹰有时比鸡飞得低,但是鸡永远飞不到鹰那么高。"

毛泽东的诗词,给人以博大恢宏、一泻千里的感觉,给人以美的享受。这决不是偶然的。中国革命造就了非凡的领袖人物,也造就了伟大的诗人。毛泽东的诗词创作,绵延达半个世纪,是中国近百年革命与建设历程的缩影。古往今来,以情入诗、以景入诗的人不胜枚举。以史入诗,而又表达得如此潇洒自如、得心应手的人,却世所罕见。这是毛泽东诗词的特色,也是它的魅力所在。毛泽东的诗词创作,出现过两次高峰:一次在长征前后,一次在60年代,无一不是党的危难或艰难时期。毛泽东的人生道路并不是一帆风顺的,他的诗词也并非没有悲欢离合的内容。但是,他始终以革命乐观主义精神面对人间坎坷,坚信光明终会代替黑暗。毛泽东曾在1962年扩大的中央工作会议上引用司马迁的名言:"文王拘而演《周易》,仲尼厄而作《春秋》。屈原放逐,乃赋《离骚》。左丘失明,厥有《国语》。孙子膑脚,《兵法》修列。不韦迁蜀,世传《吕览》。韩非囚秦,《说难》孤愤。《诗》三百篇,大抵贤圣发愤之所为作也。"(司马迁《报任少卿书》)他也曾把孟子的名句送给子女:"故天将降大任于是人也,必先苦其心志,劳其筋骨,饿其体肤,空乏其身。行拂乱其所为,所以动心忍性,增益其所不能。"(《孟子·告子下》)其目的,是要告诫全党在逆境中发愤图强。毛泽东所以在心情郁闷之际,能写出激昂振奋的诗篇,其原因也许正在这里。

将个人的一切奉献给人民的人,他的诗篇也将与历史同在。

毛泽东诗词研究述评

蔡清富

在世界的东方,有个文明古老的中国。在这具有灿烂文化传统的国土上，产生了一位影响世界风云的历史巨人。这位巨人不但是伟大的政治家、思想家、军事家，而且还是独领风骚的伟大诗人，他就是毛泽东。

毛泽东创作诗词作品的数量不算很多，但其思想性之强、艺术性之高，堪称史诗；毛泽东不轻易发表诗词，但他的作品一经问世，便受到热烈欢迎，评家蜂起。

从毛泽东诗词最初披露至今，已有半个多世纪的历史了。随着发表数量的不断增多，人们对它的研究也不断地深入。五十多年来，对毛泽东诗词的研究，大致可以分为四个阶段：（一）新中国成立以前；（二）50年代中期至60年代中期；（三）"文化大革命"十年；（四）1978年党的十一届三中全会至今。下面，按照这个历史顺序，分别加以评述。

一

1937年10月，美国著名记者埃德加·斯诺编著的《红星照耀中国》一书，由英国伦敦戈兰茨公司出版了。该书的第五编《长征》，就是以毛泽东的诗七律《长征》作为结束语的。斯诺说："我把毛泽东主席关于这一六千英里的长征的旧体诗附在这里作为尾声。他是一个既能领导长征又能写诗的叛逆。"1938年2月，上海复社翻译出版了这本书的中译本，更名为《西行漫记》。现有资料证明，斯诺的《西行漫记》，首次向中、外读者披露了毛泽东的《长征》诗，使广大群众知道，毛泽东是一位"既能领导长征又能写诗"的革命家兼诗人。

1945年8月，毛泽东从延安飞抵重庆，同国民党进行和平谈判。这期间，柳亚子作了一首七律送给毛泽东，并向毛"索句"。毛泽东便把九年前创作的《沁园春·雪》录赠给他，并致信说："初到陕北看见大雪时，填过一首词，似与先生诗格略近，录呈审正。"接着，毛泽东的咏雪词被辗转传抄，不胫而走。1945年11月14日，《新民报晚刊》首先登出了这首词的传抄稿。吴祖光在发表时还在词作之后加了一段按语:"毛润之先生能诗词,似鲜为人知。客有抄得其《沁园春·雪》一词者,风调独绝,文情并茂,而气魄之大乃不可及。"一石激起千层浪。毛泽东的《沁园春·雪》一发表,立刻轰动山城,波及全国。一时间,和词、论文乃至其他样式的文章纷至沓来,涌现于不同性质的各种报刊:或衷心赞颂,或恶意谤伤,笔枪舌剑,针锋相对。1945 年 12 月,《大公报》连载该报主笔王芸生的长文《我对中国历史的一种看法》。该文开宗明义地说:"近见今人述怀之作,还看见'秦皇汉武'、'唐宗宋祖'的比量,因此觉得我这篇斥复古破迷信反帝王思想的文章,还值得拿出来与世人见面。"他攻击毛泽东有"帝王思想",想复辟做皇帝等等。之后,一些报刊鹦鹉学舌,连续发表反动和词与文章,大有群犬吠日、鸦鸣蝉噪之势。在这场尖锐的斗争中,郭沫若一马当先,撰写诗文赞扬《沁园春·雪》,并抨击反动文人对它的攻击和诬蔑。他在《摩登堂吉诃德的一种手法》文中说,毛泽东的词作"气魄宏大,实在是前无古人,可以使一些尚绮丽、竞雕琢的靡靡者流骇得倒退"。他指出,诽谤毛泽东有"帝王思想"的御用文人,其主子才是真正有"帝王思想"的人,因此他们发动内战,向共产党领导的解放区进攻。郭沫若还谈了自己对《沁园春·雪》寓意的理解。他说:"我的揣测是这样:那是说北国被白色的力量所封锁着了,其势汹汹,'欲与天公试比高'的那些银蛇蜡象遍山遍野都是。那些是冰雪,但同时也就是秦皇汉武、唐宗宋祖,甚至外来的成吉思汗的那样一大批'英雄'。那些有帝王思想的'英雄'依然在争夺江山,单凭武力,一味蛮干。但他们早迟是会和冰雪一样完全消灭的。这似乎就是这首词的底子。"应当指出,郭沫若肯定毛词具有前无古人的宏大气魄,批判反动文人对词作的歪曲,这些都是非常正确的。但他对作品"底子"的理解,与该词的实际寓意,似乎还有相当的距离。

笔者认为,要揭开《沁园春·雪》的"底子",至少有三个问题需要解决:第一,北国的雪景有何寓意;第二,对历史上的封建帝王怎样评价;第三,词末的"风流人物"是指谁。受当时政治环境的影响,文坛对以上诸问题并未深入探讨。从当时发表的文章看,对上述问题的理解，都还存在一些偏差。郭沫若似乎把北国雪景当成了否定性的形象。对词中列举的五位封建帝王，也有一笔抹杀的倾向。郭沫若的这种评价，或许是出于40年代国共斗争的政治考虑，但他的说法不甚符合原作的意象、境界。当时，锡金写了《咏雪词话》，他把"风流人物"与人民领袖相联系，自有一定道理，但此说也带有一定的局限性。新中国成立之后，在研究《沁园春·雪》时，人们对封建帝王、"风流人物"的评论，也有与过去类似的看法。正是因为如此，毛泽东才在1958年对此词郑重批注："雪：反封建主义，批判二千年封建主义的一个反动侧面。文采、风骚、大雕，只能如是，须知这是写诗啊！难道可以漫骂这一些人们吗？别的解释是错的。末三句，是指无产阶级。"诗人的这个说明，才真正揭开了他的咏雪词的"底子"。

二

1945年，围绕《沁园春·雪》所进行的论争，只是揭开了毛泽东诗词研究的序幕。对毛泽东诗词展开深入、细致、系统、大规模地研究，则是全国解放以后的事。

从新中国成立到1966年的"文化大革命"之前，全国形势稳定，人们在党的领导下齐心协力地进行社会主义革命和社会主义建设。其间虽然有政治运动，出现过国民经济困难时期，也遭受过外部反动势力对中国的围攻，但这些对毛泽东诗词研究没有产生多大干扰。这个时期的毛泽东诗词研究工作，生动活泼，主流是健康的。

建国初期，毛泽东没有公开发表诗词作品，但他的某些发表过或尚未正式发表的作品，却被人们传抄、吟诵。1956年8月出版的《中学生》杂志上，刊登了谢觉哉的《关于红军的几首词和歌》。文中谢老凭记忆转录了毛泽东的四首词：《西江月·秋收暴动》（后改题为《秋收起义》）、《西江月·井冈山》、《如梦令·宁化途中》（后改题为《元旦》）、《清平乐·六盘山》。谢老的《关于红军的几首词和歌》,是 1957 年《诗刊》创刊之前公开披露毛泽东诗词最多的一篇文章。谢觉哉说:"毛主席的词,算是写出了当时战斗的情况和战士的心情,而又通俗易懂。"作为喜爱诗词的毛泽东的战友,谢老深知毛泽东的人品和诗品。

1957 年 1 月出版的《诗刊》创刊号上,发表了毛泽东亲自审定的十八首诗词,以及他给《诗刊》主编臧克家等人的信。这是国家文化生活中的一件大事,也是广大群众早就翘首企盼的盛举。《诗刊》的《编后记》说:"读着这些雄伟瑰丽的诗篇,是不能不令人赞叹的。毛主席不但是伟大的革命领袖,同时也是伟大的诗人……我们相信,这些诗词和来信的发表,在我们的生活和斗争中,在我们的文学事业中所将要发生的深刻的影响,将是不可估量的。"由于《诗刊》集中发表了毛泽东的十八首诗词,形成排队购买刊物的热烈场面,给文学史上平添佳话。1958 年 9 月,文物出版社刻印大字本《毛主席诗词十九首》。1963 年,人民文学出版社又出版了《毛主席诗词》(三十七首)。50 年代至 60 年代的毛泽东诗词研究,基本上是根据以上版本,研究作品的范围也在三十七首以内。

关于 50 年代中至 60 年代中的毛泽东诗词研究工作,大致可用毛泽东的这样几句话来概括:"注家蜂起,全是好心。一部分说对了,一部分说得不对。"

这个时期,毛泽东诗词的研究队伍,主要是文化界的高层次人士,包括一些著名的作家、学者以及部分大中学校的教师。发表过文章或出版过专著的有:郭沫若、茅盾、周扬、邵荃麟、臧克家、袁水拍、赵朴初、周世钊、田间、邹荻帆、周振甫、萧涤非、王季思、安旗、唐圭璋、吴调公、高亨、力扬、唐弢、叶君健、李淑一、吴奔星、佛雏、吴天石、张涤华等。

1956 年 11 月,臧克家在《中国青年报》上发表了一篇短文,题目是《雪天读毛主席的咏雪词》。该文说:"这是一首'咏雪'的作品,比起过去所有同类题材的作品来,意境都高妙,气派都雄浑。题为'咏雪',实际上,它却不仅仅是一幅美丽的风景画,而是一首雄壮的抒情诗。上半阕写景,下半阕抒情,一气呵成。由祖国河山的庄严美丽，想到英雄人物为它献身。这里边，有对祖国热爱的豪情，有对古今英雄人物的缅怀、评价和期望。这里面，景与情融合在一起，古代和现代一脉相通。"本文第一部分谈到，揭开《沁园春·雪》的"底子"，应解决好三个问题。我认为，臧文较好地解决了那三个问题：（一）臧认为北国风光是肯定的形象，它"庄严美丽"，寄托了作者"对祖国热爱的豪情"；（二）对古代帝王一分为二，既肯定他们的贡献，又指出他们的缺陷；（三）"风流人物"是指"革命领袖人物"和"革命的英雄们"。将臧文与40年代郭沫若写的那篇文章加以比较，即可看出研究毛泽东咏雪词的长足进步。也许是出于诗词上的知音之感，毛泽东对臧文留下了深刻的印象。1957 年 1 月，毛泽东在百忙中召见臧克家谈诗时，还欣悦地说："你在《中国青年报》上评论我那篇《咏雪》的文章，我看过了。"臧克家与周振甫合作的《毛主席诗词十八首讲解》，于 1957 年 10 月由中国青年出版社出版，这是我国最早赏析诠释毛泽东诗词的版本。因它的注释简明扼要，较好地分析了毛泽东诗词的思想性与艺术性，颇受读者欢迎。1958 年再版时，改名为《毛主席诗词讲解》，印数百万余册。中国青年出版社最近出版的《毛泽东诗词讲解》，即是上述版本的增订本。在毛泽东诗词研究中，臧克家、周振甫起了开路先锋的作用。

从 1957 年到 1966 年初，郭沫若发表了近二十篇论述毛泽东诗词的文章。郭沫若是伟大的诗人，学识渊博，与毛泽东关系密切，他的有关文章代表了当时毛泽东诗词研究的最高水平。郭沫若对毛泽东诗词的论述，有自己鲜明的特色。第一，由于郭沫若是著名的社会活动家，又是毛泽东的诗友，他了解某些毛诗的写作背景及作者的有关想法。因此，他的不少文章传达出了毛泽东的诗外之音。1961 年 10 月 25 日，郭沫若在看过绍兴剧团演出的《孙悟空三打白骨精》之后，写了一首七律《看〈孙悟空三打白骨精〉》，其中有"千刀当剐唐僧肉"的诗句。1961 年 11 月 17 日，毛泽东写七律《和郭沫若同志》，针对上述诗句，写出"僧是愚氓犹可训"的句子。郭、毛对唐僧的评价不一。1962 年 1 月 6 日，郭沫若在看到毛泽东的和诗之后，马上又写了一首七律《再咏〈孙悟空三打白骨精〉》，其中说"僧受折磨知悔恨"。他根据毛泽东的意见，修改了自己对唐僧的看法。毛泽东看过这首和诗之后，致信郭沫若说："和诗好，不要'千刀当剐唐僧肉'了。对中间派采取了统一战线政策，这就好了。"以上内情，局外人当然无法知晓。郭沫若通过他的文章《"玉宇澄清万里埃"——读毛主席有关〈孙悟空三打白骨精〉的一首七律》，向读者介绍了上述情况，这无异于给人们提供了一把打开本诗奥秘之门的钥匙。郭沫若在《喜读毛主席的〈词六首〉》《"芙蓉国里尽朝晖"》《"待到山花烂漫时"》等文章中，都或多或少地披露了某些内情，这对读者深入领会毛泽东诗词，当然有莫大的帮助。第二，郭沫若有深厚的中国古典文学修养，他对毛泽东诗词中的典故非常熟悉，他的解释常常使人耳目一新，大开眼界。郭老在《"待到山花烂漫时"》一文中，为了说明毛泽东对陆游咏梅词"反其意而用之"，考证出陆游一生的咏梅之作，"其数在一百首以上"，并顺手列出了十二例。对中国古典文学没有深厚修养的人，绝对做不到这一点。关于《渔家傲·反第一次大"围剿"》中的"不周山下红旗乱"的典故，郭沫若是这样讲解的："主席在这首词里用了一个共工头触不周山的典故，极有意义……主席说：'共工是胜利的英雄'，共工'没有死'，这是从来没有人说过的话。关于不周山的故事，鲁迅在《故事新编》的《补天》中用过，我在《女神之再生》中也用过，但我们都说共工是死了。"郭沫若认为，毛泽东用共工改造自然、改造世界的顽强精神，来象征红军反"围剿"斗争的必然胜利。如果说毛泽东用不周山的典故和对它的注释是推陈出新、带有开创性的话，那么郭沫若对毛泽东用典和注释的再讲解，也具有很大的创造性。第三，郭沫若的诗人气质，使他对毛泽东诗词的意境，能入乎其内出乎其外。众所周知，毛泽东诗词是革命现实主义与革命浪漫主义相结合的光辉典范，作为浪漫主义诗人的郭沫若，对毛泽东诗词中的浪漫主义精神，尤能心领神会。郭沫若在分析《蝶恋花·答李淑一》时说："这首词的主题不是单纯的怀旧，而是在宣扬革命……这里有革命烈士（杨开慧和柳直荀），有神话传说人物，有月里的广寒宫和月桂，月桂还酿成了酒。欢乐的眼泪竟可以化作倾盆大雨，时而天上，时而人间，人间天上打成了一片……这里使用着浪漫主义的极夸大的手法把现实主义的主题衬托得非常自然生动、深刻感人。"（《浪漫主义和现实主义》）毛泽东的词作本身令人倾倒，郭沫若的分析也引人入胜。我们从总体上肯定郭沫若研究毛泽东诗词所取得的辉煌成就，并不否认他在研究中的某些不足和缺点。郭沫若对毛泽东诗词的研究，有时主观随意性过强，确有不切实际之处。对此，他一旦发现并认识到自己的失误，便马上公开为文纠正。作为一位杰出的学者，郭沫若对自己的缺陷采取了光明磊落的态度。

除郭沫若、臧克家的论著之外，这个时期出版的研究毛泽东诗词的专著还有：《中国革命的伟大史诗——学习毛主席诗词笔记》（吴天石，江苏人民出版社1959年版）、《毛主席诗词浅释》（周振甫，上海文艺出版社1961年版）、《毛主席诗词小笺》（张涤华，安徽人民出版社1963年版）、《毛主席〈诗词十首〉浅释》（安旗，四川人民出版社1964年版）等。根据福建人民出版社出版的《毛泽东诗词研究资料索引》统计，这个时期全国发表的对毛泽东诗词进行综合研究的文章，约有二百二十篇，分首研究的更达数百篇。以上专著和文章，对毛泽东诗词的思想内容和艺术成就，进行了全方位、多层次的探讨。特别是力扬的《毛主席诗词的艺术感染力》（《文学评论》1961年第5期）、安旗的《从现实出发又高于现实——试谈革命的现实主义与革命的浪漫主义相结合》（《文艺报》1958年第13期）、赵朴初的《学习毛主席诗词——略释毛主席〈诗词十首〉并试论毛主席诗词艺术》（《新闻业务》1964年3月号）、邹荻帆的《高山仰止——读毛主席诗词描写山岭的几点体会》（《诗刊》1961年第1期）等，侧重从审美角度论述了毛泽东诗词的艺术内涵，这更值得大家重视。如赵朴初的文章，从四个方面概括了毛泽东诗词的艺术特色：气概磅礴而含蓄深厚；飞动而沉着；情深而超脱；美丽而自然。他还探讨了毛泽东诗词"五寓"的艺术表现手法：①寓多于一；②寓情于景；③寓理于境；④寓大于小；⑤寓庄于谐。我们虽不必把赵的概括当成定论，但他对诗艺的探研确有自己的独创性，颇能给读者不少启示。

不必讳言，此时期的毛泽东诗词研究，还存在着这样或那样的缺点,这主要表现在:第一,对毛泽东诗词的理解还较浮浅。如有人对"莫道昆明池水浅,观鱼胜过富春江"做这样的理解:"你身在北京,终天为不得到富春江去观鱼而怅惘不乐,何如就地取景,到颐和园的昆明湖去看鱼跃不也同样可以慰情取乐吗?"显然,这只是皮毛之见。第二,牵强附会的比拟。如有人把《浪淘沙·北戴河》中的"打鱼船",解释为"代表过去向我国进行侵略的帝国主义"。这种比拟,明显欠妥。第三,不适当的拔高。有人对七律《答友人》的"帝子乘风下翠微",做了如下阐释:"这从九嶷山上乘风而下的那么优美的'帝子',把她们作为现实的一体,到底指的是什么呢? 我认为这所指的就是:根据高瞻远瞩,脱离高蹈,采取高屋建瓴之势,到群众中去投身于火热的现实斗争中的时代精神。说得更鞭辟近里一点,也就是把马克思列宁主义和中国的革命实际结合起来的毛主席的思想。"这种脱离作品实际的思想拔高,不但无益于读者对作品的理解,反而会把人们引向歧途。当然,人们对毛泽东诗词中的不同看法,曾开展过热烈的讨论。如对《送瘟神》中的"坐地日行八万里,巡天遥看一千河",就有四种看法:(1)"极力形容瘟神的神通广大,可以上天下地,到处横行。"(2)"在陆上骑马坐车,走了几万里路,或者在天空乘飞机巡行,看到几千条河,几乎都有血吸虫,都有血吸虫的受害者。"(3)认为"坐地""巡天"是指开展根治血吸虫的活动。(4)从地球自转、公转的科学根据加以说明。学者们根据"百花齐放,百家争鸣"的精神,各抒己见,互相切磋。当然,这个问题的真正解决,是在毛泽东致周世钊的信发表以后。因为毛在信中解释了上述诗句的数据。

三

1966 年至 1976 年,中国经历了十年"文化大革命"。发动"文化大革命"的动机,虽然是为了反对修正主义、防止资本主义复辟,但由于错误地估计了当时的形势,所以采取的这个战略决策也是错误的。那时全国的广大群众（特别是青年学生），怀着良好的愿望和极大的热情，投入了这场史无前例的运动。他们在努力学习和宣传毛泽东思想的同时，也努力学习和研究毛泽东诗词。这个时期，对毛泽东诗词的学习和研究，具有空前的群众规模。从青年学生到广大工农兵群众，都把毛泽东诗词当成"最高指示"的组成部分，积极努力地进行学习和宣传。当时的各派群众组织，曾出版了不计其数的毛泽东诗词的注释、讲解本。党和国家的领导人周恩来、陈毅、郭沫若等，也在不同场合谈过自己对毛泽东诗词的理解。周恩来针对《忆秦娥·娄山关》反映的究竟是一天的军事行动还是两天甚至两个季节的军事行动的问题，1967 年 7 月 29日在接见三军创作人员时说："'西风烈'是写的一天的事嘛，贵州那个地方二三月间就有'雁叫'，就有'霜晨月'嘛。那天既行军又打仗。当'残阳如血'的时候已经打完了仗，胜利地到了遵义附近，准备过乌江了。"周总理的亲身战斗经历，无疑具有不可争辩的说服力。在接见红卫兵代表时，周恩来还以《卜算子·咏梅》的集体主义精神，教育他们不要争山头闹派性。郭沫若更对群众组织在学习研究毛泽东诗词时提出的问题，进行了耐心的辅导。他或写信答复，或在来稿上批注。郭沫若这些未写成文章的文字、谈话，对人们正确理解毛泽东诗词有很大的帮助。"文化大革命"后期，各个大学的中文系，更把毛泽东诗词当成"复课闹革命"的重要教材。据《毛泽东诗词研究资料索引》一书统计，"文化大革命"期间公开出版和校际交流的内部教材、参考资料，即达七八十种之多。

但是，这个时期对毛泽东诗词的学习和研究，却存在着倾向性的错误：第一，不恰当地强调路线斗争。那时把"文化大革命"本身当成是重大的路线斗争，研究毛泽东诗词也常以路线斗争为纲。如说《沁园春·长沙》批判了陈独秀的右倾机会主义路线，《蝶恋花·从汀州向长沙》批判了李立三的左倾机会主义路线，七律《到韶山》《登庐山》批判了右倾翻案风，等等。那时一提路线斗争，就是敌我矛盾，就应当打倒。这样就把作为艺术品的毛泽东诗词，简单地当成了政治斗争的工具。第二，庸俗社会学的牵强附会。有人对《沁园春·长沙》的秋景图做了这样的讲解:"万山红遍,层林尽染"——是说工农运动的熊熊烈火,把祖国大地照得红彤彤;"漫江碧透,百舸争流。鹰击长空,鱼翔浅底,万类霜天竞自由"——这是指"社会上各阶级各阶层都在登台表演,为本阶级夺权谋利"。论者不去分析作品的意象和意境,而采用物物比附、事事象征的方法,对作品的社会意义进行政治图解,这是一种违反艺术规律的反马克思主义的庸俗社会学的做法。第三,存在着实用主义的倾向:批判所谓"走资派"时,就引用"宜将剩勇追穷寇,不可沽名学霸王"的诗句;为了夺权,就高唱"问苍茫大地,谁主沉浮?"某些研究文章联系现实斗争过于直接、简单,常常指名道姓地将诗词与某人某事相联系。结果时过境迁,这些文章很少有站得住脚者。第四,忽视艺术分析。诗词与其他文艺样式一样,具有认识价值、教育价值与审美价值,而且前两种效益又是通过审美功能实现的。但这个时期对毛泽东诗词的研究,却很少涉及诗艺问题。

四

从 1978 年末党的十一届三中全会到 1994 年,可以说是毛泽东诗词研究的新时期。这个时期毛诗研究的特点,可以总括为:拨乱反正,开辟新境界。根据这十六年不同时期的研究特点,又可将其分为三个阶段:70 年代末至 80 年代初的拨乱反正;80 年代中期至末期的冷静思考;90 年代以来的研究热潮。

1978 年至 1983 年,研究者们根据十一届三中全会提出的"解放思想,实事求是"的思想路线,批判了"文化大革命"中毛泽东诗词研究的错误倾向,发表了一批拨乱反正的文章,如《反革命的毒焰掩盖不了红太阳的光辉——清算"四人帮"诋毁毛主席诗词的罪行》(寇立光:《徐州师院学报》1977 年第 4、5 期合刊)、《政治图解必然导致曲解——谈毛主席诗词注释和教学中的一些错误倾向》(张如法等:《学术研究辑刊》1980 年第 1 期)等。全国的一些高校中文系,为了更好地研究和讲授毛泽东诗词,于 1978、1979 年,先后在韶山、重庆召开了专题会议,成立了毛泽东及老一辈无产阶级革命家诗词研究会,并制定了分工协作编写教材的计划。在这个研究会的组织领导下,出版了《毛泽东诗词研究》(孟庆文主编,福建人民出版社,1981 年版)、《毛泽东诗词研究资料索引》(山东师大中文系主编,福建人民出版社,1982 年版)、《老一辈无产阶级革命家诗词选注》(鲁歌、羊春秋主编,福建人民出版社,1983 年版)等。1983 年,文化艺术出版社出版了鲁歌的《毛泽东诗词论稿》,陕西人民出版社出版了黄中模的《沁园春词话》,重庆出版社出版了周永林的《〈沁园春·雪〉考证》等。1977 年至 1984 年,还发表过综合论述毛泽东诗词的文章一百余篇。这个阶段,毛泽东诗词研究的特点是:(1)拨乱反正,大力纠正"文化大革命"以来研究中的"路线斗争"模式和庸俗社会学倾向。许多文章指出:"四人帮"为了篡党夺权,利用毛泽东诗词歪曲党的历史,打击老一辈无产阶级革命家,大搞实用主义、唯心主义和形而上学,流毒甚广,应当彻底清算。(2)注意到诗词的特殊性,加强了艺术分析。1978 年,《毛主席给陈毅同志谈诗的一封信》公开发表。在这封信里,毛泽东强调了诗词的艺术特征,如形象思维、赋比兴手法以及诗词格律等。研究界联系毛泽东诗词作品学习这封信,对毛泽东诗词的艺术成就进行了比较深入的探讨。(3)出现了一些综合性的研究成果。鲁歌撰写的《毛泽东诗词论稿》、孟庆文主编的《毛泽东诗词研究》等,在拨乱反正的基础上,对毛泽东诗词的思想内容和艺术特色进行了综合评析,达到较高水平,获得社会好评。

1984 年至 1989 年,由于资产阶级自由化思潮泛滥,毛泽东思想受到贬损,这时的毛泽东诗词研究也处于冷落阶段。许多学者在观察、思索,这几年很少有研究毛泽东诗词的文章发表。成立不久的毛泽东及老一辈无产阶级革命家诗词研究会停止了活动,很多大学停开了毛泽东诗词课程。但这时却出现了两本很有特色的、质量比较高的研究毛泽东诗词的书籍:一是中共中央文献研究室等单位编选、邓小平同志题写书名、人民文学出版社 1986 年出

版的《毛泽东诗词选》;二是曾在中南海毛泽东故居图书管理小组
工作过的张贻玖著的《毛泽东和诗》(春秋出版社 1987 年版)。
《毛泽东诗词选》的特点是:(1)收入作品的数量多。此前,公开发
表过的毛泽东诗词只有四十二首,出版过三十七首、三十九首的单
行本。1986 年出版的《毛泽东诗词选》收入五十首,分正、副编排
列。正编四十二首,都是作者生前校订定稿的和正式发表过的;副
编八首,没有最后定稿,是作者不准备发表或不愿发表的。以上五
十首作为宝贵的文学遗产,能使读者更多地了解毛泽东诗词。
(2)本书吸取了作者的自注。1958 年 12 月,作者曾在文物出版社
刻印的大字本《毛主席诗词十九首》的书眉上,作了一些批注;
1964 年,他又就《毛主席诗词》(三十七首)的词句翻译问题,作过
口头答复。《毛泽东诗词选》的注释,吸取了作者本人的自注和谈
话。这对读者认识作品的原意及作者的初衷,无疑具有极大的意
义。(3)对与诗词有关的重大政治性事件,做了较为准确的说明。
这个版本是为纪念毛泽东逝世十周年而编选的,曾经胡乔木同志
审阅过。以上事实说明,这个版本具有一定的权威性。当然,这并
不是说本书不存在缺点。以今天的眼光看来,此书也有不足之处:
(1)某些注释值得商榷。(2)个别地方,对路线斗争仍有不恰当的
提法。如说七律《吊罗荣桓同志》的题旨是批判林彪的错误路线,
就未必符合作品的原意。对以上问题,已有几篇文章提出了不同
的意见。这表明毛泽东诗词研究的进一步深入。

　　《毛泽东和诗》一书,是张贻玖同志的入山探宝之作,她提供
了许多鲜为人知的内容。作者研究了毛泽东对中国古代几位诗人
的评价,对"三李"诗的热爱,谈到他喜爱从封建帝王到民间女子
的诗,数说他对罗隐的诗和辛弃疾词的阅评,叙述他对豪放派和婉
约派词的看法,还讲到他读诗话、音律、楹联的情况。所有这些,有
助于读者了解毛泽东与中国古典文学的关系,认识他的古代文学
的深厚功力,以及他在诗词创作上的纵向继承、推陈出新。

　　90 年代,文化领域出现了"毛泽东热"。作为"毛泽东热"的
组成部分,对毛泽东诗词的学习与研究,也呈现了新的热潮。1989
年以来,出现了不少毛泽东诗词研究的新成果。我们见到的有:①

《毛泽东诗词笺析》（易孟醇注释,湖南大学出版社,1989 年 7 月）;②《毛泽东诗词演义》（刘济昆编著,香港昆仑制作公司,1989 年 10 月）;③《毛泽东诗词鉴赏》（张晶等选编,大连出版社,1990 年 3 月）;④《毛泽东诗词全集》（刘济昆编,香港昆仑制作公司,1990 年 7 月）;⑤《毛泽东诗词注释》（石森注释,漓江出版社,1990 年 7 月）;⑥《毛泽东诗词鉴赏》（臧克家主编,河北人民出版社,1990 年 8 月）;⑦《毛泽东诗词精讲》（李彦福、杨瑞莲编著,广西人民出版社,1990 年 10 月）;⑧《毛泽东诗词鉴赏》（王臻中、钟振振主编,江苏古籍出版社,1990 年 10 月）;⑨《毛泽东诗词对联辑注》（萧永义编著,湖南文艺出版社,1991 年 3 月）;⑩《毛泽东诗词探索》（李子健著,河海大学出版社,1991 年 5 月）;⑪《毛泽东诗词艺术》（路则逢等编著,山东大学出版社,1991 年 6 月）;⑫《毛泽东诗词史诗论》（马连礼主编,山东人民出版社,1991 年 12 月）;⑬《毛泽东诗词十美》（刘汉民著,长江文艺出版社,1992 年 1 月）;⑭《一个伟人的艺术世界——毛泽东诗词注解》（郭双成著,中州古籍出版社,1992 年 2 月）;⑮《毛泽东诗词大观》（蔡清富、黄辉映编著,四川人民出版社,1992 年 6 月）;⑯《毛泽东诗词讲解与艺术论》（李文亮、林世洪著,时代文艺出版社,1992 年 7 月）;⑰《毛泽东诗词名家赏析》（蔡清富编,北京师范大学出版社,1993 年 2 月）;⑱《毛泽东诗词注解》（汪怀仁、汪怀民注释,百花文艺出版社,1993 年 6 月）;⑲《中国无产阶级革命家诗词鉴赏》（王家伦主编,中国广播电视出版社,1993 年 6 月）;⑳《毛泽东诗词疏证》（胡国强主编,西南师范大学出版社,1993 年 7 月）;㉑《毛泽东诗词白话全译》（胡忆肖等编著,武汉出版社,1993 年 7 月）;㉒《诗人毛泽东》（日本学者武田泰淳、竹内实著,由中央文献出版社翻译出版,1993 年 7 月）;㉓《毛泽东诗词欣赏》（周振甫著,上海书店出版社,1993 年 8 月）;㉔《毛泽东诗词大典》（苏桂主编,广西人民出版社,1993 年 8 月）;㉕《第一风流——大型电视艺术片〈毛泽东诗词〉解说词》（曹勇著,中华工商联合出版社,1993 年 8 月）;㉖《毛泽东诗词画意》（吴战垒、王翼奇主编,浙江古籍出版社,1993 年 10 月）;㉗《毛泽东诗词五十首解析及艺术论》（石明辉,天津教育出版社,1993 年 10 月);㉘《元勋文采》(吴欢章主编,汉语大词典出版社,1993 年 10 月);㉙《毛泽东诗词大辞典》(丁力主编,中国妇女出版社,1993 年 11 月);㉚《毛泽东诗词全编》(徐涛编著,湖北教育出版社,1993 年 11 月);㉛《毛泽东诗词鉴赏辞典》(蒋锡金主编,北方妇女儿童出版社,1993 年 11 月);㉜《毛泽东诗词鉴赏辞典》(罗炽主编,华夏出版社,1993 年 12 月);㉝《毛泽东等老一辈革命家诗词赏析辞典》(朱家驰主编,南开大学出版社,1993 年 12 月);㉞《毛泽东诗词笺析》(陈一琴主编,海峡文艺出版社,1993 年 12 月);㉟《毛泽东诗词吟赏》(文怀沙编,中国文联出版公司,1993 年 12 月);㊱《毛泽东诗词赏析辞典》(许立昌编,中国文联出版公司,1993 年 12 月);㊲《民族诗魂:毛泽东诗词研讨会论文集》(江海主编,1993 年 12 月);㊳《毛泽东诗词灯谜集粹》(张松林、王桀主编,山西人民出版社,1994 年 3 月);㊴《毛泽东诗词艺术》(张宪中、邕思编写,辽宁人民出版社,1994 年 4 月);㊵《笑谈毛泽东诗词》(刘济昆,香港昆仑制作公司,1994 年 5 月);㊶《毛泽东诗词对联心解》(陈国民主编,北京出版社,1994 年 7 月);㊷《毛泽东诗词鉴赏》(公木著,长春出版社,1994 年 9 月);㊸《毛泽东诗词美学论》(马连礼主编,山东文艺出版社,1994 年 12 月);㊹《毛泽东诗词鉴赏大全》(季世昌编,南京出版社,1994 年 12 月)。此外,《毛泽东大典》《毛泽东文艺思想全书》《毛泽东与文艺传统》等书中,也有相当篇幅的毛泽东诗词评介文字。还出现了邓在军编导的《毛泽东诗词》大型艺术片。

以上四十多种关于毛泽东诗词的论著,可以说是对一代伟人百年诞辰的丰厚献礼。这些著述,多数是属于赏析性质的。其中臧克家主编的《毛泽东诗词鉴赏》,代表了这个时期同类图书所达到的最高水平。臧主编本的特点是:执笔者多为名家,他们或者是作家,具有诗人气质;或者是诗词行家,深得其中三昧。他们写的鉴赏文章深入浅出,富有趣味性,令人爱读。书中所附《毛泽东同志与诗》《诗史与史诗的和谐统一》《毛泽东诗词的翻译———一段回忆》《新诗改罢自长吟——谈毛泽东对自己诗词的修改》等,提供了许多鲜为人知的材料，具有较高学术价值。但此书也有不足之处：有的鉴赏文章主观随意性较大，与原作贴得不紧；时代背景材料没与赏析文章融为一体。公木系诗人兼诗论家，他编著的《毛泽东诗词鉴赏》，融注了自己的美学见解与艺术体验，理论水平较高。由于该书大部分初稿完成于六七十年代，出版时虽作过修订，但仍留有写作年代的某些痕迹。王臻中、钟振振主编的《毛泽东诗词鉴赏》，是由二十一位中国古典文学研究人员撰写的。该书注释详尽、准确，能用古代诗论分析毛泽东诗词的艺术特色，也是质量较高的读本。《毛泽东诗词十美》《毛泽东诗词美学论》等，则对毛泽东诗词作品的美学内涵有所开拓。刘济昆的《毛泽东诗词全集》、徐涛的《毛泽东诗词全集》，收录作品较多，前者在港台影响颇大；但此二书收录庞杂，有些篇章难属诗词，个别作品并非毛氏所作。日本学者的《诗人毛泽东》也很有特色：将毛的生平与其作品结合起来考察，带有诗人传记性质；联系中国的史诗，对毛泽东诗词进行了有益的分析和探讨。该书史料丰富，是外国人研究毛泽东诗词最认真的著作。虽然其中的某些观点不能为我们今天所认可，但它在国外学者研究毛泽东诗词的历史上，将占有一席之地。

五

最近几年的毛泽东诗词研究，虽然取得了令人注目的成绩，但也存在不少问题：研究多停留在欣赏层面，课题重复，论述大同小异；对毛诗的美学内涵，虽然进行了一些探讨，但尚比较浮浅；研究队伍分散，缺乏通盘规划；没有形成资料中心，缺乏信息交流。

为了进一步深化毛泽东诗词研究，现提出如下意见，供学界同仁参考。

（一）关于研究队伍。

目前的研究队伍，主要是由四部分人组成。这四部分人，各有自己的优势和不足。(1)作家：创作经验丰富，有诗人气质，能体会毛泽东诗词的艺术境界；但这部分人对中共党史、毛泽东著作不太熟悉，所以某些研究未得要领，带有主观随意性。(2)古典文学研究者：熟悉中国传统文化与诗词典故，对毛泽东诗词与中国古典文学的关系，理解得比较透彻；但他们对现代史与毛泽东著作缺乏系统了解，其研究成果往往缺乏时代气氛，学院气较浓。(3)现当代文学研究者：他们研究的作家作品，与毛泽东诗词处于同一历史时期。他们熟悉这段文学史，且能将毛泽东诗词与同时代的诗词作品加以比较，当然有自己的优势；但这部分人的古典文学根基往往不够厚实，对诗词格律也缺乏实践经验，研究难以深入。(4)党史专家与毛泽东研究者：他们熟悉这段历史，详知毛泽东的生平，能将诗词放入毛泽东的全部著作中去考察，互相印证，对作品的内容理解得比较深刻；但这部分人的艺术修养不足，对诗词作品中的美学内涵很少涉及。可以设想，如果由具有上述四方面优点的人去研究，或者集中四方面有代表性的人物进行切磋，定能取得可观的研究成果。

1994 年 12 月成立的中国毛泽东诗词研究会，聚集了以上各方面的代表人物，初步形成了最佳研究阵容。我们相信，在研究会的统一组织、领导下，大家集思广义、取长补短，研究工作必将取得突破性的进展。

(二)关于研究内容。

1. 广泛搜集、整理作品，协助有关单位编出一部有权威性的《毛泽东诗词全集》。目前，见诸报刊的毛泽东诗词已达七十多首。实际上，还不止这个数目。据说，在延安时期，毛曾印过少量的《风沙诗词》集，内收作品七十首。但这个版本至今尚未搜寻到。又据《人民文学》主编陈白尘回忆：1958 年，《人民文学》的编辑曾从老干部那里搜集到二十首传抄的毛泽东诗词，经作者审订，1962 年仅发表了六首。对于其他十几首作品，诗人未加否定，当为毛所作。但这些诗词的下落，至今不明。另外，社会上还流传着一些是否为毛所写的有争议的作品。如果组织力量把毛泽东诗词搜集齐全，辨别真伪，整理出版，那将是一件功德无量的壮举。

2. 拓展研究的广度和深度,建立毛泽东诗词学体系。如下一些课题,很值得研讨:(1)毛泽东的诗歌生活;(2)毛泽东诗词的美学内涵;(3)毛泽东诗词在中国文学史上的地位;(4)毛泽东诗词与中国古代诗歌传统;(5)毛泽东诗词的艺术个性;(6)毛泽东诗词对同代诗词创作的影响;(7)毛泽东诗词对新诗发展的启示;(8)毛泽东诗词研究史;(9)毛泽东诗词版本考证;(10)毛泽东诗词在国外的翻译、评论和影响;(11)毛泽东的诗歌理论。

（三）以多种样式,开展普及宣传。

毛泽东诗词是对青少年进行爱国主义教育、革命传统教育和共产主义人生观教育的优秀教材。过去对毛泽东诗词的宣传,主要是通过文字手段。今后除采用文字形式之外,还可以通过影视、绘画、演唱、书法等方式,使之达到家喻户晓、人人皆知。

（四）中国毛泽东诗词研究会,应成为毛泽东诗词研究的资料中心与信息中心,并创办学术刊物,出版研究丛书。

（1992年初稿,1995年增补）

毛泽东诗词在国外

王丽娜

毛泽东诗词不仅深受中国广大读者的喜爱,其巨大的思想内涵和磅礴的气势,也吸引了国外的读者。几十年来,毛泽东诗词冲出国界,在全球范围内得到了广泛的传播,放射出独特的艺术光彩。本世纪三四十年代,美国进步作家、新闻记者如史沫特莱、安·路·斯特朗、罗伯特·佩恩、埃德加·斯诺等,均对毛泽东诗词有所探研和评介。五六十年代,世界不少现代诗人,如俄罗斯的吉洪诺夫、苏尔科夫,智利的聂鲁达,土耳其的希克梅特,古巴的纪廉,以及内兹瓦尔、维尔什宁等,他们不仅在许多诗文中热情歌颂了毛泽东,还积极评介毛泽东的诗词,同时也常引用毛主席的诗句。1959年巴西著名杂志《星期六》刊载里亚多主编撰写的访华报道文章,其中引用了毛主席的两首词《水调歌头·游泳》和《浪淘沙·北戴河》,是以特大专号刊载的,在西半球以至世界上引起了轰动,产生了广泛深远的影响。

毛泽东诗词的翻译,计有英、法、德、意、荷、西、葡、希腊、俄、匈、罗马尼亚、捷、世界语、日、朝、越等文种,发行的数量也相当可观。这里,对毛泽东诗词在国外的翻译、评介和研究作一概括的介绍。

欧美学者对毛泽东诗词的翻译与研究:美籍华裔著名历史学教授陈志让(Chen,Jerome C.J.,1921—　)与美国学者迈克尔·布洛克(M.Bullock)合译的《毛泽东诗词三十七首》,收入陈志让专著《毛和中国革命》一书中,此书1965年由伦敦牛津大学出版社出版。书中附有布洛克和陈志让合撰的《毛诗导论》一文,对毛泽东诗词给以高度评价和深刻的分析。美籍华裔著名中国文学研究家聂华苓(Hua ling Nieh Engle)与其丈夫、美国学者保罗·安格尔(Paul Engle)合译的《毛泽东诗词》,1972年由纽约西蒙与舒斯特联合出版公司出版。该书在西方很有影响,1973年被转译为法文于巴黎出版。美国比较文学教授、东亚与中国政治与历史研究家巴恩斯顿(W.Barnstone)翻译的《毛泽东诗词》一书,1972年由纽约哈珀与罗联合出版公司出版。美国著名华裔学者柳无忌与罗郁正教授合作编辑的《葵晔集:中国历代诗词曲选集》,1975年由纽约安乔书局出版,1976年密执安大学出版社再版。《葵晔集》是一部英译中国历代著名诗人诗词曲的大型选集,其中包括美籍香港学者、中国文学研究家欧根·欧阳(Eugene Eoyang)翻译的毛泽东诗词八首。美籍澳大利亚著名中国问题研究家、哈佛大学政治与国防事务教授罗斯·特里尔(Ross Terrill,1938—　)的专著《毛的传记》,1980年由纽约哈珀与罗联合出版公司出版。内容以毛泽东的诗词与散文贯穿全书,其中不乏对毛泽东诗词的精彩评论。特里尔这部《毛的传记》,由于差不多穿插进了毛主席的全部诗词,大大增强它内容的丰富性和生动性,同时也体现了作为史诗的毛泽东诗词的伟大作用。法国著名汉学家、中国文学研究家戴密微(P.Demieville,1894—1979)翻译的《毛泽东的十首诗》,1965 年于巴黎出版。戴密微是法国汉学界功底深博的大学者,他所译毛泽东诗词被西方奉为典范。中国旅居法国学者何如(Ho Ju)的毛泽东诗词选译《诗选》,1967 年由巴黎阿尔吉莱出版社出版。法国著名学者居伊·布罗索莱(Guy Brossollet)翻译的《毛泽东诗词大全》,1969 年由巴黎伊埃尔内出版社出版,共译毛泽东诗词三十八首。这个译本是法国迄今出版的最全的一部有关毛泽东诗词的法译本。书中的注释参考了我国著名学者周振甫的专著《毛主席诗词欣赏》一书中的有关内容,书前附有译者撰写的长篇导论,从中国传统文学功能出发,论述了毛泽东诗词的思想内容和艺术风格。法国学者让·比亚尔(Jean Billard)的译著《毛泽东》一书,1973 年由巴黎塞热出版社出版。书中所译毛泽东诗词,是根据聂华苓的英译本《毛泽东诗选》转译的。戴密微出生于瑞士,一生爱山,他的论文《中国文学艺术中的山岳》收入《汉学研究论文选》(Choix d'études Sinologiques,1921—1970),1979 年在巴黎出版,对中国文学中描写山岳的发展历史做了出色的概述。他在文中写道:"中国文学发现山并从中吸取艺术力量,比我们足足早了一千五百多年……山岳从未间断过给中国诗人的灵感。现时最伟大的一位诗人毛泽东主席,在其小令(按:指《十六字令三首》)里道出了山给人以坚忍不拔的启示。"德国学者约阿希姆·席克尔(Joachim Schickel)译注毛泽东的《三十七首诗》,1965 年汉堡霍夫曼与科姆佩联合出版公司出版,1967 年慕尼黑德意志袖珍版出版社再版。西班牙华裔著名女翻译家黄玛赛(Marcela de Juan,1905—1981)翻译的《中国诗选:从公元前 22 世纪至文化大革命》,1973 年马德里联盟出版社出版,包括毛泽东诗词十二首,黄玛赛为这本选集撰写的长篇序言,除了介绍中国诗词的特点和发展历史外,并对毛泽东诗词给予高度评价和精湛的研析。意大利文的毛泽东诗词本有弗朗科·德·波利(Franco de Poli)翻译的毛泽东《诗词选》,1959 年由米兰阿凡蒂出版社出版。匈牙利汉学家尤山度(Jozsa Sandor

若札·山多尔,1928—)翻译的《中国诗歌选集》,1959 年由布达佩斯播种出版社出版,书中包括毛主席诗词多首。荷兰文有手抄译本《毛泽东诗词十九首》,系译自人民文学出版社 1959 年版《毛泽东诗词十九首》,译者为荷兰著名学者德弗里斯(Theun de Vries)。

毛泽东诗词被译成俄文,始于本世纪 50 年代初。最早译成俄文的是七律《长征》,载《星》(Звезда)杂志第 1 期、第 12 期(1950),《边境上》(Нарубеже)第 5 期(1951),随后分别收入 1950 年列宁格勒出版的《诗选》(Стихотворения),1951 年出版的《和平阵线》(Фронт Мира)、《解放了的诗歌》(Поэзия Ocво Божденного Китая)、《东方红了》(Восток Заалел)、《太平洋诗集》(Тихоокеанскал Книга),1952 年出版的《中国和朝鲜当代诗人》(Современные Поэты Китая и Корея),1953 年莫斯科出版的《新中国诗人》(Поэты Нового Китая)及 1955 年列宁格勒苏联作家出版社出版的《亚洲星空》(Под Звездами Азии)等书中。《西江月·井冈山》《如梦令·元旦》《忆秦娥·娄山关》《念奴娇·昆仑》以及《沁园春·雪》五首词的俄译文,载《青春》(Юность)第 5 期(1957)。《毛泽东和朱德》,1959 年莫斯科出版,书中译有毛泽东诗词五首,如:《渔家傲·反第一次大"围剿"》《渔家傲·反第二次大"围剿"》以及七律《长征》等。毛泽东《诗词十八首》(Восемнадцатъ Стихствоенеп),费德林(Федоренко, Н.Т.1912—)与艾德林(эйдлин, Л.3 1909—1985)合译,1957 年莫斯科外国文学出版社出版。这个译本是根据 1956 年人民文学出版社的本子翻译的,书中附有费德林撰写的跋文一篇。费德林教授为俄罗斯著名汉学家、科学院通讯院士、中国文学研究家与翻译家,艾德林教授亦是俄罗斯著名汉学家、中国文学研究家与翻译家。两位学者皆精通汉语、学识渊博,故他们的译作具有权威性。费德林为《毛泽东诗词十八首》所作跋文写道:"毛泽东诗词具有丰富的社会内容、高度的思想性和对革命的坚定信念。在毛泽东诗词中没有教条、口号,每一行诗都是一个美的世界。"

日本的中国文学研究一向实力雄厚。50 年代至今,有关毛泽东文艺思想、毛泽东著作、毛泽东传记以及毛泽东诗词，一直都是日本学术界极其关注和从事研究的重要领域，且研究者多为研究大家。如著名汉学家吉川幸次郎、贝冢茂树、菊地三郎、高木健夫、尾崎庄太郎、竹内好、岩村三千夫、须田祯一、小川环树、武田泰淳、冈崎俊夫、今堀诚二、竹内实、今村与志雄、福本和夫、小田实、野村浩一、宇野重昭等。毛泽东诗词的日文译著有：福本和夫著《天衣无缝的书与诗》，收入《人间毛泽东》一书，此书 1953 年由日本出版协同刊出；《新中国纪行》一书、《近代文学》10 号（1957）、《东京支那学报》4 号（1958）、《アカハタ》（1957.7.11）、《现代诗》6 月号（1958）、《アカハタ》（1958.7.4）、《读人间诗话》专著、《大安》8月号（1961）、《朝日ジヤナル》（1964.3.8）、《みすず》3 月号、《东亚时论》等书刊中收有毛泽东诗词日译文。尾崎庄太郎与浅川谦次编译《毛泽东诗词二十一首》，作为附录收入《毛泽东战后著作集》，1959 年三一书房出版。松本一男著《乱世的诗人：从诗经到毛泽东》，1974 年德间书房出版。《毛泽东的词〈雪〉臆解》，菊地三郎注解。由日本著名的毛泽东诗词研究家武田泰淳和竹内实合作译著的《毛泽东：他的诗与人生》，1965 年东京文艺春秋社出版。这部专著代表当今日本学术界研究毛泽东诗词和生平的高度水平。由于这部书的注释、译文曾得到臧克家、周振甫、埃德加·斯诺等毛泽东诗词和毛泽东传记研究专家的帮助，这部书的内容翔实，研究论点客观独到，译笔也是高水平的，乃一部日本汉学界研究翻译毛泽东诗词的代表作。在本书的《序论》中，作者写道："毛泽东的诗歌寄托感怀，特别高雅。毛泽东的一生是随着中国革命的进展而延扩，他把革命的生涯倾注于他的诗词中。这些诗词反映出毛泽东个人的内心世界，同时也表现了中国革命的精神。这些诗歌，与历史和社会的进展息息相关。毛泽东诗词的意境雄大、豪放，是继承宋词豪放派的传统，但这些诗词的深沉内涵又与婉约派的本质相通。毛泽东吸收了两派的精华，大胆应用现代中国语言和现代的事件、人名，创造出个人独有风格。"武田泰淳和竹内实在本书的序论中还指出，毛泽东诗词的情韵亦极富"醍醐味"。日本醍醐诗词是唐代诗歌风味的直接继承，由于毛泽东嗜爱唐代的"三李"诗,他的诗含有醍醐味是完全合乎情理的。另外,《黎明之歌:鲁迅·毛泽东》,此书为十卷本《中国的名诗》之第 9 卷,1982 年东京平凡社出版。此卷收录了毛泽东诗词《沁园春·长沙》、《沁园春·雪》、七律《人民解放军占领南京》及七律《答友人》四首。

由朝鲜作家同盟出版社编译出版的中朝文对照本《毛泽东诗词》,共译毛泽东诗词十九首,1960 年出版。

越南文译本《毛泽东诗词》,由黄中通与南真(音)合译,共收毛泽东诗词十九首,为中越文对照本。这个译本是根据人民文学出版社本译出的,1959 年越南河内文化出版社出版。60 年代,河内文化出版社又根据北京人民文学出版社本译出了《毛泽东诗词》中越文对照本,共收毛泽东诗词三十七首,1965 年出版。

再,中国大陆早在 50 年代就出了有关毛泽东诗词的外文译作和研究论著,诸如:《毛泽东诗词》十八首,载《中国文学》(Chinese Literature)第 3 期(1958)。此译文是根据臧克家主编《诗刊》上刊载的毛泽东诗词十八首译出的。《毛泽东诗词》十九首(Nineteen Poems,With Notes by Chou Chen—fu and an Appreciation by Tsang Keh-chia),1958 年北京外文出版社出版,译者是叶君健及于宝榘先生等。这个英译本(Poems),1959 年再版。《毛主席诗词》十首,袁水拍、叶君健、劳尔·艾德勒等合译,载《中国文学》英文版 5 月号(1966)。《毛泽东诗词》三十七首,袁水拍、叶君健等合译,1976 年北京外文出版社出版。此译本的诗词韵律部分,由英语专家劳尔·艾德勒先生润色完成。大陆根据英译本《毛泽东诗词》三十七首转译成其他外文的译本有法、德、意、西、俄、世界语、朝、日文等译本。大陆版毛泽东诗词日译文有:《送瘟神》二首,载日文版《人民中国》11 月号(1960);《读毛主席词六首》,郭沫若著,载日文版《人民中国》9 月号(1962);日译本《毛主席诗词》十九首,1960 年北京外文出版社编译出版。朝文译本《毛主席诗集》,1979 年北京外文出版社编译出版。

60 年代,香港中国文学研究家与翻译家黄斐(Huang Fei)翻译的英译本毛泽东诗词有两种,即:《毛泽东诗词》(Poems of Mao

Tse—tung)，1966 年香港地平线出版社出版；《毛泽东诗十首》（Ten More Poems of Mao Tse—tung)，1967 年香港东方地平线出版社出版。黄斐的英译毛泽东诗词在 60 年代对东西方学术界了解毛泽东诗词起到了积极的影响。

综上所述，可以窥见海外学人对毛泽东及其诗词的敬慕与热爱。海外学人一致公认，毛泽东是当之无愧的"中国的伟大诗人"，在现代诗坛具有特殊的地位。他的诗词是中国传统文化和现代社会政治融为一体的独特的艺术珍品，他的诗词不仅揭示了现代中国的历史进程，而且也展现了现代诗歌风貌的一个侧面。法国汉学界把对毛泽东诗词的翻译研究视为对"当代东方一代诗神的深入探寻"。美国汉学家、中国问题研究权威人士罗斯·特里尔在其专著《毛的传记》一书的序言中评论道："毛泽东是一位领袖、军事指挥家、共产主义者，同时也是一位杰出的诗人。"毛泽东每完成一场战斗，很少放弃用诗句来表达他的战斗的振奋的激情和对中国美丽雄伟山河的赞颂。为此，海外不少学人在撰写有关毛泽东的论著中，往往以毛泽东的诗词为先导，用以拓展和加强其作品的深度和力度。世界许多国家的著名工具书，如美国大百科全书、大英百科全书、法国拉鲁斯大百科全书、德国布罗克豪斯百科全书、苏联大百科全书、苏联文学大辞典、日本世界大百科全书、世纪传记百科全书（纽约版）以及国际人名录（伦敦版）等，均有中国学家撰写的毛泽东专条。这些条目高度评价了毛泽东的文艺思想，被认为是指导中国文学发展的指南。

后　记

　　毛泽东同志在长期的革命实践中,始终有诗情相伴。在他一生的各个重要阶段,大都留下了令人难以忘怀的动人诗篇。这些作品犹如文苑中馨香四溢的奇花异卉,成为我们研究认识毛泽东同志以至认识我们这个时代不容忽视的重要方面。自1957年《诗刊》创刊号发表了毛主席诗词十八首以来,各种有关出版物陆续刊出他的新旧作品,并从事研究,加以讲解。为方便广大读者较全面地学习和理解毛泽东诗词,襄助读者的研究评论,我们本着博采众长、兼容百家的原则,约请全国著名专家学者、诗人、评论家撰稿,编成了这本《毛泽东诗词鉴赏》。

　　本书以人民文学出版社1986年版《毛泽东诗词选》为蓝本,收入了毛泽东同志诗词作品五十首。编排体例舍原书正、副编之分,统一依各篇写作时间顺序排列,相应的鉴赏文章排列也依此为序;原书中收入副编的作品有七古《送纵宇一郎东行》、《西江月·秋收起义》、六言诗《给彭德怀同志》、《临江仙·给丁玲同志》、《浣溪沙·和柳[亚子]先生》、七律《和周世钊同志》、杂言诗《八连颂》、《念奴娇·井冈山》等,敬请读者注意。

　　本书内容以鉴赏为主。撰稿者多为我国文坛名家,见解独到,风格多样。我们尊重各家之言,长短不限,力求使本书成为集百家之言的佳构。

　　对原诗词作品所作的注释,本书主要参照人民文学出版社1986年版《毛泽东诗词选》,并参考了诸家见解,谨此说明并表谢

481

忧。为增加本书的容量和研究价值，我们特将不属单篇鉴赏的文章另辟一栏，收有毛泽东同志关于诗的五封信、郭沫若同志的《浪漫主义和现实主义》、冰心同志的《毛泽东诗词鉴赏一得》、臧克家同志的《毛泽东同志与诗》、叶君健同志的《毛泽东诗词的翻译———一段回忆》、蔡清富与李捷同志的《新诗改罢自长吟——谈毛泽东对自己诗词的修改》、李捷与闻郁同志的《诗史与史诗的和谐统一——毛泽东诗词写作背景介绍》等文章。本书还收有高风同志精心选编的毛泽东同志诗词手迹和生活及诗意图片。这些都是研究毛泽东诗词极有价值的资料，企望能对读者深入学习研究毛泽东诗词有所助益。

本书的编撰完成，首先应对积极热情为之撰稿的五十多位作者表示衷心的感谢！他们都是学术界、诗词界著名人士，不少已步入皓首之年。但仍以严谨的态度、负责的精神，在百忙中惠赐大作，我们代表广大读者向他们遥祝身健笔健！

本书主编臧克家同志，以耄耋之年主持这项浩繁的工作，日夕劳心。从该书的初始构想到约请作者，都由他亲自主持，巨细不捐，事必躬亲。因病住院以后，仍几次过问书稿事宜。其情其景，令人难忘！尤其在该书的编撰思想和书稿的总体把握上，表现了作为主编的一丝不苟的认真态度。在这里，还应特别感谢克家同志的夫人郑曼同志，该书的编撰完成是和她的鼎力相助分不开的。她协助克家同志在联系作者、审阅稿件等方面做了大量的工作，使我们获益匪浅。

本书的编撰工作千头万绪，事务繁杂。这项工程能顺利完成，实得力于蔡清富、李捷同志的不懈努力。他们克服了种种困难，以始终如一的认真态度，承担着约请作者、联系各方、催稿收稿等大量工作。尤其是蔡清富同志协助主编统稿、审阅稿件，对文稿的修改提出了很多宝贵意见。本书的编撰完成是与他们的辛勤劳动分不开的。

河北人民出版社对该书的出版给予了大力支持和帮助，没有他们在各方面提供的方便，这本书不会这样既好又快地与读者见面。我们谨致以衷心的感谢！

编　者

1990 年 4 月 14 日

482

增订二版后记

2003 年,是毛泽东同志一百一十周年诞辰。承蒙河南文艺出版社王国钦同志的热心奔波,使这本书终于有了增订第二版。

这本书第一版,是 1990 年由河北人民出版社出版的。当时毛泽东诗词最权威的本子,就是胡乔木同志主持下编辑、由人民文学出版社 1986 年出版的《毛泽东诗词选》,收入的毛泽东诗词共有五十首。臧克家同志主编的这本《毛泽东诗词鉴赏》,就是以这个选本为底本的。

1995 年,又由河北人民出版社出版了这本书的增订版。为什么要出这个增订版呢?就是因为在此书初版后的五年间,又陆续发表了六首毛泽东诗词。这六首是:《虞美人·枕上》、五律《看山》、七绝《莫干山》、七绝《五云山》、七绝《观潮》、七律《洪都》。细心的读者一定会发现,这六首诗词,除了一头一尾两篇,其他都和杭州附近的景致有关——这绝非巧合。青山绿水,再加上丰厚的人文积淀,往往使人诗兴勃发。毛泽东也绝非例外。这六首诗词发表以后,在臧老的提议下,在各位作者的支持下出了这个增订版。这样,《毛泽东诗词鉴赏》容纳的篇目,就由原来的五十首增加到了五十六首。特别要提一句的是:这个增订版,具体工作主要是由蔡清富老师做的。他是一个谦和的长者,一个一丝不苟的学者。他在毛泽东诗词研究上,在中国毛泽东诗词研究会的创建和发展上,都做出了重要的贡献。

1996 年 9 月,中共中央文献出版社编辑出版了《毛泽东诗词

483

集》。这个本子，比以往的更全一些，共收入毛泽东诗词六十七首。早几年，臧老就提出再增订出一个全本的愿望。如今，这个愿望终于成为现实。这次增订，在已有的五十六首毛泽东诗词鉴赏文章的基础上，又邀请十一位作者，分别对新发表的十一首撰写了鉴赏文章；对已有的鉴赏文章作了必要的修改。当然，这些修改都力求保持原貌，可改可不改的一律不改，非改不可的尽量少动少改。这次增订，还增加了吴正裕同志的两篇资料性文章。

这次增订，蔡清富老师前期出力颇多。遗憾的是 2002 年 2 月他英年早逝，不能看到这个增订本的出版了。臧老的夫人郑曼老师、女儿苏伊，一边照料住在医院的臧老，一边对本书的增订工作提出了许多建设性意见。一些作者慨然应邀，很快寄来约稿。河南文艺出版社的王国钦同志，认真严谨，颇有造诣，提出了许多宝贵意见。河南文艺出版社的领导和有关同志，为这本书的出版默默无闻地做出了奉献。在此，我们向他们一一表示感谢。

最后，还要感谢十几年如一日地关心爱护这本书的广大读者。大家互不相识，心却是相通相印的。如果您发现这本书还有什么错误，敬请及时批评指正。

编　者

2003 年 3 月

484

图书在版编目（CIP）数据

毛泽东诗词鉴赏/臧克家主编. —增订 2 版. —郑
州：河南文艺出版社，2005.5（2025.2 重印）
　　ISBN 978-7-80623-580-5

　　Ⅰ.毛…　　Ⅱ.臧…　　Ⅲ.毛主席诗词-鉴赏　　Ⅳ.
A841.4

中国版本图书馆 CIP 数据核字（2005）第 042329 号

出版发行　河南文艺出版社
本社地址　郑州市郑东新区祥盛街 27 号 C 座 5 楼
邮政编码　450018
承印单位　河南瑞之光印刷股份有限公司
经销单位　新华书店
开　　本　890 毫米×1240 毫米　1/32
印　　张　16.5
字　　数　426 000
版　　次　2005 年 5 月第 1 版
印　　次　2025 年 2 月第 16 次印刷
定　　价　36.00 元

印厂地址　河南省武陟县产业集聚区东区（詹店镇）泰安路
邮政编码　454950　　电话　0371-63956290